JN111386

「地球時代」と平和への思想

堀尾輝久

本の泉社

まえがき

本書は現代を「地球時代」ととらえ、そこでの世界と日本の取り組むべき課題を論じた諸論文を第一部とし、第二部で憲法前文・九条の理念をもとに地球平和憲章づくりに取り組んだプロセスと憲章を支える思想の説明についての論考を集めた。第三部では多様な視点からの平和思想の深まりを追った。安保法制違憲訴訟の原告の一人としての東京地裁・高裁での陳述も加えた。最終章はウクライナ戦争の提起する問題について考えた。

私は、一九四五年第二次世界大戦の終結（八・一五）を転機として、反ファシズムと人権・民主主義・平和への努力、植民地の解放を求める価値観の転換を基軸とする「人類と地球の再発見の時代・『地球時代』」の始まりととらえ、国際連合憲章、日本国憲法をその流れのなかに位置づけてきた。その後の歴史は国際的にも国内的にも、逆風のなかで、「地球時代」は一進一退の状態である。コロナ禍の広がり、ウクライナ戦争、地球環境の悪化は深刻である。

この間、続く危機のなかでの世界と日本の歩みに、自分史を重ねて、日本国憲法前文・九条を「地球時代」の視点から読み直し、その現代的意義をとらえ直し、その理念を九条地球平和憲章として結晶させる仕事に取り組んできた（「9条地球憲章の会」の創設）。それは地球平和憲章を支える思想を豊かにする作業であり、私自身の学びと、学び直しの跡でもある。

この間、安倍内閣のもとでの集団的自衛権閣議決定と安保法制の強行は、憲法の立憲主義と平和主義への直接的挑戦であり、広範な市民の抗議がひろがり、安保法制違憲訴訟も提起された。私自身も原告の一人として、東京地裁及び高裁で陳述した。

コロナ禍はその病禍が瞬時に地球規模で拡がり、新自由主義的経済のグローバリゼーションのもとでの貧困格差を医療格差として浮き彫りにした。地球温暖化と気候変動の危機意識も共有され、自然と人間の関係性とともに、普遍的な社会的公正・正義が今こそ求められている。

無法なプーチン・ロシアの軍事侵略に始まるウクライナ戦争は、国連安保体制の脆弱さを露呈させ、NATO・米国の軍事支援はかえって戦争を長期化・泥沼化し、ウクライナ国民の悲惨さを増幅させてはいないか。米中関係の悪化とアジアでの緊張も高まっている。九条では平和は守れないとしてその改正と軍拡を求める声が大きくなっている。安全保障は軍事同盟と軍備拡大によってというのが国際世論であるように喧伝されてもいる。

果たしてそうなのか。改めて第二次世界大戦以後の歴史に立ち返って、国連憲章、日本国憲法の理念を再確認し、さらに核戦争と気候危機、まさしく人類と地球の危機ともいうべき現代を、「地球時代」の視点から国連憲章そして日本国憲法の理念をとらえ直すことが求められている。この間、冷戦体制とソ連崩壊、アメリカ一極化に対して、非同盟を軸に地域的多元化による平和への動きがあり、AALA（アジア・アフリカ・ラテンアメリカ）の非同盟中立の理念はASEAN、あるいはラテンアメリカ・カリブ諸国（中南米）共同体（CELAC）構想に引き継がれていることも想起しよう。核兵器禁止は国連総会の総会決議第一号であったが、被爆者たちの運動、ラッセル・アインシュタイン声明、パグウォッシュ会議、ICANの国際的活動を通して、ようやく核兵器禁止条約が成立、発効し（六八カ国批准、二〇二二年九月現在）、ウィーンでの第一回締約国会議（二〇二二年六月二一―二三日）が多くのオブザーバ、NGOも参加して開かれた。そこでは核抑止力論はかえって有害であり、核拡散防止条約と核禁条約はワンセットであり核兵器の全面禁止こそが共通目標であることが確認された（ウィーン宣言）。それを受けての核不拡散条約（NPT）再検討会議（八月）は統一声明を出せずに終わったが、核抑止にこだわる核保有国への批判がNPTの内部（加盟国）のなかから強まっている。核兵器禁止条約こそが王道である事は誰も否定できなくなってきている。その先には第一回国連総会以来積み上げられてきた、いっさいの戦争も、軍備もなくす完全軍縮（general and complete disarmament）の目標が見えてくる。「軍縮」という日本語も問い直されねばならない。

改めて考える。国連憲章、ユネスコ憲章、核兵器禁止条約、そして平和憲法をこそ活かさなければ日本も世界〈地球〉の未来もない。非戦、非核、非武装、非暴力の「平和に生きる権利」こそ豊かに根づかせねばならない。「戦争と抑圧の文化と教育」は「平和と解放の文化と教育」に変わらなければならない。ウクライナ戦争とアジア、とりわけ北東アジアの緊張のなかでこの事を一層強く感じている。本書の出版もそのためのものであり、一人一人の平和の願いを新しい思想として深め、ひろげる一助となることを願っている。

「地球時代」と平和への思想◆目次

まえがき　3

第一部　「地球時代」とその課題認識

「地球時代」の教育課題——二一世紀を展望して　15
「地球時代」とその教育——平和・人権・共生の文化を　42
「地球時代」へ向けて——人権・子どもの権利と平和の文化を　67
環境問題と教育——「地球時代」の視点から　97
「地球時代」をどう生きるか——地球倫理と未来世代の視点から　123

第二部　地球平和憲章への歩み

戦争と教育、そして平和へ　139
改憲とは「国のかたち」を変えること——自民党改憲案と安倍内閣の執念　161
地球平和憲章を創ろう　180

いま、憲法を考える――九条の精神で地球憲章を！　186
地球平和憲章の発表とそれを支える思想　206
【資料】「9条地球憲章の会」設立趣意書　237
【資料】地球平和憲章　日本発モデル案（V.1.1 2021.9.9）　243
地球平和憲章とそれを支える思想（講演）　252
【資料】地球平和憲章の歌　266

第三部　平和への思想

民主主義と平和と教育――民主教育研究所創立三〇年記念に寄せて　271
丸山眞男の平和思想――地球平和憲章の理念を深め運動を拡げる視点から　290
憲法九条と幣原喜重郎――憲法調査会会長高柳賢三・マッカーサー元帥の往復書簡を中心に　312
アインシュタインとフロイト――二人の平和主義者の『ひとはなぜ戦争をするのか』に寄せて　327
三・一一から一年余――ことばと情念、祈りと歌　338
福島から広島へ――求められる「地球時代」感覚　349
沖縄が問うている問題――私たちは試されている　362
アジアの中の憲法九条――李京柱さんとの対話から　379
「六〇年代のアフリカ」から思うこと――アフリカの独立と日本国憲法の影響　385
「地球時代」の価値と教育の課題――地中海地域比較教育学会（MESCE）での基調講演から　390
映画「コスタリカの奇跡」を上映して　395

地球の守り人クストー
——服部英二編著『未来世代の権利　地球倫理の先覚者J・Y・クストー』を読む　398
新型コロナのパンデミックのなかで思うこと——世界のこと、子どものこと、自分のこと　402
安保法制違憲訴訟の原告として　417
一　安保法制違憲訴訟原告団に加わって　417
二　安保法制違憲訴訟における陳述書——軍国少年からの転生　421
三　東京高等裁判所陳述書（二〇二二年二月四日）　442
終わりに　目の前の戦争
ウクライナ戦争が提起する問題　451
【資料】プーチンロシア大統領によるウクライナ侵略への抗議声明（「9条地球憲章の会」）　466
あとがき　468

「地球時代」と平和への思想

第一部　「地球時代」とその課題認識

「地球時代」の教育課題
――二一世紀を展望して

はじめに

　ご紹介いただきました堀尾です。例年ですと民主教育研究所の代表としてご挨拶を申し上げるという役割でしたが、今年（一九九四年）は記念講演を、ということでたいへん緊張もしています。話に入る前に民主教育研究所の代表として、とくにこういう機会に、私どもの研究所はみなさんに支えられてうまれた研究所だということを申し上げたいと思います。そして二年たち、基礎づくりが済み、研究委員会の活動、さらには教文局の方々との教育研究交流集会、あるいは教育相談員との交流集会などを重ねてまいりました。そして研究機関誌として『人間と教育』を出す運びとなりました。そういう活動をご報告して、今後ともみなさんのご支援をいただき、民研を育てていただきたいと、まず感謝とお願いを申し上げます。

　テーマとして掲げたこの「『地球時代』の教育課題」という問題は、私が高いところから講演するというものではなく、現代を生きる人間のひとりとして、私自身がこのところ何を考えているかということを中心にお話してみたいと思っております。

一　現代とはどういう時代か

最初に「現代とはどういう時代か」ということから話を始めたいと思います。

私は、「歴史的現在」というとらえ方を大事に考えたいと思っています。私たちは過去・現在・未来とつながる時間の流れのなかの一瞬を生きています。この現在を過去とのつながりのなかでとらえ、歴史に根ざし歴史をふまえて現在を生きていかなければならない。同時に、未来を見据えて新しい価値を選択しながら生きていく。それが人間だろうと思うのです。

ところで、私たちが「地球時代」という問題を考える場合に、当然私たちの視野は世界へと広がります。それだけに、「地球時代」が今やすでに到来したとして、現実への根っこを欠いた空想的なユートピア的な見方になってはならないということが一つあります。その際にも過去をどう引き受けるかという視点が不可欠なのです。みなさんご存じのようにドイツの大統領ワイツゼッカーが、ドイツ解放四〇周年に際しての演説のなかで「過去に目を閉ざすものは結局のところ現在にも盲目になる」という有名な言葉を語りました。これはドイツのナチズムに対する責任の負い方という問題とかかわっての一節です。

「罪の有無、老若いずれかを問わず、われわれ全員が過去を引き受けなければなりません。全員が過去からの帰結にかかわりあっており、過去に対する責任を負わされているのであります」という言葉があります。そして「われわれの義務は、誠実さで過去を心に刻むということを通してしか前に進めない」という演説でありました。

「地球時代」という問題を考える場合、われわれ自身がそのことをどう考えるか。日本の政治家たちは残念ながら、このドイツの大統領のような仕方で明確にその責任を明らかにし、そしてそれを国民の前に課題として提起するということを怠ってきました。しかし、私たちが未来に生きようとするならば、その過去をどう引き受けるかという問題を無視してはならないということをまずとらえておきたいと思います。

そして、それに重ねて確かに「歴史とは、現在と過去との対話である」というとらえ方がありますが、同時に私たちは未来を見据えながら未来と対話をしながら現在を生きるという生き方もしているわけです。歴史的現在という言葉、あるいは耳なれないかもしれませんが、前回(一九九二年度)の教育研究全国集会で記念講演をしてくださいました弓削達先生が『歴史的現在をどう生きるか』という岩波ブックレットを出しています。

そのなかで「我々はこの歴史的現在の中で、明日に向かって生きているわけです。それは、歴史に流されてということではないはずです。自分の価値観に従って自らの責任において主体的な選択を重ねる、それが人間として生きるということだと思います。長く現在であり続けた部分を脱ぎ捨てるのか、あるいは本質的に新しいと思える諸要素のどれを受け入れて、それを推進するのか、あるいは反対に拒否するのか。この決断をすることが生きるということだと思います」と弓削さんは書かれています。

ひるがえって、私たちが現在をみた場合、混迷にもみえます。世界の情勢も、紛争は絶えませんし、日本の政治も五五年体制が崩壊し、その先はどうなるかということで見方によってはまさに混迷の時代にあるのです。しかし、いまご紹介したように歴史的現在というようなものの見方から現在を見据えたならば、それは新しい時代としての「地球時代」が開かれつつあるのではないだろうか、この混迷のなかに目をこらして自分の未来に対する理想や期待というものを捨てずに、未来をみようとするならば、そういう時代がみえてくるのではないかと考えています。

二　「地球時代」とは何か

(1) 一九四五年を座標軸として

それでは、「地球時代」とは何なのか。

「地球時代」という言葉も最近ではずいぶん語られるようになりましたが、私はその指標として、とりあえず〈地球は一つのものである。その上に存在するものは万物すべて、運命をともにする絆で結ばれた存在だという感覚が地球規模で広がりつつある。そういう時代を「地球時代」と呼ぼう〉と考えています。そうした場合、いつから「地球時代」が始まると考えるか。私は一つの歴史区分として一九四五年という年を、一つの大きな区分だと考えようとしています。現在はいうなれば、一九四五年から始まる新しい「地球時代」のまだ入口にいるだけだということもきちんととらえておかなければならないし、本格的なかたちでの「地球時代」はわれわれがどう創るかという、価値選択とかかわっており、本当に「地球時代」が到来するかどうかということもわれわれの選択にかかわっているというとらえ方をしたいと思います。

なぜ一九四五年なのか。

一つには、一九四五年に第二次世界大戦が核爆弾の使用をもって終わったという、そして核の威力が地球の消滅にもつながるという恐怖感とともに、核反対の意識が共有されてきたということがその一つであります。

さらに、その後くり返される核実験や産業公害による汚染が国境を越えて広がり、環境問題はまさに地球環境の問題としてとらえなければならないという思考も広がったということが、「地球時代」を考えなくてはならない一つの与件であろうと思います。

しかし、それはいずれも否定的な事実を媒介にしながら、それではいけない、核という恐るべきものが存在するかぎり、人類絶滅の危機もあるのだという、汚染が広がれば人類全部が苦しむのだという否定的な契機を通しての認識ということになるわけです。

同時にこの一九四五年は、実はもっと積極的な意味でも新しい時代に入ったということが言えるのではないかと思います。世界大戦の反省としてこれから来るべき世界の秩序、新しい平和な秩序をどう創るかということで、大きく動きだしています。国際連合ができ、「国連憲章」がつくられ、「世界人権宣言」が発せられるという大きな歴史の展開もまた、この時代の始まりを意味していると言っていいと思います。

人権思想というようなものも、その言葉を聞けば、すぐさま一八世紀アメリカの「独立宣言」、フランスの「人権宣言」を思い浮かべることが多いわけですが、今や「世界人権宣言」によって宣明された人権というものは、いうなれば一国の人権宣言ではなく、世界の人権宣言ということが、こので、大きく内容の普遍性と同時に形式における普遍性もまた広がっていったということが、この転機の一つと考えていいと思います。

それまでは、すべての人間の権利といわれながら、そこから外れていた奴隷や労働者、女性や子ども、障害者といった人たちに即しても、それぞれの人間としての権利を認めていくというしかたで、権利の思想が深まってきたということがあります。それに重ねながら、この権利が単に思想に終わらず、あるいは宣言に終わらず、条約としてそれが国際法という性質をもつものとして展開されてきているのも一九四五年以降、現代に続く歴史の流れであります。

たとえば「世界人権宣言」は「人権規約」というかたちで一九六六年に条約的なものになりました。子どもの権利に関して言えば、五九年の「子どもの権利宣言」が八九年の「子どもの権利条約」に、あるいは女性に関しても「女性の差別撤廃条約」へと、つまり権利の思想が宣言からさらに条約へというしかたで展開したことも現在の新しい動きだといってよいと思います。

さらに、四五年を契機に旧植民地が続々と独立を遂げます。そして独立した諸国がさらに軍事的なものから民主化に向けて動いていきます。グローバルデモクラタイゼーション（国際的民主化）というふうに国際政治学者が特徴づけているように、大きな動きがあるわけです。そういう流れをみていくと、確実に一九四五年を一つの起点にしながら新しい時代に入っていったとみることができるわけです。世界の民主化的な動きのなかには当然、東欧諸国の動きもまた位置づけられており、人権と自由の大きな発展という筋のなかで、東欧諸国の動きも位置づけることができるのではないかと考えています。

⑵ 憲法九条の意義——国際平和主義としての

この新しい動きのなかで、日本国憲法が位置づけられなければならないだろうと思っています。日本国憲法がつくられた時点では、日本の過去の、戦争の責任の自覚と反省が共有されていたのです。この平和憲法はまさにその反省をテコにしながら第九条をうみ出すというふうになっていったわけです。その上さらに、この憲法を新しい国際的な状況の変化のなかで考えるならば、この日本国憲法は言われているような一国平和主義ではなく、まさに国際平和主義なのだということを、私たちは強く意識する必要があると思っています。

「世界人権宣言」の前文には「人類社会の全ての構成員の、固有の尊厳と平等にして譲ることのできない権利とを承認することは、世界における自由と正義と平和との基礎である」と書かれていますが、むしろ日本国憲法はその人権宣言の精神と重なるような前文をもっていることはみなさんご承知のとおりです。

「日本国民は、恒久の平和を念願し、人間相互の関係を支配する崇高な理想を深く自覚するのであって、平和を愛する諸国民の公正と信義に信頼して、われらの安全と生存を保持しようと決意した。われらは平和を維持し、専制と隷従、圧迫と偏狭を地上から永遠に除去しようと努めている国際社会において名誉ある地位を占めたいと思う」

これはまさに国際的な平和に向かって日本が一つの大きな役割を自覚したことの表現であります。けっしてこれが一国平和主義ではないということも明らかでないか、と私は思っています。国際平和主義ならば、ＰＫＯなどに賛成しなければならないのか。そんなバカな話はないのでありまして、われわれが新しい国際秩序をつくる憲法としての理念を自覚したとき、それはまさに崇高な理念をこれから実現しなければならない、その先頭にわれわれが立つのだという誇りであったはずです。

この平和憲法は、日本の歴史のなかで、とりわけ戦後史に即してみれば、大きな役割を果たしているわけで、自衛隊などの歩み、あるいは、ＰＫＯ絡みで風前の燈火だという見方は、確かに一つの事実でありますが、しかし、この憲法が戦後の日本社会の条件をつくってきたし、今でもそうである。それは軍需産業に手を貸してはいけないという理念が生き続けているということでもあります。その精神に関しては三上満委員長のあいさつのなかでも、松村忠義教文局長の課題提起のなかでも触れられましたが、オーバービーさんの本大会にあてての感銘深いメッセージのなかでもくり返されています。

この日本国憲法というものが世界的にも関心をもたれているということに、私たちは注目していいのではないだろうかと考えています。オーバービー氏を中心とする「憲法九条の会」だけではなく、ハーバードのブライアン・ウドゥールという若い先生は、「冷戦後の世界秩序には日本の憲法、とりわけ九条の精神がどの国の憲法よりも適している」という発言をしています。

あるいは、日本国憲法が成立するとき、マッカーサー・グループのひとりとしてそれにかかわったベアテ・シロタ・ゴードンという女性の方がいますが、この方も九三年の六月にニューズウィーク誌のインタビューに応えて「この日本国憲法はエクセレントな憲法である。そしてその九条は廃止されるのではなく、むしろ規範とされるべきである」というふうに答えています。アメリカでもこの日本国憲法というものを新しい国際秩序の中心に据えることができるのではないかというふうに考えている人がふえているということを、私は非常に心強く思っています。

他方でアメリカやソビエトの経済がなぜあのようになっているのかという問題で、これもアメリカの経済学者リグラス氏が『軍備の拡張と経済の衰退』という本を書いていて、軍備の拡張が経済を衰退させていく。アメリカ経済のどこがつまずきなのかという問題を書いています。私たちは憲法九条は、言うなればそういう経済的な関連のなかでその意味をとらえるということも大事な視点なのではないだろうかと考えています。

参考までに一つだけ紹介しておきます。

憲法学者の杉原泰雄さんが『憲法第9条の時代』という岩波ブックレットを出しています。このなかでも、リグラスさんの論文を紹介しながら、国際経済的な資料をたくさん使って、日本国憲法九条の意味をとらえようとしています。そういう視点が大事なのではないだろうかと私も考えています。

「地球時代」という新しい時代への入口ということとの関係で、日本国憲法の誕生、そして日本が新しい選択をしようとしたそのことが、非常に大きな意味をもっているのだということを強調しておきたいと思います。

三 「地球時代」の教育観

(1) 何を学ぶのか——教養の核となるもの

①新しい地球観

さて、地球は一つ、そこに生存するものが運命共同体としてのつながりをもっているという時代感覚を共有した、その時代における教育の課題というものをどう考えたらいいだろうかということがつぎのテーマです。つまり、何を学ぶのか。どう学べばいいのかという問題であります。この「地球時代」をどう学ぶかという課題でありますが、先日の朝日新聞の天声人語にこういう歌が紹介されていました。

「高原に　うつ伏せになり手を広げ　地球を抱いたと思う春の日」

これは高校二年生の歌です。私はこの高校二年生の高下君という青年の歌をよんだとき、すぐに石川啄木の歌を思い起こしました。

「不来方の　お城のあとの草に寝て　空に吸はれし　十五の心」

これもみなさんよくご存じの歌だと思います。啄木がこの歌を作ってから、一〇〇年近い歳月が流れているといっていいと思います。この間、地球についての認識も大きく変化してきています。しかし、啄木が、空を見上げながら地球と宇宙に思いをこらしたその中身。それから高下青年が、高原にうつ伏せになり手を広げ地球を抱いたと思ったその春の日。それぞれの地球認識というのがどういうものであったのだろうか。この一〇〇年近い歳月のなかで、確かに地球についての科学を大きく前進させ、そして人文社会科学もまた地球とかかわって一つの見方を提示してきています。とりわけそういう課題というものは、その青年期の教育の課題としてふさわしいのではないかと思います。

私たちの地球認識という場合に、私はまず地球というものをどう考えるのかということが一つの大きなテーマになるのではないかと考えています。

このところ、地球科学が急速に発展していて、この地球なるものについてのさまざまな謎を解きはじめています。われわれが住んでいる地球は天体の一つの小さな宇宙でありますが、その地球についての認識は、かつて〝動かざること山のごとし〟といいました。いまでもこのような表現をつかうときがありますが、実は地球自身が大きく動いている。その動的な地球観というものが、このところ急速に展開しているわけです。これは天文学、地球物理学の成果でありますが、そのなかではさらに地学や古生物学、地磁気学、地熱に関する学問、あるいは海洋学といったさまざまな学問が協力しながら新しい地球観をつくっているわけです。

この「地球時代」、私たちはこの地球をどう感じているのかという問題は、かつて、それでもなお地球は動くのだとガリレオがつぶやいたその時代から大きく歴史は進んでいるわけです。この地球物理学の先頭に立ち続けてきたひとりの研究者に上田誠也さんという方がいます。彼は東大の地震研究所の所長などもなさった方です。この方がいま、たまたまNHKの人間大学で、地球について、「海と大陸のダイナミズム」というおもしろい話をされています。その出だしのところで彼は、「現在の地球科学（一九五〇年以降）は、天動説から地動説への大転換に匹敵するような、地球観の革命が起こっている時代だ」と言っています。

「大陸や海洋、ヒマラヤやアルプスのような大山脈、日本海溝のような深淵などがどうしてうまれたのか。あるいは地球や火山の噴火がなぜ起こるのか」といった、われわれに非常に身近な自然とのかかわりのある問題を大きく地球科学として統一して、一つの科学をつくっていく動きが出ています。詳しく話をしている時間はありませんが、この大陸のプレートが移動しながら、それが日本海溝に入りこみ、そのストレスがたまって爆発する。それが大きな地震の原因だということ。これはいろいろな科学雑誌や通俗的な科学の話などでも、最近では知られてくるようになりました。

これまで地球についてさまざまな学問がエゴイスティックに領域・縄張りを主張して、他の領域の研究を認めないというところから、ようやく相互の交流を行うようになって、新しく地球科学が前進しているのです。こういうことなどは、実に愉快な話を含んでいます。上田さんはいま講義をなさっていますが、たくさんの本も書いています。『新しい地球観』が岩波の新書に入っていますので、ぜひご覧になるといいと思います。

地球認識が大きく前進している。これも実は一九五〇年以降だということです。そういう地球科学の発展も何を教えるのかの一つの核心になっていっていいだろうと思います。それに重ねて、人文社会科学ではどういう課題が、この教育の課題としてみえてくるのか。当然、先ほど話したことと関係しますが、人権思想の大きな展開、あるいは平和を、環境問題をどう考えるか、といったことがこれからの教養の核になっていかなければならないだろう。そして、国際化という言葉が氾濫するなかで、本当の意味での国際理解をどう深めたらいいかということが課題になるだろう。そのことは後半で具体的に話をしてみたいと思います。

②共生の思想

その大きな課題と重なりながら、共生の思想というものも、この「地球時代」の教養の核として大事にしていく必要があるだろうと考えています。この共生の思想という〝共生〟という言葉をどう理解したらいいのだろうか。これは、詮索すればいろいろと議論があるところです。もともと生物学の言葉ではないかとか、エコロジストがつかった言葉ではないだろうかとかいろいろあるわけですが、私はむしろ積極的にこの言葉をわれわれの思想のなかに位置づける必要があると考えています。その際、何よりも平明に、「共に生きる」思想だととらえたいと思います。

それでは、何と共に生きるのか。地球に生存する万物の共生であり、万人の共生であると考えるべきでしょう。当然その前提として、人間と自然の関係をどうとらえなおすかということもあります。近代の入口のところでは、人間は確かに自然に働きかけ、自然を変えるといった仕方で人間中心の自然観を前提にしながら、近代科学は発展してきたという経緯があります。しかし、それへの反省というものがポストモダン的な思想のなかで行われたというよりも、実はすでに近代の思想家たちも、ベーコンでさえそれほど傲慢ではなかったわけであります。人間もまた自然の一環として、人間性というのは、人間を貫く自然であり、ヒューマンネイチャーなのです。人間と自然との新しい調和をどう創るかという思想もまた芽生えていたわけです。

近代批判の先駆者であるルソー、そしてマルクスの人間観はまさに人間と自然の関係をどうとらえるかということでの自然主義と人間主義をつないだ考え方を提示していたわけであります。

それに、人間と人間の共生、その場合には、民族と民族、国家と先住民族、男と女あるいはおとなと子ども、障害者と健常者、そういった人たちの存在に即してさまざまな人がそれぞれの存在の理由をもち、それぞれの尊厳をもっているという、そういう共生の思想が深められなければならないのです。

しかし、もし共生の思想が個性とか平等といった原理と対立するようなしかたでとらえられるとすれば、それは問題です。私たちはあえて〝共生〟という問題を前面に押し出しながら、その中身を作っていこうというしかたで問題提起をしている理由もそこにあるわけです。平等の原理、個性の原理、それらと矛盾しないような共生のあり方をどう考えるか。そして、共生を阻むものに対して、どういうするどい批判の意識を持つかが重要なのです。抑圧、偏見、差別あるいは競争といったものが、この共生の思想に反するのだという見方を同時にもつことが、共生の思想の内容になっていくだろうと思っています。

とりわけ教育の領域で問題になるものは、競争の原理が支配的な学校空間からそれを本当に共生の原理へと変えていく、その手だてをどうすれば見つけることができるのかということ、これは教師としての日常実践の問題であるだけではなく、親として子どもに何を期待するかという問題としても非常に大事な問題だと思っています。

さらに、とくに民族と民族の共生といった問題に関して言えば、ユネスコの一九七四年国際教育の勧告にもありますように、これは人類共通の価値と文化の多様性の尊重という、ともすると矛盾する可能性をはらんでいますが、この二つを同時に尊重するような関係をどうつくるかということになります。これは人権と民族という二つの大事なカテゴリーがともすると相反する関係におかれるということとも同様で、それをどういう仕方で統一的に把握し、人権と自由、そして多様な価値を尊重するということを地球規模でどう実現するか、といった問題を含んで共生の問題はあるのだと思っています。

③三つの〝せい〟(生・性・政)の教育の新しい意味

さらに、三つの〝せい〟をどうとらえ、どう教えるかという問題です。生命の生、愛と性の性、政治の政、この三つの〝せい〟こそが、共通の軸にならなければならないという問題提起はすでに、日教組教研の時代から定式化されたものでありますが、この課題も「地球時代」という見方のなかでとらえなおされ、豊かにされていいのではないかと思います。

三つの〝せい〟のとらえなおしを通して人間としてのアイデンティティ、あるいは個人としてのアイデンティティをどう確立していくのか。その個人は同時に国民であり、世界市民でなければならないといった問題をも含んで考えたいと思っています。

(2)いかに学ぶのか

①学ぶとは

いまは課題を並べているだけで、話はある意味では抽象的なレベルで終わっていますが、そういう課題をいかに子どもたち・青年たちは学ぶのかということこそが課題であります。教師が問題を提起するだけではとても、子どもたちのものになるわけではありません。いま日本の教育に欠けているものは、子どもたちが本当に学習の主体として、教育の主人公として扱われていないということです。学ぶということが、どれほど人間にとって大事な活動なのかがわかっていないのです。人間の誕生とともにある子どもの権利、なかでも発達と学習の権利を、人権の基底をなすものとしてとらえなおすことも大事なことなのです。

私たちは学ぶということを、学習塾だとか、先生から生徒が学ぶというレベルで考えがちですが、学ぶという活動は本当に人間が人間であるということと結びつく、人間にとっての証のようなものでもあるのです。ルソーも言っているように、「人は生まれるやいなや学び始める」のです。学習権の内容も、いまやユネスコの「学習権宣言」（一九八五年）がいみじくもその内容を広げていったように、「世界をよみとり、歴史を綴る権利」としてもとらえられなければならないのです。学ぶということは同時にその学んだことをどういう仕方で理解しているか、わかっているのかという問題と不可分であります。私たちが本当に納得できてわかる、腑に落ちたわかり方というものを学校は保障しているかどうかということがつぎの問題になります。

②わかるとは

私たちのわかり方には、物事を分解してわかるわかり方、同時に分解したものをつないでその全体の姿が見えてくるわかり方があります。これは分析と総合というふうに言われているわかり方です。そういうわかり方を保障しながらそれに重ねて一人ひとりの認識主体としての子どものその認識の枠組みのなかに学んだことが落ちつくような、そして身になるような、自分のなかでつながっていくような知識になっているかどうか。本当にわかった、納得できたというわかり方を保障しなければならないという問題があります。

そのわかり方に関して言えば、基礎がわかり、つぎに応用だというようなわかり方ではなくて、実は、この基礎の原理というものは、常にわかりなおしをしながら先へ進んでいるのだということです。このわかりなおし、絶えざるわかりなおしのなかで子どもたち一人ひとりが、自分のなかで知識が生きているものとして感ずるようなわかり方を保障しなければならないという問題があるわけです。言うなれば、この本当にわかるとはどういうことなのだろうかということを意識した実践などが当然明日からの各分科会で報告があるわけですし、貴重な実践がたくさんあると思っています。

それとかかわって現在の新しい学力観、「関心・意欲・態度」が独り立ちして強調されていますが、本当にわかるわかり方というものは、その知識・科学の成果を自分のなかで納得したわかり方でわかるわけで、それは当然新しい意欲をうみ、新しい構えをうみ、新しく学ぶ姿勢、生きようとする態度にも結びついていくわけであります。当然、「関心・意欲・態度」を強調することが悪いというのではなく、それだけが独り立ちして、しかもそれが点数化されるような「新しい学力観」が問題なのです。国際的な視点からみても、たとえばユネスコ勧告のなかでも態度だとかスキルだとかいうことが知識と同時に強調されています。これは当然のことといっていいのです。

ところが、いまの日本の学校は、そういう仕方できちんとして知識を教え、学ばれる場になっていないし、しかもその知識というものが学校という制度のなかで正統化され序列化され、点数化され、そしてそのような知識を多くもっているものが社会の支配的な位置にたっていくという問題を含んでいます。この知識の内容と同時に主体的に学ぶということがおろそかにされているというところが大きな問題なのだ、と思っています。

③「地球時代」における国際理解の教育

〈現在の国際経済におけるアジアの中の日本〉

「わかる」ということと関連して、この「地球時代」の大きな課題は、国際理解の教育が問題になるのですが、この国際理解ということで、少し具体的に話をしたいと思います。

私たちは、この国際理解は、国連を中心に新しい世界秩序がつくられている、あるいはヨーロッパではEC（EUの前身、欧州共同体）を軸に、これまでの国民国家とは違った、新しい枠組みのなかで新しい意識がうまれつつあるといったことは、私たちは知っていますし、大事なことです。しかし、私たちが地球認識という場合に、私たちは世界の中の日本であると同時にアジアの日本であるわけです。アジアの中の日本という問題を本気に考えないと、非常に抽象的な空疎な地球認識、世界認識に終わるという問題があると思っています。

このアジア認識という問題とかかわって、いくつかの視点をあげておきます。現在の国際経済のなかで、日本がアジア諸国とどういう関係をもっているのか、そういう問題を考える場合に、実にいい材料があります。たとえば、村井吉敬さんたちの研究をまとめた『エビと日本人』（岩波新書）という本があります。あるいは、『バナナと日本人』（同）という本が鶴見良行さんたちによってまとめられました。社会科の先生たちは、こういうものについて、当然関心をもっていると思います（社会科の先生にかぎりませんが）。

この〝エビ〟だとか〝バナナ〟だとか、私たちの日常生活に非常に身近なもので、バナナなどは、かつて私たちが子どものころには高級な食べ物でありました。それがいまでは安い商品になって、いつでもだれでも食べられるようになっています。エビも同じで、高級食品であったのがだんだんと日常食品になっているわけです。『エビと日本人』という本のなかで「エビを日本に輸出することで、輸出する側にはどんな事態が起きているのだろうか」という問いが書かれています。バナナの研究では、バナナという一つの商品から日本とフィリピン、そして第三世界との関係が実にはっきりと見えてくるということです。

『バナナと日本人』を見ると、日本の商社だけではなく、四つの多国籍農業会社（アグリビジネス）が市場を独占しています。そして、そのバナナの研究が提示した結論的な部分について、鶴見さんは「バナナという熱帯作物について最大の問題は農園労働者と小地主との間のあまりにも酷《むご》たらしい搾取のされ方であり、輸出市場を四大企業が握っている。農園労働者と小地主が団結すれば、大企業に抵抗する力は強まるだろうが、こういう問題について消買者である日本市民はどう対処したらいいのか。バナナなんて、今日のぜいたくな食生活では取るに足らぬ食品である。だが、その学習はいままで見えなかった世界の仕組みの一端をてらしてくれる」と書いています。

バナナというある意味では変哲のない一つの商品、それが日本人とフィリピンのバナナを作る生産者・農民とをつないでいるわけですが、そういうことに日本の消費者は思いをはせているだろうか、という問いでもあるわけです。私たちは金にまかせてぜいたくな暮らしをしているところがあるわけですが、その消費者が、その物が生産されてくるその生産者の顔をみながら、思い浮かべながらその関係を自覚するというようなことが行われなければならないという主張でもあるわけです。

消費者教育が言われます。消費者は賢明でなければならないが、その賢明さの中身には本当にその商品というものが、どういう仕方で、だれによって作られているのか。それを作る人たちの生活がどういうふうになっているのか、第三世界の人たちだけでなく、日本でいえば、酪農をしている人たちと牛乳を飲むときどのようにかかわっているのか。あるいは米作りはどうなのかといったイマジネーションを膨らませながら、賢明な消費者にならなければならないということでもあるのです。そして、おもしろいのは、バナナとかエビだとかいう、本当に日常的な物が実はフィリピンと日本を結び、あるいはインドネシアと日本を結んでいる。エビの主要な輸出国はインドネシアなのです。そして、インドネシアがそういうかたちで大量にエビづくりにかかわるなかで、実はひどい環境汚染問題などもひき起こしている。マングローブの林が破壊されている。あるいは、エビの乱獲が、同時に他の魚の乱獲にもつながるような問題を起こしている。そういう姿が見えてくるわけです。まさにいままで見えなかった世界の仕組みというものが、そういう具体的な物を通して見えてくる。

信州はそばの産地ですし、信州のそばは確かにおいしいのですが、日本のそばの多くのものがアフリカ産だということはみなさんご承知のことだと思います。この信州のそばは信州で作っているのかもしれませんが、そのへんは帰るまでに教えてほしいと思っているのですが。

そういうアジアの中の日本という問題は、公害輸出の問題、ＯＤＡが地域の民衆の生活に役立つような援助になっているかどうかといった問題を通して、アジアの中の日本を考えなければいけないということであります。

〈過去の日本の戦争責任の問題〉

もう一つの問題は過去の問題です。戦争責任という問題をどういうふうに私たちはとらえているのか。とりわけアジアの人たちとの関係のなかでどうなのか。なかでも植民地であった韓国、朝鮮との関係をどう理解するのか、という厳しい問題も含んでいます。このところ歴史学者と一緒に教育研究者も、教科書の交流というしかたで相互の理解を深めあおうという動きが広がっています。日本と韓国、日本と中国などの動き、これはたいへん大事な動きです。

同じような動きはヨーロッパにもあり、ドイツとポーランドが教科書の協定をし、過去の責任を自覚するような教科書を作らなければいけないということを、ドイツでは各教科書執筆者に求めているということがあります。さらに、二年前になりますが、ヨーロッパではＥＣ問題と絡んで、『ヨーロッパの歴史』がＥＣ一二カ国の歴史学者によってつくられました。そういう動きを見ながら、日本でも韓国、中国との教科書交流が進んでいます。こんななかで、「アジアの歴史」というものが書けないだろうかという思いにかられることがあります。私自身そんな小さな文章を書いたことがあります（『ほんりゅう』第１０８号）。

ＥＣ諸国でヨーロッパの歴史を書いたということは、ヨーロッパの中でも単純なことではなかったのですが、とにかくそれができたわけです。しかし、アジアに関してはヨーロッパと同じようにアジアというイメージを結ぶことができるのかどうかという大問題があります。アジアの研究者にそんな話をすると「アジアの歴史なんてそんなすぐには書けない」というような話が返ってきます。それはそうだと思います。たとえば「ヨーロッパの歴史」は書かれたけれども、イギリスとインドが協力をしながら、植民地問題を含んで共同の歴史が書けるか。あるいはフランスとアルジェリアの人たちが共同してその植民地時代の問題を含んで、共同の歴史を書いているかというと書いてはいません。日本がアジアの歴史を書こうといった場合、日本が植民地支配を続けてきた、あるいは侵略戦争をやったそのことを抜きにアジアの歴史は書けないという非常に厳しい問題が最初からあります。にもかかわらず、その過去を含んでアジアの歴史というものはいつの日か書かなければならないだろう。私たちは「地球時代」を語っているわけで、その一つの重要構成部分としてアジアの歴史は書かれなければならないだろうと思います。

アジアの教科書交流の動きも、その一つの前進であると思っています。その場合に具体的な教材の問題のレベルで議論を進める必要があるわけで、残された時間、日本・朝鮮の問題に絞って、私たちの共通の理解を進めていくためのよい教材として、つぎの二つの事例を紹介しながら、話してみたいと思います。

この日本と韓国、朝鮮の問題というのは深刻であります。日本の若者たちが過去の日本と朝鮮の関係についてほとんど知らない。他方で、韓国の青年たちは日本支配の時代の事実を非常に克明に知っているという問題があります。この認識のギャップの上に、日本人の韓国像、朝鮮像、韓国人の日本像というのがつくられているという問題があります。昨年の暮れに川崎で日韓社会教育セミナーがありました。そのセミナーで、ソウル大学の先生ウン・ヨンリンという方が報告をしました。

「社会意識の調査で日本をきらいだという韓国人の数は、一九八四年に三八・九%、八八年に五〇・六%、九〇年には六六%で、日本ぎらいの韓国人がふえています。逆に日本人のほうはどうかというと、韓国をきらいだという日本人の数も八四年には一九%、八八年二一%、九〇年には二三%と増加しています」、と数字で指摘されました。つまり日・韓双方でお互いがきらいだという世論の数字がふえています。そして日本人が韓国がきらいだという数字は全体としてはそれほど多くはなく、韓国人の日本ぎらいというのは圧倒的だということになります。このところ、東亜日報と日本の『アエラ』の共同調査では若干好転しているのではないかという指摘もありましたが、いずれにしてもその認識のギャップが大きく、そしてお互いがお互いをきらいだという問題があるわけです。

これをどういうかたちで埋めていくことができるのだろうか。当然、私たちは歴史を学ばなければならないということだと思うのです。三六年間、朝鮮が日本の植民地であった間に日本は何をしたのか、という問題は当然、日本の近代化のなかでの脱亜論の問題を含んで、その前からの日本の近代化の質というものを問いなおさなければならないという問題もはらんでいるわけです。そういうなかで、一九一〇年に日本による朝鮮併合があるわけですが、その前年に起こったアンジュングン（安重根）の事件があります。伊藤博文の射殺事件です。

この問題など、実は日本の教科書、少なくとも日本の指導要領のなかには、日韓併合問題は載ってないわけで、それを教える場合にもこのアンジュングンの事件は日本からみると、日本の元勲伊藤が朝鮮の暴徒によって暗殺されたという理解になっている場合が多い。他方韓国からみれば、アジアの平和を乱す伊藤を射殺した愛国者としてアンジュングンは教えられているわけです。このギャップはどういうふうにしたら埋められるのかという問題です。歴史の事実は事実で教えるということが前提になるのですが、その事件を教材にするということは相当にしんどい問題を含んでいるわけです。私たちはあの事件はアンという朝鮮の愛国者が伊藤を射殺したということだけを子どもに教えるというわけにはいきませんね。

実は一昨年の朝日新聞（一九九二年九月七日）で、一つの記事を見て衝撃を受け、感動しました。どういう記事かというと、見出しは「獄中犯と監視役と魂の日韓交流再び」、「伊藤博文を射殺した安重根の孫らが元憲兵の墓参り」という記事が載っていました。アンが伊藤を射殺し、逮捕されて旅順の刑務所に入れられていたときの監視役だった千葉十七という若い二四歳の憲兵（上等兵）に、アンが自分の理想を語り「なぜ自分が伊藤を撃ったか」ということを「自分は愛国者としての本分に忠実だったのだ」と語りながら、同時にアジアの平和についての理想も語っていました。そのことに心を動かされた千葉は、日本の憲兵というと鬼のような存在だと一般に思われていましたが、アンの理想に心を動かされて、アンが処刑されるときに贈られた書を持ちかえって、周りの者にアンの理想を伝えながらアンの冥福を祈っていたということがありました。そして、一九七七年に二人の心の交流を記念して碑を建てるということがあり、それ以後、千葉憲兵とアンの合同法要が行われてきました。その記事が一昨年の「朝日」に載ったのです。その合同法要にアンの孫が参加したというのです。それに重ねて、今年の一月一七日の朝日新聞に、「韓国から宮城の寺に四一人が秘史ツアー」という記事が出ていました。昨年の暮れに韓国の歴史ツアーの一行が千葉の墓とアンの記念塔のある宮城のお寺を訪ねました。そして、二人の心の交流に日韓の将来についての思いをはせたという記事です。そして千葉の墓のある大輪寺の住職（斎藤泰彦）が書いた『わが心の安重根――千葉十七・合掌の生涯』という本が間もなく出版されるという記事が出ていたのです。

こういう動きが日韓の間に動き始めている。歴史学者や教育関係者が教科書のレベルでいろいろ交流をはかりながら、正確な事実に即しての認識を深め、お互いの感情のレベルでのギャップを少しでも埋めていこうとする努力のなかで、いま私が紹介したような事実というものは、非常に大事な教材になるのではないかと私は思うのです。本当にわかるということがどういうことなのかを含んで、わかることと感情のあり方は結びついているのだということを含んで、この事例は非常にいい教材だと思い、紹介しているのです。

もう一つの事例は、山本典人さんという小学校の先生の実践です。山本さんもこれまで日韓問題については、なんとか歴史教材を通して教えようとこれまで努力してきたのです。これまでも、安重根と伊藤暗殺の事件を教えようとしたわけですが、なかなか小学生（六年生の教材）に対しては難しく、また射殺したということで、テロを容認するのかという問題もあるので難しい。それから日韓の認識のギャップがあまりも大きいという、そのへんのことがあって、何かいい教材はないかと探していました。アンに関しては、私がいま話したことを入れて教材化すればずっと教えやすくなると思うのですが、こういうことは知らなかった。そこで山本さんは伊藤暗殺事件ではなく、「ソン選手とオリンピック」という教材に切り替えて教えるようになりました。ソウルオリンピックで七六歳のソン（孫基禎《ソンギジョン》）選手が聖火ランナーとして走りました。この人はどういう人物なのか。ソン選手は若かったころ一九三六年のベルリンオリンピックでマラソンランナーとして走り、優勝した選手です。

子どもたちはいくつかの問いを出しながら授業を進めるわけですが、なぜソンさんは日の丸をつけて走ったのか。つぎの時間には「消された日の丸」ということで、ソン選手が表彰台にあがったときの、日の丸が塗りつぶされた写真を朝鮮の新聞東亜日報が報道しました。なぜ東亜日報は日の丸を塗りつぶしたのか。これも子どもたちに対する問いになるわけです。ソン選手はそのときどういう思いで走ったのだろうか。なぜ新聞社は日の丸を塗りつぶしたのか、その時の日朝の様子はどうだったかということで、植民地時代の日本と朝鮮の問題を話していく。これは非常に大事な教材になるわけです。この実践記録は子どもたちにその時々に、たとえば東亜日報の新聞記者になった立場から、なぜ塗りつぶした日の丸の写真を出そうとしたか。それに対して日本政府はどういうふうに言ったか。この新聞は半年ばかり発売を停止されたわけですが、それぞれの問題に子どもは子どもなりに想像力を働かせて、実に豊かな感受性を示しているということも紹介されています。

山本先生は教材として授業をしただけにとどまらず、ソンさんに会い、ソンさんが日本に来たときに、自分の小学校にソンさんを呼んで話を聞いています。オリンピックで走ったとき、表彰台に立ったときどういう気持ちだったかを、ソンさんから直接に聞く機会をつくりました。それだけでなく、山本さんは、昨年は韓国を訪ね、韓国の小学校でソンさんと一緒にこの教材で授業をしました。最初韓国の子どもたちは「なんで日本人がそんな授業をするのか」といぶかったということを山本さんは語っています。そういうやり方で日韓の深いレベルでの交流が始まっているのです。

(3) 学校こわしと学校づくり

① "知は力なり" の二つの意味

教育の力というものは、そういうところで本当に発揮できるのではないだろうかという感じがします。そういう実践をつくりだす教師がいるということ。これは歴史学者が事実を研究するというレベルで歴史の論文を書くというのとは違った角度で、子どもたちの心のなかに立ち入る仕方で、いうなれば知識が生きている、そしてそれがつながっていく。つながることによって認識が深まり、価値観をゆさぶり、感動を呼び起こすというわかり方がこういう授業を通して保障されているのではないかと思います。

おそらく教研のなかで、それにあたるような実践が社会科だけではなく、国語や数学のなかでも、本当に子どもがわかる授業をどういうふうにつくろうとしているのか。たとえば、微積分をどう教えるかという高度な問題にしても、仲本正夫さんの『学力への挑戦――"数学だいきらい"からの旅立ち』(労働旬報社)という実践記録や、増島高敬さんの実践など、貴重な実践が蓄積されてきています。数学がイヤでしょうがなかった高校生たちを前に、小学校の割り算かけ算と高校の微積分などをどういうふうにバイパスでつなぐことができるのかといった発想で、高校生が微積分が本当にわかったというような、そして感動するような、人間が一回り大きくなったというような感想を引き出すことができるような実践というものがつくられています。

私は数学においてさえ、とあえて言いますが、おそらくいろいろな教科でいろいろな実践がつくられているわけであります。本当に子どもが学ぶということを、学ぶ喜びを子ども自身が感じ、自分がもう一回り大きくなったというような仕方で納得できるようなわかり方を保障する教育というものをつくっていくことが必要なのです。

〝知は力なり〟という言葉がありますが、いまは知をもっているものが支配するという構造になりかねない。しかもその知というものが非常にいびつな知であるという問題を含んでいます。しかし、本当に知が力になり、民衆がその知の主人になる、そういう教育を私たちはつくっていかなければならないわけです。民衆が力をもつというのが民主主義のもともとの言葉の意味ですが、本当にいま言ったようなわかる授業をつくりながら、子どもたちが、自分が一回り大きくなっていく実感を味わえるような学習のあり方を保障していくというのが、民主主義の基礎をつくるということになるのだと私は考えています。

この全国教育研究集会のスローガンも「子どもが主役の学校を、そして自立と共同の教育を」どうつくるかということが課題になっていますが、その内容というのは、まさに私が話そうとしたような筋で考えられていいのではないかと思っています。

②「地球時代」にふさわしい子ども観

そういう問題を通して私たちは、「地球時代」にふさわしい子どもの見方、子どもを見る目を作っていかなければならないわけで、「子どもの権利条約」が提起した問題というのは、その権利条約とかかわって、たとえば「子どもサミット」がもたれる。そのなかで子ども観も深まっているということがあります。私たちは日本の子どもの未来というものを、アジアの子どもの未来、そしてその地球に生存するすべての子どもたちの未来と重ねながら、子どもという存在への見方を深めていく。そして、私たちの文明の未来というものは、まさに子どもたちが担っていくのだということ。そのさい、子どもたちは、私たちの文化を伝える相手というだけでなく、この地球は未来の子どもたちにわれわれが預かっているのだというとらえ方が大切です。

冒頭で歴史の見方として、過去との対話だけでなく、未来を見据え、その価値観の選択ということを言いました。未来との対話ということを歴史的現在というとらえ方のなかで問題提起をしたわけですが、その未来との対話ということのなかには、私たちがつぎの地球を担っていく子どもたち、つまり未来の世代から預かっているこの地球をどのように大事にしていけばいいのかという仕方でわれわれの思想を深めていくという問題にもつながってくるのだと思っています。

「子どもの権利条約」とかかわって子ども観も深まってきました。「子どもの最善の利益」あるいは「子ども最優先の原則」ということがくり返し言われましたが、なかでも私は「子どもサミット」をリードしたスウェーデンのカールソン首相の言葉をここでご紹介したいと思います。

「子どもたちは私たちすべての未来である。子どもたちがどのように生きるか、それが人類文明全体を決定する。子どもの権利がどのように守られるかが、私たち自身の未来を決定する」と。

この地球をわれわれはどういうふうにつぎの世代にバトンタッチするか。バトンタッチするだけでなく、預かっている地球をどういうふうに大事にしていけば、その期待にそうことができるのかというしかたで私たちの子ども観・教育観を深め、それにふさわしい教育実践をつくりだしていきたいものだと思っています。

一九九三年度教育研究全国集会での記念講演(一九九四年一月二八日、長野)。

『日本の民主教育'94』労働旬報社)

「地球時代」とその教育
――平和・人権・共生の文化を

一　「地球時代」としての現代

(1)「地球時代」をどうとらえるか

わたくしたちは「歴史的現代」を生きている。過去・現在・未来の時間軸の中で、過去を心に刻みながら、同時にそのことを通して未来への価値選択をしつつ生きている。

ひとりひとりの価値観はその社会と時代に規定されているが、同時にそこで生まれつつある新しい価値意識が民衆のものとなることによって、新しい時代を拓く力となる。

現代は東西入り混じり新旧入り乱れての、価値観混迷の時代に見えるが、それは新しい価値意識が生まれつつある過渡的時代を意味してもいよう。新しい価値意識は、どこかの極から発する一元的支配的価値とは違い、そこに存在するものの存在要求を軸とし、個別的なものを貫き、多元的なものを貫き、それらをつなぐものとして見えてこよう。その向こうに、普遍へと開かれた価値観の成立が予感される時代だともいえよう。

人間は過去からの問いかけとともに、未来からの問いかけに応える仕方での価値選択の中で、その歴史を刻む。そのような歴史意識に立って現在を見れば、それはどのように見えてくるか。その座標軸のとり方によって、その見え方も異なってくる。どこに座標軸をとるかということ自体、すでに価値選択の問題と重なっている。

私自身は、現代を生きる者の、その思考の座標軸を一九四五年におき、それを「地球時代」への画期としてとらえたい。そのこと自体、未来への価値選択とかかわっての時期区分でもあり、歴史的事象の構造的連関づけの意識的作業をともなってもいる。

この「地球時代」という表現は、今日ではさまざまな論者によって多用されており、この表現自体は、すでに現代人によって共有されている。それを自覚的にどうとらえるかが問題である。

私は、とりあえず、この「地球時代」というタームを、つぎのように定義しておく。

「それは地球上に存在するすべてのものが、ひとつの絆によって結ばれているという感覚と意識が、地球規模で共有されている時代、あるいは共有されていく時代である」（＊1）と。

(2)「地球時代」の指標

「地球時代」への起点を一九四五年にとりたい。当然その前史があり、前史との違いがある。以下でその指標を列挙しよう。
①まずはその前史としての大航海時代。その背景には、科学革命の始まりと、神学的宇宙観の解体がある。
コロンブスとトスカネリ、そしてコペルニクス、ガリレオの仕事がある。そして一八世紀の開

かれた宇宙観、カント、ラプラスの仕事も見逃せない。地球は他の星とともに宇宙に浮かぶ一つの球体(グローブ・地球)となった。それは地球上のせめぎ合いを虚しいものとみなし、永久平和を希求する世界政府の構想をはぐくむ視点でもあった(たとえばカントの永久平和論)。

しかし、一九世紀後半、欧米を中心に世界を巻き込んで進められた帝国主義も、ひとつの地球認識をもっていた。そこでは地球全体を植民地分割の対象とし、帝国主義間の勢力争いは、二度の世界戦争を引き起こし、それは全体戦争として戦われた。これもまた醜くゆがんだ「地球時代」の前史といえよう。

②その戦争が、ホロコーストをともない、さらにヒロシマ・ナガサキをもって終結したことは、予想される核戦争は人類と地球の消滅をもたらすという危機意識とともに、新しい世界平和秩序づくりをめざす動き(たとえば国連)につながり、その動きと響き合ってつくられる世界人権宣言(一九四八年)は、大戦争の終結を契機としての、平和と人権の地球規模での前進に大きなインパクトをあたえるものであった。平和は、世界平和としてしか存在せず、人権は一国の人権宣言の枠を越えて、まさにユニバーサルなものとして宣言もされた。それはまた植民地の独立への歩みを、大いに励ますものであった。それらの国の多くは内戦をかかえての政権であったが、やがて民主化が進められていく。

軍事政権の存在や部族間の争い、局地衝突と紛争も絶えないにもかかわらず、巨視的に見れば、世界は大きく民主化へ向けて動いている。国際政治学的用語によれば、これはグローバル・デモクラタイゼーションへの動きと評されている(*2)。

グローバル・デモクラタイゼーションの問題は一方で地球上の諸民族の固有の伝統を尊重し合

い、その主権を認め合うことを含むが、同時に、国家主権を楯に、互いにせめぎ合うことへの反省の上に、主権の抑制と、その相対的な比重の低下を求め合う新しい国際秩序を求めるものである。いまにわかに国家主権を否定し世界市民の形成を掲げるわけにはいかぬが、やがて「地球時代」の本格的到来とその展開の機いたれば、国家主権にこだわり、ネイションにこだわることが無意味となる時代も到来しよう。その意味で現代は、一九四五年を起点として、「地球時代」への入口にいるが、いまだその時代への過渡期であることも自覚されなければ、現実を見失うことにもなろう。

③植民地の独立と民主化を励ます世界人権宣言は、さらに人権規約（一九六六年国連採択、一九七九年発効）として国際条約となり、女性、障害者、子どもの権利は、人間存在の具体に即しての権利保障の条約として発展した。

たとえば子どもの権利条約の承認は、否応なしに、飢餓に苦しみ内戦のなかで路頭に迷う、第三世界の子どもたちへ思いを馳せさせずにはおかず、従属理論をもちだすまでもなく、地球規模での「豊かさのなかの貧しさ」の相関的構造を問うことを求めている。と同時に、いわゆる先進国のなかの子ども問題は、豊かさのなかの新しい貧しさの問題をつきつけてもいる（*3）。そしてこれらの動きを通して、人権の普遍性と個別性の関係が問われてきている。

④「地球時代」を自覚させるもう一つの契機として、スプートニクに始まる（ソ連、一九五七年）宇宙衛星の打ち上げがある。さらに有人宇宙船ボストーク（一九六一年、搭乗はガガーリン）の成功は人間が地球の外から地球を見たはじめての経験であり、地球を宇宙船地球号と見る見方の始ま

りでもある。

今日では衛星回線による世界の情報ネット化がすすみ、衛星から送られる大気の情報が天気予測の確度を高めていることも、私たちの宇宙感覚を日常的に拡げることに役立っている。

⑤「地球時代」の開幕には、学問の力も大きな役割を果たしている。宇宙開発を支える宇宙科学や天文学はいうまでもないが、地球の足もとを探求する科学の発展もめざましい。植民地主義と結びついて発展した文化人類学は、人文地理学とともに、フィールドワークを深める中で、各地域文化の独自の発展とその意味を発見し、欧米中心、人間中心の発想に異議をとなえ、多文化主義の視点を構築してきた。

地球そのものについての科学の発展も国際協力の中で大きく前進し、海洋学や古生物学、地磁気学や地震学の協力は、プレート・テクトニクスの科学を大きく前進させた。宇宙科学とともに、地球物理学のそのような成果もまた、われわれの足もとの大地（アース）そして地球（アース）の認識を広げ深めてくれている。それはまた、国際政治・経済学や国際教育学が依拠すべき土台そのものに他ならない。

⑥さらにまた、国境を越えて拡がる産業公害、乱開発による地球環境破壊、くり返される核実験や原発事故による環境汚染は、地球的視点の不可欠性を否応なく求めるものであった。先般放映された環境ホルモンと生殖異変をテーマとするドキュメンタリーは生物全体の未来への警告をあたえるものであった（＊4）。そして、地球環境への着眼は、自然に働きかけ、それを破壊することも辞さない人間の傲慢さへの反省とともに、人間もまた、自然の一員であり、人間性とは人

間的自然（ヒューマンネイチャー）に他ならないことを自覚させ、その上で、自然と人間との共生の思想をはぐくむことにもなっていった。

⑦ここで、ジャック・イヴ・クストーの仕事についてふれておきたい。彼はフランスの海洋探検家として知られている。

アクアラング、水中カメラを発明し、海中深くからその「沈黙の世界」を報告してくれた最初の人である。その神秘の世界にも汚染が拡がり、まさしくそれは地球の危機につながることに気づいた彼は、環境保護運動にのり出す。彼は沖縄沖の珊瑚の保護を訴え、フランス核実験に反対し続けたひとであった。さらに、地球環境を守ることは、「未来世代の権利」を守ることであり、そのことをわれわれ世代は信託されているのだと主張している（＊5）。

環境問題を未来世代の権利と結びつけて考える視点は、共生論に対しても問題を提起する。共生は現在、地球上に生存するものの共生を説くだけではなく死者との共生、そして未来世代との共生の感覚をも掘り当てるものだといってよい。

一八世紀の啓蒙の精神は「古い世代を乗り越える、新しい世代の権利」（コンドルセ）の着眼を生んだが、クストーの環境問題、平和問題の危機意識を介しての「地球時代」感覚は「未来世代の権利」の自覚をさぐり当てたといえよう。

⑧一九四五年を起点とするこのような「地球時代」への動きと地球感覚の拡がりのなかで、あらためて日本国憲法を読み直す時、その前文および、第九条の意義が、新しい視野の、新しいコンテキストのなかでとらえ直されてくる。

それが過去の侵略戦争への反省とヒロシマ・ナガサキを体験したわが国の、核時代の到来への先駆的対応であり、いっさいの戦争を放棄し、戦争の手段（武器）を放棄するという憲法の趣旨は、まさしく「地球時代」にふさわしいものであり、その前文に示されたものは、「地球時代」を切り開くための「名誉ある地位」を自覚し、国際平和のために尽す決意の表明だととらえ直されてよい。

この憲法は湾岸戦争後、あらためて、これこそ新しい世界秩序に資するものとして注目され始めている。この点についてはさらに後述しよう。

さて以上のような「地球時代」の認識に立って教育課題を考えるとき、まずは「地球時代」をどう考え、どう教えるかが課題となる。その上で、平和の問題、人権の問題、環境と開発の問題、共生の問題がその教育の核となるものとして深められなければならない。

二　グローバル・エデュケーションとその核《コア》

(1) 地球教育

グローバル・エデュケーションの第一は、この世界をひとつの球体としてとらえることから始まる。銀河系の一つ、太陽の惑星の一つとしての地球……。そして、地球は生きて動いている（プレート・テクトニクス＊6）……。

地球教育においては、その地学的・地理学的学習とともに、人類がその歴史のなかで地球をどのようなものとして理解していたのか、天動説から地動説への科学的知識と、それがあたえた認識論的衝撃やコペルニクス、ガリレオが異端者として迫害された歴史的事実、大航海時代があたえた地球把握へのインパクトなど(たとえばコロンブスは地球を丸いと考えていたのかどうかといった仮説を立てさせながら)を学習し、追体験的に球体としての地球発見の驚き、感動、新たな恐怖などについてとらえさせることが必要である。

同時に、この大航海時代は、バイブルと剣をもってする先住民の征服と植民の始まりであり、ピサロやコルテスに代表されるように、それがいかに野蛮な力と奸知によるものであったか、その傷跡が、五〇〇年をへてのいまもなお深く残っていることも知らねばならない(＊7)。

また一九世紀の末に始まる帝国主義の時代には、地球上のすみずみまで、植民地分割の対象として列強がせめぎあい、民衆の独立への希求を押しつぶしてきたのであった。帝国主義者もまた、その限りにおいて「地球」を意識したに違いない。これらは、否定的契機としての「地球時代」の前史をなすものとして教材化されてよい。植民地分割の対象となったアフリカの国境線はなぜ、定規をあてたように真直ぐなのかを考えさせるのもその導入教材になろう。

⑵ 世界人権宣言と憲法

一九四五年は、すでに見たように、いわば核戦争の恐怖と普遍的人権の思想を媒介として、このような地球認識の転換を迫るものであり、国際連合(UN)という新しい国際組織と、戦争放棄の規定を掲げる憲法をもった国の出現は、新しい時代としての「地球時代」を象徴するものであった。その国連総会で採択された世界人権宣言(一九四八年)は、その前文をこう書き出している。「人類社会のすべての構成員の固有の尊厳と、平等で譲ることのできない権利とを承認することは、世界における自由、正義及び平和の基礎である」

そして、わが国の憲法はその前文に「日本国民は、恒久の平和を念願し、人間相互の関係を支配する崇高な理想を深く自覚するのであって、平和を愛する諸国民の公正と信義に信頼して、われらの安全と生存を保持しようと決意した。……日本国民は、国家の名誉にかけ、全力をあげてこの崇高な理想と目的を達成することを誓ふ」とある。第九条の戦争放棄の規定はこの前文の精神と一体のものであり、したがってそれが単に戦争の惨禍の認識にもとづく一国平和主義ではなく、侵略戦争への反省とともに、未来に目を向けて新しい国際秩序づくりを目ざす先駆的な問題提起性をもつ、国際平和主義の表明としてこそ理解されなければならないのである。ちなみに第九条は幣原喜重郎首相の発意によるものであり、マッカーサーも後年、憲法調査会会長高柳賢三への書簡で「第九条は幣原首相の先見の明とステイツマンシップと英知の記念塔として永久に朽ちることはないであろう」とのべている。

さらに、戦後五〇年をへた今日あらためてこの憲法の精神は、これからの世界秩序づくりにとって先駆的かつ現実性をもつことが認められてきている。アメリカにも、湾岸戦争後に、チャールズ・M・オーバービー氏を中心に「憲法第九条の会」がつくられ、「日本国憲法九条の理念を世界中が取り入れる活動」を始めた(＊8)。また、ハーバード大学のブライアン・ウドゥール准教授は、「冷戦後の新世界秩序には、日本の憲法、とりわけ第九条の精神が、どの国の憲法よりも適している」と語り(＊9)、総司令部の一員としてマッカーサー・グループにかかわり、女性の権利の拡大の恩人でもあるベアテ・シロタ・ゴードンさんは、「それは最良(エクセレント)の憲法」であり、第九条は「廃止されるべきではなく、むしろ模範とされるべきだ」と述べている(＊10)

また、シンガポールのジャーナリスト、陸培春《ルーペイチュン》氏は日本の不戦憲法は、アジアの民衆二〇〇〇万人の犠牲の上につくられたものであり、アジアの人々は誰もそれを変えることを求めてはいないと述べている（＊11）。彼の発言は単なる護憲派の援軍としての発言ではない。私たちは襟を正してこのことばを聞かなければならない。

(3) 平和と人権の文化

国際理解の教育は、過去の認識の問題を通して未来への礎を踏み固めるためのものであり、平和・人権の文化をどう根づかせるかが課題である。ユネスコ国際教育会議の「一九九四年宣言」の中には、「教育は、人権の尊重に寄与し、権利の擁護と民主主義と平和の文化の建設に積極的に参加し、そのために役立つ知識、価値、態度そして技能《スキル》を擁護すべきであると確信し」と書かれている（＊12）。

平和が目に見える戦争と暴力のない状態のみを意味するものではなく、圧政や貧困やあらゆる抑圧を、目に見えない戦争として、あるいは構造的暴力（＊13）としてとらえ、それを除去することにとりくむべきことは、「平和へのとりくみ」の共通の課題として認識されるようになってきた。それをさらに「平和の文化の建設」として課題化した点に平和意識の一段の進展を読みとることができよう。

これらの国際的文書において重要なことは、平和や人権の学習では、知識とともに、価値、態度、技能が強調されていることである。平和や人権が、その価値意識（観）の中軸にすわり、日常の生活態度にも沁みだしてくるような学習のあり方、そして具体的な緊張に対する問題解決に非暴力的方法によって積極的にかかわる技能を身につけるような学習と教育、そしてその習熟が重要なのである。そして、そのことによってはじめて、平和の文化、人権の文化を担う主体（市民）

が形成され、その文化が、それぞれの伝統に根ざす仕方で育っていくことが期待されている。

その意味で「平和と人権の文化」は、未来へのチャレンジングな課題であるが、同時に、そのためには、それぞれの固有の文化伝統のなかに、平和の文化、人権の文化の伝統を探り当て、それに未来的な課題をつなぐ努力も重要になってくる。私たちには、日本における平和文化、人権文化の伝統を掘り起こす努力も、平和の研究と教育にとって一つの重要な課題である。

(4) 環境と人間

環境・開発（発展）問題、南北問題、先住民（族）の権利、多文化のなかのアイデンティティといった問題が、アクチュアルな教育問題として登場してきているのも、「地球時代」としての現代の特徴であるといってよい。平和、人権、国際連帯といった一見古い問題も、これらの問題を通して具体的に展開されなければならないということも共通の認識になりつつある。それはユネスコの国際教育会議の動向（一九七四年、一九九四年）やユネスコ総会（一九九五年、一九九七年）、あるいは国際平和研究学会（ＩＰＲＡ、一九九六年）の動向、その論点の推移にも端的に示されているといえよう（＊14）。

なかでも環境問題は、人間と自然の関係のとらえ直しを求めている。人間の、科学的技術の展開を介しての自然への働きかけが、自然破壊をもたらし、同時にそのことが人間的自然（ヒューマン・ネイチュア＝人間性）を破壊することに通じていた。エコロジカルな秩序の破壊は、人間という種の持続への危機に通じているという認識が共有されてきているのも現代の特徴であろう。国際地球環境会議（一九七二年ストックホルム、一九九二年リオ・デジャネイロ）は公害問題を地球環境問題として自覚させる転機となった。

地球規模での持続できる発展(sustainable development)を展望するためには先進諸国の開発(成長)をミニマムにおさえる必要があり、あるいはマイナス成長の上で、地球全体としての発展のバランスを考えることが必要なのであり、そのためにも、主権国家の主権が制限されることが必要となる。このような視点から、途上国への政府援助(ODA)の現実も厳しく検討され、援助が一部の権力者への援助ではなく民衆への援助、その自立を励ますための援助となるようにそのあり方が再検討されなければならない。APECの動向についてもこのような視点から検討されてよい(一九九六年マニラ会議、一九九七年バンクーバー会議＊15)。

三　共生の思想を深める

(1) 共生とは何か

「地球時代」は、万物の共生、万人の共生を求める時代でもある。それだけにこのことばは多用され多義的でもある。私たちはそれをどうとらえたらよいかの検討が必要である(＊16)。

このタームは、はじめは生物学のターム(symbiosis)として使われ、人間発達論のなかでは母子の有機的共生から心理的共生への筋道として語られ(H・ワロン)、やがて環境問題が鋭く自覚されるなかでエコロジストによって好んで用いられたという経緯がある。他方で、米ソ対立のなかで平和的共存(coexistence)が説かれ、南北の共生(co-living)が説かれるといった情況がある。近年日本でも「共生」が多用され、企業での経営と勤労者の共生がいわれ、あるいは男女の共生がいわれるとき、それが労使の対立を隠蔽し、あるいは男女平等の主張に水を差す機能を果たす場合もある。古い共同体論と結びついた共生論は、個人の尊厳や個性の尊重と対立する場合もある。

それだけに、私たちが、いま「共生」にこだわるのはなぜか、その思想内容を人間と教育の思想の中心となるものとするためには、どのような省察（リフレクション）が必要なのかが問われねばならない。

それでは「共生」とは何か、私は、このことばがもっとも平明に意味するものとして、それは「ともに生きる」こと、英語でいえばまず live together（あるいは co-living）として表現されるものだと考えたい。

万物の共生

したがってまた、その含意は、第一に「万物の共生」であり、エコロジカルな視点を含んでの自然との共生（人間も自然の一部）である。ここではアニミズム的発想や仏教的思想も、その積極的な意味がとらえ直されよう。

自然に対立する人間中心主義ではなく、自然主義＝人間主義こそが求められねばならないとの主張は、すでにルソーやマルクスの中に見出される。

人間は自らも自然の一部であるにもかかわらず、自然と対立し、それをねじ曲げようとすれば、それは自らの自然＝人間的自然をゆがめ、やがて人間性を喪失することに通じている。自然と人間の関係性のディアレクティクを正確にとらえることが重要である。このことが今日ほど切実に求められている時代はないといっても過言ではない。

万人の共生

今日、人間と人間の共生を言う時、東西・南北、民族と民族、国民と先住民（族）の共生が課題であることに多言を要すまい。万人の共生とはさらに、大人と子ども・老人、男と女、障害者と健常者等々、人間の生存を、そのライフサイクルに即し、それぞれのスペシャルニーズ（固有の必要・要求）に即しての多様な態様のなかで、それぞれの固有性を生かしつつともに生きること、そのための障害を取り除く具体的方策を講ずることがなければ空言におわる。その際、共生の原理が、人間平等と人権の普遍性の原理に立ち、その上で、それぞれの個性が発揮できる共生・共存の形態が探られなければならない。

(2) 多様性と普遍性

多様性と普遍性の問題にかかわって、つぎのような論議の動向を紹介しておこう。一九九四年のユネスコ国際教育会議（ジュネーブ）で提案された総合的行動要綱案では、多様性を尊重するといいつつも「人権の普遍性に疑いを差し挟むようなものであってはならない。文化的社会的多様性が人権観念と一致しない場合には国際的な基準の方が尊重されなければならない」と書かれていた。それに対して、アラブ諸国や中国からの批判があり（＊17）、修正された文章では「この行動要綱は様々な社会の条件に応じる制度的及び国家的レベルの方略や政策や行動計画に翻案されるその基礎となるガイドラインを示すものである」と変わり、国際的基準が優先されるのではなく国内で行動プランを作る場合の参考にすべきだとする趣旨に書き直されたが、全体として審議未了に終り、翌年（一九九五年）のユネスコ総会で採択された。

私は普遍とは「歴史的・社会的に規定され、同時に未来へと開かれたもの」として、あるいは「開かれた普遍」としてとらえることが必要であり、その上で多様性と普遍性の統一の仕方として、

「多様性を越える」普遍性という発想と共に「多様性を通しての」普遍的なものをどうつくってい くかという発想が重要だと考えている。これまで、私たちは、人間、それぞれ差異はあるが人間 として平等だといった感覚を重要だと考えてきたが、同時に、その具体的な差異をそれぞれの個 性として認めあうということが重要なのだ。それはたとえばすばらしい民族衣装で国際会議に参 加したアフリカの代表者たちの誇り高い発言に対して、人間としての尊厳とともに彼自身に対す る、そして彼を支えるその文化的個性に対して尊敬の念をもつということである。差異を越えて の普遍とともに、差異を貫いての普遍的なるものへの感覚の方が、これからはいっそう重視され なければならない。大江健三郎文学の普遍性もヒロシマへのこだわりや、障害をもつ光君との共 生に支えられている。その特殊な体験を貫く普遍に開かれた問いが重要なのだ。

共生の思想は従来のヨーロッパ的普遍主義そのものを問い直す視点と重なっている。ユネスコ 関係文献にも、ようやく共生（live together）が説かれるようになったことは、その変化の現れでも ある（＊19）。

(3) 学問のあり方も問われている

学術政策論においても、たとえば日本学術会議が主催したアジア学術フォーラム（会議）を通し て、競争主義とは違う新しい発想が現れたことはうれしい（＊20）。

そこでは、「共生」「持続可能な発展」「生活の質」がキーワードとなり、一九九七年の第三回フォー ラムでは「伝統と新しい地平（Tradition and New Horizon）がテーマとして掲げられた。

そこで感じられたものは、従来の欧米モデルの科学政策への競争的対応とは違う流れであった。 そこでは、科学技術の開発をひたすらに進めようとするのではなく、じっくりとその進路を見定め、従来の学問方法を見直そうとする発想である。それはひとことで言えば、成長神話の見直し、欧米中心的発想の見直しを通しての「持続可能な発展」と「共生の思想」といってよかろう。日本学術会議の地球環境問題の特別委員会のとりくみや「アジア・太平洋地域における平和と共生」特別委員会での論議のつみ上げは、このアジア学術会議の思想と響き合うものであった。

二一世紀に向かう今日、メガコンペティションの時代の「競争」に打ち克つ方向での学術政策なのか、それとも、地球環境との調和的で、持続可能な発展をめざす科学技術の新たな進路を模索するのか。総会でも、この二つの哲学が交錯するところで、時に激しい論議が交わされたのだった。私たちは、共生の思想を軸として、しかも停滞ではなく、たえざる向上をめざす道を探らねばならない。

そのときに出てくるもう一つのキーコンセプトは、「生活の質」(quality of life=QOL)の視点であろう。科学技術を競争的関係の中で勝利する手段として位置づけるのではなく、共生の原理のもとで、それぞれが伝統文化を大事にしながら、少しでもこころの問題を含む生活の質をたかめるための方法として位置づけることによって、学術もまた、「共生の思想」と親和的に結びつくものとなるのではなかろうか。そこでは、「人間にとって豊かさとは何か」の問いも必然である。

そして、このような問いは、従来の学問のパラダイムの問い直しを求めている。それを端的にいえば、成長神話と競争の原理を基軸とするパラダイムなのか、それとも、持続可能な発展と共生の原理を根幹とする新しいパラダイムなのかということになろう。

この問いはまた、学問の自由、学術的テーマ設定における価値の問題、その成果の民衆(ピープル、国民・人類)の生活への還元とその手続きの問題を含んでいる。

戦前の学問は「国家の須要に応ずる」ものとして、その依拠すべきものは、その限りにおいて明確であった。そして、そのことによって学問の自由を犠牲にしたという反省の上に戦後は、何ものにも従属しない「真理のための真理の探求」に、学問の自由の根拠が求められた。さらに、学問は民衆の福祉に、学問を通して貢献するということもまた、戦後の学問の使命として考えられてきた。そこでは「国益（国のため）」と「民益（国民のため）」の異同もまた論議されてきた。さらに、憲法にいう「学問の自由」も大学研究者の独善的な自由の規定ではなく、国民ひとりひとりの探求の自由を人権のひとつとして規定しているのであり、その前提の上で、専門研究者の探求の自由の根拠を国民の真実を知る権利に求めているのであり、その自由の具体的保証として大学の自治が導かれてくるのだと考えられる。

学問のアカウンタビリティ（責任）の基準もまた、民衆の生活の質（QOL）への貢献度としてこそとらえられなければならないであろう。それを明示的に示す基準は難しいが、少くともそれは経済成長への貢献度とは異質のものであることも確かであろう。その「民衆」を日本国民と限定することなく、広く人類の、より具体的には、南北問題のはざまにあえぐ「アジアの民衆の生活の質」と読みこむこともできよう。もしそうであるならば、今後の学問は、欧米先進国の国益論と成長神話と競争モデルに求めるべきではなく、共生の理念のもとで全世界の民衆の生活の質を軸としての持続可能な発展と親和的な学問研究のあり方が求められるべきではなかろうか。「地球時代」と共生の思想にふさわしい学問パラダイムが、いまこそ求められているといえよう。

(4) 競争の文化から共同・共生の文化へ

さらに、私たちが「平和と人権の文化」を考える際のアクチュアルな問題としては、現在の日本における子育てと教育にかかわる文化の質の問題がある。日本社会は一見平和に見えて、管理と競争のシステムのなかにあり、学校もその例外ではない。体罰といじめの問題はまさしく直接的暴力の問題であり、陰湿ないじめや内申書による抑圧は構造的な暴力の問題でもある。いずれにしろ、現在の学校に支配的な文化は「平和と人権の文化」の対極にあるものだといわねばならない。学校とクラスのなかに、日常の友人関係のなかに、それぞれが居場所をもち、「平和の文化」、「人権の文化」をつくり出すことができるような「学びの文化」をつくり、根づかすことが、学校での、そして家庭と社会での課題なのである。

人権についての認識の深まりが、価値観（感）や態度を強化するという関係も意識されてよい。そのためにはまた学校と教育をめぐる文化が、競争から共生へと大きく変わらなければならない。その際の共生とは、単に「共に生きる」を越えてのコンヴィヴィアル（親和的）な共生、食事をともにし、心の通い合う時間と空間を共有するということをその源イメージとする共生（conviviality）が一つの理想の状態だと考えられてよい。クラス全員が、生徒と教師が、学校全体が、共生し、父母と教師が共同する学校が構想され、創造されることが理想であり、そこでまた、教育の内容においても、万物の共生、万人の共生の課題を核とするカリキュラムづくりにとりくみ、老人や障害者との交流、あるいは外国人子弟との交流といった実体を通してその共生の感覚がゆたかに育ち、それを侵すものにたいしてはそれを許さないとする強さもまた、求められてくる。死者との、そして未だ生まれていない未来世代との共生の意識も徐々に共有され始めている。

四　アジアのなかの日本——相互理解と共生の道を求めて

「地球時代」における世界市民は、ピープル一人ひとりの、世界市民としての自覚を基礎とするものであるが、ピープルは現実には国に属し、いずれかの地域に属している。私たちは地球人であるが、同時に日本人であり、アジアの中に生きている。

にもかかわらず、私たちの国際感覚のなかではアジアは大きく欠落し、その像はゆがんでいる。それは単なる無知というよりは、日本の近代化が「脱亜入欧」の路線の上ですすめられ、二〇世紀に帝国主義の仲間入りをしてからは、東洋の盟主＝支配者として君臨しようとして挫折、戦後は侵略戦争の十分な反省もなく、アジア蔑視を無意識のうちにひきずりながら、欧米民主主義を範とする路線（現実には対米従属）を選択してきたことと深く関連している。他方で、アジア諸国は、かつての侵略国がその反省もなしに、大手を振って経済進出するその傲慢さに、厳しい視線を注いでいる。

国際理解と共生の問題は、身近な問題への感性の問題でもある。また、身近な国際理解の機会は、日本にいる在日韓国・朝鮮人の問題、外国人労働者とその子弟の教育の問題や帰国子女の問題、さらには中国残留孤児の問題を通して数多くある。アイヌの問題も、その民族と伝統を大切にしながらどういう交流・共生がありうるかが問われている。

子どもたちは、外国の子どもたちを仲間として受け入れる姿勢は、一般的には大人たちより柔軟だが、しかし、ここでもいじめの問題があり、それはまた、大人たちの価値観や態度と深く関係してもいる。

日韓の青年たちの認識ギャップは大きい。日本の若者が、日本が朝鮮で行った過去についてほとんど知らない。他方で、韓国の青年たちは、日本支配の時代の事実を克明に知っている。この認識のギャップのうえに、日本人の韓国像・朝鮮像、韓国人の日本像がつくられているという問題がある。

問題はもちろん日韓の認識のギャップだけではない。アジア諸国と日本の認識ギャップについて、さきにも引いたシンガポールの新聞特派員で知日家の陸培春氏は、日本の歴史教科書でのアジアについての記述とシンガポールの教科書での日本の侵略についての記述の差について指摘し、さらにこうのべている。教科書検定と近現代を軽視する大学入試出題傾向のゆえに「日本の若い世代のあの歴史に対する無知は予想以上に深刻な段階となっているのだ。このままだと加害者と被害者の歴史観・戦争観をめぐるギャップが広がる一方で、『文化衝突』となる恐れがある」(＊21)と。

平和と共生は、相互の理解と尊敬、異質なものへの寛容の精神が不可欠である。国際理解教育の重要性が自覚され、推奨されることが急務である(＊22)。

この観点からみるとき、戦後平和教育の歩みは、困難ななかで、たしかな成果を蓄積してきた。戦後の平和教育は、㋑戦争の被害(惨禍)、㋺加害の責任、㋩反戦平和の思想伝統、㋥未来への価値選択、の四つの視点を含んで行われてきた。相互理解を深めるための日韓・日中の教育者、歴史家の交流も活発である(＊23)。さきにふれたシンガポールの教科書の日本についての記述の部分は、日本の高校生たちによって、世界史の勉強の一環として翻訳され出版されている。このテキストに学んだ高校生の感想文のなかには、この高校で学ぶカンボジア難民青年の感想文も含まれている。

アジアと日本の経済的接点を考えさせる好著に『バナナと日本人』、『エビと日本人』(＊24)がある。バナナを通してフィリピンの大農園で働く人々を、エビを通してインドネシアの漁民を、そして消えゆくマングローブの森を想い浮かべる仕方での国と国、ピープルとピープルの関係づけを促してくれる。

お隣りの韓国・朝鮮との関係は、近くして遠い関係である。深い相互理解に根ざす平和と共生の文化が拡がれば、アジアのなかの日本のあり方も大きく前進するに違いない。あの厳しい時代に、三・一独立運動を支持した柳宗悦が健筆をふるい（＊25）、日本語の教育の押しつけに涙した矢内原忠雄がいた（＊26）。日本の植民地の放棄を主張し、「大日本主義」を「棄てれば軍備はいらない」と説いた石橋湛山もいた（＊27）。そして侵略戦争に反対する教師たち（新教・教労）がいたことなどが想起されてよい（＊28）。朝鮮総督伊藤博文を射った安重根と監視役の憲兵千葉十七の間に心の通い合いがあり、現在はその合同法要が行われていることは、私たちの心をうつ（＊29）。高知の高校生と大阪の朝鮮高校生の交流は、映画「渡り川」を生みだし、日韓を若者たちによるもう一つのかけ橋でつないでくれている（＊30）。

米軍基地問題をめぐっての沖縄の県民投票に先立つ高校生の自主投票へのとりくみは、大人たちの目を開かせる力をもっていた。千葉県の高校生の、どのような内容の日米平和条約をつくるかを考えた実践もある。国連子どもの権利委員会で、自分たちの学校の校則問題について「意見表明」した京都・桂高校生の活動も注目されている。

目立たない、地味な平和教育や国際理解教育の実践の中にも、平和・人権の文化と共生の思想を根づかせる希望がみえる。

＊1　編集委員会からあたえられたテーマは「教育の国際化」であった。今日、教育の国粋化ではなく国際化が必要なことはいうまでもない。しかし、一九八〇年代から、とりわけ中曽根内閣主導のもとでの「国際化」は、日本を大国主義的に世界に

押し出すことが「国際化」と表現されており、さらに湾岸戦争期の国際貢献論は一国平和主義の憲法は改正さるべきだとする志向性をもち、このような政治動向と重なってくり返し強調されている「教育の国際化」が、日の丸、君が代とワンセットの国粋化に他ならず、あるいは留学生一〇万人構想であったり小学校からの英語教育の主張であったりと、上滑りに流れる必然性をもっている。それだけに「国際化」をいう前提として、私は、「地球時代」という現代史区分をまず考え、その指標のなかに、国際化を位置づけることができればよいと考えている。そこでは、ナショナルなものとインターナショナルなもの、トランスナショナルなものの関連が問われ、多国籍企業的トランスナショナリズムではない、民衆の連帯を軸とする新たなインター・ナショナリズムが求められている。

なお国際教育の流れについては、永井滋郎『国際理解教育』(第一学習社、一九八九年)、大津和子『国際理解教育』(国土社、一九九二年)、森田俊男『平和・国際教育論』(平和文化、一九九三年)、堀尾輝久『日本の教育はどこへ』(青木書店、一九九〇年)参照。

＊2　坂本義和『地球時代の国際政治』(岩波同時代ライブラリー、一九九〇年)

＊3　国連子どもの権利委員会に提出された日本の「子どもの権利条約　市民・NGO」の報告書『豊かな日本社会における子ども期の喪失』(花伝社、一九九八年)参照。

＊4　NHK「生殖異変・しのびよる環境ホルモン汚染」(一九九七年一一月一二日放映)

＊5　この活動に共感する人々によって、日本でも一九九七年四月、「日本クストー・ソサエティ」が発足した(代表西島安則、前京大総長)。国連でも一九九七年一一月「現在の世代の未来世代への責任に関する宣言」が採択された。

＊6　上田誠也『新しい地球観』(岩波新書、一九七一年)

＊7　大航海時代は、「発見」された地域と民衆への侵略と収奪の歴史の始まりでもあった。石原保徳『インディアスの発見―ラス・カサスを読む』(田畑書店、一九八〇年)の現代への問題提起は強烈である。

＊8　オーバービー氏はこの会の活動の一つとして「第九条を世界に広めるための意見広告」をクリスチャンサイエンス・モニター紙(一九九四年八月八日)に掲載した。そこには、「第二次大戦後、日本の憲法の七三文字のおかげで、日本の外で日本の軍隊によって殺された者は一人もいない。これはすばらしい記録である」とある。彼は日本の憲法を、良心的兵役拒否(conscientious objection)より一歩進んだ確信的非戦(平和主義)(conscientious affirmation)ととらえている。その成立の歴史的意味については、「国連憲章は広島・長崎への原爆投下六週間前で、平和憲法は、国連憲章にはなかった核時代の新しくて恐ろしい真実が反映されていることを見落としてはなりません」とのべている。オーバービー「憲法九条を世界に広める」(インタビュー)『人間と教育』(労働旬報社、第四号、一九九四年)

＊9　『朝日新聞』一九九二年六月二九日「天声人語」。
＊10　『ニューズウィーク』一九九三年六月七日号。なおゴードンについては平岡磨紀子構成・文『一九四五年のクリスマス―日本国憲法に「男女平等」を書いた女性の自伝』（柏書房、一九九五年）を参照。
＊11　一九九四年一一月三日憲法集会にて。なお、陸培春は同趣のことをくり返しのべている。『もっと知ろうアジア』（岩波ジュニア新書、一九九五年）
＊12　この宣言は前掲『人間と教育』所収の拙訳参照。
＊13　ヨハン・ガルトゥング、高柳先男・塩屋保・酒井由美子訳『構造的暴力と平和』（中央大学出版部、一九九一年）、特に第一部参照。
＊14　一九九四年、ジュネーブでの国際教育会議は、二〇年前に出された同会議の「勧告」を見直すために開かれた。ここでは宣言は採択されたが、総合的行動要項（integrated frame work of action）は採択に至らず、翌九五年のユネスコ総会（パリ）で採択された。私は両会議にオブザーバーとして出席した。拙稿「二一世紀に向かう教育―ジュネーブ国際教育会議に参加して」（前掲『人間と教育』第五号、一九九五年）、および「平和―人権、共生の文化を根づかせよう」（『研究所だより』二九号、民主教育研究所、一九九六年一月一〇日）参照。
　また国際平和研究学会（IPRA）一九九六年の大会はオーストラリア・ブリスベンで開かれた。そこでは平和問題を考える柱として非暴力、環境・開発、マイノリティ、先住民、ジェンダー、若者の視点が強調され、その主題にそって分科会も構成されていた。私も日本の平和教育について報告した。
＊15　なお、環境・開発の問題については、つぎの文献が参考になる。D・H・メドウズ、J・ラーンダズ他著、大来佐武郎監訳『成長の限界―ローマ・クラブ「人類の危機」レポート』（ダイヤモンド社、一九七二年）。環境と開発に関する世界委員会（委員長、ブルトラント＝ノルウエー首相）『地球の未来を守るために（*Our Common Future*）』（福武書店、一九八七年）。マイケル・レッドクリフト、中村尚司・古沢広祐監訳『永続的発展』（学陽書房、一九九二年）。林智・西村忠行・本谷勲・西川栄一著『サスティナブル・ディベロップメント―成長・競争から環境・共存へ』（法律文化社、一九九一年）。宮本憲一『環境と開発』（岩波書店、一九九二年）。大田堯編『学校と環境教育』（東海大学出版会、一九九三年）。福島達夫『環境教育の成立と発展』（国土社、一九九三年）。
＊16　共生については、日本学術会議（第一六期）でも「アジア太平洋地域の共生と平和」という特別委員会（委員長＝山口定）が、報告書をまとめた（一九九七年七月）。私もその一員（幹事）であった。また、日本教育学会も第五〇回大会（一九九五年）でシンポジウム「アジアと日本の共生」を行い、私もシンポジストとして参加した。日本教育学会編『教育学研究』（一

九九六年三月）参照。

共生が棲み分け論の別名であったり、強者の視点からの差別的現状の肯定のためのイデオロギーであってはならない。それは抑圧者、独裁者に対する抵抗の思想としてもとらえられねばならない。南アフリカのアパルトヘイトに抗し続けて、ようやく大統領に選ばれたマンデラ氏が、自分の思想を「白人と黒人の共生の思想」として表現していることから、私たちは学ばなければならない（その意味で私は戦後五〇年を機とする「国会不戦決議」に反対して行われた「アジア共生の祭典」には強い憤りを感じている）。なお「共生」を軸とする新しい経済のあり方については内橋克人『共生の大地』（岩波新書、一九九五年）も参照されたい。

＊17　総会ではアラブ諸国がパレスチナ問題とかかわって個人の人権よりも民族主権をまず認めることを求め、中国には人権が外交手段とされることへの反発があった。

＊18　ジュネーブの国際教育会議では三日目、総会と並行して、人権と教育をめぐるラウンドテーブルがもたれ、そこで、私自身、この点を強調して発言した。なお、モントリオール会議（一九九三年）の世界行動計画（『国際理解』第二四号、帝塚山学院大学編）も参考になる。

＊19　ユネスコ「二一世紀教育国際委員会　J・ドロール委員長報告書」、天城勲監訳『学習―秘められた宝（*Learning：The Treasure Within*）』（ぎょうせい、一九九七年）

＊20　アジア学術会議については、『学術の動向』一九九六年六月号および一九九七年六月号参照。また拙稿「競争から共生へ」同、一九九七年八月号所収を参照。

＊21　陸培春『アジアからみた日本の「国際貢献」』（労働旬報社、一九九三年）

＊22　比較史・比較歴史教育研究会編『アジアの「近代」と歴史教育』（未来社、一九八九年）

＊23　石渡延男・益尾恵三編『外国の教科書の中の日本と日本人』（一光社、一九八八年）

＊24　鶴見良行『バナナと日本人』（岩波新書、一九八二年）、村井吉敬『エビと日本人』（同、一九八八年）

＊25　柳宗悦「朝鮮人を想う」（「読売新聞」一九一九年五月二〇日-二四日。『柳宗悦集』-近代日本思想大系24、筑摩書房、一九七五年）所収。

＊26　矢内原忠雄「植民及植民政策」（一九二六年。『矢内原忠雄全集』第一巻＝岩波書店、一九六三年）所収。

＊27　「東洋経済新報」一九二一年七月三〇日他。松尾尊充編『石橋湛山評論集』（岩波文庫、一九八四年）

＊28　たとえば『新興教育』（一九三〇年九月―一九三三年六月、全二〇号、白石書店＝全七巻、一九八〇年）。また「新興教育パンフレット」（一九三一年七月）には李北満「帝国主義における朝鮮の教育状態」が掲載されている（同第七巻所収）。

＊29　斎藤泰彦『わが心の安重根——千葉十七・合掌の生涯』（五月書房、一九九三年）

＊30　幡多高校生ゼミナール編『「渡り川」—四万十川流域から創造する高校生の国際交流』（平和文化、一九九四年）

本稿は、「地球時代とアジア——平和・人権・共生の文化を」（『学術の動向』日本学術会議、一九九六年一月号）、「競争から共生へ」（同一九九七年八月号）、「人権・平和・共生の教育をめざして——ユネスコ国際教育会議で考えたこと」（『国際理解』第二七号、帝塚山学院大学編、一九九六年）、「二一世紀に向かう教育」（『人間と教育』前掲、第五号、一九九五年）、「地球時代の教育——平和・人権・共生の文化を」（一九九七年八月、日本教育学会での報告）などと重なるところがある。

（『国際化時代の教育』岩波講座現代の教育：第11巻、一九九八年）

「地球時代」へ向けて
——人権・子どもの権利と平和の文化を

はじめに

現代は混迷の時代にある。その行き先はますます見えがたく感じられもする。そのとき私たちは、その歩んできた道をふり返り、道標を立ててそれまでとりくんできた課題を確認しながら、その行き先を定めることが必要である。

その歩むべき方向は、これまでの道の延長線上に直線的に線を引けばよいというようなものではない。私たちは、過去への問いとともに、未来への問い、そして未来からの問いかけに応える仕方で、私たちの未来を選択的に創り出すことによって生きているのであり、今日求められているのは、その選択について自覚的であることだといってもよい。

私たちは、現実を深く問い、それを歴史的関連のなかにつなぎながら、しかも、理想（希望）をもってしか生きていけない存在である。

その希望を、私は「地球時代」に託したいと考えている。

一　「地球時代」と人権・子どもの権利

「地球時代」とは

「地球時代」とはなにか。〈地球上に存在するすべてのもの、万物・万人がひとつのきずなによって結ばれているという感覚が、地球規模に広がっていく時代〉としてとりあえず定義しておく。私自身も、この「地球時代」という言葉を意識的に使うようになったのはここ数年のことである。「地球時代」はいつから始まるのか。私は一九四五年をひとつの大きな区切りにすることができるのではないかと考えている。

国際政治学者の坂本義和氏は『地球時代の国際政治』（岩波同時代ライブラリー、一九九〇年）で、「ヒロシマ・ナガサキは核時代の始まりであるとともに、地球時代の始まりであった」と書いている。この「地球時代の始まり」という認識は、核問題がひとつの大きなきっかけであることからわかるように、「終末の危機の共有」によって「人類はひとつ」というイメージが形成されたことの結果でもある。同時にこの間、南北問題や冷戦構造のなかで、終末だけは共有するものの、はたして「人類はひとつ」なのかという問題意識をも強く意識させた時代である。

したがって、坂本氏は、「このように『地球時代』という時、それは、問題の地球性と問題意識の地球化は進んでいるが、現実の私たちの行動や制度は、依然として地球時代以前のものだという状況を指している」とも書いている。この坂本氏の問題意識を共有しながら、私なりに整理をしてみよう。

「現代とはどういう時代なのか」という問いに対して、一九四五年をその時代区分にするのは、現実性をもっている。その場合に、ひとつは「核」の問題、さらに「環境汚染」の問題、そして「エネルギー危機」の問題、そういった問題をとおして、まさに地球の危機が意識され、そのなかで「地球」というものが自覚されてくる。

「地球時代」の前史

「地球時代」、これを英語では「グローバル・エイジ」と言う。一般的には「グローバル」という言葉は「全体的な」という意味で理解されてきた。しかし最近では「グローバル」をそのまま「地球的な」と訳し、そのようにイメージする現実感覚をもって、「グローバル」「グローバル・エイジ」という言葉が使えるようになってきた。

その前史はC・コロンブスの時代、大航海時代に始まる。もちろんギリシア時代から「地球は球体である」という説はあったが、この大航海時代と、近代科学の発展、N・コペルニクスやG・ガリレイなどによる自然科学の発展を支えとする宇宙観の展開と、大航海時代を支えている地球観とは結びついていた。

コロンブスは、コペルニクスやガリレオにやや先行する世代なのだが、コロンブスの同時代にはP・トスカネリが「地球球体説」を唱えていた。コロンブスはそのトスカネリを相談役にしていたという。いずれにしてもこの大航海時代の始まりの時期に、たしかに地球を「球体でひとつのもの」とみる意識が育っていたといえよう。

しかしそれは、大航海時代に続いて、いわゆる征服者たちがアメリカ大陸を征服してゆくときの意識と結びついた「地球」であった。

あるいは「帝国主義時代」、これもまた「地球」というものを意識していたが、その場合は、地球を〈制覇する〉という仕方での、あるいは帝国主義諸国の分割の対象としての意識だった。この帝国主義を批判し、万国の労働者の団結を呼びかけたK・マルクスの思想は、積極的な意味での「地球時代」へとつながる面をもつことも指摘しておかねばなるまい。

一九四五年以後

このような前史があって、そして一九四五年をひとつの境目に、「核」の問題というネガティブな契機によって、地球消滅の危機意識が生まれる。「環境問題」もそうだ。そういう意識が育ちはじめる。そういう契機を媒介にしながら、地球をひとつのものとして大事に考えなくてはならないという意識が育ちはじめる。そして第二次世界大戦による悲惨な状況を前提にして、新しい平和な国際秩序をどうつくるかという課題を負って国際連合（一九四五年）がつくられ、「世界人権宣言」（一九四八年）がだされてゆく。さらに「国際人権規約」（一九六六年）がつくられる。こういった動きの始まる一九四五年を「地球時代」の出発点、そのポジティブな意味での出発だといっていい。

そして、人権をまさに地球規模で保障しようとする「世界人権宣言」の精神は、たんなる〈宣言〉にとどまらず、各国の政府を縛るという意味での条約へと発展していく。〈宣言から条約へ〉という変化はひとつの大きな発展である。「国際人権規約」は、批准した各国政府にその実現を求める条約であり、その意味で非常に大きな意味をもつ。さらに具体的に「女性差別撤廃条約」（一九七九年）、そして「子どもの権利条約」（一九八九年）がつくられてゆく。「子どもの権利宣言」から「子どもの権利条約」へというこの変化は、理念を普遍的に表現するということにとどまらず、各国政府にその精神の実現を迫るという意味で大きな前進であり、「地球時代」

を具体化していくということは〈世界的宣言から条約へ〉という変化を伴っているといっていい。「女性差別撤廃条約」、あるいは「子どもの権利条約」は、二国あるいは数か国間の条約ではなく、国連に加盟しているすべての国に参加を求めているし、いうなれば地球上に存在するすべての政府に対して参加を求めている。その意味では、「条約」というイメージそのものも大きく変化している。まさに、〈「地球時代」にふさわしい条約観の転換〉とでもいうべき問題がこの背景にある。

さらに、第二次世界大戦以後、世界的な民主化の動きは旧植民地の独立の動きと並行しており、とくに一九六〇年代はアジア、アフリカ、ラテンアメリカの独立の時代といわれ、独立国が続々と生まれてきた。植民地から独立した多くの国々は軍事独裁政権であったが、しかしその政権に対しても民主化の動きが広がっていく。アルゼンチンやチリ、フィリピンや韓国等々の軍事独裁政権の崩壊が、一九七〇年代から八〇年代にかけて進行し、さらに「冷戦構造」が解体し、東欧諸国の民主化が進んだ。このことも含めて「地球民主化時代（グローバル・デモクラタイゼーション）」という表現が、現代の国際政治のひとつの視点として使われるようになってきている。

そういう時代のなかで、人権思想も質的に発展していく。平和的生存の権利、環境への権利、さらには開発・発展の権利といった新しい人権の展開がみられ、また先住民族や少数民族の権利の問題は、個人の人権と民族（エスニシティ）のアイデンティティの問題との関連を鋭く問うことになってきている。

「地球時代」の人権と子どもの人権

「地球時代」における子どもの人権をどのように考えればよいか、そして教育を子どもの人権の名に値するものとするにはどうすればよいかという問題は、現代における焦眉の課題のひとつである。

今日の子どもたちがおかれている状況は「子ども時代を失った子どもたち」、あるいは「大人の枠に閉じ込められた子どもたち」と表現できる。今日の日本社会では、総じて、子どもの人権が抑圧されている、さらにまた子ども固有の権利が奪われているという状況がある。

さらに、この子どもの状況を、日本の子どもの状況としてだけとらえるのではなく、まさに国際的なあるいは地球的な規模での子どもの権利の侵害の状況と重ねて見据えておく必要がある。

人権思想とその発展

そこでまず、近代以降の人権思想の発展を概観し、「地球時代」におけるその展開を素描しておこう。

さて、そもそも人権とは何か。それは人間が人間であるかぎりにおいて、だれにも譲り渡すことのできない権利である。「人間が人間であるかぎりにおいて」というのは、たとえばひとを見る際に、彼は貴族である、あるいは奴隷である、として見るのではなく「人間が人間である」というきわめて単純な事実にその思想の根拠を置いている。そういう意味での人権思想が一八世紀のいわゆる市民革命、アメリカの独立革命やフランス革命をとおして、大きく展開した。

このアメリカの独立革命とフランス革命の両方をつなぐかたちで活躍した〈戦闘的なジャーナリスト〉の先駆者とでもいうべき人にトマス・ペインがいる。彼は『人間の権利』(一七九一～一七九二年、邦訳は西川正身訳、岩波文庫)のなかで「基本的な人権の根拠は、人が人として平等であるというその信念のうちにある。人間が人間であることの自覚を自己の中で深め、それを同じく他人に認めるという、そのことをおいてこの基本的人権の根拠はない」、「人間が造物主の手によってつくられた時点、その時点で人間はいったい何であったのか。人間だったのである。人間であることは、その高貴な、そして唯一の肩書だったのであり、これ以上高貴な肩書は人間に与えることはできはしない」と書いている。ペインにとっては、アメリカの独立革命やフランス革命は、抑圧された人間が解放されるというだけではなく、「貴族をも人間に高めたのだ」というものであった。主人と奴隷の関係なるものも、実は「主人は奴隷の奴隷」であるという認識が、この市民革命をとおして提示されていたといっていい。

この市民革命のなかで、教育に関しても改革が提言されるが、その提言者のひとりにM・コンドルセがいる。フランス革命の最中に教育改革の構想を打ち出したコンドルセの言葉のなかで、重要なものを紹介しておこう。彼は教育をすべての人間の権利として考え、それを保障する公教育の制度を提言し、その公教育が時の政治権力から自立していなければならないということを同時に強調した。なぜならば、政治権力はつねに保守的な機能をもっている、それに対して人間の精神は自由に、新しい地平を拓いてゆく。その意味では、政治と教育は、あるいは人間の知性への信頼を軸にした人権としての教育と現実維持を課題とする政治には、本質的に対立するものがある。したがって、教育は政治から自立していなければならないと強調したのであった。彼は「政治権力が教育の内容に介入することは、人間の精神の自由に対するこの上ない侵害である」という言葉も残している。(堀尾『現代教育の思想と構造』、岩波書店、参照)

このように、人間が人間として譲り渡すことのできない権利のなかで、とりわけ精神の自由を軸にした人権の諸内容が確認され、教育もまさにその「人権」のひとつであると同時に、他の人権の条件でもあるとして位置づけられてくる歴史がある。

その人権は、人間であるかぎりすべての人間がもっているという意味では普遍的なのだが、現実の歴史のなかではただちに〈すべての者のもの〉になっていったのではなかった。現実には、それは国民国家におけるその国民の権利に限定されていた。さらにそれは〈白人の権利〉であり、あるいは〈第三階級・ブルジョアジーの人権〉であり、〈大人の権利〉であり、〈男の権利〉であった。このことは、アメリカやフランスの近代革命以後の歴史をみればよくわかることで、それゆえにまた、奴隷あるいは労働者もまた人間として自らの権利を要求してゆくという仕方で、その後の奴隷解放の運動あるいは労働者の運動がつくられていく。同じように、女性もまた「女性も人間である」という声をあげることがひとつの解放の筋であり、「子どももまた人間である」「子どももまた人権の主体である」という、人権発展の筋がある。

ここで、興味深いことを紹介しておこう。フランス「人権宣言」というのは「déclaration des droits de l'homme」という。この「homme」（オム）という言葉は「人間」なのだが、同時にそれは女性「femme」（ファム）に対しては「男性」を意味する。さらに、「enfant」（アンファン）、つまり子どもに対しては「大人」を意味する言葉である。そうであれば、「人間の権利の宣言」と書かれているその「homme」（オム）とは、「男の権利の宣言であり、大人の権利の宣言」だとも読めるわけだ。実際、日常の言葉づかいではまさにそうなのであり、したがって人権宣言として普遍的な形式において宣言されたにもかかわらず、そこから外れてゆくもの、現実には人間扱いされなかった奴隷や労働者だけでなく、女性や子ども「homme」（オム）ではないという、問題があったのだ。これは、「man」という英語でも同じことである。

そこで、女性に関していえば、一七八九年の「フランス人権宣言」に続いて、一七九一年にはO・グージュという女性が中心になって「女性の権利宣言」を出している。「フランス人権宣言」は「男」の権利の宣言ではないかという意識が、すでにこの時期にあったのである。実際、女性の解放の歴史をみれば、女性の参政権は、イギリスでは一九二八年に、フランスでは一九四四年にはじめて認められるのである。フランス革命以後の女性が、〈あれは本当に女性をふくむ人権宣言であったのか〉と問い直す視線は厳しく、現実性をもっていたのである。

子どもに関しても、〈子どもも人間であるかぎり人権の主体だ〉というその理念とは別に、現実には人権の主体から外されてきた。

そして、一九世紀さらに今世紀をとおして、人権の理念の普遍性にもかかわらず、〈現実に外されていた者の人権の主張〉が大きく展開し、とりわけ第二次世界大戦終結を機に、国連憲章がつくられ、一九四八年には世界人権宣言が国連で採択され、〈フランス人権宣言つまりは一国の人権宣言から、世界人権宣言へ〉という、人権思想の展開がみられる。その表現も、Universal declaration of human rights となっていく。

そのうえでさらに「人権規約」が一九六六年に、女性差別撤廃宣言が一九六七年に、「障害者の権利宣言」が一九七五年に、「女性差別撤廃条約」が一九七九年に国連総会で採択される（北京宣言、一九九五年）。そして子どもの権利に関しては、一九五九年に「子どもの権利宣言」が出され、それが一九八九年に条約となるという流れをたどるのである。ここには宣言から条約へ、政治倫理的規定から国内法を制約する国際法へという、大きな発展があることも指摘しておこう。

子どもの発見と子どもの権利

ところで、子どもの権利には、〈人権から外されている者が、しだいに権利の主体として認められてくる〉という筋だけで発展してきたのではないという問題がある。

私は、このことがとりわけ重要だと考えている。

すなわち、〈子どももまた人間である。したがって人権の主体である〉という意味では人権を子どもに応用(適用)するということになる。これは人権を女性にも適用するという構図と同様である。しかし、子どもも人権の主体であることを前提にしたうえで、〈子どもは大人とは違う存在である。その存在の固有性に対して、それを権利として認められねばならない〉という発想が、これまた一八世紀の人権思想と並行して提起されてくるのである。その代表的なものが、ジャン・ジャック・ルソーの『エミール』であり、私たちはそれを「子どもの発見と子どもの権利の宣言の書」とも呼んでいる。

「子どもの発見」とはなにかといえば、〈大人とは違う子ども〉の発見ということであり、これは、「homme」(オム)が「大人」だとすれば、それとは違う「enfant」(「子ども」)に対する着眼、そしてその〈子ども期と子ども性〉(enfance)をどうとらえ直すかということであり、このことは教育にかかわっては、大きな思想の展開を促す契機となるのである。

『エミール』のなかで、ルソーはつぎのように述べている。

「自然は、子どもが大人になる前に、子どもであることを望んでいる。この順序をひっくり返そうとすると、成熟してもいない、味わいもない、すぐに腐ってしまう、促成の果実を育てることになる。私たちは、若い博士と老い込んだ子どもを与えられることになる」

このルソーの言葉を読むたびに私は、日本の現在の子どものことを言っているのではないかと思ってしまうのだが、「若い博士と老い込んだ子ども」という表現に込められている、この鋭い皮肉を、私たちは正確に受け止めなければならないだろう。

ルソーは「教育という仕事は、時を稼ぐために時を無駄にすることだと心得ておくべきだ」とも言っている。〈時を稼ぐために時を無駄にする〉、ゆとりのない日本の社会と学校の状況のなかで、このルソーの言葉が蘇ってこよう。それはまた〈遊び〉がいかに重要であるか、ということでもあり、本来の意味での〈ゆとり〉が教育になくなっていった場合に、それは「味わい」深い、ゆたかな「成熟」を準備する仕事から大きく隔たったものになってしまう。

このように、〈大人とは違う子ども（期）の発見〉が、近代教育の思想のひとつの中軸になるのであり、それは、〈子どもが未熟である〉ということをどうとらえ直すかという問題でもある。「未熟」なものを、完成した大人をモデルにして、〈それに未だ至っていないもの〉と考えるかぎりにおいて、それはひとつの序列づけの発想でしかない。

しかし、「未熟」とは、これから「発達する可能性」を秘めているもの、大人たちの予測を超えた姿で発達する可能性を秘めているものなのだ。このような「未熟」のとらえ直しこそが、〈子ども（期）の発見〉にかかわる核心の部分だといえよう。

「未熟」な、まさに発達の可能態としての子どもが、その可能性を発達させてゆく筋道は、けっして一本の直線がどんどん伸びてゆくようなイメージではありえない。それぞれの発達の段階にふさわしい仕方での充実が、次の段階への飛躍を促すのであり、「発達の段階」という表現自体が、実は一直線的な成長のイメージとは違うのだ。ひとつの段階から次の段階へ。なにゆえ「段階」というかといえば、それはそれぞれの構造が違うからである。ひとつの構造から次の構造へと、質的な変化をともなっている、そういうイメージをもちながら私たちは子どもたちに接する必要があるということを、〈子ども（期）の発見〉は教えているのである。

子どもの権利とはなにか

ここで、あえて〈子どもとはなにか〉という問いを立ててみるならば、まず「子どもは人間である」ということが、その第一の答えになる。子どもが人間扱いされていなかったということは一八世紀までの歴史をみればよくわかることで、たとえばパスカルのような哲学者でさえ「子どもは人間ではない」という言葉を残している。そういう意味では、「子どもは人間である」ことを確認するのはきわめて重要なことなのだ。

第二の答えは「子どもは子どもである」ということ。それは、子どもは〈小さな大人〉とは違うということである。さらに第三に、子どもというものは、そこに留まっているのではなくて、成長・発達し、やがて大人になる存在であるということである。「子どもとはなにか」という問いに対するこの三つの答えが、実は「子どもの権利とはなにか」という問題への解答を準備している。

「子どもの発見」とは、けっして、子どもを大人の世界から切り離してとらえることではない。また「人間」という抽象的なイメージに子どもをぬりこんでしまうのではなくて、人間のライフサイクルのなかに〈子ども〉つまり子ども期と子ども性を発見することであり、それはつぎには「青年を発見する」ことにつながり、さらに「成人とはなにか」、「老人とはなにか」を問う視点になってゆくのである。こうして「子どもの発見」とは、実は「人間をそのライフサイクルに即して再発見」することでもある。「人間」とは「子ども」であり、「青年」であり、「成人」であり、「老人」でもあるという、そういう「人間」のとらえ直しを促すのが「子ども（期）の発見」の視点でもあったのである。

そのように子どもをとらえたうえで、〈「子どもの権利」とはなにか〉ともう一度問い直してみると、それは子どもがまず〈生きる権利をもっている〉というところから出発しなければならない。弱い子どもは「保護を受ける権利」をもっている。そして「成長・発達する権利」「学ぶ権利」「知る権利」「探求の権利」それにふさわしい「教育を求める権利」といった、「子どもの権利」のレパートリーを列挙することができる。したがって、「子どもの権利」とは子どもの権利条約を想い起こしながら考えるよりも、〈子どもという存在に即して、子ども期にふさわしいその子どもの権利とはなにかというふうに問い直した場合に見えてくるすべてのもの〉といっていい。したがってまた、列挙したものだけが子どもの権利ではないことも明らかだし、さらに「子どもの権利条約」でいう「意見表明の権利」も、このような筋で考えれば、ごく当然の権利だということになろう。

フランスでは、「子どもの権利条約」にちなんでやさしく書かれた『子どもの権利読本』がつくられた。その書き出しの部分では、子どもの権利として、次の四つを挙げている。「生きる権利」「幸福追求の権利」「学ぶ権利」「平和のうちに成長する権利」がそれだ。この整理の仕方は、私がこれまで考えてきた整理の仕方と近いということもあって、おおいに共鳴しているのだが、たくさん羅列することが大事なのではなくて、なにが基本的なのかと考えたとき、このフランスの子どもの権利読本が掲げているようなものに集約してもいいのではないかと思っている。とくに「平和のうちに成長する」という表現には、現代における子どもの権利としての新しさを感じている。

子どもの権利の特性

ところで、「子どもの権利」の特性とはなにか。

「子どもの権利」は、人権を前提にしながら、その人権をたんに子どもに応用するものではないのであり、子どもという存在に即してとらえられた固有の権利である。同時に、子どもの権利という視点を入れて人権を見直すことは、たとえば私たちの憲法の人権のレパートリーを想い起こして、あれが人権だというふうに思うのではなくて、「人間の権利」というものを「人間とはなにか」の問いのなかでとらえ直すことでもある。人間は誕生から死に至るそのライフサイクル全体をとおして人間であり続けるのであり、それぞれのライフサイクルに即しての人権のとらえ直しが必要なのだ。こうした子どもの権利は、人権の基底をなすものであり、もし子ども時代にその権利が認められないと、大人になっての人権というものが実にひ弱なものになることも明らかである。子ども時代にふさわしい成長・発達、そして教育への権利が充足されていないと、成人の人権もひ弱になるという意味で、子どもの権利はまさに人権の基底をなすものであり、さらに「子どもの権利」の視点そのものが、人権をライフサイクル全体に即して、子どもの権利から老人の権利までを問い直すような視点になるのである。

さらに、もうひとつ重要なことは、子どもの権利というものは、多くの場合、自分自身で実現することはできないという問題がある。子どもの権利を実現するためには、子どもにかかわるすべての人たち、親や保母や教師の権利が、さらに大人社会・社会全体の人びとの人権が保障されていないと子どもの権利も守られない。したがって子どもの権利をいうことは、子どもにかかわる人たちの権利の状態をつねに問い直す、いわば権利の視点を横に広げてつなげる視点である。すでにのべたライフサイクルに即してという視点は、いわば時間の系に即しての縦の視点ということになるが、この「関係性のなかで」という視点は、子どもにかかわる人びととの横の関係のなかで、つまりは家族や保育園や学校のなかで、親や、保母や教師の権利が保障されているかどうかを問い直す視点にもなるのである。

人権と子どもの権利と子どもの人権

ここで、「人権」と「子どもの権利」、そして「子どもの人権」という三つのカテゴリーがどのように関係するかをまとめておこう。

これまでの論理の道筋は、人権の思想を前提に、子ども固有の権利の視点を位置づけ、そのことをとおして人権そのものを人生全体、ライフサイクルに即して問い直すことであった。その人権を人間のライフサイクルに即して、「子ども時代の人権」、「青年期の人権」、あるいは「老人の人権」ということができる。

ここで注意しておきたいことは、子ども固有の権利という視点をとびこえて、「子どもの人権」という言葉が、軽々しく使われてはならないということである。やや挑発的にいえば、「子どもの人権」をいう場合、それは人権を子どもにも応用するという意味での子どもの人権ではない。少なくとも〈子ども固有の権利〉、つまり、子どもが子どもである権利（子ども期の権利）の視点をくぐらせて、さらに〈「人権」をライフサイクル全体の問題としてとらえ直す〉という視点が媒介されて、はじめて「子どもの人権」という言葉が重みをもってくるのである。

〈子どもの権利は、人権の子どもへの適用にとどまらない。それは子ども（期）の発見と、子ども固有の権利の視点を媒介にしての人権のとらえ直しのなかから提起される、新しい人権思想と一体のものである〉ということをもう一度強調しておきたい。

「地球時代」の子どもの権利

私たちはさらに、日本の子どもの問題だけを考えるのではなくて、まさに「地球」規模で、日本の子どもの状況と、たとえば第三世界の子どもたちの状況とを重ねながら考えていきたい。その場合、いわゆる「従属理論」的な視点をもち、〈先進諸国の富は、その裏側に常に貧困を再生産している〉、といった国際経済の構造をとらえる視点がないかぎり、日本の問題と第三世界の問題はつながらない。先進諸国はその富の一部を遅れた国に援助すればいいのだという援助観でしか世界がつながってみえないのでは不十分であり、先進国の富がその裏側に貧困を蓄積しているという国際経済の構造把握を媒介にしながら、日本の子ども、世界の子どもが重なってくる、そういうとらえ方が重要なのである。

「子どもの権利条約」を支えている〈子ども観〉を考える際、〈子どもの最善の利益の尊重〉がそのキーワードのひとつであり、さらに「子ども最優先の原則」という表現が、「世界子どもサミット」(一九九三年)以来使われるようになってきた。〈子どもにとって最善の利益を考えて子育てや教育をする〉こと、あるいは〈社会のさまざまな政策のなかで、子どもの問題を最優先にする〉という原則は、子どもに甘い、あるいは口先だけの言葉ではないかとみるむきもあろう。また、そうとしか思われかねない現実がある。しかし、この「子ども最優先の原則」という言葉に秘められた思いは実に重い、と私は考えている。

「子どもサミット」を主導したスウェーデンのI・カールソン首相は、次のように指摘している。「子どもがどのように生きるか、それが人類の文明全体を決定する。子どもの権利がどのように守られるかが、私たち自身の未来を決定する」

ここには、子どもがどう扱われているかによって、現代のわれわれの、大人たちの文明の質が問われているのだというとらえ方が示されている。これが、「子ども最優先の原則」とかかわっての〈新しい子ども観〉につながるものではないかと思う。

さらに〈「地球」は子どもたちからのあずかりものだ〉という意識をもつことが重要である。これはたんに、古い世代から新しい世代へと文化・文明を伝えていく、バトンタッチをしてゆくというイメージとは違う。いま私たちが住み、生きているこの「地球」、そしてその文化、それは未来の子どもたちから託されている預かりものなのだ、という意識で現代をとらえる。つまり、過去を未来へとつなぐというだけではなくて、未来の子どもたちからわれわれは問われているのだという感覚で現代を見直す、そういう子ども観の新しい展開が、この「子どもの権利条約」とその背景をとおして提示されているのではないかと思う。その意味でフランスの海洋探検家で環境汚染を警告しつづけたジャック＝イヴ・クストーが提唱している「未来世代の権利憲章」は重要な問題提起となっている。そのなかには、私たちは「未来の世代から信託されたものとして……あたかも未来の世代が現在存在しているかのように、想像力ゆたかに」彼らの権利を護らねばならないと記されている。

この運動に促され、国連は一九九七年のユネスコ総会で「現在の世代の未来世代への責任に関する宣言」（一九九七年一一月一二日）を採択したが、その意義は大きい。

さらに、「外国人労働者とその子弟の人権保障の問題をふくめて、「地球時代」の国際社会は新しい問題にとりくまねばならない。民族的自覚とともに、国際市民さらには地球市民としての自覚も求められている。このような「地球時代」における子ども観の深まりが、子どもの権利についての思想を深め、先住民（族）の権利の視点とともに、今日の人権思想をゆたかにしていく視点となってくる。

二　「平和・人権の文化」を根づかせよう

ユネスコ国際教育会議の課題

平和・人権教育にとってユネスコ国際教育会議の動きは重要である。とくに一九七四年会議で出された「国際理解、国際協力、および国際平和のための教育と、人権と基本的自由についての教育に関する勧告」(「七四年国際教育勧告」) は重要だが、それから二〇年、この精神をどう現代的なものにするかが大きな課題であった。そのため一九九四年一〇月三日から八日まで、ジュネーブで、ユネスコ国際教育局（IBE）主催の第四四回国際教育会議が開かれた。この会議は、通称文相会議とも呼ばれるユネスコ加盟国の政府間会議で、第四四回会議には一二七か国と一一のNGOが参加、参加者数は三〇〇を越えていた。私は日本学術会議から派遣されて、オブザーバーとして参加した。その準備および討議の過程には、平和・人権をどう考えるかという観点からみて、興味深いものがあった。その一端を紹介しておこう。

会議の準備は、二年前の第四三回会議の決議を受けて、具体的にすすめられた。ここではオーストラリア・ブリスベン会議（一九九一年）とカナダ・モントリオール会議（一九九三年）での人権と平和の教育に関する討議、さらにはウィーン人権会議（一九九三年）の決議等を参考にしながら、ユネスコ国際教育局は執行委員会・事務局を中心に第四四回会議に向けての討議資料を作成。九四年三月のマニラでのアジア・太平洋地域会議を皮切りに、アフリカ、アラブ、ラテンアメリカ、ヨーロッパの五つの地域会議を重ねた。その集約のうえに、「七四年国際教育勧告」の取り扱いの基本方向として、勧告そのものを修正するのではなく、この勧告は歴史的文書として現代も生きていること、しかし、内容を最新の知見を取り入れた、国際教育を積極的にすすめる方策を考えるという方針をかためた。この方針にそって、「九四年宣言」と「総合的行動要綱」の素案をまとめ、加盟国に配布し、九月一日までに、文書で修正意見を求め、それを参酌して原案を作成し、第四四回会議に提出した。

一〇月三日に開会された会議は、まず前半二日間を専門家会議として、この原案および、文書で出された各国からの修正意見をめぐっての討議がなされた。そこで部分修正されたものが、四日からの本会議に提出され、各国政府代表の討議に付され、そこでの討議・修正意見をふまえて最終日の八日に再提案し採決に付すという力業《ちからわざ》であった。意見が対立した問題に関しては、舞台裏での折衝もおこなわれたようである。会議での公用語として、英・仏・露・中・スペイン語・アラビア語の六つの言語が使われ、同時通訳された。

「総合的行動要綱」は採択されず

本会議では、第四四回国際教育会議宣言(以下、「九四年宣言」)と「七四年国際教育勧告」の取り扱い、および「総合的行動要綱」の取り扱いについての「決議」を満場一致で採択した。しかし、「総合的行動要綱」そのものについては採択に付されず、会議としては「記録に留める」という扱いになった。

「宣言」は、コンパクトに、それだけに抽象的表現でまとめられ、そのレベルで一致をみて採択されたのだが、「行動要綱」は、より具体的提言であっただけに一致をみなかったといえよう。あるいは、宣言の検討に時間を費やし、「行動要綱」については審議不十分で時間切れのため本会議での採択に付すまでに案がまとまらなかったといった方が正確かもしれない。そのため、国際教育会議としては次のユネスコ総会に、希望を託す決議を採択したのだった。

そして翌年のユネスコ総会(一九九五年一一月)で、この総合的行動要綱は女性の視点からのわずかな修正を含んで提案された原案が満場一致で採択された。

対立を残した問題

行動要綱のどこに意見の対立があったのだろうか。討議のなかからそのいくつかを拾ってみよう。

会議のための原案は、五つの地域会議での論議を集約する仕方で作成されたのだが、結論的にいえば、ヨーロッパ主導の内容であったといわざるをえない問題を含んでいた。アメリカ、イギリスが、ユネスコは第三世界寄りだとして脱退していただけに、ヨーロッパは逆にこのことを懸念して軌道修正をはかっていることも提案のトーンに微妙に反映していたのかもしれない（イギリスは一九九七年復帰）。

とくに人権の理解に関し、ヨーロッパ諸国の個人の人権の普遍性の強調に対して、イスラム諸国、そして中国が批判的であり、この点で修正意見を文書で提出してもいた。

また人権問題と不可分の問題である「宗教的寛容」の原理が、イスラム圏を刺激し、とくにイスラム原理主義とテロリズムを結びつけているかにみえる表現に対して、ヨルダン、イラク、イラン等から激しい批判が出された。ＰＬＯとイスラエルとの和平が大きく前進しつつあるとはいえ、なおパレスチナ問題をめぐる緊張が、この会議にも強く反映していることを感じたのだった。同じホテルだったヨルダンの代表は、朝食時に交わした会話のなかでも、個人の人権とともに、集団の人権、パレスチナの主権をどう保障するかが問題なのだと言っていた。

アジアからは、環境問題へのとりくみをもっと強調することを求める修正意見が出された。たしかにマニラ会議の基調と比べる時、環境問題の位置づけ、そして共生の観点の後退の印象はまぬかれないところである。環境問題の一方的強調は、逆に第三世界の発展（開発）の権利を阻害するという問題もあり、発展途上国の主張も必ずしも一本化できないという問題もある。「宣言」にみられる、いわば総論レベルでの一致にもかかわらず、「行動要綱」の討議ではその違いのほうが目立つことにもなったといえよう。

たとえば、総会に先行してもたれた専門家会議に提案された「総合的行動要綱案」第一二項目には、人権とかかわってつぎのように書かれていた。

「本行動方略(strategy of action)は奨励されるべき諸原則および達成されるべき諸目的の普遍的本質(the universal nature)を考慮しつつ、同時に文化的・社会的多様性(diversity)にも適応し得るものでなければならない。こうした適応可能性は、人権の普遍性に疑いを差し挟むようなものであってはならない。文化的・社会的多様性が人権観念と一致しない場合は、国際的基準(international standards)の方が尊重されなければならない」。

ここにはアジアやイスラム圏の多様性の主張に対してヨーロッパ的普遍性を上位におく発想がみられ、そのことが反発を呼んだのであった。本会議には、この批判を考慮して修正された案が提案されたが、そこでは、この項目は削除され、序文、第一項のなかに、「これ(行動要綱)は、さまざまな社会の条件に応じる制度的及び国家レベルの方略や政策や行動計画に翻案されうる、その基礎となるガイドライン(basic guidelines)を示すものである」と述べ、多様性を尊重して、行動要綱を一方的に押しつけるものではないことを印象づける努力を示している。この点を含めて、最初に提案されたものは大幅に修正、項目・文章ともに整理されたものが再度提案されたのであるが、審議未了で、会議としては、「記録に留める(テイク・ノート)」の扱いに終わったのであった。

この論議の経緯を目前にして、人権、平和、民主主義といった人類的普遍的価値と文化的、政治的多様性をどう両立させるかはきわめてむずかしいが、それを両立させ、普遍的価値を多様な文化と伝統のなかにどう根づかせるかという努力が必要だということを強く感じた。会議に並行して「人権の教育」のラウンドテーブルがもたれ、ここでも、この問題が深められた。私もそこに参加し、「普遍的なるもの」が、やや固定的にとらえられすぎてはいないか、「普遍的なるもの」の内容も、歴史とともに発展し、ゆたかになっていることは、たとえば「フランス人権宣言」から「世界人権宣言」への歴史的流れをみればわかることであり、「普遍的なるもの」も「歴史的に規定」されているという制約からまぬかれてはいないのであり、したがってそれを「歴史的に規定され、しかも開かれた普遍性（historically defined and open ended universality）としてダイナミックにとらえる必要がある」と発言した。

新たに確認されたこと

この会議の議論を通して、「地球時代」にふさわしい教育の課題がクローズアップされ、論議が深められたことは大きな収穫であった。

二〇年前の「七四年国際教育勧告」では、国際理解の教育の核として、平和・人権・民主主義という三つの主要命題が提起され、それを「国際教育」（international education）と総称することが提起されていた。「九四年宣言」では、それに加えて「持続可能な開発・発展」と「寛容」が強調された。環境・開発の問題が、今日のグローバル・エデュケーションの中心課題のひとつとなっていることは、一九九二年のリオデジャネイロの国際環境サミットを想起するだけで十分であろう。

寛容の原理が強調されることは、現在の世界の紛争状況をみれば、そこに宗教的対立が深く関与していることからもよく理解できることだ。一九九五年を国連が「国際寛容年」と定めたことも、同様の発想からであろう。七四年の会議では米ソの対立が激しいなかで、寛容の原理を米ソともども削除することを求めたことも想起されてよい（その時のソ連代表M・V・カバチェンコ氏の証言）。

寛容とは、互いの主張を抑え、あいまいに許し合うというのではなく、それぞれが自分の主張をする権利と自由を軸として、そのうえで互いに尊重し合うことである。ラウンドテーブルのひとつに、宗教者による寛容をテーマとする論議の場がもたれ、キリスト教、ユダヤ教、ヒンズー教、仏教、イスラム教から、一人ずつ、それぞれが自分の宗教的立場からの寛容を論じ、こもごもに自分の宗教は他者に対して寛容なのだと主張していたことが印象に残った。たしかに、今日の紛争が宗教戦争の様相を呈している場合にも、宗教的対立が政治的対立のなかで利用されているからだともいえる。討議を聞きながら、私は一九九三年夏、エルサレムを訪れた時のことを思い出していた。この地がユダヤ教、キリスト教、イスラム教のそれぞれの聖地であり、ユダヤのシナゴーグとカソリックの教会と、イスラムのモスクが、文字通り隣り合わせで共存し続けていることに驚いた。三つの宗教が政治と結びついて激しく争った歴史よりも、平和のうちに長く共存してきた歴史の方がはるかに長い時間を刻んでいることを、エルサレムの丘に立って、私は実感したのだった。

多様性と普遍性

多様な宗教と文化を相互に尊重し合うということと普遍人類的な価値（人権、平和、民主主義、等）を認めることとは、時に矛盾・対立するということを会議の討議のなかでも感じたが、しかし、この二つをどう統一するかは、各宗教、各文化にとって重要な課題である。それが不可能だとなれば、それは閉じた文化的独善主義に転ずるからである。この点とかかわって私が強く感じたことは、多様性を〝超える〟普遍性という発想とともに、〝多様性を通しての〟普遍性なるものをどう確認していくかという発想が重要だということだった。たしかに、これまで私たちは、人間、それぞれ差異はあるが人間として平等だといった感覚を重要だと考えてきたが、同時に、その具体的な差異をすばらしい個性として認め合うということも重要なのだ。それは、たとえばすばらしい民族衣装で参加したアフリカの代表者たちの誇り高い発言に対して、人間としての尊厳と同時に彼自身に対する、そして彼を支えるその文化的個性に対して尊敬の念をもつということである。「差異を超えて」の普遍とともに、「差異を貫いて」の普遍的なるものへの感覚のほうが、これからはいっそう重視されなければならないと思う。

私たちは、この問題に、「普遍的にして個性ゆたかな文化」という教育基本法の文言を重ねてみる。それはたとえば、大江健三郎氏の文学が、少年期を過ごした四国の故郷の森と谷への原イメージを支えとし、ヒロシマという特殊な経験や、障害をもつわが子との共生の体験を形象化することを通して、世界の文学としての普遍性を獲得しているという問題とも重なっていよう。

寛容の精神も、その強い自己主張を認めあうこと、同時にそこからコンフリクト（緊張や摩擦）が生まれることも不可避だが、それを平和的な、非暴力的な仕方でどう解決するかが課題なのである。

平和・人権の文化

平和教育の重要性は、ユネスコの発足以来の課題なのだが、「九四年宣言」のなかに、「平和の文化」(culture of peace) という表現が使われていることは興味深い。「教育は、人権の尊重に寄与し、権利の擁護と民主主義と平和の文化の建設に積極的に参加し、そのために役立つ知識、価値、態度そして技能《スキル》を推進すべきであると確信し」と書かれている。

平和が目に見える戦争と暴力のない状態のみを意味するものではなく、圧政や貧困やあらゆる抑圧を、目に見えない戦争として、あるいは構造的暴力としてとらえ、それを除去することにとりくむべきことは、「平和のとりくみ」の共通課題として認識されるようになってきた。それをさらに「平和の文化の建設」として課題化した点に平和意識の一段の進展を読みとることができよう。

この表現は、私の知るところ、モントリオール会議（一九九三年）で採択された総括文書「人権と民主主義のための教育に関する『世界行動計画』」のなかに現れている。

そこには人権学習の必要を強調したあとで、「学習はそれ自体が目的なのではなく、さまざまな人権侵害を除去し、民主主義と開発（発展）と寛容と相互の尊重に基づく平和の文化を築く手段である」と書かれている。また、行動計画の主要方針として「行動計画の究極目的は『人権の文化（culture of human right）』を創り出すことであり、また個人やグループが非暴力的方法によって、不満や紛争を解決できるような民主的社会を発展させることだ」とも書かれている。平和や人権の問題を平和文化、人権文化の問題としてとらえていることから深く学ばねばならない。ここには「人権に基づく平和の文化」という表現がみられる。人権と平和を一体のものとしてとらえる志向にも注目したい。また、人権については、「未来に向けての重要な挑戦は、それぞれの文化的伝統のなかに、人権を根づかせることによって、人権の普遍性を高めることにある」とあり、先にふれた文化の多様性と人権の普遍性の統一という課題意識を明確に示している。なおこの行動計画が、「地球的視点に立つ教育観（global view of education）」の展開だと書かれていることもうれしい。

また、このような教育観に立てば、その平和・人権の学習がいわゆる教育制度の内外を問わず、家庭教育から生涯学習を含む、あらゆる機会におこなわれなければならないことも明らかで、このことは、七四年の「国際教育勧告」以来、関連する国際会議において一貫して強調されていることである。平和・人権を軸とする民主主義の教育は、まさしく生涯学習として実践されるべき課題なのである。

さらに重要なことは、平和や人権の学習では、知識とともに、価値、態度、スキルが強調されていることである。平和や人権が、その価値意識（観）の中軸にすわり、日常の生活態度にも滲みだしてくるような学習のあり方、そして具体的な緊張《コンフリクト》に対する問題解決に非暴力的方法によって積極的にかかわる技術《スキル》を身につけるような、学習と教育、そしてその習熟が重要なのである。そして、そのことによってはじめて、平和の文化、人権の文化を担う主体（市民）が形成され、その文化が、それぞれの伝統に根ざす仕方で育っていくことが期待されるのである。

その意味で「平和と人権の文化」は、未来へのチャレンジングな課題であるが、同時に、その達成のためには、それぞれの固有の文化・伝統のなかに、平和の文化、人権の文化の伝統を探り当て、それに未来的な課題をつなぐ努力も重要になってこよう。日本における平和文化、人権文化の伝統を掘り起こす努力も、平和の研究と教育にとってひとつの大きな課題となろう。

さらに、よりアクチュアルな問題として、現在の日本における子育てと教育にかかわる文化の質の問題がある。日本社会は一見平和にみえて、実は管理と競争のシステムのなかにあり、学校もその例外ではない。体罰といじめの問題は、まさしく直接的暴力の問題である。陰湿ないじめや内申書による抑圧は構造的な暴力の問題でもある。いずれにしろ、現在の学校に支配的な文化は「平和と人権の文化」の対極にあるものだといわねばならない。試験の結果ばかりでなく、授業中の関心や意欲や態度までも評価され順番づけられる学校文化のなかでは、友人同士、お互いの違いを認め合い、人間として尊敬し合うような関係は育たない。人権の歴史を知識として学び、憲法の三原則を暗記していても、いじめの絶えないクラスでは人権感覚は育たないし、その日常的生活態度は民主主義的価値態度からはほど遠い。クラスと学校のなかに、日常の友人関係のなかに、「平和の文化」、「人権の文化」をつくりだすことができるような「学びの文化」をつくり、根づかせることが、学校での、そして家庭と社会での課題なのである。それは、実生活と参加を通しての学習であり、同時にその学習の内容には、問題解決のための参加（コミットメント）のスキル（技術）を身につけることが含まれている。

さらに「平和・人権の文化」は一人ひとりの価値感（観）や態度の問題だとすれば、そのようなものは小さい時から、家庭や地域で、どう培われるのかが重要であり、認識の深まりがこの価値感（観）や態度を骨太くするという関係も重視すべきである。

これらの課題は学校教育にとどまらず成人学習の課題でもある。ユネスコの成人教育・生涯学習に関する会議と決議の積み上げは、たとえば一九八五年の「学習権宣言」そして近年では一九九七年の「未来へのアジェンダ」（「ハンブルク宣言」）へと結実していく。なお、国連は二〇〇〇年を国際平和文化年と定め、それへのとりくみを呼びかけている。

共生の思想を深めよう

これらの会議を通して私が考え続けていた問題のひとつに、「共生の思想」がある。今日、平和の問題を考えるには、この視点が重要だ。

会議に即していえば、ジュネーブではこの問題が十分深められたわけではない。むしろその準備のための地域会議のひとつのマニラ会議では、この共生の視点が"live together"と表現されて最終勧告のなかでも重視されていた。環境問題を通して、改めて自然と人間の共生の視点がクローズ・アップされ、地球上のすべてのもの、つまりは自然と人間の共生という視点を前提に、人間と人間、民族と民族、国家と先住民族、男と女、大人と子ども、障害者と健常者のそれぞれの共生の思想が深められていかなければならない。日本学術会議でも従来、「平和と安全」をテーマに掲げた特別委員会が第一六期では、「平和と共生」と改められ、地域をアジア・太平洋地域にしぼって議論を深めてきた（私もその委員の一人である）。人間を自然と対立的にとらえてきたヨーロッパ的思惟に対して、この共生の思想はむしろアジア的発想として、マニラ会議でも重視されていた。日本でも戦前、浄土宗の椎尾辨匡《しいおべんしょう》を中心として仏教徒による「共生《ともい》き運動」がすすめられたという経緯がある。

共生が棲み分け論の別名であったり、強者の視点からの差別的現状の肯定のためのイデオロギーであってはならない。それは抑圧者、独裁者に対する抵抗の思想としてもとらえられねばならない。南アフリカのアパルトヘイトに抗し続けて、ようやく大統領に選ばれたネルソン・マンデラ氏が、自分の思想を「白人と黒人の共生の思想」として表現していることから、私たちは学ばなければならない。「共生の思想」は「平和の文化」をつくる基盤ともなろう。

なお一九九七年、ユネスコ二一世紀国際教育委員会（J・ドロール委員長）のまとめた報告書は『学ぶこと――秘められた宝』と題され、学びの四つの柱のひとつとして、「知ること」「行うこと」「人間であること」と並んで「共に生きること（to live together）が掲げられている。

身近なところからの国際理解を

私が考え続けたもうひとつのことは、国際理解に関して、遠い国の人びととの相互理解としてではなく、アジアのなかの日本で、アジアの人びととの相互理解をどう深めるかという問題であった。これらの会議には、韓国・朝鮮の双方の代表が参加していたし、中国、ベトナムからも、フィリピン、インドネシアからも参加していた。彼らとの短い交流を通して、これらのアジアの国々が少なくとも今までより、いっそう身近に感じられたことも確かであり、こういった経験も国際会議に参加するひとつの意義であろう。

しかしまた、身近な国際理解の機会は、実は日本にいる在日韓国・朝鮮人の問題、外国人労働者とその子弟の教育の問題や帰国子女の問題、さらには中国残留孤児の問題を通して数多くある。アイヌの問題についてもその民族と伝統を大切にしながらどういう交流・共生がありうるかが問われている。

子どもたちの、外国の子どもたちを仲間として受け入れる姿勢は、一般的には大人たちより柔軟だが、ここにもいじめの問題があり、それはまた、おそらく大人たちの価値観や態度と深く関係している。

子どもの権利条約には、各々の国の子どもたちのアイデンティティを保障し、子どもたちの固有の文化を尊重することがうたわれている。国際教育の原則は子どもの権利条約とワンセットのものとして深められなければならない。会議の討議のなかでも何人かが、この条約にふれる発言をしたのは当然のことであろう。

国際会議に参加して考えたこれらの問題を私自身の大学での教育実践も含めて、どう生かすのか、教育内容の問題として、また授業のあり方、学び方の問題としてどう深めていくか、そしてそこから、どのような新たな問題を発見していくのか、課題は尽きない。

本書に収めた基本文献をその背景を含めて深く学ぶことが、新たな展望をきり拓く力となることを期待したい。

【参考文献】
D・H・メドウズ他、大来佐武郎監訳『成長の限界―ローマ・クラブ「人類の危機」レポート』(ダイヤモンド社、一九七二年)
永井憲一監修、国際教育法研究会編『国際教育条約集』(三省堂、一九八七年)
環境と開発に関する世界委員会『地球の未来を守るために』(福武書店、一九八七年)
田畑茂二郎『国際化時代の人権問題』(岩波書店、一九八八年)

永井滋郎『国際理解教育』（第一学習社、一九八九年）
石田雄『平和・人権・福祉の政治学』（明石書店、一九九〇年）
河内徳子『人権教育論』（大月書店、一九九〇年）
坂本義和『地球時代の国際政治』（岩波同時代ライブラリー、一九九〇年）
堀尾輝久『日本の教育はどこへ』（青木書店、一九九〇年）
堀尾輝久『人権としての教育』（岩波書店、一九九一年）
宮本憲一『環境と開発』（岩波書店、一九九二年）
福島達夫『環境教育の成立と発展』（国土社、一九九三年）
森田俊男『平和・国際教育論』（平和文化、一九九三年）
山本武彦ほか編『国際化と人権』（国際書院、一九九四年）
内橋克人『共生の大地　新しい経済がはじまる』（岩波新書、一九九五年）
黒川紀章『新共生の思想』（徳間書店、一九九六年）
Jacques Lucien Jean Delors.*Learning: the Treasure Within*, 1996（天城勲監訳『学習―秘められた宝』、ぎょうせい、一九九七年）。なお、仏語版は *L'éducation ; un trésor est caché dedans* となっている。
大田堯『子どもの権利条約を読み解く』（岩波書店、一九九七年）
藤岡貞彦編『「環境と開発の」教育学』（同時代社、一九九八年）
日本学術会議『アジア・太平洋地域における平和と共生委員会報告書』（一九九七年）

本稿は堀尾「地球時代の人権」（『人間と教育』労働旬報社、一号、一九九四年）および「二一世紀に向かう教育」（同、五号、一九九五年）をもとに再構成した。

（堀尾輝久、河内徳子編『平和・人権・環境　教育国際資料集』青木書店、一九九八年）

環境問題と教育
――「地球時代」の視点から

はじめに

ご紹介いただきました堀尾です。

埼玉大学で、阿部治先生を中心にこういう環境問題の総合学習の機会をつくられたこと自体、いまの日本の学問状況のなかでは新しい、先進的な取り組みであると私は思っております。それだけに、ここにお招きいただいたことをたいへんありがたく思っております。

私が中央大学でやっております科目の一つに「国際教育論」というのがありまして、そこでは「地球時代」における教育の課題は何かという問題を中心に話したり考えたりしているのですが、この枠組みのなかでも環境問題は一つの焦点にしてきました。しかし、環境問題にはほんとうにさまざまな学問領域や生活領域から関心が寄せられており、そのこと自体が環境教育の内容を構成することになるのですが、その前に、教育の問題を考える場合に環境というのはどういう仕方で問題意識にのぼるのかという筋を、一つ前提的に確認したいと思います。つまり、環境問題はまさにわれわれ自身の生活の問題ですが、それを「人間の成長・発達と環境」というふうに置き直して考えてみようということです。

一　人間発達と環境

人間の生命というものは、胎児のときから、いまでは精子や卵子の問題を含めて考えなければいけないのですが、とりあえず誕生からというふうに考えた場合に、人間の成長・発達の原理、そして人間が人間になる過程に環境は深く関与しているわけです。

その大前提としていくつか文節的に言えば、人間は豊かな自然とのかかわりのなかで生存し、そして成長していくわけですね。豊かな自然のなかには当然、空気や水や土や、そういうものが入ります。そういうナチュラルな自然とのかかわりのなかで育つということに重ねて、人間が文化的な営みのなかで「人間化してきた自然」のなかで育っていくわけで、それを「豊かな文化的な環境のなかで育つ」と言い直してもいいと思います。赤ん坊は裸のままでは育ちません。綺麗な空気や水や太陽のほかに、子どもの食べものや着るもの、そして安全に配慮するというような、親や周りの人たちの適切な配慮のなかで育つのですね。これを「子どもの発達にふさわしい社会的な環境」と言ってもいいと思います。

逆に言うと、たとえば狼に育てられた子どもの話とか、森に捨てられた子どもの話などの、まさに例外的な事例を通して、発達と環境の問題は提起されていますね。そこで人間がどういうふうに育ったか、あるいは育たなかったかということをとおして、人間の成長・発達には文化的な環境が必要なんだということが言えるわけです。ですから子どもの成長・発達を考えるならば、教育にとって、子どもの成長・発達にとって、自然的環境・文化的環境が不可欠であると言えます。そういう環境のなかで、子どもはまさに活動をとおして育っていく。

その活動はさまざまな遊びを含んでおり、遊びは環境との接触のなかで行われます。もちろん、いわゆる人為的な遊びをとおして子どものものとひとに対する操作的(オペレーショナル)な能力が育つということはありますが、子どもの遊びの活動と環境のかかわりをまず意識しなければならないと思います。

先ほど、子どもは文化のなかで育つ、といいました。たとえばおもちゃ。ガラガラひとつとってもそれは人間がつくって与えているものですね。その文化的な環境も、現在では子どもは生まれたときからテレビ文化のなかにいるわけで、まさにマスコミ文化、メディア文化のなかで育っていますし、さらに最近で言えばバーチャル・リアリティ(仮想現実)のなかで、現実とフィクションの区別がよくわからなくなるような環境条件のなかで育っているという事実も見ないわけにはいきません。そうすると、人間の成長・発達にとってほんとうに大事な環境と言うものが、成長・発達にふさわしい仕方でいまあるだろうかという問いが、教育と環境を考える場合の基本的な問いとして出てきます。

遺伝と環境

一方には素質決定論的な、あるいは遺伝決定論的な発想があります。〝環境がすべてを決めるのだから自分のところに子どもを連れてくれれば、環境を工夫することによっていかようにも人間をつくってみせます〟という発想が、一八世紀の思想のなかにはありました。教育学説をみる場合に〝環境決定論か、遺伝決定論か〟という議論の筋が一つあることはご存じのとおりです。

そういう議論は一八・一九世紀にあっただけではなくて、一九六〇年代の終わりにアメリカで、黒人差別あるいはマイノリティの問題ともかかわって「黒人の知能は生まれつき劣っているのだ」というような議論が心理学者によってまことしやかに主張され、それがアメリカの大学紛争の一つの大きなきっかけになったということもありました。

その遺伝決定論的な議論は学問的にも批判されていますけれども、じゃあ環境がすべてかというとそうではない。素質や遺伝が発達にとって非常に重要な意味をもつということは否定できないし、最近の遺伝学の研究、あるいはDNAの問題提起などをみると、〝がんになるのも遺伝だし、何もかも遺伝によって決まっているんだ。すべてが組み込まれたDNAのなかで予測される。ただそれがよくわからないだけだ〟という考え方もあります。

しかし、私たちが具体的に発達の姿を見る場合に、具体的な素質の現われ方というのはその環境とのかかわりのなかでしかありえないわけですね。たとえば人間の暴力性という問題にしても、フロイト、あるいはエリク・フロムなどの、「人間のなかに生きる本能と死の本能と、その二つがある」、あるいは「死を求める傾向性と生を求める傾向性があるのだ」というような議論がありますす。そのどちらが支配的になり、どういう現われ方をするかは、環境条件との関係のなかできまってくるわけですね。

近年のみんなが非常にショックを受けた神戸の少年の事件（一九九七年二―五月にかけて兵庫県神戸市で発生した男子中学生による連続殺傷事件）の問題にしても、精神医学者のなかにはあれを特定の個人の精神異常として、病気として扱うという指向性が確かにあります。しかしある素質をもっているにしても、それがどういう仕方で発現するのかというのは環境条件との関係のなかで初めて具体化するのですから、その環境条件をどう変えるかということがじつは問題なのですね。

あの事件は、事件それ自体がショッキングであっただけではなくて、一四歳の中学生の多くが「あの子の気持ちはよくわかる」と言っていることに、多くの人びとはショックを受けました。あのA少年が残した「透明な存在としてのボク」ということば。「透明な存在」の意味するところに、多くの中学二、三年生の少年たちが共感できるという。「透明な存在」というのは、いまの学校と社会の生活のなかで自分が自分らしさを認められていない、という言葉ですね。みんな同じように扱われて、目立つことを否定される。自分が自分であると確証しながらそれをよしとして自己肯定するという、自尊の感情が育っていない。それを受け止めて励ますような環境条件になっていないという問題がある。そのことを少年たちは非常に強く、共感的に感じている。

子どもたちの声をもう少し具体的に紹介しますと、「透明な存在」という言葉に対して、「この言葉ほどピンときたものはない。いまの私たちにとってそれはいちばんの悩みであり、いちばん怖いものと言っていいのではないかと思う。自分がここにいるということに不安をもつ気持ち。家の中にいても学校にいても〝自分なんかいたってだれも救われない。だれも楽しくない。何の役にも立たない〟という気持ち」と書いています。自分は必要とされているのかという悩み、それが「透明な存在」という言葉に表現されているのではないでしょうか。

あるいはこういうふうに書いた中学生もいます。

「『透明な存在』というのはわかる気がすると思った。自分は中学生という集団のなかにいるが、みんながみんな同じようなことをやって過ごしている。そこから〝自分はいてもいなくても〟と考えたりするし、周りからどう見られようが関係なく、〝自分自身が今のままでいいのか〟とか〝いてもいいのか〟と自分のことを否定したとき、自分で自分のことを『透明な存在』と思う」

「学校にしろ何にしろ、あまり目立たず、まるでいないかのような自分を例えているのではない

かと思う」(『教育』一九九七年一二月号)

こういうふうに「透明な存在」という言葉を受け止めているんですね。「透明な存在」というのは、いまの日本の中学生の共通感覚といってもいいような状況になっている。そういう仕方での、子ども・青年を取り巻いている環境——広い意味での——の問題があるということですね。そういう環境のなかであの少年の事件は起こっている。福井の中学二年生は「自分もよくわかる。自分も生きていたら同じようなことをするかもしれないから、自分は死んでいく」といって自殺してしまうということも起きています。

あの行為自体は精神医学者は行動障害と診断しておりますし、行動障害というのは一四歳までの少年につけられる診断で、成人だとそれは人格障害と判断されると言われます。そのこと自体はその子固有の問題と言えるのですが、しかし、それがあいう行動として表現されていく、その場の問題、環境の問題は、じつは非常に重要な問題をはらんでいるわけですね。そのような環境条件が備わっていなければ、そういう素質をもった子どもだってあいう行為をしなくて済んだかもしれない。

そういう筋で、教育にとって環境の問題というのは発達教育学的な視点で非常に重要なのだ、それは「素質と環境」として議論されてきた問題のなかの一つの筋道として大事なのだということを、ここで確認しておきたいと思います。

子どもの権利条約

「子どもの権利条約」が制定され、日本も批准しました。〝あの条文を頭から読んでいくとなかなか難しくて、よくわからない〟というふうな最初の印象をもたれるかもしれませんが、しかし、子どもの権利ということについては長い思想の蓄積があって、それがようやくああいう条約という形で出てきたのです。その子どもの権利をもう一度シンプルな形で表現し直すとどういうふうになるか、これを考えてみましょう。

子どもの権利というのは当然、すべての子どもが人間であるということ、人権の主体であるということを前提にしたうえで、子どもは子どもである、子ども期にふさわしい生活と活動と学びが保障される、これが子どもの権利の中軸です。だから子どもの権利というのは「子ども期の権利」と言ってもいい。

それをさらに具体的に言えば、まず生きる権利、次に人間的に成長・発達する権利があります。人間的な成長・発達にとっては、学ぶという活動が一つの大きな軸になります。教育学部の学生諸君は、学習というとすぐに、学校で机の前にいる子どもの姿を思い浮かべるかもしれませんが、私は、教育学部の学生がそういうイメージをまずもつというのは、はなはだ残念だと思っているのです。教育というのは、子どもが生まれ、育って、青年期を迎え、成人になり、やがて老いて死んでいくという人間のライフサイクル全体をまずイメージしながら、そのライフサイクル全体のなかで学ぶという活動のもっている意味を考える、その視点をまず獲得しなくちゃならないと思います。そのうえで、人間的な成長・発展にふさわしい学習の権利ということを考える。ある年齢段階から学校という組織された学習の場面が用意されて、その学習の権利にふさわしい教育が保障されねばならない。だから学習の権利というのは、それにふさわしい教育を求める権利であり、ふさわしくない教育を批判する権利であり、ときによってはその教育を拒否する権利を含む。これが人間的成長・発達、そして学習の権利の含意なのです。ですから学習の権利は、教育を受ける権利というふうに矮小化して表現されるべきでは決してないのであって、学習の権利はそれにふさわしい教育を求める権利を含むものだというふうに理解されなければならない。同時に、子どもの発達を軸にした場合に、人間的な成長・発達にふさわしい環境が用意されなければならないという問題があるわけで、子どもの権利のなかには当然、人間発達にふさわしい環境への権利も含まれるのです。

二　「地球時代」と環境問題

では、子どもが育っていく環境条件はどうなっているのか、われわれがいま生き、生活している環境をどうとらえるか、それ自体を、子ども・青年はみずからの学習の課題にしていかなければならない。それは発達にふさわしい環境をどう準備するかという問題とも重なりますが、同時に、われわれの生きている時代というものをどう認識するかということでもあります。環境問題が人びとの共通の関心になってきたということ自体が、現代という歴史の段階のなかでの「人間と自己と社会の認識」のあり方の問題だと言ってもいいのですね。

これまで、環境問題が生活の問題として、発達にふさわしい環境かどうかを問う視点で提起されたのは、公害の問題でした。特に、一九六〇年代、高度成長期以降、生活環境が大きく変化していく状況のなかで、公害が生活環境、そして発達環境にとって非常に大きな問題になっているという仕方で意識され始めました。その後、公害問題が国境を越えて地球環境の問題というふうに自覚されていく筋道が続き、「公害から地球環境へ」というふうに問題意識が広がっていきます。そして現代という時代は、国民国家がそれぞれの主権を主張してせめぎ合うのではなくて、地球に生存するすべてのものの共生の感覚、共生の思想を鍛えなければならないという仕方で、あらためて問題が自覚されるようになってきたわけです。
そういう現代という時代を「地球時代」と考えるとしますと、「地球時代」という感覚はいつから育ったのだろうか。そういう視点を重ねて問い直してみると、われわれの認識の枠組みがもう少し広がっていくのではないかと思います。

「地球時代」とは

皆さんは「「地球時代」」という言葉をいつごろから聞くようになに——あるいはご自分でも使うようになりましたか。一九九二年のリオデジャネイロの「地球サミット」の前後から、ジャーナリズムもしきりに「地球に優しい」というようなことをキャッチフレーズにしたり、「宇宙船地球号」という言葉が新聞の見出しで使われたりし始めましたが、しかし、「地球時代」とは何かという問い自体が深められたということでは必ずしもありませんね。それだけに、「地球時代」をどう考えるかということ自体が一つの大きな課題であり、それは歴史認識の大きな時期区分の問題とも重なっている、と私は思っています。

私自身は、「地球時代」は「地球サミット」の一九九二年から始まったということではなくて、その始まりは一九四五年というふうに考えようとしています。それはなぜか、そもそも「地球時代」というものをどう定義しているかといいますと、「この地球上に存在するすべてのものが共通の運命的なきずなによって結ばれている、という感覚ないしは意識が地球規模に広がっていく時代」、これを「地球時代」と呼ぼうというふうに、とりあえず定義しています。その定義に即してその時代はいつ始まったかというと、一九四五年を一つの転機と考えているわけです。しかし現在なお「地球時代」への入り口でモタモタしている、と。

転回点としての一九四五年――平和・人権・環境

ではなぜ一九四五年なのか。それは、第二次世界大戦が核をもって終わった、つまりヒロシマ・ナガサキの経験を含んで第二次世界大戦が終結した、ということです。核の問題が、その否定的な契機をとおして地球上のすべての存在への関心の広がりを呼び起こし、地球上の運命共同体とでもいう感覚を呼び起こしたと言っていいと思います。核の問題は、その後繰り返される核実験を含めて、環境問題を地球上の問題として意識させる一つの大きな契機になっていきました。チェルノブイリ（一九八六年）の前にビキニ（一九五四年）があったのです。

核の問題は、地球上の存在すべてが消滅するかもしれない核戦争の危機だけではなくて、平和的に利用するという原子力エネルギーの問題もじつは相当な危険性をもっているのではないかということで、原子力発電の問題も含めて核と環境問題との結びつきを意識させました。スリーマイル島の経験、チェルノブイリの経験などをとおして、その汚染の広がりが一国にとどまらない危険性をもっているということも含んで、核時代の始まりということが「地球時代」を開いていく一つの大きなきっかけになったと思います。

積極的な意味では一九四五年は、帝国主義間の戦争として戦われた二つの大戦が終結した年ですね。それ以後「帝国主義」という言葉を肯定的な意味で使う人はもうだれもいなくなりました。そして第二次大戦の終結を一つの契機にして、植民地の独立という仕方で、地球上の国家の関係が大きく変わっていきます。それはさらに六〇年代のアジア・アフリカ・ラテンアメリカ諸国の独立、いわゆるA・A・LA問題につながっていきます。そういう国際政治の変化のなかで人類は国際連合をつくり、国際連合をとおして新しい平和秩序をつくっていくことに希望を託したわけですね。一九四五年はその大きな転機になった年です。

人類の思想もまた一九四五年を転機にして大きく発展します。「人権宣言」というと、諸君はまず「フランス人権宣言」を思い起こすんじゃないでしょうか。すぐに「世界人権宣言」を思い起こす人は、残念ながら少ないかもしれません。一七八九年の「フランス人権宣言」から一九四八年の「世界人権宣言」、この間の人権思想の変化は非常に大きいものがあります。

第二次大戦終結後の「世界人権宣言」は、一国の宣言ではなくて、世界の、ユニバーサルな人権宣言という仕方で採択されました。その後、宣言は条約（人権規約、一九六六年）となり、さらに「女性の差別撤廃条約」「子どもの権利条約」「障害者の権利保障」と人間の具体的な存在に即しての権利が自覚され、表現されていく。そういうことを含んでいま国際的な人権の問題を考えなきゃいけないと思います。

一九四五年が一つの大きな転機になって人権思想は大きく展開し、それは宣言にとどまらず、条約になっていくのです。

宣言というのは美しい理念の表現であり、みんなそれに敬意を表さなきゃいけないものではあるけれども、一国の国内政治に対して直接に規制力をもつものではありません。しかし条約としてそれにサインをするということは、それぞれの国の国内法との関係でいえば、原則的に国際法が優先するという感覚が同時に求められるのだと思います。国際法とそれぞれの国の憲法といずれが上位に立つのかというのは非常に微妙な問題で、議論があるのですが、私は、原理的にいえば国際法が上位に立つと思っています。ですから「子どもの権利条約」を批准したとき、それと矛盾する日本の国内法があればそれを改正する必要がある、必要ならば留保条件をつけるということにもなるわけですね。

そういう問題を含めて、一九四五年を転機に、その存在の固有性に即し、その固有性を貫く仕方で人権の普遍性のとらえ直しが国際的に始まるわけです。「人間が人間であるかぎりすべての……」というのは、抽象的なレヴェルではまさにそのとおりなんだけれども、いまの私たちの発想はむしろ、女性という固有性をとおして、あるいは子どもという固有性をとおしての権利の自覚の深まりということですね。

個別を貫く普遍、あるいは普遍へと開かれた権利感覚。「これこそが普遍だ」という形で普遍主義を個別なものに押しつけるのではない、個別と普遍の関係のとらえ直しという視点も含めて、現在では人権の思想が動いているというふうに私は思います。少なくとも、そういう転機に一九四五年がなったと言っていいと思います。

地球と宇宙の科学

地球は一つの運命的な共同体だというような意識がつくられるのは、核の問題や、人権を国際的に保障しようとする動きと重なっているわけですが、もう一つ大事なこととして宇宙科学・地球科学の発展ということがあると思います。われわれがその上に生存している地球、われわれの生存の場としての地球それ自体をどう見るかという科学が大きく発展した、ということです。

もちろん、宇宙のなかの惑星の一つとしての地球、そして天動説から地動説への大きな転換といった前史があるわけですし、そういう自然科学の発展と呼応しながら、コロンブスに代表されるような、あるいはマゼランを思い起こしていいような大航海時代が続くわけですね。私はこれを「『地球時代』の前史」というふうに呼んでいるのですが。さらにそれに重ねて、帝国主義も「地球時代」の前史だ、否定的な意味での「地球時代」の前史だと考えていいと思います。

地球そのものへの認識でいえば、〝地球は生きて動いている〟という、いまの〝プレートが動いている〟という議論につながるような発想を、アルフレッド・ウェゲナーという人が一九二〇年代に提起して、地学的な意味での地球への関心が大きく広がりました。しかしその後そういう系譜が発展せず、ようやく一九六〇年代になって地球に関する科学のさまざまな力が総合されるなかでプレート・テクトニクス説がつくられていく。みなさんは「プレート・テクトニクス」という言葉は知っているでしょうけれども、私たちの世代は高校・大学時代にはそんな言葉は全然知りませんでした。

いまは、なぜ日本に地震が多いのかという問題にしても、プレートが日本海溝に入り込んでいくということ、さらに最近では、単にプレートが動いているだけじゃなくて地殻から吹き出してくるという原理も含めて、地球は生きて動いているという議論になっているようですね。

その説がつくられていくまでに日本の地震学者の果たした役割は非常に大きいようですが、この学説は地震学だけじゃなくて、古生物学や地磁気についての学問等々が総合されてそういう議論になっているのですね。ですから私は地球を考える場合に、自然科学の学説の歴史も含みながら、つまり人間が地球というものをどう考えてきたかという筋に一ぺん戻しながら、地球についての学習をする必要があると思っているのです。環境学習の前提として地球学習ということも非常に大事だし、おもしろいのじゃないか。子どもたちは大いに興味をもつんじゃないか、と思っているのです。そういう地球認識を前提にしながら、さらに「地球時代」が開かれていく。

グローバル・デモクラタイゼイション

今年(一九九八)は国連が成立してちょうど五〇年、「世界人権宣言」が出されてから五〇年の年です。五〇年の国際的な人権問題への取り組みと国連の活動は、ほんとうはワンセットであっていいんだけれども、現実の国連が果たしている役割が必ずしも褒められたものではないという問題があるものだから、つい否定的な側面に目を奪われがちです。しかし私は、国連が第二次大戦の反省を契機にして生まれてきたその理念にたち帰りながら、その理念に少しでも現実を近づける努力をしなくちゃいけないし、そういう意味での国連の改革が大きな課題になっていると考えています。そういうことを含んだ、まさに国際政治における「地球時代」の問題をきちんととらえる視点が大事だと思うんですね。

国際政治学的な視点で言うと「グローバル・デモクラタイゼイション」という言葉があります。一九四五年を起点として、それ以後植民地が独立していき、独立した国は軍事政権や独裁政権が多かったんだけれども、それぞれがだんだんと民主化されていっているわけです。少なくとも基本の方向は独裁からデモクラシーへという方向で動いている。その起点が一九四五年。ですから私は「一九四五年」を一つのシンボリックな意味で使っているわけです。

三　公害問題から環境問題へ

国際的な流れ

この「地球時代」を考えるうえで、環境問題の提起したその問題提起性は一つの決定的な意味をもっているのではないかと考えています。前述のように、環境問題への着眼ということでは、核の問題が大きな問題として前提的にありますけれど、それがより具体的にそれぞれの国で自覚されていくのは公害問題をとおしてでした。産業社会が大きく発展するなかで公害がさまざまな否定的な問題を提起し、その公害問題への取り組みが、一国を超えて地球規模で問題を考えざるをえないという方向で動いていったわけですね。

国際的な大きな流れで言えば、一九七二年のストックホルムでの最初の世界環境会議が一つの時期を画し、その二〇年後にリオデジャネイロで地球サミットがもたれます。国際的な会議では、どうもこの〝二〇年〟というのが一つのサイクルとしてあるのですね。子どもの権利にしても、一九五九年に「子どもの権利宣言」が出され、その二〇年後に「国際児童年」がもたれて、このときに「これを条約にしよう」という運動が始まり、一〇年かかって一九八九年に国連の総会で採択される。一九七四年の国際教育勧告が九四年に見直される。七六年の教師の地位に関する勧告が九六年に新バージョンが出される、環境問題もちょうど二〇年後に大きな会議がもたれているわけです。

その過程でもたいへん大事な視点がいくつも出されています。特にヨーロッパでは、公害問題を一つの国の中の問題、国境の中の問題としてはとてもとらえられない客観的な条件があります。ヨーロッパの国ぐにには国境を接しているわけですし、空気の汚染の問題は一国のなかに収まりきれない。河川の汚染でも、川はいろんな国を貫いて流れているわけですから、上流の国が廃棄物の処理を誤ればそれは下流の国ぐににたいへんな迷惑を及ぼす。これはだれが考えてもわかることですね。

一つだけご紹介しますと、ライン川の汚染防止国際委員会というのができたのが一九五〇年で、十数年たって六三年からそれが国際的に承認されて活動を始めています。ライン川というとドイツの川だと思われがちですけれども、ライン川の流域には、スイス、ドイツ、フランス、ルクセンブルグ、オランダという五つの国がありまして、一番下流のオランダでは、上流の汚染物質のなかの水銀や砒素やカドミウム等々、たいへんな有害物質が堆積されているということもあるわけです。ですから国際的な地理を勉強する場合に、たとえば河川がどういうふうに流れているのかということにも注目しながら地理学習をする必要があるわけで、これは、環境問題があらためて地理学習にも影響を及ぼしているのだと思います。

あるいはドイツのシュワルツヴァルト(黒い森)という綺麗な森林が、長い間の酸性雨禍でいま非常に大きなダメージを被っているのですが、これはドイツの工場の廃棄物というよりも、むしろ公害問題にほとんど無頓着に開発を進めていった東ヨーロッパ諸国の、特にチェコスロバキアなどの、ある意味では無秩序な工業発達の犠牲だとも言われています。そういう国境を越える公害問題については、ヨーロッパでは地理的な条件からもずいぶん早くから意識されていたのです。

日本では

日本では日本の高度成長と結びついて、水俣や四日市の問題とかイタイイタイ病の問題とか、中学・高校での公害学習などで基本的な知識については知らなければならないということになっていますし、皆様も知っていると思います。

その公害問題を考える場合に、たとえば〝空気の汚染は万人にとって危険だからみんなが関心をもたなければならない〟という説明の仕方は確かにわかりやすいのですが、厳密な言い方をすると必ずしもそうではなかった、という問題があるんですね。それはどういうことかというと、たとえば大阪湾に新日鉄が入り、コンビナートができ、地域の空気の汚染が広がるなかで、それを調査した宮本憲一さんという環境経済学者が「空気が汚染されてみんなが被害を被っているというけれども、じつはそうではないのだ」という趣旨の論文を書いておられまして、「企業の経営者や上層の人たちは汚染されていない地域に住宅をもっている。その工場の周辺や汚染地域には、労働者や社会的には底辺層の人たちが住んでいる。だから空気の汚染は万人に等しく危険をもたらしてはいない」というふうに言っておられます。私はその論文を読み、宮本先生のお話を伺ったこともあるのですが、相当にショッキングでした。言われてみればそのとおりで、空気はみんなに平等だよというような単純なことではない。そういうことを私たちは公害問題をとおして認識してきたのです。

公害への取り組みをとおして公害学習も進み、市民運動も進みます。その市民運動を支えたのは科学的な知識であり、そこにはたとえば高校の化学の先生たちが市民として積極的に参加して専門的な力を生かすという形で、公害問題への取り組みが進んでいったわけです。

地域差から南北問題へ

公害で受ける被害は階級・階層によって差があるという視点は、地球環境全体をとおして考える場合も大切です。たしかに、たとえばオゾン層の破壊というような問題を考える場合には、その被害はリッチな人には少なくて貧乏人だけが被害を受けるというふうなことではない。宮本さんなどが提起した、階級・階層的な視点を越えたもっと普遍的な問題もあるんじゃないか、ということを意識させます。地球環境汚染は国境を越えての汚染であり、まさに地球規模での汚染防止への取り組みが求められています。

そうすると、公害問題で提起された地域差や階級・階層差という視点はなくなっていくのかというと、決してそうではない。宮本さんが公害問題で提起した視点は、地球規模での汚染の問題では南北問題として生きているというふうに、私は思っています。

実際、京都で行われたCO_2の規制をどうするかという国際会議（一九九七年）での議論を見ても、いわゆる先進国のなかでも、ＥＵは八％の削減、アメリカは七％、日本は六％というふうな数字を最初に出していました。先進国のなかでのばらつきもあったわけです。同時に、この問題はいわゆる南の人たちにはどう見えるのかということがあるわけですね。オゾン層の破壊あるいは地球温暖化ということについては北も南もない。このことを前提にしたうえで、南の開発をただ押さえ込み、先進国は依然として自分たちの利益を追求するというような対応――たとえばアメリカの態度のなかに私はそういう傲慢さを感じるのですけれど――に対して、南の人たちが反発しないわけはありません。そういう視点を含んで地球規模での汚染問題に対する考え方を深めていく必要があるのではないかと思っています。

世界環境会議

世界環境会議では、ストックホルムからリオデジャネイロの会議にいたる過程でいろいろな問題提起がされています。その一つ、八八年のトロントでの会議の総括文書をちょっとご紹介しますと、「人類は、全地球核戦争を除けば究極の悲劇を招くことになるかもしれない、意図しない、制御不能の地球大の実験を始めている。さまざまな地球での人間活動、化石燃料の非効率的な乱費、人口急増に起因する汚染によって、地球大気はこれまでにない速度で変化しつつある。この変化は国際安全保障にとって主要な脅威の一つになりつつあり、すでに地球上のいくつかの地域で被害を及ぼしている。――温暖化と海面上昇による長期的な影響、大気中の二酸化炭素、温室効果ガスの濃度の増大等々、オゾン層の破壊、これにいま取り組まなければ取り返しのつかないことになる」。

この総括文書がまとめられたトロント会議では、二酸化炭素の排出量を二〇％削減しようという提案をしている。それから一〇年たった京都会議で、ああいう形で尻つぼみの削減目標になっている、ほんとうにこれでいいのだろうかという思いを私はもったのですが、トロントでの総括文書は非常に大事な視点をすでに出していました。

八九年には、シェワルナゼ――まだソ連があった時代のソ連の外相ですが――が次のような有名な演説をしています。彼は国連での活動が長かっただけに国際感覚は優れていたということもありましょうし、ソ連ではチェルノブイリのあの惨事があった直後でもあって、環境問題には非常に関心を示したわけですが、「このままでいけば、軍事的な防衛体制を強化するというようなことは全く過去のものになってきている。いまこそ考えなければいけないのは環境カタストロフの脅威であって、その前では二極化したイデオロギー的世界の対立という構図は却下される。バイオスフェア（生命圏）には、政治ブロック、同盟、体制という区切りなどいっさい存在しない」。こういう仕方で彼は危機意識を鮮明に打ち出しています。

現在ではわれわれは、ソ連の環境問題の取り組みがじつにいい加減だったということを知っていますし、ヨーロッパの汚染は東欧諸国からの廃棄物等々、環境問題に非常にイージーであったつけが回ってきているのだということも知っています。ですから、なぜこういう感覚をもっと早くからもてなかったのかという思いはあるのですが、しかし、この演説が非常に重要な視点を提起していたことは間違いないですね。

「成長の限界」から持続可能な発展へ

さらに九〇年には「アジェンダ21」が、二一世紀に向けての地球環境の保全のための地球憲章

るというようなものとして提起され、九二年のブラジルでの地球サミット会議に一つの集約点を見ることができるわけです。

この流れのなかで〝開発や発展について、もういい加減に歯止めをかけなければならない〟という問題意識は、経済界の中からも出ていたわけです。たとえばローマクラブは七二年に「成長の限界」という有名な文書を出しています。ローマクラブは〝このままのやり方で開発を進めれば地球のエネルギー資源は枯渇する〟という危機意識で、成長の限界という問題を提起したのです。

それに対して九二年のリオデジャネイロでの「地球サミット」の認識は、単に〝いまのような調子でやっていたらエネルギー資源が枯渇する〟という認識ではなくて、エコロジカルな生態系が破壊されることをとおしてバイオスフェアとしての地球それ自体が崩壊する、という危機の認識です。

そのときの文書のなかで、「自分たちの認識は、かつての『成長の限界』という文書にまとめられたあの時代の危機意識とは違う、〝資源エネルギーがなくなるから成長政策に少し歯止めをかけよう〟というのとは違って、このままいけば生命圏それ自体の崩壊につながるという危機意識だ」ということを言っています。まさに認識論的転換。「認識論的な転換」という言葉を使ったのは、ガリ国連事務総長です。彼が地球サミットの開会の演説のなかでこの言葉を使ったのですが、私たちはまさにバイオスフェアの問題として地球環境問題を考えなければならないことになってきたわけです。

その問題とかかわって、「サスティナブル・ディベロップメント」という言葉が一つの合い言葉になってきています。これを「持続可能な開発」と訳すのか「発展」と訳すのかということも相当に議論があるようで、訳語の感覚の問題はある意味では非常に大事なわけですね。

私自身は、その両方をコンテキストによって使い分けざるをえないんじゃないか、と考えています。まず、バイオスフェアのサスティナブルなディベロップメント、これは「持続可能な発展」と訳すべきで、それに対して「開発」というのは人間が人為的に主体的にかかわるという行為を含んでいますから、それがサスティナブルなものでなければならないという自己抑制の原理を含んで表現する場合には「持続可能な開発」と言ったほうが意味があると思うのですね。日本語の感覚を含めて。ですから全部をどっちかに統一すべきだとは思わない。大きな思想の問題としては「持続可能な発展」、それを可能にするためには、開発主体としての人間の抑制原理と含むものとして「持続可能な開発」という言葉を使えばいいのではないかと思っています。これはたぶん論争的な問題になるだろうと思いますけれども。

その「持続可能な発展(あるいは開発)」という問題は当然南北問題を含み、共生の思想が問われるわけですね。すべての人間が地球環境破壊の危機に遭遇しているのであって、誰かが救われるというようなものではないという認識を、私たちはもたなければいけない。その危機意識が南の国の開発への権利を抑制し〝自分たちの開発だけは持続する〟といった傲慢な議論にならないように、そこのところをきちんと見定めていく必要があると思います。つまり、南北問題的な視点と持続可能な発展の問題はワンセットに考えなければいけない。それをやらないかぎり、南の国からの「自分たちの開発の権利を抑制する原理だ」という仕方での反発を招く。

これは第三世界の人たちに一般的に共通する感覚でもあるわけです。「フランス人権宣言」や「世界人権宣言」にもなかった「環境への権利」「開発への権利」といった――「第三世代の人権」という言い方をする人もいますけれども――新しい権利が自覚され、この問題が特に南の側から提起されている。これをどう考えるかということは、人権思想を発展させるためにも非常に大事ではないかと思っています。

未来世代の権利と現世代の責任

地球環境とのかかわりでもう一つ、ぜひお話ししておきたいことがあります。フランスの探検家として知られているジャック＝イブ・クストーさんという人が中心になって、〝環境問題は未だ生まれていない未来の世代の権利の問題として考えなきゃいけない〟という動きをつくったんですね。

クストーさんはじつは昨年の六月に、亡くなりましたが、探検家というよりも、実際にアクアラングを発明し、水中カメラで神秘の海の世界を伝えた最初の人なのです。彼が、海洋が汚染されていることに気づき、海洋を汚染から守るためにフランスの水爆実験を批判し、沖縄のサンゴの調査などもやって、環境の保護を訴えたんですね。そして彼は「この地球を守り、文化を次の世代へ伝えるということは、世代から世代へ（generation to generation）という発想だけでなくて、まだ生まれていない世代（future generation）から預かっているこの地球を大事にすることなんだ。それが未来の世代の権利に応えることになるんだ」という発想から、「未来世代の権利宣言」をつくって国連で採択させよう、という運動を始めていたのです。

日本にも「クストーの会」ができて、じつは私もその呼びかけ人の一人なのですけれど、そういう視点を含んで考えると、私たちが考えている子どもの教育の問題は、まだ生まれていない子どもたちの権利の問題にもつながるのだということになりますね。さらにそれは「地球時代」ということの中身を大きく広げることにもなるわけです。自然としての地球、その上に存在する生命体の共生、それは自然と人間の共生ということでもあり、万人の共生ということでもありますが、その「万人」は、過去の世代の人たちとのつながりと同時に未来の世代とのつながりも含むわけです。「教養というのは人と人とをつなぐものだ」という言い方があります。過去の人とも対話ができ、地球の向こう側の人とも対話ができてつながりをもてる、これが教養なんだけれども、さらに未来の世代との対話の可能性ということを含んで、私たちが考えなければならない課題が大きく広がってきていると思います。

四　環境教育へのとり組み

二一世紀に向けての教育の課題を考える場合に、いまお話ししたような「地球時代」の自覚の仕方、そのなかでの人権や平和や環境の問題が大きな課題になることは明らかです。そして具体的な教育実践としては、総合学習をとおして、地球環境の問題や平和や人権の問題を考える実践が、広がりつつあるのです。

地域から地球へ

時間がありませんので一つだけご紹介しますと、満川尚美さんという練馬の小学校の先生が『地球と私たち』（国土社）という実践記録を出しています。これは、小学生が六年間の学習の成果を卒業式に発表するんだけれども、そのテーマを何にしようかと議論して、「地球と私たち」というテーマにしようと決めて取り組んでいく、という実践の記録なんです。

なぜ小学校六年生が自分たちの卒業式の発表に「地球と私たち」というテーマを選んだかということを、ある子どもはこういうふうに書いています。「『地球と私たち』というタイトルは、六年間してきた勉強に対していいタイトルだと思います。どうしてかというと、いままで私たちがしてきた勉強は地球に関係があると思ったからです。生き物を観察したり、葉っぱの写生などもありました。自由研究などでもやっぱり、自然、地球に関係のある、森林や鳥などのこともたくさん調べました」と。この子たちは公害学習で安中にも行って、公害裁判をやっている人の話も聞いているし、トトロの森の近くの学校でもあるものですから、そこで自然の学習をしたりしてきたんですね。

高校で言えば『バナナと日本人』（岩波新書）。それをもとにして大津和子さんが「一本のバナナから」という実践記録（授業プラン）を残していますが、これは多国籍企業を媒介としての日本とアジアの問題を提起し、同時に、私たちが食べるバナナをつくるところでどういう農薬が使われているのかという、環境汚染の問題についても相当詳しく調査した実践です。

それから、皆さんも「もののけ姫」（スタジオジブリ、宮崎駿監督）を見たと思いますけど、これは共生の問題を考える非常にいい映画ですね。

感じることの大切さ

最後にお話ししたいことは、環境問題を考える場合に基本になるのは人間的な感性だ、ということです。知識としていろいろ知るだけではなくて、豊かな感性をもつということ。『沈黙の春』という著作で農薬が地球を汚染していく危機を警告したレイチェル・カーソンの最後の著作に、『センス・オブ・ワンダー』というこんなかわいい本があります。彼女はこの本で、神秘さや不思議さに目を見張る、その感性の重要性を強調しているのですね。「知ることは感じることの半分も重要ではない。まず感じることが大事だ」と。美しいものにふれ、感動する、珍しいものにふれ、好奇心を燃やす、そういうセンス・オブ・ワンダーこそが大事なんだ、ということですね。
きょう私は環境問題でいろいろ難しいことも話しましたけれども、それは知識のレヴェルでしかないわけです。その理解をふかめるためにも〝感じる心〟が大事なので、これを子どもの成長・発達のプロセスの問題に置きかえた場合に、知ることは二の次、それよりも〝感じる力〟を大事にしようということになると思います。
「消化する能力がまだ備わっていない子どもに事実を鵜呑みにさせるよりも、むしろ子どもが知りたがるような道を開いてやることのほうがどんなに大切であるかわかりません」、感じる心があればおのずと知るようになっていく、という筋で彼女は考えています。これもぜひ皆さんの共有財産にしてほしいと思います。これで終わります。

【参考文献】

D・H・メドウズ、J・ラーンダズ他、大来佐武郎監訳『成長の限界――ローマ・クラブ「人類の危機」レポート』(ダイヤモンド社、一九七二年)
環境と開発に関する世界委員会(委員長、ブルトラント＝ノルウェー首相)『地球の未来を守るために(Our Common Future)』(福武書店、一九八七年)
マイケル・レッドクリフト、中村尚司・古沢広祐監訳『永続的発展』(学陽書房、一九九二年)
林智・西村忠行・本谷勲・西川栄一『サスティナブル・ディベロップメント―成長・競争から環境・共存へ』(法律文化社、一九九一年)。
宮本憲一『環境と開発』(岩波書店、一九九二年)
大田堯編『学校と環境教育』(東海大学出版会、一九九三年)
福島達夫『環境教育の成立と発展』(国土社、一九九三年)

満川尚美『地球と私たち』(国土社、一九九〇年)
木原啓吾『ナショナルトラスト(新版)』(三省堂、一九九八年)
堀尾輝久・河内徳子編『平和・人権・環境　教育国際資料集』(青木書店、一九九八年)
藤岡貞彦編『〈環境と開発〉の教育学』(同時代社、一九九八年)
『民主教育研究所年報』第2号「環境と平和」特集、二〇〇一年
民主教育研究所編『季刊　人間と教育』第3号、宮本憲一・堀尾対談(旬報社、一九九四年)

埼玉大学教育学部の総合講座での講義＝一九九八年一月九日＝に補加筆。

(『中央大学文学部教育学論集』第四三号)

「地球時代」をどう生きるか
――地球倫理と未来世代の視点から

一　現代とはどういう時代か

私は歴史の時期区分として近代を古典近代、近代後期（帝国主義）に分け、一九四五年からを現代ととらえている。それは世界史に重ねて日本史を見る視点でもある。

一九四五年　世界戦争から世界平和へ。それは「地球時代」への入り口でもあった。

「地球時代」とはなにか。私はつぎのように定義してこのコンセプトを使用している。

〈「地球時代」とは：地球はひとつ。そこに存在するすべてのものが一つの絆によって結ばれているという感覚と認識が、地球上のすみずみまで共有されていく時代〉

英語ではglobal age 仏語ではL'ère planétaire。わたしの気持ちは仏語に近い。

それは「地球と人類の発見の時代」ともいえよう。

それから七〇年が経過したがまだその入り口、トンネルの先の明かりが見え始めている時代にいる。

この間、国連憲章と世界人権宣言、植民地の独立と非同盟の運動があり、世界軍縮会議も重ねられ、地球、宇宙科学の発展は地球＝宇宙時代意識への醸成に寄与してきたといえる。経済優先の開発による環境問題の深刻化もまた「地球時代」意識を高める役割を果たした。平和意識も〈戦争から平和へ〉から〈暴力の文化から平和の文化へ〉と深まり、平和・人権・共生・寛容の文化が求められ、他者認識も偏見と排除から差異の認め合いと寛容、相互の尊敬が強調されるようになってきた。

さらに、三つの神話（成長神話、原発の安全神話、核・軍事力の抑止力神話）からの解放がいわれ、環境倫理意識とともに、〈自然と人間〉の問い直しの問題意識も深まってきた。これらは「地球時代」の価値意識（地球倫理を含む生き方）を問う際の根本的な視座であろう。

付言すれば、私は「地球時代」のこれまでを四つの小時期区分に分けて考えてきている。（『未来を創る君たちへ　地球時代をどう生きるか』参照）

a理念の時期：国連憲章、世界人権宣言、日本国平和憲法
b二つの世界：米ソの二極、冷戦と平和的共存
c米国一極支配：ベルリンの壁の崩壊、グローバリゼーション
d多元化世界へ向けて：中南米諸国、アジア、アフリカの動き
生物多様性、文化の多様性、人権意識の深まり（女性、障害者、子どもそして未来世代の権利）
地球・宇宙科学の発展——地球は一つ、地震に国境はない（三・一一ショック）

以上は私の現代認識の概略である。

《追記　その後コロナ・パンデミック、核兵器禁止条約の成立・発効に重ねてロシアのウクライナ侵略という事態が起きている。いつ戦争は終わるのか。「地球時代」を開くためにも、平和への

道以外にはない。新しい時期区分も必要である。(二〇二二年八月)》

二　日本国憲法を「地球時代」の視座から考える

国連憲章（一九四五年六月二六日）と日本国憲法（一九四六年一一月三日）と世界人権宣言（一九四八年一二月一〇日）。これら三つは「地球時代」の第一期のものであり、これらは、私たちの価値意識にとって、その成立の年月とともに重要である。

八・一五／一九四五そして憲法九条の意味と意義

日本国憲法は帝国憲法の改正として成立したが、国民主権と基本的人権と平和主義にたつ憲法理念は帝国憲法の抜本的改正であり、八・一五革命（宮沢俊義）ともいわれた。とりわけその軍事力放棄の平和主義は近代憲法をも超えるものであった。

九条の思想的源流としてはカントやユーゴー、内村鑑三や田中正造等を挙げることが出来るが、なかでも第一次世界大戦の後、アメリカから広がった〈outlawry of war〉の思想運動が重要である。その中心には法律家のS・D・レヴィンソンや思想家のJ・デューイもいた。この運動はヨーロッパにひろがり、ケロッグ＝ブリヤン条約（不戦条約、一九二八年）に結実する。その思想は条約を超え、国連憲章そして第九条へと繋がっていく。加えて、日本国憲法の戦争放棄、武力不保持の原則は、国連憲章をも超えるものである。

なお、九条のアイディアは一九四六年一月二四日マッカーサーと幣原の会談の際、幣原からだされたことは重要である。彼は不戦条約に関わり、日本の大陸での戦争拡大を批判し、野にあった外交官であった。戦後の改革期に首相を務めるのだが、不戦条約から国連憲章への動きとともに［ヒロシマ、ナガサキ］を体験した日本の戦争体験が、彼の九条のアイデアを支えていたといえよう。国連憲章はヒロシマ、ナガサキの前、日本国憲法はその後に成立したのである。

幣原とマッカーサーのそれぞれの思いはつぎの資料から読み取れる。

幣原は戦争調査会（一九四六年三月二七日＊）での首相としての開会挨拶でこう語っていた。

＊1945年11月に幣原喜重郎内閣により設置された日本のアジア太平洋戦争に関する調査、審議機関。

「先般政府の発表いたしましたる憲法改正草案の第九条におきまして、かくの如き憲法の規定は、現在世界各国いずれの憲法にもその例を見ないのでありまして、いまなお原子爆弾その他強力なる武器にかんする研究が続行されている今日において、戦争を放棄するということは、夢の理想であると考える人があるかもしれませぬ。しかしこの破壊的新兵器の時代に軍隊をもつことは無駄なこと」だ。「今日我々は戦争放棄の宣言を掲げる大旆《たいはい》を翳して、国際政治の広漠たる原野を単独に進み行くのでありますけれども、世界は早晩、戦争の惨禍に目を覚まし、結局私たちと同じ旗を翳して、遥か後方に付いてくる時代が現れるでありましょう」

その翌月早々に開かれた連合国対日理事会の冒頭挨拶（四月五日）で、マッカーサーは、「私は戦争放棄に対する日本の提案を、全世界の人々が深く考慮することを提唱するものです。道はこれしかありません。国際連合の目標は賞賛すべきもの、偉大で気高いものですけれども、その目標も、日本がこの憲法によって一方的におこなうことを宣言した戦争する権利の放棄を、まさにすべての国がおこなったときに始めて実現せられるのです。」と述べている。

マッカーサーはアメリカの議会（上院、軍事外交合同委員会、一九五一年五月五日）でもこう証言していた。

「（あの日）幣原氏がわたしのところへやって来てこう申しました。『これは長い間考えて信じてきたことですが、この問題を解決する道はただひとつ、戦争を無くすことことです』。かれはまた言いました。『軍人であるあなたに私がこういうことを申しあげてもとうていとりあげて頂く訳には参らないことは私もわかっていますので、はなはだ申しあげにくい次第ですが、とにかく私は現在我々が起草している憲法のなかにこのような規定を入れるように努力したいのです』。私はこれを聞いて思わず立ち上がり、握手しながら、これこそ最大の建設的な歩みの一つであると思うと言わないではおれなかったのです。さらに私はその時申しました。あるいは世の人々はあなたを嘲るであろう。それを貫き通すには強い道徳的勇気を要するであろう。そして最後にはそれを保持することができないかもしれないというようなことを申したのであります。しかしながら私は激励しました。そして彼らはあの規定を書き込むことになったのであります」

彼は後日、憲法調査会会長高柳賢三の問い合わせに文書でこう応えている。

「あれは幣原の先見の明とステイツマンシップと叡智の記念塔である」（高柳『天皇・憲法第九条』有紀書房、一九六三年）

占領下でのマッカーサーによる押しつけ説に歴史的に根拠がなく、いまなお繰り返される〝押しつけ論〟は改憲のための口実であることも明らかであろう。

（なお、〝押しつけ論〟批判についてより詳しくは私の小論「『改憲』とは国のかたちを変えること」、『季論21』二〇一三年冬号、本書一六一頁＝を参照されたい）

現実の世界の動きは九条の大旗のもとに諸国が付いてきているようには見えない。

マッカーサーのリアリズムが当たっているように見える。九条の理念は先見の明ではなく、妄想に過ぎなかったのか。

憲法前文の平和的生存権と九条の理念は樋口陽一氏も指摘しているように、近代憲法の理念をも超え出ていると言ってよい。しかし実は国連憲章そして世界人権宣言にも国民国家（Nation-State）と国民主権の観念を超え出る原理が含まれている。

国連、ユネスコの平和への取り組みを振り返ってみればそのことも見えてこよう。

国連軍縮特別委員会（一九七八年）やユネスコ軍縮教育会議（一九八〇年）の報告書を見れば、軍縮の目標は一般的かつ完全な軍縮（general and complete disarmament）であり、軍備の縮小（diminution）ではないことがわかる。さらに、国際平和年（一九八五年）、セビリア声明（一九八九年）、国際教育行動要項（一九九五年）そして国際寛容年（一九九五年）、生物多様性条約から多文化宣言（二〇〇一年、条約二〇〇五年）、国際平和文化年（二〇〇〇年）とその後の一〇年の取り組みをみれば、〈戦争から平和へ〉から〈戦争と暴力の文化から平和と寛容の文化〉へとその認識が深まり、日常生活を通しての平和への取り組みの重要さが強調されてきていることがわかる。現在、国連での核軍縮への取り組み、さらに「平和への権利（Right to Peace）宣言」へむけての運動もその流れのなかにあると言えよう。そこには平和的生存権も構造的暴力への取り組みを含む積極的平和主義も書き込まれている（もちろん安倍首相のそれとは全く違った意味で）。

日本国憲法に対しても世界の識者たちも注目している。歴史学のアーノルド・トインビーや哲学者のR・ハッチンズ、ノーベル賞の生化学者セント＝ジェルジ・アルベルト、コスタリカのアリアス元大統領、先日来日したチョムスキー氏は沖縄基地反対の知識人の一人でもある。チャールズ・オーバービー氏のように九条を世界に拡げようという運動もある。彼はその日本憲法論を、*A Call for Peace* として出版した。訳者国弘正雄氏はこれを『地球憲法第九条』（一九九七年）としたが、これは筆者の思いを汲んだ適訳だと思う。なお一九九九年にはハーグの国際平和市民会議で各国の憲法が九条をもつことを求めるアジェンダ（行動計画）が採択された。九・一一の後、デリダとハーバーマスの世界の平和にむけての共同声明では今こそカントの永久平和論をと呼びかけたが、その精神は日本国憲法にあり、九条をもつ世界平和憲章を創ろうと私たちは呼びかけたい。

人権に関しても、世界人権宣言は、一国（アメリカ、フランス）の宣言を超えて、まさしく人間が人間である限りすべてのものの人権という人権の普遍性の宣言（Universal Declaration of Human Rights）であった。そこでの人権思想はその普遍性を前提にしたうえで、現実の差別の実情にそくして、人種差別、女性差別、障害者差別撤廃への条約を成立させる原動力であった。子どもの権利にかんしても、子どもの権利宣言（一九五九年）から条約（一九八九年）へと発展してきている。これらを通して、人権の捉え方も普遍性に個別性を重ねる仕方で深まり、個別を貫く開かれた普遍として、とらえなおされていく。

三　憲法と子どもの権利　未来世代の権利

安倍政権は「戦後レジームからの脱却」を掲げ、憲法改正へ向けて前のめりの姿勢である。自民党改憲案を一読すれば　国民から国家へ、人権保障から公の秩序維持へ、戦争の放棄から安全保障へ、そして緊急事態条文と国防軍の新設と、「国のかたち」を大きく変えるものとなっている。九七条（基本的人権の本質）の削除。前文には改憲ではなく新憲法の「制定」と書かれている。

これが「戦後レジームからの脱却」なのだ。それは「地球時代」からの逆行にほかならない。

私は教育研究者として子ども・青年の成長発達の問題を軸に、教育への権利の内容を深める仕事をしてきた。憲法の理念、精神を教育に生かす〔教育基本法――人間性の開化、普遍的にして個性ゆたかな文化の創造〕とはどういうことかを問うことでもあった。それゆえ、私は教育基本法と子どもの権利宣言（一九五九年）さらに子どもの権利条約（一九八九年）に重ねて憲法を読むという作業に取り組んできた。それは改憲問題を子どもの視点から考えるということをも含んでいる。

子どもの（権利の）視点から憲法をよむと面白いことに気づく。

まず、憲法のいう国民には子どもは含まれますかと聞くと曖昧な返事がかえってくる。しかし憲法のいう国民には子どもも人権の主体として当然に含まれている、というのが現在の憲法学では常識であろう。さらに憲法にはこんな文言があることに気づく。

「われらとわれらの子孫」（前文）、「現在及び将来の国民」（一一条、九七条）

また、生命（一三条）、生活（二五条）、生存（前文）

人権とはなにかを考える際、生命（life）の権利、生活（living）の権利、生存（live）の権利と重ねていけば命を授かってから豊かな生活を楽しみ、平和のうちに生存し続ける人間の一生がイメージされよう。そこには活動力に充ちた子どもや終末期の老人の姿も浮かぶ。さらに平和的生存権は全人類のものという「前文」の精神を想起しておこう。

さて、子どもは当然、国民に含まれる。人権は当然子どもにも保証されている。しかし子どもの権利を考えるとき、それは人権一般を子どもに適用すればよいというものではない。子どもは人間として、国民として、当然憲法上の人権は適用される。とすれば、こどもの権利とは何なのか。人権と子どもの権利と子どもの人権、これら三つのコンセプトの関係が重要なのである。

子どもは人間である。同時に子どもは子どもであり、大人とは違う存在である。発達し続け、やがて現在の大人を超える可能態である。子どもが未熟であるとは完成したモデルに未だ至っていないという意味ではなく、これから発達する可能態であることを意味している。子どもはその発達の必要と要求の主体であり、それを権利としてそれに応える責任を大人たちに求めている。このことが子どもの権利の中核をなすものとしてとらえられてきたのである。

子どもの権利の視点は人権を捉えなおすことを求める。人権とは人間が人間である限り全ての人間のもつ普遍的な権利である。これは近代的普遍主義的人権論の大前提である。

それに重ねてこう問い直してみる。人権とは人間の権利である。では人間とはなにか。人間とは子どもであり青年であり、老人である。男であり女である。ときに障害をもって生まれる。人権とは子どもの権利、青年の権利、成人の権利、老人の権利であり、女性、男性、ジェンダーの権利を含み、障害者の権利を含み、その総体が人権ではないか。このような問題提起力を子どもの権利の視点は持っているのである。

さらに子どもの権利の問題は一国での問題ではない。ユネスコ、ユニセフ、国連子どもの権利委員会が国際的に取り組んできている問題である。一九九三年には国連子どもサミットが開かれた。世界の子どもの問題は人類的課題として捉えられてきているのである。

四　未来世代の権利と現代世代の責任

全体戦争として戦われた第二次世界大戦は人命だけでなく環境への大きな犠牲をも伴っていた。

廃墟からの復活、経済成長の過程では陸も海も空も汚染が進んだ。核実験の環境負荷も大きかった。公害は水俣病や四日市喘息のように人体への被害とともに地域を変え、景観を奪っていった。それは世界の問題でもあった。レイチェル・カーソンの『沈黙の春』（一九六二年）は世界へむけての警告としてひろく読まれた。

ストックホルム（一九七二年）からリオ（一九九二年）へ、と環境国際会議も重ねられていく。環境破壊は生物の生体系の破壊を伴い、生物多様性の破壊は人類文化の多様性の破壊と平行関係にあることにも気づかせた。一九九二年に生物多様性条約が結ばれ、二〇〇一年に文化の多様性に関する宣言がだされ、二〇〇五年には条約となる。

この間、平和に関しても国際平和年に因んで『暴力に関するセビリア声明』（一九八九年）が出され、国連は二〇〇〇年を国際平和文化年とし、ユネスコは二〇〇一年から「平和の文化一〇年の取り組み」を始める。国際寛容年ももたれ、多様な文化の尊重と差異を認め合い、尊敬し合う寛容の精神の重要性の認識も共有されてきた。

平和への意識も〈戦争から平和へ〉そして〈暴力の文化から平和の文化へ〉と深まっていく。さて、このような、平和や環境問題への国際的取り組みのなかで、これらの問題を未来世代の権利に関わる問題として捉える視点への着眼が提起されてくる。

一九九七年ユネスコは「現代世代の未来世代にたいする責任」宣言を採択する。

そのためのクストーの思想と活動、その役割は大きい。

海軍士官であったクストーは、アクアラングを発明した海底探検家でもあり海底考古学の草分けでもあった。彼は海の神秘と驚異に魅せられるなかで、その汚染されていく姿を目のあたりにして、それをくい止めるための活動にとりくみ、地球環境の汚染は未来世代の権利を犯すものだとして"A Bill of Rights of Future Generations"（未来世代の権利憲章）を国連で採択させる運動にとりくみ始めた（一九七九）。この間、フランス政府のムルロア環礁での核実験に対しても厳しく抗議する。

この宣言をめぐって国連では議論を重ね、未だ存在しない者の権利をめぐって、法学的見地からの疑問が出され、未来世代の保護宣言（safe guarding）案も検討されたが、結局、"Declaration on the Responsibilities of Present Generation towards Future Generation"（現代世代の未来世代への責任宣言）として採択された（一九九七）。

「権利の宣言」から「責任の宣言」への変化は一見後退にもみえる。しかしこの間の論議を通して、地球環境の汚染への認識とともに、この地球は未来世代から信託されたものであり、現世代の利益を軸に濫用してはならないという世代間倫理の視点が提起されたのであり、環境倫理と世代間倫理を重ねて論議が深められたことの意義は大きい。ミハエル・エンデの作品の果たした役割りも大きい。

子どもの権利と未来世代の権利の関係についても深められていく。ルソーは大人とは違う子どもを発見し、ユーゴーは社会のなかの子どもの権利回復を求め、コンドルセは古い世代をのり超える新しい世代の権利を主張したが、クストーは地球とともに生きる未来世代の権利を守る現代世代の責任を説いたといえよう。

五　共生の思想

「地球時代」の課題として共生の思想を深め、根づかせることが重要である。

私はこのことを語る時、先ず「共生」そしてkyoseiと書き、それが英語、仏語でのとりあえずの表現として次のように挙げていく。

kyosei : live together,vivre ensamble,symbiose,coliving,convivialité

共生の思想は　国と国、人と人、現在世代と未来世代、死者と生者、（三・一一以後改めて死者と生者の〝ともいき〟を感じている）、さらに人間と自然の関係の捉え直しをもとめる。人間は自然に対立し、自然を変えてきたともいわれてきた。三・一一は自然の前に人間は無力であることをつきつけたのであった。同時に科学技術万能神話（安全神話）を打ち砕くものでもあった。災害は、自然災であり、人災であり、社会災であった。（一七七五年のリスボン大地震をめぐってのボルテールとルソーの論争も想起されてよい。川出良枝「リスボン地震後の知の変容」、御厨貴他編著『災後の文明』ＣＣＣメディアハウス、二〇一四年所収、参照）

人間の歴史は自然史の一環であり、人間性とはhuman nature、つまりは人間を貫く自然である。Naturalismus=Humanismusと言ったのは、そして類的存在（Gattungswesen）としての人間の解放を説いたのはマルクスであった。この視点は環境倫理思想を深める視点にもなろう。

国と国、人と人の共生を考える際、たがいの差異と多様性を認め合い、差別するのではなく、尊敬（respect）し合うことが求められる。生物多様性や文化の多様性を条約として成立させた国際的潮流も共生の思想と響き合うものである。それはしかし存在するもの全てよしとする相対主義ではない。個別（差異）を貫く開かれた普遍（I'universel traversant les differances）という捉え方が求められている。それを支える共苦、人間的感性、そして開かれた理性（la compassion, le sentiment humain, la raison ouverte）がそれを可能にする。なにが正義なのかも問い直されよう。

しかし、どこまでわかりあえるのか、「永遠の他者感覚」（丸山眞男）をもっての謙虚さと寛容の精神も不可欠である。

現代の新自由主義は共生を困難にしている。競争と格差社会のなかで、富の集中と世界の貧しさ、惨めさ（misère du monde）は広がっていく（ブルデュー）。無縁社会と子どもの貧困は関係性の貧困でもある（国連子どもの権利委員会の日本政府への勧告）。成長神話からの脱却は共生実現の条件ともなろう。（ローマクラブ・メドゥズの『成長の限界』やラトゥーシュの脱成長論など）

六　最後に

「地球時代」感覚と人類の平和的生存権の思想を深め、
若者の願いと若者への期待をかさね、
未来世代に託されてあるもの、託したいものへの想像力を豊かに、
永遠の他者感覚を忘れず、共苦と共生の思想を深め、

世代を貫く連帯（心の通い合い）を願って！
九条をもつ地球・世界憲章を！
幻想をもたず、希望を紡ごう！

【参考文献】
堀尾輝久『未来をつくる君たちへ　地球時代をどう生きるか』（清流出版、二〇一一年）
同『地球時代の教養と学力』（かもがわ出版、二〇〇五年）

同『人権としての教育』（岩波書店、一九九七年）
堀尾、河内徳子編『平和・人権・環境　国際教育資料集』（青木書店、一九九八年）
上原専禄『世界の見方』（理論社、一九六二年）
樋口陽一『憲法　近代知の復権へ』（平社凡ライブラリー、二〇一三年）
服部英二『文明間の対話』（麗澤大学出版会、二〇〇三年）
チャールズ・オーバービー『地球憲法第九条』（講談社、一九九七年）
河上暁弘『日本国憲法第九条の思想的淵源の研究』（専修大学出版局、二〇〇六年）
山室信一『憲法9条の思想水脈』（朝日選書、二〇〇八年）
太田明「『未来世代の権利憲章』から『未来世代への責任宣言』へ―ユネスコ文書にみられる成立経緯―」（玉川大学文学部紀要『論叢』第51巻、二〇一一年）
堀尾「戦争と教育そして平和へ」、『戦争を総合人間学から考える』（学文社、二〇一〇年）
ハバーマス、デリダ「平和へむけての共同声明」（『世界』二〇〇三年八月号）
国連子どもの権利委員会（CRC）の日本政府への最終所見（特に第三回、二〇一〇年）
Horio.T;Valeurs et enjeux de l'education à l'ère planétaire—Paix,droits de l' homme,kyosei (vivre ensemble) . MESCE à Tunis 2012
P. Bourdieu;La misère du monde. Seuil 1993
Donella et Dennis Meadows;Les limites à la développement durable, 1972.Nouvelle Edition 2012,INP
S.Latouche; Pour sortir la société de consommation Les Liene 2010　邦訳『〈脱成長〉は、世界を変えられるか』（作品社、二〇一三年）
A.Sen; Inequality reexamined. Oxford,1992,The Idea of Justice' Harvard' 2007

地球システム倫理学会研究会の報告（二〇一四年二月一五日）に補加筆。

（『地球システム・倫理学会会報』No.10、二〇一五年）

第二部　地球平和憲章への歩み

戦争と教育、そして平和へ

一　自分史の中の戦中・戦後

ポストモダン的潮流のなかで、戦後教育学は「教育このよきもの」という教育観を前提にしているという批判がある。しかし戦争を体験した世代にとって、「教育このよきもの」という幻想はない。むしろ、逆であろう。教育こそは戦争を準備し、戦争遂行のために動員されもした。戦後教育はその反省の上に出発したといってよい。

(1) 軍国少年だった私

私は一九三三年九州の軍都小倉の生まれ、前々年の三一年の満州事変から十五年戦争が始まったと考えれば、あの戦争初期に生まれ、終戦時には中学一年であった。日中戦争が始まった年（私は四歳）、父は召集され中国戦線へ、結核で二年後に戦病死。私の小学校一年の秋、玄関には「誉れの家」のシールが貼られた。父は靖国神社に合祀され、式典に招かれて、母と二人で上京した。これが私の初めての東京体験であった。

学校では戦争は大東亜共栄圏の確立のための聖戦だとされ、「忠君愛国」と「八紘一宇」(世界を一つの家となす)が一つのこととして教えられた。世界の平和の中心には神としての天皇がいた。私たちは毎朝朝礼時に「私たちは天皇陛下の赤子であります。謹んで、大御心を奉戴し、良い日本人になります」と唱和し、東方遥拝(東京へ向かって最敬礼)をして、学校の一日が始まるのだった。

私は五人兄弟の末弟、上の兄二人は戦地にいた。三番目は学徒兵、四番名は陸軍幼年学校(陸幼)へ。中学一年になると、私も当然のように、陸幼をめざしていた。母は「倒れても倒れてもまた送り出す男子持つ身の心強さよ」と気丈に自分を励ましていた。

この時代に、この学校で、そしてこんな家族で育った私の将来は、軍人になり、国のために殉ずることであった。私の父は獣医で、河北で戦病死したのだが、その死を悲しむよりも、父はなぜ騎兵ではなかったのか、なぜ戦死ではなかったのか、と私は不満に思っていた。軍国少年の価値観の典型であろう。

それだけに、八月一五日のショックは大きかった。空襲警報と灯火管制から解放された安堵感。しかし、行き先の不安。私は陸幼の最終試験はどうなるのか、気がかりだった。後年、音楽一家に育った外山雄三も、親に隠れて、陸幼を受験していたことを知り、時代の怖さを改めて感じたことだった。

とはいえ、この時代に、すべてが軍国少年少女になったのではない。実は、私のすぐ上の兄は同じ環境に育ちながら、体もケンカも弱く、小学生の時から、相撲のアナウンサーを夢見ていた。その兄(NHKの大相撲アナウンサーで知られた杉山邦博)も結局は弟(私)がけしかけたこともあって、いやいやながら陸幼に進んでいたのだ。彼にとっては終戦は解放の日でもあったのだろう。

⑵ 戦前・戦中の日本社会

それではこの時代の日本社会とはどのようなものであったのか。

私の生まれた年（一九三三年）には、小林多喜二の虐殺があり、長野の二・四事件に代表される教員赤化事件という名の大量逮捕が相次いだ。日本が国際連盟を脱退したのもこの年であった。

大正時代には民本主義があり、普通選挙運動も実を結んでいた。国外の男女平等や子どもの権利の思想も知られるようになってきた。社会運動も盛んになり、農村の解放や、明治末期には弾圧されていた社会主義をめざす政党も再び活動を始めた。

普通選挙制に踏み切らざるをえなかった政府は、それを世論を吸収する安全装置とするために、危険思想・運動を排除し（治安維持法）、国民の意識を学校教育に限らず、社会教育も動員して「善導」することが不可欠であった。普通選挙制、治安維持法による非国民排除、国民教育による善導が、国政の三本柱となったのが、大正末、そして昭和初期なのだ。

この時期は、国際的には、第一次大戦後の軍縮時代であり、アメリカ、フランスを中心に戦争を違法とする思想運動(Outlawry of War)も盛んであった。そのなかにはJ・デューイもいた。それは二八年の不戦条約(ケロッグ＝ブリアン条約)を支える、いや、それを超えるものであった。(後述)

日本では軍縮に苦慮する軍部（陸軍大臣宇垣一成）は文部大臣岡田良平と連携し、退役将校を配属将校として学校に送り込み、国民教育全体を軍国主義化する戦略をすすめる。治安維持法によるアカ狩りも激しくなってくる（各地の教員赤化事件）。それ自体、来るべき戦争（満州事変・支那事変）への地ならしに他ならなかった。教師たちは青少年を満蒙開拓団に送り込む事業にも手を貸していく。

昭和一〇年代には、国民精神総動員法がつくられ、独・伊・日三国同盟（防共協定）が結ばれる。教科書は国定であり、この時期は、教育は、青年団教育も含めてまさしく戦争へ向けての国民の総動員体制の中核を担っていた。軍神広瀬中佐や、肉弾三勇士は教科書で、やがて神風特攻隊は新聞、ラジオで繰り返しその偉業が報じられ、殉国精神がたたえられた。私の中学でも校歌で「殉国の意気いや高し」と歌った。陸軍幼年学校や少年航空兵は、身近なあこがれとなっていった。哲学者も「死の美学」（高坂正顕）を説いていたことは後で知った（＊１）。

(3) 戦後改革のなかで

一九四五年八月一五日は私にとって、日本にとって、そして世界にとっての、大きな転回点であった。日本にとって、戦争は、ヒロシマ、ナガサキ、そしてソ連の参戦をもって終わった。ヨーロッパでは、五月六日にはナチは崩壊し、その日はドイツ解放の日となっていた。

その翌月には戦勝国を中心に新しい平和が模索され、国際連合憲章が作られ（六月二六日）、ユネスコ憲章が採択され（一一月一六日）、すべての抑圧者の解放をめざす世界人権宣言（四八年一二月一〇日）が発せられる。日本は、ヒロシマ・ナガサキのあと、ポツダム宣言を受諾し、連合軍の占領下にあって、民主主義と平和をめざす新しい国づくりが始まる。軍人勅諭は廃止され、帝国憲法に代わって、国民主権・人権尊重・平和主義の三原則に立つ新憲法が作られ、教育基本法が新しい国家と社会を担う人間教育の根幹に据えられる。

その教育基本法は「われらは、さきに、日本国憲法を確定し、民主的で文化的な国家を建設して、世界の平和と人類の福祉に貢献しようとする決意を示した。この理想の実現は、根本において教育の力にまつべきものである」と始まる。続いて、その「教育の力」にまつべき目標を「われらは、個人の尊厳を重んじ、真理と平和を希求する人間の育成」におき、さらに「普遍的にしてしかも個性ゆたかな文化の創造をめざす教育」の普及徹底を求めている。そして「ここに、日本国憲法の精神に則り、教育の目的を明示して、新しい日本の教育の基本を確立するため、この法律を制定する」とその前文を結んでいる。

教育の淵源を万世一系の「国体」に求め、「一旦緩急アレバ義勇公ニ奉」ずる臣民の育成をめざした教育勅語からの決別は明らかであった。忠君愛国と軍国主義の涵養のための教育から、平和と民主主義、国民主権と人権の尊重の精神を育成する教育へ。その変革が八・一五革命（宮沢俊義）と呼ばれたこともうなずけよう。後年、丸山眞男は日米安保条約に反対して「復初の説」をとなえたが、復初とは八・一五、その原初に立ちかえって思考することの呼びかけであった。

(4) 時代の苦悩と青年期の悩み

私たち世代は、その戦後革命のさなかを生きた世代である。青春期の悩みは、日本社会再生の苦しみと重なっていた。教科書は神聖なもの、空襲の時にもそれを持って避難することと教えられていたその教科書を、占領軍の命令のもと、教師の指示に従って墨で塗りつぶしていったのである。

一般的に青春期は、それまで身につけた価値を疑うことから始まると言われているが、私たちの世代は、それを疑う前に、占領軍と国家によって否定されたのであり、私たちの懐疑は、そのような外からの「改革」に対しても向けられていく。

まもなく『あたらしい憲法のはなし』が配布され、『民主主義 上』も高一のときには配られた。しかし、憲法や教基法の美しい言葉も、空ごとのように響く。ニヒルな心情にとらわれるのも必然であった。そこからの脱出には、長い時間と曲折があった。自分たちの育った時代や環境を歴史として学びたい。世界はどうなっていたのか。世界は日本をどう見ていたのか、そして自分の受けた教育とは何であったのか。

私は復員・復学して法学部政治学科を卒業した兄に、進路の相談をした。「教育への関心は分かるが、まず、広い視野で勉強しろ。俺の後についてこい」といったアドヴァイスに従って、私も法学部政治学コースを選んだのだった。

大学に入っても、学生運動から一歩離れて父の形見のキュロットをはいて馬に乗る自分の姿があった。

三年次には法学部に進学し、丸山眞男ゼミの「日本のナショナリズムとファシズム」のテーマに惹かれ、軍国少年だった自分を対象化する課題を含めて、国家とは何か、悪かったのは軍人だけかといった問題意識で長い趣意書を書き、幸運にも、三年生から一人だけ採用された。ゼミでのレポートは、「外国から見た日本のナショナリズム」というテーマでまとめた。ゼミのコンパで、丸山先生に人間の尊厳の根拠はどこにあるのですかと問い、場を白けさせたこともあった。

他方で、哲学書を読みあさった。マルキシズムと実存主義の時代、ヤスパースに強くひかれた。ニーチェを生涯の格闘の相手だと決めた。

大学院で教育哲学に移ってからは、庶民の地に着いた生活と働く若者たちの社会への希いにつながる学習と教育のあり方に関心が向かい、教育研究の方向が少し見えてきた。

個人の尊厳、平和と人権の教育は、それらを否定された人間と社会の状態の認識と、それを否定するイデオロギーへの批判を介して、はじめて具体的なイメージがつかめるという思考方法は、私自身の、そして私たちの育ち方そのものの反省の中からつかまれた方法意識だともいえよう。

二　大戦の終結と新しい国際秩序へ

(1) 国際連合そしてユネスコの発足

一九四五年を転機とする価値観の転換は、日本だけのものではなかった。世界が大きく変わる必然性があった。

あの戦争は、それまでの戦争のイメージを変え、まさしく前線と銃後の区別もない全体戦争として闘われ、核爆弾をもって終わった。もう戦争はいやだ、やってはいけないものだという気分を世界が共有し、政治家たちも、その方向での、新しい平和的国際秩序の模索を始める。国際連盟の精神は国際連合へと大きく飛躍し、戦勝国中心ではあるが、新しい秩序づくりに取り組む。この時代ほどに戦争はもう嫌だ、二度と繰り返してはいけないという反戦の思いを世界が共有した時代はなかったのではないだろうか。

ナチス崩壊直後の四五年六月二六日にサンフランシスコに集まった連合国首脳によって合意された国際連合憲章で、「われらの一生のうちに二度まで言語に絶する悲哀を人類に与えた戦争の惨害から将来の世代を救い、基本的人権と人間の尊厳及び価値と男女及び大小各国の同権とに関する信念をあらためて確認し、……国際の平和及び安全を維持するためにわれらの力を合わせ、共同の利益の場合を除く外は武力を用いないという原則を受諾し、そのための方法を設定し、すべての人民の経済的及び社会的発達を促進するために国際機構として国際連合を設ける」と書かれている。その第一条には、「国際的紛争又は事態の調整又は解決を平和的手段によって、且つ正義及び国際法の原則に従って実現すること」とある。

紛争を軍事力ではなく、平和的に解決するための国際機関の創設と国際法への信頼。ここには、百年前のクラウゼヴィッツの『戦争論』(一八三三年)に示されていた「戦争は政治の延長」であり国際法などは「取るに足らぬ」といった認識からの抜本的転回が示されている。

同年一一月一六日に採択されたユネスコ憲章(日本は五一年七月二日加盟)は、「戦争は人の心の中で生まれるものであるから、人の心の中に平和の砦を築かなければならない」で始まる。そして「ここに終わりを告げた恐るべき大戦争は、人類の尊厳・平等・相互の尊重という民主主義の原則を否認し、……無知と偏見を通じて人間と人種の不平等という教義をひろめることによって可能にされた戦争であった。」と述べ、文化と教育による相互理解と寛容の重要性を説き、「政府間の政治的及び経済的取極めに基づく平和」は「永続する誠実な支持を確保できる平和ではない。平和は、失われないためには、人類の知的及び精神的連帯の上に築かれなければならない」と述べ、教育、科学、文化を通じて諸国民の協力を促進することをとおして平和と安全に貢献することをその目的(第一条)に定めた。

ヨーロッパでもアジアでも、偏狭な愛国心と、好戦的な軍国主義の教育が戦争を準備したという事実への反省的批判がこの条文を支えていた。

このユネスコの前身としては、第一次大戦後、国際連盟の活動の中で、一九二二年に知的協力国際委員会(International Committee on Intellectual Cooperation)が生まれ(メンバーには、ベルグソン委員長の下、マリア・キュリー、アインシュタイン、J・カサレス、J・ハックスレー、そして新渡戸稲造もいた)、二五年には国際教育局(International Bureau of Education)が創設され、永くJ・ピアジェが事務局長をつとめた。これらの動きが、第二次大戦後の国際理解と知的文化的協力の要としてのユネスコを準備したといえる(＊2)。

(2) 国連による軍縮へのとりくみ

大戦後の国際関係の現実は米ソ対立を軸に核実験が繰り返され、軍拡が進められ、その均衡の上に共存秩序がつくられていた。地域紛争は中東戦争、朝鮮戦争、ベトナム戦争と緊張が続いたが、核戦争の危機も現実のものであった。一九六三年のキューバ危機はその良い例である。

このような事態の中で、国連を中心とする軍縮のとりくみは緊急の現実的な課題であった。国連は一九六九年には軍縮宣言を採択し、その後一〇年のとりくみが約束された。しかし米ソの核抑止力に頼る政治姿勢は変わらず、化学兵器の新たな開発も進められていく。

このような事態の中で、それを「遺憾」として、国連で初めての、軍縮に全面的に当てられた「特別総会」(第一回国連軍縮特別総会)が一九八七年に開かれるが、そこで採択された最終文書(六月三〇日)には次のように書かれていた(＊3)。

「国家は、長いあいだ武器の所有によって安全を維持しようとしてきた。……しかし、今は、兵器、とくに核兵器の蓄積は、人類の将来を保護するよりはこれを脅かすものとなっている。このような状況に終止符を打ち、国際関係での力の行使を放棄し、軍縮による安全保障を求める時がきている。」そしてその課題をこう述べている。

「あらゆる国の努力が最終的にめざすのは、引き続き効果的な国際管理下での全般的完全軍縮(general and complete disarmament)ではあるが、当面の目標は、核戦争の危険の一掃と、軍備競争を停止、逆転させ、恒久平和への道を切り拓く措置の実施である」

ここでの「全般的完全軍縮」つまり軍備の廃絶こそが最終目的とされていることに注目してお

こう。そもそも、disarmament とは軍備の撤廃を意味し、軍備の縮小（reduction）と同義ではないことにも注意したい。さらに次のような軍事費と経済発展の関係の記述も注目されてよい。「何十億ドルもの金が毎年武器の製造や高性能化のために費やされ、世界の人口の三分の二の人々の窮乏・貧困と暗く鋭いコントラストをなしている」「軍縮の実施により得られる資源は、全世界諸国民の福祉を増大させ、発展途上国の経済条件を改善するのに役立つように使用されるべきである。」

その行動計画の最後の項では「総会は、軍縮教育世界大会の開催を計画しているユネスコの提唱を歓迎し、これと関連して「教師用指導書や教科書、視聴覚教材」を通しての軍縮教育の推進をユネスコに「要請」している。

(3) ユネスコ軍縮教育世界会議

これに呼応しユネスコは軍縮教育世界会議（一九八〇年三月九日―一三日）を開き、その「報告と最終文書」をまとめる（＊4）。その「報告」によれば、フェデリコ・マイヨール議長が「平和と協力を促す新しい視野が世論の中から創り出されなければならない」と述べ、「軍拡競争が含む諸問題を解決するのに役立つ道義的・知的・心理的基礎を確立するのに貢献することへの期待」を強調した。また、開会のあいさつで、コスタリカ共和国のロドリゴ・カラソ大統領は「第二次大戦の終わりに軍隊の廃止を決定し、それ以来先例のない安全の状態の中で生きている自国の例」を語り、「平和と安全が兵器の数と質の係数ではなく、……軍縮のプロセスへ進まないならば、人類が戦争の危険をおかすことになる」と強調し、「教育と情報の本質的役割」について述べ、「これらのみが戦争をなくし、憎悪と暴力の廃止に導く唯一の道である」と指摘した。さらに、コスタリカに作られつつある「平和大学」がこの分野における「高い水準の文化的活動の指導的な世界的センター」になる期待をのべた。

また、総会の最終の発言で、ロドルフォ・スターベンハーゲン（社会科学担当のユネスコ理事長補）は軍国主義化の大衆心理学的分析、流行とメディアの威力の問題にも触れて、戦争の社会科学的分析の必要を強調し、さらに、軍縮教育への三つのアプローチとして「軍縮の精神で教育すること、既存の学科に適切な教材を組み入れること、明確な学習分野として発展させること」の重要性を強調した。また、この会議が確信する軍縮教育の原則として「教育と軍縮」に関係した九項目が挙げられ、軍縮教育は人権教育と開発教育が不可分のこと、また「教育学的目標」として「参加の学習方法」を含む「創造的な教育方法」を通して「戦争の根絶」へ向けての「分析的・批判的能力」を発展させることを求めている。

また、「実体的アプローチ」の項では、人権に関する国際法および武力紛争時に適用される国際人道法を参考に、非暴力的市民行動のような非軍事的防衛システムを含む、安全への代替アプローチ（軍事力に代わるアプローチ）を検討すべきだとし、紛争の非暴力的な解決や国際的な暴力を統制する方法など、国連の努力についての学習は、特に重要だとのべ、さらに「軍縮教育のプログラムの中で、良心的兵役拒否の権利と殺人を拒否する権利に十分に注意が向けられるべき」だと述べている。

また、「軍縮の定義」の項では、「軍縮教育のめざす軍縮は、一方的な軍縮のイニシアチブを含めて、軍備の制限、管理、削減、そして最終的には効果的な国際管理の下での全般的完全軍縮（general and complete disarmament）をめざすいっさいの行動形態と理解することができる。それはまた、現在の武装民族国家のシステムを、戦争がもはや国家の政策の手段ではなくなり、諸国民が自分自身の未来を決定し、正義と連帯にもとづく安全の中で生きるような計画的な非武装平和の新世界秩序へ変えることをめざす過程」として理解できるとのべている。

このように、国連憲章、ユネスコ憲章、軍縮特別総会、そして軍縮教育世界会議は、核時代認識を媒介として平和・軍縮教育が「地球時代」の価値観を方向付けるものとしてとらえられてきた。すでに世界人権宣言（一九四八年）は教育を人権としてとらえると同時に、その他の人権を支えるものという認識を示しているが、この宣言は国際人権規約（条約、一九六六年）となり、子どもの権利宣言（五九年）も条約（八九年）となり、ユネスコでの国際教育会議も重ねられて、そこで打ち出された「ユネスコ国際教育指針」（九一年）や「平和・人権・民主主義教育に関する総合的行動要綱」（九五年）は国際理解と平和へ向けての教育の課題を明確に示していた（＊5）。

これらの条約はいずれも各国の国内法に優先する法的効力をもち、各国の法秩序を構成する不可欠の要素となってきており、また、国際的な勧告や行動要綱は各国政府の施策に生かされるべき原則や方法の提示であることはいうまでもない。

三　科学者たちの発言・運動

これらの国連やユネスコの平和、軍縮課題へのとりくみを支えるものとして、科学者や文化人たちの先駆的な発言や運動があったことを忘れてはなるまい。

第一次大戦前においても、トルストイ、ガンジー、ロマン・ロラン、ジャン・ジョレスなどの平和思想や運動があったが、戦後、国際連盟の創設とその活動とも響き合いながら、知識人による知的協力委員会が結成され、さらに国際教育局が創られ、それらの動きがユネスコ結成につながったことはすでにのべた。

それだけではなく、大戦を通して、戦争そのものを違法とする思想（Outlawry of War）がアメリカの法律家S・O・レヴィンソンによって提起され（一九一八年）、それに共鳴する人たちが「戦争非合法化アメリカ委員会」（二一年）を組織して、侵略・自衛・制裁の区別を問わず、あらゆる戦争を非合法化すること、紛争に対しては包括的な国際法の整備と国際裁判所の設置が主張されたのである。J・デューイも大戦の開始当初はアメリカの参戦に賛成していたが、やがてレヴィンソンに共鳴し、そのブレインとして、この委員会で活動を共にしたのだった。そのメンバーには、法律家のC・C・モリソンも加わり、さらにノックス上院議員なども参加し、戦争を非合法化する思想も深まり拡がっていった（*6）。

この運動は一九二八年の不戦条約の締結を支えたといっても過言ではなかろう。なおこの条約の直接的な契機はフランスのブリアン外相がアメリカへ呼びかけ（二七年）、ケロッグ国務長官がこれに応えて国際条約へのとりくみが始まったのである。この条約の不戦とは戦争放棄（Renunciation of War）であり、日本国憲法九条の戦争放棄と同じ表現になっていることにも留意しておこう。

これらの先人たちの努力もむなしく、第二次大戦とその廃墟の中から、再び不戦と平和に向けての努力が始まる。しかし、大戦後の現実は核時代に入り、冷戦と軍拡競争が続く。とりわけ水爆の開発は科学者たちには耐え難いものであった。

一九五五年七月、B・ラッセルとアインシュタインら一〇名の科学者たちがロンドンに集まり、大量破壊兵器の開発、とりわけビキニでの水爆実験を契機として、それがヒロシマの二五〇〇倍もの威力を持つこと、水爆による戦争は人類に終末を与えるとして、「私たちは人類に絶滅をもたらすのか、それとも人類が戦争を放棄するか」と訴えた。

「ラッセル・アインシュタイン宣言」とよばれるこの宣言には、表記二名の他、マックス・ボルン（物理学）、フレデリック・ジョリオ＝キュリー（化学）、湯川秀樹（物理学）、ハーマン・J・マラー（生理学・医学）など九名のノーベル賞受賞者が名を連ねていた（＊7）。

さらにその輪は拡がり、科学者たちの「パグウォッシュ会議」が「宣言」に呼応して開かれ（五七年）、科学者の国際連帯と協力による戦争の廃絶が訴えられた。パグウォッシュ会議の科学者たちは、その後も会を重ね、核兵器の危険についてさらに詳細に論じ、警告もしたが、そこにある次の指摘も重要である（＊8）。

「……地域的な紛争が全面的戦争に発展する可能性は、この大量殺戮と破壊の時代には危険があまりにも大きいので、むしろないかもしれない。人間は従って地方的戦争を含む一切の戦争を世界から排除する体制にとりくまなければならない」（ウィーン宣言）ここには核時代においての、核戦争の破壊力への警鐘と共に核時代における戦争そのものを違法のものとし、その廃絶を求める思想の発展を見るといえよう。

この間、社会人文科学者たちも戦争と人間の問題にとりくんできた。戦争とは何か、なぜ人間は戦争を繰り返すのか、戦争は人間の攻撃性と不可分で不可避のものとする学説は正しいのか。戦争は止められないのかという問いに、歴史学、文明史、国際政治学、動物行動学、文化人類学など、学際的研究も続けられてきた。一九八六年の国際平和年には、脳と攻撃性についての国際コロキウム（討論会）がスペインのセビリアで開かれた。そこでは五大陸一二カ国、二〇名の科学者（心理学、社会学、生物学、神経生理学、動物行動学、行動遺伝学、精神医学等）の七年に及ぶ共同研究が報告され、それは「暴力に関するセビリア宣言」(＊9) として採択された。そして八九年のユネスコ総会でその普及へのとりくみが決定された。そこには「私たちは、戦争・暴力は人間性に内在しており、それゆえに不可避であると主張する神話を一掃しなければならない」とのべ、戦争と暴力の正当化に利用されている「生物学的発見」なるものへの科学的挑戦を五つの命題にまとめ、「結論として『戦争は人の心の中ではじまる』のと同じように、平和も私たちの心の中ではじまる。戦争を発見した同じ種は、平和を発明することができる。責任は私たち各人の肩にかかっている」とのべていた。

四　世界史の中の平和憲法、その現代的意義

(1) 九条と幣原・マッカーサー

以上のような、二つの世界大戦を経ての戦争認識の変化、とりわけ核時代における戦争認識の深化を通しての、戦争そのものを違法なものとして (outlawry) 放棄し、廃絶 (renunciation and abolition) しようとする国際的な思想と運動の流れの中に、我が国の平和憲法を位置づけてみるとき、その成立の世界史的意味とともに、二〇一〇年の現代におけるその意義を発見することができるといえるのではなかろうか。

敗戦と八・一五革命ともいうべき日本の再生の模索の中で生まれた日本国憲法、とりわけその前文と九条は敗戦と核時代の到来という現実のもとで、厭戦そして不戦の誓い、さらに国際的な

平和への願いと重なって誕生したのだといってよい。国連憲章・世界人権宣言と日本国憲法・教育基本法は、その精神において響き合うものであり、帝国主義、植民地主義に代わる自主・独立、平和と人権が共通の価値意識になっていた。加えて、九条の成立に関して、押しつけ論は絶えないが、不戦のアイディアは四六年一月二四日のマッカーサー、幣原喜重郎会談での幣原発言に負うという事実は、今日までの研究史を通してすでに明らかだといってよい。マッカーサー自身がそのことを米国上院軍事外交合同委員会で証言（一九五一年五月五日）しているが、後年、日本の憲法調査会会長高柳賢三の問い合わせに対する書簡で「あれは幣原の先見の明と英知とステイツマンシップの記念塔として永久に朽ちることはないだろう」と応えていた。

幣原には天皇制を守るためには軍隊と天皇を切り離す以外にないという判断があったが、それだけではなく、不戦条約時の世界の反戦への動きを熟知していた外交官・外相経験者であった。その外交は、「幣原の平和外交」として知られており、戦争拡大に反対して野にあった彼は、戦争による荒廃と、核の恐怖を体験した日本の将来に、戦争は無意味であり、あってはならないとする戦争認識を深めており、それが、彼の九条アイディアを支えていたことは間違いない。

幣原は憲法草案が発表された直後の戦争調査会での冒頭挨拶（四六年三月二七日）で、「斯くの如き憲法の規定は、現在世界各国何れの憲法にもその例を見ないのでありまして、今尚原子爆弾その他強力なる武器に関する研究が依然続行せらておる今日において、戦争を放棄するということは夢の理想であると考える人があるかもしれませぬ」。しかし核兵器がさらに進めば、何百万の軍隊も、空軍も艦艇も、威力を失い、住民は皆殺しになろう。「今日われわれは戦争放棄の宣言を掲ぐる大旆を翳して、国際政局の広漠たる野原を単独に進み行くのでありますけれども、世界は早晩、戦争の惨禍に目を覚し、結局私どもと同じ旗を翳して、遙か後方について来る時代が現れるでありましょう」」。

ヒロシマ・ナガサキの体験と核時代の認識が、彼の戦争認識を深め、戦争放棄と戦力の不保持こそが平和を創るものだという確信となったといってよかろう。

彼にとっては、占領軍司令長官マッカーサーが自分の考えに共鳴し、憲法九条の精神を喧伝してくれていることは、大きな支えでもあったろう。

マッカーサー自身、この幣原提案に「息も止まらんばかりに驚き、興奮した」とその『回想記』(『マッカーサー回想記』、朝日新聞社、一九六四年)に記している。彼は幣原の考えに深く共鳴し、憲法成立に関与するのだが、さらに重要なことは連合国対日理事会第一回会議(一九四六年四月五日)での冒頭挨拶で、「国策の手段としての戦争が完全に間違いであったことを身にしみて知った国民の上に立つ日本政府がなしたこの提案は、実際に戦争を相互に防止するには国際的な社会・政治道徳のより高次の法を発展させることによって人類をさらに一歩前進させる必要性を認めるものです」。「従って私は戦争放棄に対する日本の提案を、全世界の人々が深く考慮することを提唱するものです。道はこれしかありません。国際連合の目標は賞賛すべきもの、偉大で気高いものですけれども、その目標も、日本がこの憲法によって一方的におこなうことを提案した戦争する権利の放棄を、まさにすべての国が行ったときに初めて実現されるのです」。この対日理事会での冒頭発言の趣旨を彼はアメリカ上院での証言(五一年五月五日)でも、基本的に繰り返しのべているのである(*10)。

ここで、私たちは憲法の平和主義は、戦争せず平和を守るという発想にとどまらず、その前文にあるように、世界の人々の平和的生存権を認め、全世界に平和を実現し、創造していく使命をもつことが記されていることを想起しておこう。

平和憲法の精神を世界に広め根づかせること、これは私たち日本人の歴史的・国際的使命であり、平和へのイニシアティブを取ることによって、このような憲法を持つ祖国への誇りと「愛」も生まれてこよう。これこそが戦後日本の「時代認識」であったのではなかろうか（＊11）。

(2) 九条の国際的関心の高まり

国際的平和・軍縮を求める流れの中で、改めて平和憲法への関心が高まってきている。憲法九条の戦争放棄条項に対して高い評価をしている人々の中には、すでに触れた人々の他に、次のような著名人が含まれている。文明史のアーノルド・トインビー、生化学者でノーベル生理学医学賞のセント＝ジョルジ・アルベルト、哲学者でシカゴ大学総長のハッチンズ、ノーベル平和賞を得たコスタリカのアリアス元大統領、作家のノーマン・カズンズ等々。パグウォッシュ会議に連なる科学者たちも、軍縮教育国際会議に参加した人々もそうであるに違いない。平和を求める人々にとって、平和憲法の意義がようやく、憧れの念をもって認知されてきているのである。

ここで私たちはチャールズ・B・オーバービー氏の名を逸することはできない。

湾岸戦争（一九九〇年）を期にアメリカで「九条を世界にひろめる会」をつくり、活動を続けている彼は九七年には『平和への呼びかけ　日本の戦争放棄の憲法の意義』（邦訳題『地球憲法第九条』）を著した（＊12）。そこには、「憲法九条という普遍的かつ賢明で平和と正義にとって無限の価値を持つ宝物が、当の日本にあっても、国際的にも批判の対象になっている。これほど愚かしいことがあるだろうか。」

「第二次大戦で日本の軍国主義を打ち負かし、憲法九条の創成を助けたのは他ならぬ合衆国政府だったが、皮肉なことに、この五〇年というもの、憲法九条を後退させる上に一番大きく働いた外的な要因も、同じ合衆国政府であった」。そして、九・一一以後、九条改正への圧力が一層強まったことは、強面のアーミテージ国務副長官やゲーツ国防長官の姿とともに、私たちの記憶にも新しいことだ。オーバービーは、「日本が良心的参戦拒否国家（Conscientious Objector Nation）として、戦争と暴力放棄の原則にもとづく新しい国家モデルを世界に提示する可能性と責務を持っている」とのべている。

アメリカの軍事中心主義や国際関係における「軍事力優先の政策」を批判する彼は、「私自身は、自分を愛国者（パトリオット）と信じている」とのべ、キング牧師の「私には夢がある」に触れ、「私が憲法九条の英知とともに、日本は非暴力的な紛争解決と戦争防止の面で世界規模でのリーダーシップを発揮する可能性をもっていると指摘するとき、アメリカもまたいつの日にかこの種のリーダーシップを発揮してくれるようにという私の夢をも合わせて物語っているのである」とのべる。さらに、彼は九条の意義について、それが「環境と平和な関係をつくっていくための『生き残り』の指針たり得る」とのべて、九条はグリーン・テクノロジーと親和的であり、国際的な武器取引に対しても、日本がこれまでに参加せずに済んだのも九条のおかげであり、「日本国民はすべからく自国の指導者に、武器通商に参加しなかったことを誇りとするように、また他の諸国が日本の例にならうよう、明確かつ威厳をもってこの方向で進むことを求めていくべきだ」という。そして「この新しい千年期（ミレニアム）を迎えるにあたって、お互いにぜひとも日本国憲法によって導かれていこうではないか」とこの論文を結んでいる。

一九九九年にハーグで開かれた世界市民会議は、「各国議会は、日本国憲法九条のような、政府が戦争をすることを禁止する決議を採択すべきである」という主張を、そのアジェンダの第一項目に掲げられたのだが、オーバービーは、ハーグのこの会議でも、九条を世界に広げる運動を広げる努力をしたと聞く。

おわりに　九条を持つ地球憲章を

二〇〇八年夏、アメリカではブッシュ政権が倒れ、アメリカ初の黒人大統領オバマ政権が誕生した。イスラムとの対話、核兵器の廃絶、地球環境問題への積極的とりくみ（グリーン・ニューディール）を掲げ、軍事力と金融による米国一極支配の構造は大きく変わろうとしている。

国連・ユネスコを中心とした軍縮・平和の文化のとりくみ、アジア・アフリカの非同盟中立の模索（バンドン会議一九五五年はその先駆）、グローバリゼーションに抗してのラテンアメリカ諸国の連帯の動き、そしてG8からG20、さらには国連全加盟国によるG192の時代は、「地球時代」にふさわしい「チェンジ」への動きだといえる。

オバマ大統領の核兵器のない平和提言（プラハ演説）は世界に希望を与えた。核戦争を回避するためには核保有国が、先制使用をしないこと、核非保有国には核使用をしないこと、そして全廃へ向けての着実な努力が求められる。同時に「核抑止力」神話から解放された非核の政府を創る国際的な運動も不可欠である。軍事同盟は不要というよりは有害である。その先には軍備の撤廃、完全な軍縮が求められる。

いまこそ永遠平和への道を選ぶチャンスではないか。フセインが倒れ、イラク戦争は終わったと云われた頃、ハーバーマスとデリダという独仏を代表する賢人が共同署名の文書を発表したが（＊13）、そこには、いま求められている永久平和の道は、カントが示した道だと書かれていた。「永久平和は空虚な理想ではなく、われわれに課せられた使命である」。このカントの思想を憲法にまで高めたものこそわが国憲法の前文及び九条ではなかろうか。九条には世界政治を変える力が秘められている。九条をもつ地球憲章も夢ではなかろう。

＊1　大江志乃夫『国民教育と軍隊』（新日本出版社、一九七四年）、堀尾輝久『天皇制国家と教育』（青木書店、一九八七年）とくに第二編参照。
＊2　第一次大戦後の国際教育局や知的協力委員会については深山正光『国際教育の研究』（桐書房、二〇〇七年）に詳しい。
＊3　第一回国連軍縮特別総会については、堀尾輝久・河内徳子編『教育国際資料集』（青木書店、一九九八年）に所収、参照。
＊4　軍縮教育世界会議「報告と最終文書」も前掲書所収。なお日本でも一九八三年に軍縮教育国際シンポがヒロシマで開催され、私も参加した。国民教育研究所編『国民教育』（五五号、一九八三年冬号）
＊5　これらの「国際教育指針」「平和、人権、民主主義に関する総合的行動要綱」も前掲堀尾・河内編書所収
＊6　戦争非合法化の思想と運動については、河上暁弘『日本国憲法第九条成立の思想的淵源の研究』（専修大学出版局、二〇〇六年）に詳しい。
＊7　前掲堀尾・河内編書所収。なお、アインシュタイン『平和書簡集』（みすず書房）も参考になる。
＊8　別枝篤彦『戦争の教え方　世界の教科書にみる』（朝日文庫、一九九七年）一八五頁より。
＊9　「暴力についてのセビリア声明」は、ユネスコ総会（一九八九年一月一六日）で採択され、ユネスコはその普及活動につとめている。その中心メンバーであったデビッド・アダムス（USA、心理学）がまとめたユネスコの冊子（一九九一年）には、彼らメンバーの問題意識に共有されているものとして、アインシュタインとフロイトの戦争についての往復書簡があり、マーガレット・ミードの先駆的見解があり、そしてガンジーとキング牧師の思索と行動に励まされていることがわかる。なお、E・フロムの *The Heart of Man*, 1964（鈴木重訳『悪について』、紀伊国屋書店）、*The Anatomy of Human Destractiveness*, 1973（作田啓一・佐野哲郎訳『破壊』上下、同、一九七五年）は、ローレンツ批判を含み、攻撃性と人間と戦争の問題について示唆に富む。
＊10　髙柳賢三『天皇・憲法第九条』（有紀書房、一九六三年）、とくに第三章「憲法第九条―成立過程と解釈」、及び髙柳・大友一郎・田中英夫編著『日本国憲法制定の経過』（有斐閣、一九七二年）参照。堀尾『教育理念』（山住正己と共著、東京大学出版会、一九七六年）及び『いま、教育基本法を読む』（岩波書店、二〇〇二年）でも幣原発意説にたち彼の言説を紹介した。なお、河上前掲書一一六頁、これは河上の貴重な研究成果である。マッカーサーの対日理事会での発言要旨は髙柳前

掲書でも紹介されている。(この項より詳しくは本書次章参照)

＊11　ワイツゼッカーは憲法パトリオティズムを論じている。『言葉の力』(岩波現代文庫、二〇〇九年)

＊12　チャールズ・オーバービー『地球憲法第九条』(講談社、一九九七年)、訳者国弘正雄のあとがきより。なおこの訳書の表題を『地球憲法第九条』としたのは、この著の精神を適格に表現したものであり訳者の卓見である。

＊13　ハバーマス、デリダの共同署名論文は Frankfurter Allgemeine Zeitung（二〇〇三・五・三一）に発表され、『世界』二〇〇三年八月号に訳出、紹介された。

【参考文献】

高木仁三郎『核時代を生きる』(講談社、一九八三年)
森田俊男『人類の良心　平和の思想』(汐文社、一九八四年)
石田雄『平和・人権・福祉の政治学』(明石書店、一九九〇年)
君島東彦編『平和学を学ぶ人のために』(世界思想社、二〇〇九年)
堀尾輝久『人間と教育　対話集』(かもがわ出版、二〇一〇年)
同　『平和・人権・共生の文化を求めて』(民主教育研究所編集・発行、二〇一〇年)

(『総合人間学』第四号、二〇一〇年)

改憲とは「国のかたち」を変えること
――自民党改憲案と安倍内閣の執念

いまに始まったことではないが、とりわけこのところは、原発も憲法も歴史認識も、政治家たちの発言には耳を覆いたくなる。コラムニストの天野祐吉さんがマーク・トウェインの言葉を引いて「ウソをつく技術の退廃は文化の退廃そのものだ。文化大国ニッポンの国民としては、ウソをつく技術の錬磨に励んでほしいと思う」と書き、「それには政治家の話を注意深く聞けばよいという人がいるがそれは間違いだ。あのひとたちの言葉はウソだらけだが、あまりにも下手なウソが多いから勉強にならない。バカになるだけだ」（「朝日」二〇一三年五月八日）と書いている。痛快だとにんまりするばかりではいられまい。

バカにならないためには、「下手なウソ」だと無視するのではなく、その一つ一つを暴き、その本音を陽のもとに曝す作業を、わたしたち一人一人がやることが必要なのだ。自分でメモを採りながら、見る目を鍛え、自分のことばを探し紡ぐことが欠かせないのだ。テキは「大きいウソほど効果がある」ことも知り尽くしているはずだから。

今回は憲法改正論と歴史認識に絞ろう。

一　安倍内閣の執念

第一次安倍内閣は教育基本法をごり押しに改正、いや四七教育基本法を廃止して新教育基本法を成立させた。このときの安倍政権は「戦後レジームからの脱却」を掲げ、憲法改正にむけての国民投票法の制定、防衛庁の防衛省への昇格、そして教育基本法改正の三点セットの政策を押し通したものの、その方向性への危惧とやりかたの強引さに支持を失い、政権を投げ出したのだった。

しかし政権交代後の民主党は国民の期待を裏切り、振り子の揺り戻しに乗って返り咲いた現政権は、最初は景気回復、デフレ脱却のためにアベノミクスを売り物に支持を図り、次第に、憲法改正へむけての、その本来の意図を露にしてきた。「美しい国」から「強い国」日本へと。そして「強い経済」から「強い国防国家」へと。中国や北朝鮮の脅威を梃に、軍事力の必要を強調し、日米安保体制の強化と集団的自衛権の必要を声高に訴えている。

近づく参院選へ向けては、まずは九六条の改正手続きを変え、改正を容易にしたうえで、本丸の九条改正に向かう戦略も見え見えである。

両議院の各三分の二ではハードルが高すぎる。過半数こそ民主主義だという主張は、一見、分かり易いかに見える（それが狙いなのだが）。しかし、憲法は法律が従うべき最高法規であり、国のあり方の根本を定めているのであり、時の権力をもつものが選挙で過半数を獲たからといって軽けいに変えてはならないものなのだということ、近代憲法に共通の立憲主義とは、権力の濫用を防ぐためのものなのだという憲法観を否定し、国家あっての国民という国権論的憲法観による

「国のかたち」を作ろうとするその意図が、改正手続きの改正そのものに含くまれていることを見ぬかなければならない。明治憲法でさえその制定当初は井上毅や伊藤博文にも立憲主義にもとづく憲法は権力の乱用を防ぐためにあることが意識されていた。九六条改正が単に手続き改正に止まるものではなく、そこには憲法の本質認識の問題がかかわっているのである。そして実は、九六条改正案は自民党の憲法改正案のなかの一〇〇条（改正手続き）そのものなのである。

二　改憲の目指すもの

自民党憲法改正案（二〇一二年）には変えようとする「国のかたち」が明確にしめされている。先ず、前文は「日本国は……」から始まる。その国家は「長い歴史と固有の文化を持ち、国民統合の象徴である天皇を戴く国家であって……」とつづき、最後の節は「日本国民は、よき伝統と我々の国家を末永く子孫に継承するため、ここに、この憲法を制定する」となっている。

現行前文は「日本国民は……」で始まり、国民主権と民主主義を「人類普遍の原理」とし、全世界の国民の「平和のうちに生存する権利」を謳い、不戦の誓いとともに「日本国民は、国家の名誉にかけて、全力をあげてこの崇高な理想と目的を達成することを誓う」と結ばれている。

両者を一読、比較すれば、人類へと開かれた理念とその実現のための決意は大きく後退し、国家と伝統へのこだわりだけが印象づけられる。普遍へと開かれた国民主義から閉ざされた国家主義への大転換だといえる。

改めて改正案前文を読み直す。その最後は「この憲法を制定する」となっている。「改正する」ではないのである。まさしく「国のかたち」を変える「レジームの転換」が目ざされているのである。

国民の権利と義務の捉え方も大きく変えられている。「国民はこれを濫用してはならず、自由及び権利には責任及び義務が伴うことを自覚し、常に公益及び公の秩序に反してはならない」（第一二条　国民の責務）とある。基本的人権の制約は目に見えている。その際、「公共の福祉」ではなく「公益及び公の秩序」という表現が使われていることに注目しておきたい。第一三条は「個人としての尊重」が「人としての尊重」と変えられ、第二一条「表現の自由」では第二項が新設され、「前項の規定にも関わらず、公益及び公の秩序を害することを目的とした活動を行い、並びにそれを目的として結社をすることは、これを認めない」と加えられている。さらに第一〇二条の憲法尊重擁護義務（現行九九条）の第一項に「すべて国民は、この憲法を尊重しなければならない」と加えられている。そして第二項は公務員の憲法尊重擁護義務となり、天皇は除かれている。元首たる天皇（第一条）は超憲法的存在なのである。

これらの個別の条文を通して見えてくる人権感覚と憲法観の転換は現行第九七条最高法規の規定の「削除」に端的に現れていると言ってよい。あえてここにその全文を書き写しておこう。

第九七条　この憲法が日本国民に保障する基本的人権は、人類の多年にわたる自由獲得の努力の成果であって、これらの権利は、過去幾多の試練に堪え、現在及び将来の国民に対し、侵すことのできない永久の権利として信託されたものである。

三　最高法規はどこへ

何故、この条文を全面削除したのか。基本的人権が「人類の多年にわたる自由獲得の努力の成果」であり「過去幾多の試練に堪え」てきたものであり、「現在及び将来の国民に対し、侵すことのできない永久の権利」だという基本的人権の捉え方に賛成出来ないからだという以外になかろう。

人類が試練に堪えて、闘いとってきた自由と人権、それを将来の国民にたいしても護り継ぐことこそが現在世代の未来世代への責任だとする捉え方、この歴史に根ざし未来に託された人権の捉え方に、私は感動し、賛同してきたのだが、それが削除されているのである。それは改訂前文と呼応している。そこには「日本国民は、良き伝統と我々の国家を末永く子孫に継承するため、ここに、この憲法を制定する」とある。

ここで改めて思う。これは改正案ではなかったのだ、新しい憲法を制定するための草案なのだと。しかしそんなことが出来るのか。そうするためには現憲法の改正ではなく廃棄が必要かつ必然だが、それはクーデターではないか。石原慎太郎氏の憲法破棄論は暴言老人の妄言としてまともに取り扱う気にもなれなかったが、自民党改憲案が新憲法制定論である限り、石原暴言と同じことではないのか。

因みに権力の座にあるものがそのよって立つ憲法を否定して新しく憲法を作り、権力の座にいすわることをクーデターという。これは政治学の常識である。そういえば改憲派の急先鋒である「日本維新の会」の綱領には「日本を孤立と軽蔑の対象に貶め、絶対平和という非現実的な共同幻想を押し付けた元凶である占領憲法を大幅に改正し、国家、民族を真の自立に導き、国家を蘇生させる」とある。これをやるためには「大幅改正」ではなく「廃棄」あるのみということになろう。

四　憲法観と歴史認識

憲法観の違いは成立過程の理解の違い、そして八・一五の歴史認識の違いと重なっている。戦前、そして戦争とつづく歴史で植民地支配そして侵略の事実を認めない。認めたくない。したがってそのような認識に立つポツダム宣言の受諾は屈辱であり占領下での押し付けられた憲法は認め難いというのがその共通の言い分である。

その侵略否定の歴史認識は根深い。それは安倍晋三氏だけのものではなく、自民党を軸とする保守派に共通するものだと言わねばならない。「維新」を名乗る人たちも同様である。

国会での論議にも「南京虐殺はなかった」から「南京市民は日の丸の旗で迎えた」という発言まで飛び出す状況である。慰安婦問題も「強制ではなかった」から「戦場で戦う兵士にとって必要だった」へと居直り、さらに「沖縄米軍に慰安施設を利用するよう進言し」とあっては、唖然とするほかはない。「日本を孤立と軽蔑の対象に貶め」ている者、それはあなた、維新の会代表ではないか。

侵略と植民地支配を否定し、それに謝罪した村山談話や河野談話に水をさす安倍首相。それをいなす官房長官、あくまでその「定義」にこだわる首相、それに同調する周辺。何とも見苦しい。「侵略という定義は学界的にも国際的にも定まってはいない。国と国の関係でどちらからみるかによって違う」という国会答弁（参院予算委、四月二三日）には賛同する議員も少なくないようだ。国際的には国連総会の定義（一九七四年）がある。いやそんな問題ではなく、ポツダム宣言そして東京裁判があるではないか。

勝者によるものとはいえ、裁判は侵略を裁き、国民は憲法で「再び戦争の惨禍を起」こさぬよう世界に誓ったのではないのか。朝鮮の植民地支配は三六年間に及び、一五年戦争ではアジア二千万人の犠牲を出したことを心に刻んでの国際公約ではなかったのか。

そうはいっても改憲派の人々はポツダム宣言は敗戦国としての屈辱、東京裁判を過ちの裁判だと言い、植民地ではいいこともやったのだと抗弁し、侵略を認めることを自虐的だというのである。靖国参拝はそのような歴史認識を行動でしめす政府あげてのマニフェステーションなのだ。

「見方が違うのだ」では済まされない。このような発言や行動自体が国際的波紋を呼び、国際的信頼を失わせているのである。アメリカから見ても、日韓、日中の歴史認識からくる摩擦は好ましいものではない。それは北朝鮮封じ込めのアジア政策からだけでなく、戦後の対日占領政策批判にも通じてくるからである。その「歴史修正主義」と「過度の、不必要なナショナリズム」はオバマ大統領にも不安をあたえている。改憲派は、「日米共通の価値観」を強調するが、その改正憲法の原理はアメリカ合衆国の憲法原理とも相反するものではないかという識者の懸念も広がってこよう。日本が立憲主義にたつ憲法をもつ「普通の国」ではなくなる危惧でもある。

五　改憲案をめぐる日米の矛盾

その安倍内閣にアメリカは日米軍事同盟の強化を託し、沖縄基地の実質的強化をすすめようとしている。その矛盾。オバマは韓国、中国との緊張を高める自民党的、あるいは維新の会的憲法の全面改訂は望まず、ただ九条だけは変えてくれと願い、そのための圧力は強くかけ続けている。アメリカが強いからではなく、財政事情から軍事予算を縮小せざるを得ず、中東からも手を引きアジアに重点を移し、沖縄基地を軸に日本の自衛隊と共同してアジアでのプレゼンスを強化したい。そのためには集団的自衛権を日本が認めることが必要である。

九条が障害なのだ。それが困難ならば、取り急ぎ九条解釈を変えてでも集団的自衛権を認めさせ、共同の軍事行動がとれるようにすべきだというのが本音なのだ。

安倍派の改憲策もとりあえずは九六条の改正手続きからと二段構えであり、最優先順位の九条についても、解釈改憲との二段構えで、とにかく集団的自衛権を認めさせようと、復活させた安保法制懇（「安全保障の法的基盤の再構築に関する懇談会」座長・柳井俊二元駐米大使）に圧力をかけている。

国民にとっての最悪のシナリオともいうべきは、日米安保は超憲法的な力をもつものでありそこから要請される集団的自衛権は認めざるをえないとするもので、砂川裁判で日米安保条約を憲法九条違反とした東京地裁判決（伊達判決、一九五九年）を覆した最高裁判決（田中耕太郎長官）の応用編ともいうべき策も探られていよう。政財界筋にとって安保条約は憲法を超える屈辱的な異物ではなく、九条を実質的に変えるための援軍なのである。屈辱的に押し付けられた憲法を変えるために、当のアメリカの改憲圧力に屈しつつもそれを利用しようというのである。さらに、国防軍規定（九条二項）とともに「緊急事態」（第九章）の新設はその「国のかたち」を端的に示している。

六　核不拡散をめぐって

このことはどうだろうか。これも屈辱的ではないと言えるのか。

この四月、核不拡散条約の改訂を求める国際世論が高まるなかで、その再検討のための準備委員会の共同声明の提案国となることを求められ、その文言に「いかなる場合においても」核を使用してはならないとあることにクレームをつけ、「アメリカの核の傘のもとで安全保障をなしている我が国の政策と矛盾する」として署名を拒否したと各紙は伝えた（四月二五日）。ジュネーブでのこの会議では広島、長崎の両市長が被爆地の市長として、九条の精神にたって、賛同の熱弁をふるい、その場面がＴＶで放映されていた。わたしは政府の対応との落差に愕然としたのだが、両市長の胸中を察するに、その怒りが伝わってくるように感じたのだった。

アメリカによって押し付けられた憲法ではなく、自主憲法をと叫ぶ人たちがなぜ日米同盟の強化をもとめ、その核の傘での抑止力を頼り、それが理由で核非拡散の国際的な動きにまでアメリカに気兼ねして水をさすのか。

いや、気兼ねではなく、本音であり、それが「我が国の政策」なのではないか。そのことをこの際、臆面も無く、公言したのではないのか。

そういえば外交の要職を担う者の本音を示す「回想録」（『村田良平回想録』、ミネルヴァ書房、二〇〇八年）がある。外務省の次官を務め、米国大使にもなった村田良平氏はそこでこう書いている。

「私は、マッカーサーが、昭和天皇を人質として、九条二項と、条件の難しすぎる改正手続き条項とを入れて、憲法を強制したことには既に学生として本能的に強い反発を感じていた。国家公務員となった以上、この憲法に明白に違反する行為は行えないが、心中では憲法前文を軽蔑し、本文の規定にも個人的に尊敬の念は持たず、機械的にやむなく従うことを秘かに心中に誓った次第であった。私は一人の日本国民として、個人としてはかく今日まで自尊心を守って来たつもりである」

こんな人が外交の中枢にいたのだ。いまもいるのであろう。実はこの文章はロナルド・ドーア氏が日本外交の発信力の無さを憂う文章の中で「精神衛生上健全とは言えない『自尊心』しかもてない外交官」として引いているのだが、なんとも情けない、恥ずかしいことだ（『日本の転機』ちくま新書、二〇一二年）。この村田氏のような憲法認識については後でもう一度ふれよう。

すでに民主党政権のとき非核三原則を放棄し、核の持ち込み密約を公然として認めたのだが、軍事産業を輸出産業にしようとする経済界の隠された黒い欲望も、石原慎太郎発言（軍需産業こそ国を救う）にも励まされながら、次第に公然化してきている。核不拡散条約再検討会議での不署名は、アメリカへの気兼ねというよりも日本の政財界が自らも核を手にしようとする願望があるからではないか。原発推進も、プルトニウムの蓄積と重なって見えてくる。北朝鮮の核挑発に対する批判も、核には核を、当分はアメリカ頼り、ミサイル防衛体制強化で日米共同行動を強め、集団的自衛権をなし崩し的に認めさせ、やがては自らも核を、という戦略的思考が見え隠れしている。九条は邪魔なのだ。

しかし北朝鮮に非核化を求めるためには、非核、非拡散の先頭に立つ外交によってしか本来的な説得力はもてない筈なのだ。九条こそ日本外交とりわけアジア外交の軸となりうるのだ。なぜならそれはアジア二千万人の犠牲の上に立つ国際公約であり、不戦の誓いなのだから。靖国にいる英霊（私の父もその一人）も九条を支えているのではないか。戦後日本の平和国家としての発展も九条があってのことではなかったのか。なぜこのことが日本外交の基本に据わらないのか。

七　押し付け論批判

改憲論者は自主憲法制定の論拠として、現憲法を「占領憲法」であり「押しつけ憲法」だというのだが、若者の素朴な感想は、〃それにしては七〇年近くよくもってるね。いいものならいいのではないの。悪ければ変えればいいのでは〃と素直である。〃九六条は変えてもいいのでは〃ということにもなろう。この若者たちにはまず憲法とはなにか、立憲主義とはなにかについて学んでほしい。

そして、憲法成立過程についても詳しく学んで欲しいとおもう。

連合軍の占領下、いわゆるマッカーサー三原則のもと、GHQ内部の専門家グループによって改正草案が作られ（一九四六年二月一三日）、これをもとに日本政府「草案要項」が発表され（三月六日）、帝国議会で審議、修正されて一一月三日に公布された。翌年五月三日から有効となり、この日が憲法記念日となった。これは歴史の事実である。

押しつけ論者はとりわけ第九条が日本を丸腰にするために押し付けたというのだがはたしてそうなのか。実はあたらしい憲法には〃もう戦争はしてはいけない。武器はいらない〃という考えを書き込みたいと言い出したのは時の首相幣原喜重郎であった。

それは四六年一月二四日マッカーサーと幣原二人だけの、日本の将来についての話し合いの場であった（*）。マッカーサーはそのときのことをこう証言している。

「幣原氏が私のところへやって来てこう申しました。『これは私が長い間考え信じてきたことですが、この問題を解決する道はただひとつ戦争を無くすことです』。彼はまた言いました。『軍人であるあなたに私がこういうことを申し上げてもとうてい取り上げていただくわけにはまいらないことは私も十分にわかっておりますので、はなはだ申し上げにくい次第ですが、とにかく私は現在我々が起草している憲法のなかにこのような規定を入れるように努力したいのです』。私はこれを聞いて思わず立ち上がり、握手しながら、これこそ最大の建設的な歩みの一つであると思うと言わないではおれなかったのです。更に私はその時申しました。あるいは世の人々はあなたを嘲るであろう。それを貫き通すには強い道徳的勇気を要するであろう。そして最後にはその線を保持することができないかもしれないというようなことを申したのであります。しかしながら、私は激励しました。そして彼らはあの規定を書き込むことになったのであります」（高柳賢三他編『日本国憲法制定の経過Ⅱ』有斐閣、一九七二年）

これは一九五一年五月五日アメリカ上院の軍事外交委員会での証言である。この証言にたいして、押しつけ論者はそれは朝鮮戦争のさなか、アメリカは日本の再軍備化を進めようとしていたときであり、九条をマッカーサーが押し付けたとあっては、かれの立場がなくなるので、保身のための偽証ではないかとその信憑性を疑う発言を繰り返してきた。

この時期、民主化の行き過ぎ是正を掲げ、再軍備を進めようとする勢力に押され、政府のもとに作られた「憲法調査会」（会長高柳賢三、一九五七年）は憲法制定過程の調査にとりくむ。マッカーサーにも質問状が送られる。彼も文書で「あれは幣原首相の先見の明とステイツマンシップと英知の記念塔である」とこたえている。高柳会長自身、自分も押しつけだと思っていたが、経過を精査するなかで、天皇制護持問題もからんで幣原が言い出したと確信するにいたったとのべている（『天皇・憲法第九条』有紀書房、一九六三年）。

ではなぜ幣原自身このときの会談について語っていないか。それは二人だけの、通訳も記録もなしの、率直な意見交換の場であったからであり、しかも政府のもとに置かれた『憲法問題調査委員会』（松本委員会、一九四五年一〇月二五日発足）の論議の域を超えた幣原の強い想いであったからであろう。因に松本委員会の改憲案は二月一日の毎日新聞にスクープされ、これでは全く不十分だと考えたマッカーサーは二月三日に三原則を出し、GHQ内部での検討を始めるのである。幣原は政府内部での予想される異論を意識して、自分の理想をマッカーサーの力を借りてでも通したいという強い想いがあったのだろう。

彼は政府の草案要綱発表（三月六日）のあと間もなく開かれた「戦争調査会」の開会挨拶（三月二七日）でその理想を次のように述べている。

「先般政府の発表いたしましたる憲法改正草案の第九におきまして、斯くの如き憲法の規定は、現在世界各国いずれの憲法にもその例を見ないのでありまして、今なお原子爆弾その他強力なる武器に関する研究が依然続行されておる今日において、戦争を放棄するということは、夢の理想であると考える人があるかもしれませぬ」。しかし、原爆より一層強力な破壊的新兵器も出現するであろうときに軍隊をもつことは無駄なことだと述べ、「今日我々は戦争放棄の宣言を掲げる大旆を翳して、国際政治の広漠たる原野を単独に進み行くのでありますけれども、世界は早晩、戦争の惨禍に目を覚まし、結局私共と同じ旗を翳して、遥か後方に付いてくる時代が現れるでありましょう」と彼の未来への希求をのべていた（なおこの挨拶は丸山眞男も「憲法第九条をめぐる若干の問題」で引いている。『丸山眞男集』岩波書店、第九巻）。

その翌月開かれた、連合国対日理事会第一回会議での冒頭挨拶（四月五日）でマッカーサーもこう述べている。

「国策の手段としての戦争が完全に間違いであったことを身にしみて知った国民の上に立つ日本政府がなしたこの提案は、実際に戦争を相互に防止するには国際的な社会、政治道徳のより高次の法を発展させることによって人類をさらに一歩前進させる必要性を認めるものです」。「従って私は戦争放棄に対する日本の提案を、全世界の人々が深く考慮することを提唱するものです。

道はこれしかありません。国際連合の目標は賞賛すべきもの、偉大で気高いものですけれども、その目標も、日本がこの憲法によって一方的におこなうことを宣言した戦争する権利の放棄を、まさにすべての国が行ったときに初めて実現されるのです」（河上暁弘『日本国憲法第九条の思想的淵源の研究』専修大学出版局、二〇〇六年）

これを知れば、九条が日本を丸腰にするために勝者が敗者に押しつけたとする論に根拠は無く、一国平和主義で平和ボケだというのも全く根拠が無く、新しい国際平和を希求し、先頭に立って世界に発信し創り出そうとする決意が伝わってこよう。マッカーサーもそれを励ますとともにリアリズムからの危惧を持っていたことも見えてくる。

では幣原はどうしてこのような平和の理念をもつに至ったのか。そしてＧＨＱの専門家たちもその理念に共感、あるいは少なくとも理解をしめしたのか。

それは第一次大戦後の平和を求める国際的な流れのなかで、戦争を違法なもの（outlawry of war）とする思想と運動がアメリカにおこり（そのなかにはＪ・デューイもいた）、フランスにひろがり、それが政治家たちも動かし、不戦条約（戦争放棄条約：ケロッグ＝ブリアン条約、一九二九年）に結実するのだが、幣原はそのときの日本を代表する外交官であり、条約を支え、それを超える思想についても熟知していたと思われる。この流れは第二次世界大戦をこえて国際連合憲章へとつながり、日本国憲法九条にも繋がっているのである。

幣原は日本の戦争拡大政策に反対し、大戦中は野にあり、戦後抜擢されて戦後処理問題そして憲法改正問題にとりくむことになるのである。しかしそれだけではない。幣原を平和へと動かしたものはあの大戦争の惨禍であり、広島、長崎の原爆の凄まじい破壊力であった。これは日本国民が直接に体験した脅威であった。もう戦争は嫌だというのが国民の思いであり、あってはならない、起こしてはならないというのが指導者や政治家の決意であり、覚悟であった。幣原はそれを憲法に書き込むことでその責任を果たそうとしたのだといえよう。なお『幣原喜重郎』(幣原平和財団、一九五五年)も参考になる。

平和思想の流れは明治以降に限っても、自由民権の思想や内村鑑三、幸徳秋水、田中正造などの傑出した実践的思想家がいた。治安維持法のもと、弾圧にも屈せずに反戦を訴え続けた政党もあった。八・一五はこれらの地下水脈に出口を与え、平和を願い、憲法をささえる力となっていったのだといえよう。

この歴史を振り返れば、憲法草案要稿(マッカーサー草案)が示されたとき松本委員会の若い面々(宮沢俊義など)は大いに驚き、かつここまでやれるのかと感動したということも肯けよう。それを押しつけと感じた者がいたことも確かだが、それを「歴史の正史」(新しい歴史教科書をつくる会)として主張するのであれば、だれになにが押し付けられたのかを明示して主張すべきであろう。

GHQ・GS(民政局)にはニューディール左派の意欲的な専門家たちが中心になって世界の憲法を調べ最も進んだ憲法を作ろうと努力したとベアテ・ゴードンさんは繰り返し述べている。彼女は女性の権利を書き込むことを強く求めたことでもよく知られているが、九条についても「それは廃止さるべきではなく、世界のモデルとさるべきだ」と述べていた(『一九四五年のクリスマス——日本国憲法に「男女平等」を書いた女性の自伝』、柏書房、一九九五)。

若い人たちもぜひこの成立過程のことを、そして幣原首相のことを知ってほしい。そうすればこれを占領憲法でそれを受け入れているのは自虐的だなどということは「改憲」のためにするデマゴギーだということも分かろう。そしてこの九条を持つ平和憲法に誇りを持つことが出来るのではないか。

そのさい、この理想はアジア二〇〇〇万人の犠牲の上にたつ国際公約でもあることを忘れてはなるまい。このことは戦争を知らない若い世代の人たちもぜひ心に刻んで欲しいとねがっている。

八　教育はどう変わるのか

さしあたり二六条を見てみよう。一項の教育をうける権利も二項の義務教育もかわらず、三項が加わっている。「国は、教育が国の未来を切り拓く上での欠くことのできないものであることに鑑み、教育環境の整備に努めなければならない」とある。教育環境の整備ならよいのではないか、ということになるのか。

わたしたちは一九四七年制定の教育基本法一〇条に沿って、教育行政は教育の内的事項に介入せず、教育条件の整備をこそ行うべきだと主張してきた。この教育基本法は第一次安倍内閣によって変えられた。してみればこの「教育環境の整備」とは改正憲法の精神に基づき改正教育基本法に従う教育環境整備であり、そこには日本国の国民に必要な教育内容、それを保障するための教科書、そのための学習指導要領と教科書検定そして採択統制も含まれよう。さらに教師の教育実践の管理と統制も、そして教員養成、採用のありかたも「教育環境の整備」として、この方向で大きく変えられていこう。

実は教育の現実はこの方向で、すでに大きく変えられてきており、いわばなし崩し的に実質改憲がすすめられているのであり、そして、それ自体が憲法改正への地ならし、そのための国民世論づくりでもある。

教育再生実行会議（前身は第一次安倍内閣時の教育再生会議）では競争主義を強める六・三・三・

四制の改変とともに、教育の政治支配のための教育委員会改革、道徳の教科化、いじめ対策のための警察との連携強化などが提起されているが、教科書については、近隣諸国条項の削除と自虐史観の排除が焦点となっている。これが安倍首相の村山談話や河野談話見直し発言に後押しされていることはいうまでもない。文科大臣は「自虐史観」論の急先鋒であった下村博文氏である。

それにしても、「侵略という定義は学界的にも国際的にも定まっていない。国と国の関係でどちらから見るかによって違う」という国会（参院予算委四月二三日）での安倍首相発言を、なんとも恥ずかしい思いでわたしは聞いたのだった。安倍氏はその後の国会でもこのことを繰り返して述べている。その際「歴史のことは研究者の研究に俟つ」と言い、さらに「権力を持つ者は歴史に対しては謙虚でなければならない。私は謙虚なのだ」とのべていた（五月一五日）。

謙虚？　なんとも傲慢なのではないのか。そういえば彼は過日の立憲主義をめぐる質疑のなかで、芦部憲法学をはじめ主要な憲法研究者のものを何も読んだことが無いと言っていたが、その際「私は憲法の権威ではないので……」とのべていた。こんな人が憲法改正の先頭にいるのかと肌寒い思いをしたのだが、この「権威ではない」という言い方にも違和感とともに、傲慢さを感じたのだった。

安倍氏が信頼する「新しい教科書をつくる会」と文科省の教科書検定は、歴史家たちの研究にもとづく教科書を自虐史観だとして、政治的、権力的に排除させようとしてきたのではなかったのか。教科書検定では歴史家や社会科学者にゆだねるのではなく、政府見解こそが民意を反映する通説だとして両論併記を求めてきたのだが、今後もその方向での検定を強めるというのが教育再生実行委員会の提言ではなかったか。ここにも政治家の言葉のウソを感じざるを得ない。

安倍首相とその周辺の「侵略」をめぐる発言が与える、歴史教育への影響を懸念するのは当然のことだが、いじめに取り組む教師が安倍首相の発言に対して、「安倍首相の『侵略の定義』発言は、いじめ問題で、『いじめの定義は学界的にも教育的にも定まっていない。人と人の関係でどちらから見るかで違う』と言っているのに等しい」（朝日「声」五・八）と、この思慮の無い発言を批判していたのだった。

改正憲法のもとでは、現場教師のこのような国の首相にたいする当然の批判も、「公益及び公の秩序」に反するものとして咎められることは必至であろう。

さいごに

改憲派にとっては九条が本丸だがそればかりではない。改憲派は自衛のための軍隊を持ち、集団的自衛権をもって、「普通の国」になるという。アメリカも強くそれをもとめている。しかし安倍氏が代表する自民党改憲案すなわち新憲法制定案は、みてきたように、「普通の国」を目指すどころか、アメリカを含む近代国家の憲法原理をはるかに逸脱するものと言わねばならず、「制定」手続きを欠くクーデターに他ならないといえよう。

このように見てくれれば、改憲案（新憲法制定案）をそのまま通すことは不可能に近い。とすれば先ずは九六条を変え友党の意見とすりあわせながら、幾つかの条文改正に取り組む作戦になろう。その際九条の優先順位が高いことは言うまでもない。

しかし同時並行で九条の解釈改正、その際には禁じ手である筈の日米安保の超憲法的効力にもとづく実質的な集団的自衛権の容認という策もあろう。この策動を許してはならない。

自民党の「憲法改正試案」と周辺の論議を今日の国内国際情勢のなかで検討してきたが、この『試案』の目指す方向に未来はなく、現憲法の前文と九条を軸に、人権と自由、民主主義を根づかせ、平和外交を進め、安保条約を正面に据えて、その廃棄を求める以外に道はひらけないと改めて強く感じている。

なお本稿校了間際に樋口陽一氏から『いま、憲法改正をどう考えるか』(岩波書店)を頂いた。副題に「『戦後日本』を『保守』することの意味」とある。いま読まれて欲しい本である。樋口氏を中心に「九六条の会」もつくられた。

九条の会、そして九六条の会をつなぎ広げよう。

*なお一月二四日の幣原・マッカーサー会談、その重要性について私は憲法、教育基本法の成立過程の研究をとおして繰り返し指摘してきたのだが(『教育理念』東大出版・一九七六、『いま教育基本法を読む』岩波書店・一九九二、「戦争と教育、そして平和へ」=『戦争を総合人間学から考える』学文社・二〇一〇所収、など)、このことを論じた研究は憲法研究者にも現代史家にも少ない。河上暁弘氏の近著(前掲)は貴重な研究である。

またチャールズ・オーバービーも幣原の思想と九条の関係に着目しており、その中でドイツでの幣原研究(クラウス・シュリヒトマン)が紹介されている。(『地球憲法第九条』講談社、一九九七年)

(『季論21』第21号、二〇一三年夏号)

地球平和憲章を創ろう

「美しい地球」を眺めて

二〇〇七年のニュースで、もっとも記憶に残るのは月の地平に沈む地球の映像であった。これは、日本の月探査機〝かぐや〟が、月の両極を廻りながら写したものだ。

私はこの新聞写真をカラーで拡大し、机の前に置いて眺め入る。一宇宙の星くずのような存在でしかない地球、太陽系の一つの惑星。しかしなんとも美しい。その上に生存している人間と動物たち。想像は宇宙の際に拡がり、生命の起源から、人類の未来に及ぶ。

それにしても、この地球上の人間どもの争いは、いつまで続くものなのか。憲法九条を「地球時代」、宇宙時代にふさわしいものとして地球憲章にまでたかめる運動が求められているのだと、この写真を前にして思うことしきり。

多様な主張を合わせて

九条の会の輪も拡がっている。一一月二四日に「九条の会」全国交流集会があった。地域や各層の会は六八〇〇をこえたそうだ。

あいさつに立った会の呼びかけ人の発言はそれぞれ心に残るものだった。一貫して原則的九条論を展開してきた憲法学者の奥平康弘氏は、この運動に参加する中で、自衛隊賛成論者を含む多様な改憲反対論があることを「学んだ」。根拠は異なっても結論は重なること（オーバーラップ・コンセンサス）が重要で、多様な主張を合わせて、現実の政治的力関係の中に反映させていくところに「九条の会」の役割かある、と話した。鶴見俊輔氏は、呼びかけ人の一人で昨年なくなった小田実氏の活動にふれて「彼はときどき間違いをしましたが、そこから力を得てさらに前にすすむ姿勢」があったと述べ、「正しいと思う目標にしがみついて、他をつぶす」というのではない。「その発想の柔軟さを『九条の会』は引き継いでいくことを望みます」「九条の会が長く続けば、世界史をかえるくらいのエネルギーがでてくるかもしれない」と、若い世代への期待を語った。加藤周一氏は、運動が長丁場になることを「意識」し、組織が劇的に大きくなることよりも、ゆっくりと大きくなることを「意識」して進む必要があること、もう一つは九条を「日常性」に結びつけて「生かす」ことだと語った。澤地久枝氏は、改憲を掲げた安倍内閣を参議院選で敗退させたのは、「私たち一人ひとりの市民の力です」「私たちはひとりではない。憲法九条で世の中を良くしようとする人たちがいっぱいいることに希望をもって生きていきましょう」と語りかけた。

沖縄ノート裁判で人間としての決意を

九条の会ができて三年、「ボクの七二年の人生で、憲法と教育基本法が一番よく語られたのはこの三年間だった」と語る大江健三郎氏は、沖縄・集団自決問題の渦中の人でもある（沖縄ノート裁判・大阪地裁）。挨拶の中でも、原告側の弁護士が法廷で引用した曾野綾子氏の「国に殉ずるという美しい心で死んでいった人々を命令で強制されたというのは、その死の清らかさをおとしめるものだ」を引いて、これを「恥知らずな言葉」として厳しく批判し、裁判と九条にかける文学者としての、人間としての決意を語った。集団自決記述の教科書検定に介入した政治的圧力グループと、沖縄ノートを糾弾した黒い面々が、「靖国史観」に立って戦争を美化しようとするグループと同根であることは、この裁判を通しても次第に明らかになってきている。

政府は沖縄県民一一万人の教科書検定批判の大集会、そして県議会や市議会の決議文の前にたじろぎ、しかし検定で修正を求めた責任は棚上げして、検定済みの教科書に修正を求めることは政治的中立性を犯すことになるという詭弁を弄して検定の再修正を拒否し、なお記述の修正を求める教科書会社には訂正申請、それも「学習上の理由」としての訂正申請を受けつける方針を出した。しかしこれは、そんな小手先の対応で片づく問題ではない。検定への政治的介入を許す現在の検定制度（教科書調査官、検定調査審議会を含む）そのものの、さらには学習指導要領そのものの根本的見直しが求められているのである。

「また来た道」に気づく

折しもテロ対策特別措置法の延長はならず、海上自衛隊はインド洋から帰国した。迎える石破防衛大臣や町村官房長官はいずれもその挨拶で撤退の口惜しさを隠さず、新法のもとで再び洋上での国際貢献をと激励した。

しかし、特措法の再延長を許さなかったのは、参議院選に示された民意であり、それはアフガン・イラク戦争を問い直し、日米軍事同盟を見直すことを求めているのである。厚労省の腐敗が引き起こした年金問題は、国民の将来の生活への不安に繋がる重大問題だが、防衛省と防衛産業そして政治家たちの癒着ぶりは、日本の国家と社会の暗部を、その深い闇の存在を気づかせるものとなった。戦争と防衛産業と政府の癒着の構造は、同盟関係を通して、国際的なつながりをもつものであることもはっきりしてきた。紛争を火種とし、それをねたに、産業全体が防衛産業を中軸とする産・官・軍の複合体として国家・社会全体が動き出すことを私たちは歴史を通して学んできたが、今回の事件はテロ戦争という新しいコンセプトをかざして「また来た道」を歩こうとしていたことに気づかせてくれた。

テロ戦争では問題は解決しない

ひるがえって、戦後日本の復興は平和産業を中心とすることを求めた憲法九条の枠（歯止め）があったればこそ、そこに九条のリアリティがあった。九条の空洞化は、単に自衛隊の存在によるものではなく、日米軍事同盟とそれに寄生する政・官・産の癒着の必然化に繋がっているのである。防衛庁の省への昇格はこの道の道程を象徴的に示している。

安全保障（安保）という名の軍事同盟が問い直されなければならない。さしあたっては、防衛産業をめぐる構造的汚職についての認識を深め、アフガン・イラク戦争の認識に重ね、新特措法の成立を阻止させねばならない。

テロや戦争では問題は解決しないという認識は国際的にも拡がってきている。先般のオーストラリアの総選挙（一一月二四日）では、ブッシュの盟友ハワードが敗れ、イラク戦争ノーの民意が示された。今年はブッシュ・ノーの、アメリカの民意が示される年となるだろう。中南米の新しい流れも大きくなっている。

いまこそ永久平和への道を

いまこそ永久平和への道を選ぶよいチャンスではないか。イラクでフセインが倒れたあと、ハーバーマスとデリダという独・仏を代表する二人の賢人が共同署名で出した「ヨーロッパの再生―戦争が終わって」(二〇〇三年五月）の中で、和平への道はカントの『永遠平和論』に示されていると述べたが、我が国憲法九条こそ、その思想を憲法にまで高めたものだといえよう。因みに、カントはその道をこう示している。

「(その一）将来の戦争を見こして結んだ平和条約は平和条約ではない」。「(その三）常備軍はいずれ、いっさい廃止させるべきである」。「(その四)対外紛争のために国債を発行してはならない」。その説明「借款によって戦争を起こす気安さ、また権力者に生来備わっていた戦争好き、この二つが結びつくとき、永遠の平和にとって最大の障害となる」、これは当時のヨーロッパ諸国の問題だけではない。アメリカ国民とブッシュ政権、そして日本にも当てはまる。「(その五）いかなる国も、よその国の体制や政治に武力でもって干渉してはならない」――説明「内部抗争がまだ決着をみていないのに、よそから干渉するのは、国家の権利を侵害している。その国の国民は、病んだ内部と戦っているだけで、よその国に依存しているわけではないからだ」。アフガンやイラクの国民の声が聞こえるようだ。

「九条の会」をゆっくり大きく

こうして、「九条」への思いは、日本の現実を突き抜けて、世界に拡がり、先人の英知とつながってくる。九条は一国平和主義でもなければ、ましてや戦争ボケの自虐的指導者が言い出したも

本の泉社

補充・注文カード

書店名・帖合

注文数　　冊

月　日注文

著者　堀尾輝久

発行　本の泉社

地球時代と平和への思想

東京都新宿区新宿二ー一一ー七
第33宮庭ビル一〇〇四
TEL 〇三ー五八一〇ー一五八一
FAX 〇三ー五八一〇ー一五八二

9784780722284
ISBN978-4-7807-2228-4
C0036 ¥2909E

定価3200円(税込)

売上カード

発行
本の泉社
宮庭ビル一〇〇四
TEL 〇三-五八一〇-一五八一
FAX 〇三-五八一〇-一五八二

地球時代と平和への思想

ISBN978-4-7807-2228-4 C0036 ¥2909E

定価3200

のでもない。そこには新しい世界史への道が示されている。戦争を拒否する思いが、その人たちの個人史の重みと重ねられ、若い人に伝わり、若者の柔軟な発想と多様な見方を紡ぎながら、「九条の会」が、ゆっくりと大きくなっていくことを願わずにはいられない。九条には世界政治を変え、世界史を変える力がひそんでいる。九条をもつ地球憲章も夢ではない。もう一度カントを引こう。

「永遠平和は空虚な理想ではなく、われわれに課せられた使命である」

＊カントの訳は池内紀『永遠平和のために』（集英社、二〇〇七年）から。

（「九条を持つ地球憲章を！　新しい年に思うこと」改題、民主教育研究所『研究所だより』№93、二〇〇八年一月一二日）

いま、憲法を考える
――九条の精神で地球憲章を！

一　憲法七〇年の今

1　憲法が危ない！　世界が危ない！

安倍首相は「戦後レジームからの脱却」を掲げ、憲法の枠内でと言いつつ集団的自衛権を容認し、安保法制を強行採決し、その法の実行として南スーダンへの駆けつけ警護のための派兵を強行し、憲法との矛盾がますます大きくなる中で、憲法審査会を開いて、条文改正へと動き出そうとしています。今年は憲法施行七〇年。その憲法記念日に安倍首相は、オリンピックの二〇二〇年には新しい憲法を施行する、憲法九条には自衛隊を合憲とする第三項を加えると発言、新たな波紋をよんでいます。一見、現状を書き込むだけの無難に見える発想は安保法制によって「合法化」された集団的自衛権を担う自衛隊を憲法に書き込むことになり、それは明白に矛盾する一つの条項を憲法の同一条文（九条）に書き込むことになり、許されることではありません。憲法解釈を安定させるどころか、矛盾を明示化し、混乱を深めるだけであり、自民党内からも批判が出始めています。

この間日本では、軍隊によって、殺し殺された者は一人もいないということは、希有の、九条があったればこその歴史です。改憲論の丁寧な批判に重ねて、憲法の意義を、歴史の中で、「地球時代」としての現代の視点から、そして私たちの生活の中で捉えることが大事です。戦争は嫌だと叫ぶだけではなく、守るべき平和の暮らしをつくりだすこと。子育て・教育にとっても平和な環境・文化は不可欠です。

自民党改憲案は国のかたちをかえるもの

自民党が憲法審査会で自説の基調に据えている改憲案（二〇一二年）は単なる改憲ではなく憲法の原理を根本から変えようとするものです、前文の出だしは「日本国民は」ではなく「日本国は」に始まり、この「憲法を制定する」となっている。単なる改憲ではないのです。憲法は人権保障のために国権を制約するものではなく逆に「公益や公の秩序」によって人権を制約するものになっています。さらに九七条の最高法規の規定は全面削除です。この条文を書き留めておきましょう。「この憲法が日本国民に保障する基本的人権は、人類多年にわたる自由獲得の努力の成果であって、これらの権利は、過去幾多の試練に堪え、現在及び将来の国民に対し、侵すことのできない永久の権利として信託されたものである」これが全面削除。自由や人権の理解が全く異なっているからです。

改憲論のもう一つの主張は九条改正です。「第二章　戦争放棄」は「安全保障」に変わり、国防軍が規定されます。これは新設の「第九章　緊急事態」と連動しています。先に強行採決で成立させた機密保護法とも、現在国会審議の焦点である共謀法とも連動するものです。

改憲、自主憲法の制定の主張の根拠として、九条は占領軍が日本を丸裸にするために押し付けたもので恥ずかしい規定だとする、根強い主張があります。安倍首相もそういう認識を公言していました。首相はさらに憲法は一国平和主義であり、自分の考えは「積極的平和主義」だと主張しています。国際的脅威に対する抑止力として「平和のために戦争に備える」という中身であることも明白です。抑止力の増強と軍事同盟の強化が九条改正の理由です。北朝鮮の冒険主義に対するトランプ大統領の武力攻撃も辞さないという発言に安倍首相はいち早く賛意を示し、脅威が明白な場合は先制攻撃が必要だという議論も国会で自民党議員から公然と主張されるまでになってきています。

しかし朝鮮戦争が再度始まれば、最大の被害者は南北朝鮮の民衆です。韓国の同意なしにはトランプの北攻撃はあり得ません。その韓国では民主化運動に支えられた新大統領（文在寅）が誕生しました。抑止力の競い合いは戦争の危機を引き寄せるものであり、解決の道は話し合うこと以外にはないことがこの間の教訓ではないでしょうか。しかし国際緊張が高まれば、改憲の条件がいっそう整うというのが政府の隠された本音だということも見え見えになってきたのではないでしょうか。ミサイル着弾に備えての退避訓練など、戦中派には噴飯物、というより怒りを感じさせるものです。

もう一つの動き

国際的には、緊張緩和の努力も続けられています。昨年（二〇一六年）暮れには国連総会で「平和への権利」宣言が採択され、今年の三月には国連で核兵器禁止条約へ向けての動きが高まりました。それに背を向けているのが核大国・アメリカに従属する日本。日本代表は欠席し、国連のその席には　Wish you were here！（あなたがここにいてほしかった）と書かれた折り鶴が置かれていたことを知り、唯一の被爆国として、九条の旗を掲げた日本代表を送り出せない日本の政治の貧困に悔しい思いが募ったことでした。国連総会での決議を承けての国連会議は五月二二日に同条約の草案を発表しました。世界は動いているのです。

私たちの非戦・非武装の憲法の前文にはこう書かれています。「われらは、全世界の国民が、ひとしく恐怖と欠乏から免れ、平和のうちに生存する権利を有することを確認する。——日本国民は、国家の名誉にかけ、全力をあげてこの崇高な理想と目的を達成することを誓う」。緊張には軍備による抑止力ではなく、信頼と対話による平和外交、それを支える市民間の交流、そして国際世論以外に道はないのです。

2　七〇年の歴史

占領軍による押し付け憲法論が繰り返されてきましたが、特に九条のアイディアは時の首相幣原喜重郎によるものであることは今や明白な事実です。

昨年私が国会図書館憲政資料室で見付けた高柳賢三（憲法調査会会長）とマッカーサーの往復書簡（一九五八年一二月）でマッカーサーは「あれ（九条）は幣原首相の先見の明とステイツマンシップと英知の、不朽の記念塔（モニュメント）だ」と明言しています。幣原の遺言ともいうべき口述記録も『平野三郎ノート』として公表されています。戦間期の軍縮時代、幣原平和外交として知られ、〈一五年戦争〉時には野にあった幣原。戦争による廃虚と原爆体験のあと、首相として戦後改革を担い、九条の理念に思い至った幣原を支えていたものは、あの大戦争と廃虚のなかで生まれた「戦争は嫌だ、武器は必要ない」という日本の、世界の民衆の思いであり、その結晶が非戦・非武装を掲げる九条なのだと捉える事ができます（詳しくは『世界』二〇一六年五月号の拙稿、本書三二二頁）。

この七〇年間は、憲法理念を根付かせる努力と、それを押しつぶし自主憲法なるものを作ろうとする力とのせめぎ合いの歴史でもありました。

一九四五年八月一五日ポツダム宣言受諾、戦争への反省と平和への希求、国民主権、人権尊重、平和主義の憲法の成立、平和国家・文化的国家の建設、「憲法の精神の実現は教育の力にまつ」とする教育基本法の成立。

しかし米ソ対立の激化、朝鮮戦争のなか、憲法七〇年の歩みは平坦ではありませんでした。安保条約締結の直後の一九五三年に行われた池田・ロバートソン会談は再軍備するための障害の除去の戦略構想が練られています。九条が最大の障害だが、それを変えるためには、平和教育を止め、愛国心の教育が必要だ。徴兵にしても平和教育を受けた青年が自衛隊に入れば危険な軍隊ができるだけだから、まず愛国心の教育を先行しなければならない。「日本政府は教育と広報をとおして愛国心の養成に努めねばならない」と密約をしたのです。

その二年後一九五五年には自主憲法制定を党是とする自由民主党が誕生します。「戦後の民主化の行き過ぎ是正」、巣鴨から政権に帰り咲いた岸信介は首相として改憲のための憲法調査会を発足させ、安保改定に取り組み、国民の強い反対のなかで挫折。改憲に強い意欲をもち、「戦後政治の総決算」を掲げて登場した中曽根内閣も改憲には踏み出せずに終わるのですが、その間、教科書検定や教員統制を通して教育への介入は強まり、教育改革国民会議そして中教審で、教育基本法改正への地ならしが続きました。第一次安倍内閣はまずは憲法改正の一歩として、教育基本法を変え、国民投票法を通し、防衛庁を防衛省に昇格。第2次安倍内閣は自民党改憲案（二〇一二年）を背景に、集団的自衛権容認の閣議決定に続いて安保法制化（二〇一五年）を進め、さらに憲法改正実現内閣としてその名を残すことに政治生命を懸けているかの如く懸命です。

しかしこの間、改憲の動きに抗し、安保反対、ベトナム反戦、オール沖縄、九条の会と、憲法を根付かせる国民的な運動も広がり、安保法制にたいしては女の平和、ママの会、学者の会、シールズ*の活動を含んで新しい市民運動が発展してきています。教師たちの平和教育への取り組みも続けられています。安保法制に対しては違憲訴訟が提起され、私も原告として法廷陳述（東京地裁二〇一六年九月二日）をしました。

二　新しい思想運動の立ち上げ

1「9条地球憲章の会」発足の経緯

安保法制強行採決のあと、昨年（二〇一六）六月に、安保法制に不安を感じた調布・仙川地域の有志（私もその一人）が集まり、日本の危機、世界の危機のなかで、何を為すべきか、何ができるかを考える集まりがもたれ、九条を守るために海外からの支援が必要であり、そして九条の本来の精神からしても、その精神を国際的に広げることが求められていることが語り合われました。先人たちの努力を受け継ぎながら、九条の精神で地球憲章を創る、市民に根ざした国際的思想運動がやれないか。これがこの運動の切っ掛けでした。

2 先人や仲間たちとのつながりの中で

九条はもともと一国平和主義ではなく、その理念を世界に広げることなしには、守ることもできないのです。憲法五〇年には憲法学者が総力をあげてそのことに取り組み大著『日本国憲法からの提言　恒久世界平和のために』（一九九八年）をまとめ、一九九九年のハーグ世界平和市民会議では「世界各国が九条の精神で政治を！」との決議が採択され、国際法律家協会が呼びかけの軸となって二〇〇八年に「九条世界会議」を東京と大阪で開催するなどの取り組みがなされてきました。国際民主法律家協会（ＩＡＤＬ）そしてアジア・太平洋地域での法律家たち（ＣＯＬＡＰ）の九条への関心も広がってきました。「平和への権利」の国際的運動は昨年（二〇一六年）一二月国連総会で採択されました。九条を評価する外国の知識人や法律家も増えてきています。そのなかにはアメリカに九条の会をつくったオーバービーさん、「日本憲法」と言う映画を作ったユンカーマンさん、世界的思想家のチョムスキーさん等がいます。

3 非戦・非武装・非核の思想で

わたしたちはその先人たちの思いと努力に学び、それらを引き継ぎ、国際的な動きに励まされながら、九条の理念、非戦・非武装・非核の思想で人類と地球を救う地球憲章を創ろう、そのために国際的アピールをだし、さらに運動を市民的・国際的思想運動としてすすめたい。それは世界と地球に平和と共生の種を蒔く活動の一つだと考えたのです。

九条をモニュメントに終わらせることなく、戦争で犠牲を与えたアジアの人々への国際公約として心に刻み、足下の生活の中に平和の文化を根付かせ、民間交流を活発にし、世界の平和に貢献するための具体的な方策と手だてを作りだしていかねばならない。憲法前文と九条を結び付けて「地球時代」にふさわしい平和の思想として世界に発信し、外交政策の軸に据えて国際的にアピールする。これは憲法九条を守るためにも不可欠な運動課題ではないか。九条の精神で地球憲章を創ろう！　非戦・非武装・非核の精神を世界に！

そこでその趣意書を創り、各国語版で、世界に呼びかけようということとなったのです。

4 「地球時代」にふさわしい地球憲章を

私たちは人類と地球の再発見ともいうべき「地球時代」に生きている。そこでは、平和的生存権、環境・人権・共生・非暴力が価値意識の軸となる。その視点から憲法前文・九条を読めば、そこに盛られた思想・理念は「地球時代」の価値観と通じている。さらに、未来世代の権利（未来世代への責任）の視点から九条を読み直し、世界にむけて発信することこそが私たちの使命なのではないか。

先人たちの思想と運動……カント、ユーゴー、ガンジー、デューイ、戦争違法化運動、そして不戦条約、国連憲章。日本にも中江兆民、田中正造、幣原喜重郎、そして日本国憲法前文・九条はそれらと響き合う。その九条の精神で地球憲章を創ろう、それは国連憲章を超える新しい理念モデルをつくりだす思想運動であり、持続的に、かつ国際的に連携し協働する事によってのみ可能となろう。それを「地球時代」にふさわしい国際的な市民協働の思想運動としたいと考えたのです。

私たちはこの運動は「九条の会」の活動の一環だと考え、国内での輪を拡げることが国際的な運動を励ますものだと考えています。趣意書《アピール》（二三七頁）を参照下さい。

三　やってきたこと

この間、世話人会を重ね、それぞれがそれぞれの友人に運動の趣旨を話し、呼びかけ人に加わり、あるいは賛同者としてお力添えを頂きたいと内外に働きかけ、今年三月一五日に記者会見でその趣意書と呼びかけ人、外国からは賛同協力者名を公表し、この日を会の発会日とし、会の名称を〝9条地球憲章の会〟としました。さらに世話人会と事務局を強化し、五月には憲法記念の行動の一環として、一三日に明治大学で会の発会記念シンポシウムを行うことができました。

この時までに日本での呼びかけ・賛同人一八六人、海外からはアジア、アフリカ、ラテンアメリカそして欧米から、一三カ国・地域の五一人からの賛同を頂き、記念シンポへ向けての海外からのメッセージも一一人からいただきました。

なお趣意書の外国語訳は英・仏・独・西・伊・中・韓（露・アラブ・ベトナムは準備中）語です。

シンポジウム

シンポジストとテーマは以下の通り。

堀尾輝久（教育思想）　思想運動としての九条地球憲章

浦田賢治（憲法）　日本国憲法の理念を世界に

佐々木亮（国際人権法）　国際法の限界と理想

笹本　潤（国際弁護士）　平和の権利の国際運動の経験

高部優子（映像制作）　みんなで作る九条地球憲章

クロード・レヴィ・アルヴァレス（社会学 フランス） 九条のある国に住んで
司会・目良誠二郎（事務局長）
シンポジストの五人はいずれも呼びかけ人、アルヴァレスさんは趣意書を仏訳した協力者で、それぞれ準備したレジメに沿っての報告。多様な視点の全体が会の開かれた問題意識と課題を提示したといえるでしょう。
集会は約一〇〇名の参加者でフロアからの発言も多く盛会でした。

海外メッセージ
海外からのメッセージは、本集会が国際的な取り組みの始まりでもあるだけに、集会の華だったと言えましょう。当日会場で発表したものを紹介しておきます。

まず、花岡蔚《しげる》さん（音楽家）がチャールズ・オーバービーさんを訪問して会のために直接頂いたビデオ・メッセージが紹介されました。

「日本の皆さまは九条を活かし、更にそれを世界に広める努力をお願いします。なぜなら九条は地球上すべての人類の幸福にとって、とてもとても重要だからです」と。

ビデオをとおしての元気な声に皆感動し、勇気づけられました。彼は朝鮮戦争に空軍兵士として参加し、日本の憲法を知り、退役後、一九九一年にアメリカに「九条の会」を作り、世界に拡げる運動を始めた方で私たちの運動の先駆者なのです。私たちの会の海外賛同者の中に、アメリカの平和のための退役軍人会（veterans for peace）の方が目立つのも、悲惨な戦争体験に加え、オーバービーさんの会があったればこそと思ったことでした。

ベティ・レアドンさん（コロンビア大学国際平和研究所の創設者でジェンダーと平和の研究と運動のパイオニア）

「戦争放棄を求める日本国憲法九条の精神を強め拡げるための呼びかけへの連帯の声明（二〇一七・五・七）」

「新たな核戦争の危機があり、国際的に増大する軍事化のなかで制裁やテロへの対抗手段として、軍事的暴力に訴える兆しに直面しているとき、九条に示された戦争に終結をもたらす試みは、今日の世界で、平和への最善の希望です。平和を願いそのために活動するすべての人は九条を守り(preserve)他の国民に同じ憲法条文を採用するように説得し、全般的で完全な軍備撤廃(general and complete disarmament)を達成する活動に確固として立ちあがらなければなりません。それは公正で非暴力な世界の安全保障制度を創り出すための不可欠なステップなのです。（中略）

私は皆さまの趣意書に全面的に賛成し、市民が九条を守り拡げるための方法を探るシンポジウムの目的に共感し、連帯の意を表明します」

コーラ・ワイスさん（一九九六年ハーグ平和宣言の議長で、二〇〇五年ノーベル平和賞候補、幕張九条世界会議の参加者）

「戦争への道が迫っています。私はあなた方の提言を全面的に支持します、そして成功を念じます。

ニュースが伝えているように安倍首相には危険な兆候がみられます。この七〇年間戦争で殺し、殺されることのなかったことを誇れる国は、世界に幾つあるでしょうか。この優れた成果がいつまでも続かねばならないのです。そのことを願っています」

ロレッタ・カストロさん（フイリピン・メリアム大学・平和研究所）

「あなた方の発意（initiative）が日本国民だけでなく、すべての人類に向けられて、暴力と暴力の手段が廃止され、私たちの共有の地球が守られ護られるべきだということへの気づきを促すものであり、このことを高く評価するものです」

ババカール・ディオプさん（ＰＡＡＬＡＥ＝全アフリカ識字教育連盟会長、ダカール大学、歴史学）

「シンポ参加者の皆さまへ

私たち（ＰＡＡＬＡＥ）は多様な危機に直面するなかで、永続する平和、人間の尊厳、社会的・経済的な尊厳、そして正義と連帯をもとめるアフリカの人々の千年を超える闘いを引き継ぐ者として、あなた方が実りある成果を得られるよう願っています。（中略）

私たちはいま地球上のすべての者が直面しているポピュリズムとテロリズムの危険に気づいているすべての男女老若に訴えます。いまだからこそ、あらためて、平和と連帯、相互の尊敬と優れた実践を分かち合う教育に更に努力をつくすことを」

サミラ・ドリミさん、マリカ・エダキチさん、リティダ・ケルケチさん（モロッコ・モハメッド大学）

「親愛なる友人、参加者の皆さまへ

一九四七年の日本国憲法に示された非戦・非武装の道は戦争の恐怖と虚しさを無くすための、

最も賢明な（sensible）、人間的で、文明的な判断でした。私たちは世界のすべての人々、とりわけ政府関係者がそのような結論に至り、そのような哲学を採用することを願っています。（中略）私たちモロッコの教育者は、平和教育の価値と有効性を信じています。相互の尊敬と開かれた心、わかる力の価値を喚起する教育を求めているのです。

このことが私たちがあなた方の平和への呼びかけに敬意を感じ、無条件にこれに賛同する理由です。成功を念じます」

メリタ・クリスタルディさん（イタリアのGlobal Teacher Center）

「地球憲章への取り組みを支持しシンポジウムの成功を！

Global Teacher Centerはイタリアのカターニアにあり、学校間をつないで、家族を失った外国人未成年児のために活動する大学・共同体です。私たちは今日の世界の平和が脅かされていることに強い関心をもっています。（略）

センターは既に二六〇名の教育・養成の活動を実現しました。その組織者であるメリタ・クリスタルディは堀尾教授から示された平和のための地球憲章の趣意書を紹介し、このような憲章の重要性と有効性について『Educatzione』という全国教育誌に論文を書いて、地球憲章に込められた原則をイタリアで拡げるために活動しています。

私たちはあなた方の一三日の集会が成功することを念じています」

バルバラ・フィンケルシュタインさん（メリーランド大学）

「素晴らしい趣意書ですね。勿論あなたがたの取り組みを支持し、私にできることをいたします。

早速メリーランドの同僚に送りました。近々東京に行きます。お会い出来るのが楽しみです」

ピーター・バンデン・デュンゲンさん（ブラッドフォード大学で平和学の拠点を作り現在は平和のための博物館運動を進めている）

「堀尾教授起草の趣意書を拝読しましたが、素晴らしい内容であり、心から賛同します」

オリビエ・シェガレさん（神父、在日四八年、真生舘館長等）からは日本語の長いメッセージを頂きました。

「（前略）今こそ平和を願っている世界の人々に日本の憲法九条を知ってもらい、その意義が改めて認識されることで、憲法を守ろうとする日本の方々を励ますべきだと思う。同時に、九条の理念が世界・地球の憲章になることも願い、九条の精神をこめた地球憲章作りの運動に大いに賛同している。

この運動を推進する人々の訴えの中では、特に平和の思想、視点、実践に関する三つの発想を評価したいと思う。

まず平和の思想。今平和を語る時に必要なものは、かつて平和団体が陥りやすかった平和の排他的なイデオロギーではなく、若者を始め、一般市民の心を動かすような平和の思想だ。この思想は世界中の庶民の知恵、文化交流から生まれた新たな発想、様々な解放運動の高い精神性に支えられてこそ豊かなものになり、人々の平和への意欲が高められると思う。「専制と隷従、圧迫と偏狭を地上から永遠に除去」することを訴える日本憲法の九条は、まさにこの思想の原点の一つとなりうると思っている。

次は視点だが、「全ての国が同時に戦争を放棄」し、「非武装化」を目指すという九条の精神は、戦争と武力の放棄だけではなく「人権・環境・共生」というポジティヴな視点も大事にしていることが嬉しい。これに加え、平和を考える時に重要と思われる他の三つの視点を大切にしたい。一つは、強い国ではなく弱い国の視点に立って世界の平和を考えること。次は、冷たい正義理論の次元のみではなく、痛みを感じる人々への共感という視点を大切にすること。三つ目は、経済のみではなく真の豊かさという視点を常に優先すること。この三つの視点から平和を考えてこそ、憲法九条の理念が有効に生かされてくることを確信している。（後略）」

日本の貧民地域に住み込んで活動されてきたシェガレさんならではの想いが伝わってきます。

李京柱《イギョンジュ》さん（仁荷大学教授、憲法。韓国「平和ネットワーク」諮問委員、一ツ橋大学の山内敏弘教授のもとで憲法学を学ぶ）

「九条はアジアへの不戦の誓いであり、アジアの宝ものです。非武装、非戦、非核の精神を世界に拡げましょう！」

李さんはメッセージに加えて、私信として、米国と北朝鮮の緊迫した状況をクールに伝えて下さった。大統領選挙前の韓国から、そして李さんの情勢分析の的確さに感銘を受けたので要約して紹介します。

「北朝鮮への武力攻撃が報道されているが、韓国ではそれほど話題になっていません。いくらトランプさんのアメリカと言っても、先制攻撃のためにはいくつかのプロセスが必要で、三〇万人の駐韓米国人の避難が必要だがそのような兆しはありません。一九九四年の第一次核危機の時も最終段階で先制攻撃をクリントンが止めましたが、状況は変わらないと思います。……北への先制攻撃のためには韓国側（日本、中国の周辺諸国との協議も）の同意が必要ですが、そこに賛成する大統領候補もいないし、いまの大統領権限代行も任期末までにそこまでする権限も意向も持ってないと思います。シリアとは違って、北朝鮮の存亡に中国の利害関係が大きく関わっているので、シリアのような形にはならないと思います。

結局、いくらトランプさんであっても韓半島に限っては、選択肢としては軍事でなく外交であると思います。

韓国の政治の進展が東アジアの平和にも直結すると思います。これからも応援してください。（四月一八日）」

このほかにも共感と激励のメッセージが届いています。

イタリアのジョバンニ・パンパニーニさんは私たちの運動にいち早く賛同し、元地中海地域の比較教育学会会長としての人脈を活かして、ウェブサイトを通してイタリアに拡げるだけでなく、アフリカに拡げる運動を進めてくれています。

この二月には平和憲法を持つコスタリカの若い弁護士のロベルトさんが来日し、交流する機会があり、非戦・非武装・非核の地球憲章に取り組もうと語りあったのでした。

また、昨年暮れにアジア・太平洋法律家協会（ＣＯＬＡＰ）の会で知り合ったフランスの法律家ローラン・ヴェイユさんは、国際民主法律家協会を代表してこの会に出席された九四歳、レジスタンスの闘士で、Ｈ・ワロンさんのことは良く知っていると話され感動しました。私たちの趣意書にたいして、勿論賛成で協会から「戦争へと進む日本の立法への反対声明（二〇一五年八月一五日）をだし九条支持を表明している」というメールを頂き、この安保法制化への批判声明を知らなかった不明を恥じたのですが、続くメールで地球憲章については、国際法的には国連憲章の理念を徹底することで可能なのではないかという意見を頂きました。大事な問題提起として、私たちの会として受け止めたいと思っています。

なおナチスに抵抗し設立された「国際民主法律家協会」（ＩＡＤＬ）の二〇一五年八月一五日の日本の安保法制反対の声明では、「日本国憲法は徹底した平和主義に立脚し、世界の模範とされている。世界中の平和を愛する人々は、日本がこのような平和憲法を世界に広める役割を期待している。ＩＡＤＬは引き続き九条を支持する」、「九条は、アジア地域の友好関係の発展および社会的経済的な成長の基礎となってきた」と述べられています。

以上のように　賛同協力者は、韓国、台湾、フィリピン、コスタリカ、イタリア、スペイン、アフリカ（セネガル、モロッコ）、フランス、ドイツの知識人や教育者たち、アジア・パシフィック（ＣＯＬＡＰ）や国際民主法律家協会（ＩＡＤＬ）の法律家、そしてアメリカ・退役軍人など一三カ国・地域の五一人に及び、その平和を希求する切実な声と平和教育の重要性の指摘に励まされます。

私たちはこれらの内外の反応から、危機意識の共有が確認でき、日本と九条への高い関心に、新鮮な驚きを感じました。一見宇遠にみえて、私たちの運動に未来への展望を確信することが出来ましたが、同時に、今やるべき足下での取り組みに繋いでこの課題を捉えること、そして、沖縄の目、アジアの目を意識し、世界の困難を抱える小国の人々の声を聴くことなしにはこの運動の発展はないと強く感じたことでした。分けても北東アジアの人々との連帯の道を探ること、そして、現在の抑止力論に依拠する暴発の危機のなかで、改めて、平和への道には対話とそれをささえる思想がもとめられていると強く思うのです。

なお日本での呼びかけ人、賛同・協力者は憲法・法学、弁護士はもとより多様な分野の研究者、教育関係者、芸術家、ジャーナリスト、市民と多彩で、シンポの後二〇〇人（二〇二三年現在一一三〇〇人）をこえています。

5 今後の活動計画

世界の市民運動のあり方を模索しつつ、呼びかけ人、賛同・協力者を内外に広げる活動
日本発の九条・地球憲章づくりへの取り組み……
作業部会の発足 研究会を重ねる
情報の発信・交流、若い世代との交流
各地、各国での地球憲章づくりと情報交換
それを持ち寄っての地球憲章づくり
国連での採決にむけての取り組み
成果は持続させる意志と国際間・世代間の協働に懸かっています。
構想されるべき地球憲章は世界各国の国民と政府が、国政と外交の原則に日本国憲法の非戦・非武装の精神をとりいれ、さらに自然と人間の共生の思想を深めて、人類と地球を守る施策を求めるものです。

こんなことを考えています。お力添え、ご意見頂ければ幸甚です。

（『季論21』第37号、二〇一七年夏号）

＊若い学生の会（シールズ）の国会前集会での連帯の挨拶（二〇一五年六月一九日）

若い皆さんと一緒の集会は私にとっては安保反対（一九六〇年）集会以来、その時は私が大学院の若者でした。

今日は一週間前に立ち上げた「学者の会」からの連帯の挨拶のために参加しました。この会への賛同者も急速に広がりもう五千人を超えています。さきほどからの皆さんのシュプレヒコールの集団的自衛権反対や憲法改悪反対は当然として、へ理屈総理、なめるな国民！　民主主義ってなんだ！　命と未来をまもれ！　自分の言葉で語ろう！　のコールに共感し私も叫んでいました。

私は戦中・戦後を生きてきた古い世代。戦争の悲惨さを知っている世代の語り部としての役割と責任を感じています。私の父は日中戦争が始まってすぐに戦争に動員され、二年後に戦病死。マスコミも教育もやがて戦争一色となり、私は靖国の子、誉れの家の子として、当然のように軍国少年に育ちました。私の研究者としての最初のテーマは大正民本主義の末期から昭和初年になぜどのようにして軍国主義が広がり、多くの国民がそれに従っていったのか。自分もどうして軍国少年になっていったのかという問題でした。それは二度とそうなってはならないと言う問題意識からでした。それだけに昨今の状況がファシズム前夜に重なって、怖いのです。

昨日は瀬戸内寂聴さんが車いすで国会前の集会に参加され、軍靴の足音が聞こえてくる。戦争に善いも悪いもない、すべて悪なのだと話されたようです。私もそう思います。憲法九条はこの戦争観に立っています。人類の歴史は戦争の歴史だ、戦争は終わらない。平和のためには戦争に備えよ。と言う意見も絶えません。安倍さんはそれを積極的平和主義と言っているのです。私もシュプレヒコールを思いつきました。

安倍の積極的平和主義ってなんのこと！　なになんだ！　戦争準備のごまかしだ！ごまかしだ！　騙されないぞ！　だまされないぞー！

若い皆さんには戦争の歴史とともに平和を求める思想と運動が重ねられてきた歴史を学び、戦争は悪であり、違法なものだという考えが国際的に認められるのが不戦条約そして第二次大戦後だということ、その流れの中で九条をもつ憲法が生まれたこと、それを世界に広めることこそ誇りあることだと憲法前文に書かれていること、この憲法こそ積極的平和主義であることを学びとって欲しいのです。

若者は時に激しく戦争反対を叫びます。それをも怖いと思い、ここにも来れない若者もいます。なかにし礼さんが「平和の申し子たちへ！　泣きながら抵抗を始めよう」と若者へのよびかけの詩を書いています。「君は戦争に行ってはいけない／なぜなら君は戦争にむいていないからだ」

戦争を知らない子どもたちは幸せなのです。あなた方は本物の戦争を知ってはならないのです。「戦後」を再び「戦前」にしてはならないのです。戦争は怖い！　泣きながら抵抗しましょう。そのために戦争の歴史、とりわけ日本の関わった戦争の歴史を映像をとおして学び、現代の戦争の本質を知り、人間にとって平和とはなにかを深く考えて欲しいと思います。そこから新しい人間連帯の思想と運動も拡がります。若い皆さんがその輪の中にいることを信じ、期待します。

地球平和憲章の発表とそれを支える思想

一　「地球平和憲章　日本発モデル案」と解説ブックレットの発表

私たち「9条地球憲章の会」は、安倍政権が改憲へ向けて、集団的自衛権を認め、安保法制を強行したその危機意識のなかで発足しました。私たちは九条を守るためには、九条を世界に拡げてこそ、守ることもできると考えました。憲法前文・九条の理念で地球平和憲章を創り、非戦・非武装・非核・非暴力の世界をめざし、平和に生きる権利の確立をめざす国際的思想運動を起こそうと考えました。

私たちは二〇一六年八月から、世話人会を中心に「趣意書」を作り、一四〇名を超える呼びかけ人のもと、二十数名の内外の外国人の賛同もえて、二〇一七年三月一五日に、「9条地球憲章の会」を発足させ、記者会見をもち、内外に広く参加を呼びかけました。呼びかけ人には法学者や教育関係者とともに、美術や音楽関係者、そして市民も多く参加しています。賛同者は一三〇〇名を超え、外国からの賛同者も七〇名を超え、思いは世界に拡がっています（前章参照）。

この間、内外賛同者を拡げ、情報の発信・交流、会主宰のシンポジウムと研究会を重ね、また日本からの地球平和憲章のモデルづくりのためのワーキング・グループを作り検討してきました。会は二〇二〇年五月に予定されていた核拡散禁止条約再検討会議にあわせて、〈核兵器はもとより、いっさいの武力と暴力を排し、世界のすべての人びとが、尊厳を持った人間として、持続可能な地球環境の下で、「平和に生きる権利」の実現をめざす〉「地球平和憲章」(日本発モデル案)を四月に纏め、英訳を作り、六月にホームページで内外に公表しました(現在、仏、中、韓、アラビア、独、西、露、ウクライナ語訳あり)。NPT再検討会議はコロナ・パンデミックのため延期になり、ニューヨークでの世界の平和NGOとの交流は果たせませんでした。

私たちは会の活動目標として、①趣意書をふまえて九条・地球憲章のモデルづくり、②各地、各国での地球平和憲章づくりと情報交換、③それを持ち寄っての地球平和憲章づくり、④国連での採決にむけての取り組み、を掲げています。

私たちの試みは人類と地球環境の危機に対峙する地球平和憲章を創ろうという世界への呼びかけであり、そのことがまた、九条の理念を世界にひろげ、現に危機にある九条を守る力にもなると考えています。

この間の新型コロナの脅威を前にして、私たちは本会の強調する「地球時代」という視点、とりわけ自然と人間の共生の視点の重要さについていっそうの確信を深めてきました。パンデミックは人類にとっての「平和に生きる権利」の意味を深め、その意義を確信させるものでした。「平和に生きる権利」の意味を、気候変動危機と新型コロナウイルスのパンデミックをも視野に深めることで、新自由主義的経済格差拡大のグローバリゼーションに抗う全人類的な新たな協同や連帯の課題が一層はっきりと見えて来ました。パンデミックは私たちに人類の一員としての連帯と、地球は一つという事実を実感させてくれました。地球平和憲章は人類と地球を守るための、世界の人々の拠り所になることを願っています。

この間、国際的な反核運動の広がりの中で核兵器禁止条約が成立（二〇一七年）、発効（二〇二一年）したことは〈核も戦争もない世界〉を目指すわたしたちにとっても大きな励ましとなるものでした。地球平和憲章を拡げることが核兵器禁止条約の批准国を増やすことに役立つことを願っています。

「地球平和憲章　日本発モデル案」の構成は前文と理念・原理、それを実現させるための方策、それらを支える人間観、世界観の素描から成っています。構成は単純に、文章は分かりやすくと心がけました。日本発モデル案とあるように、憲法九条の理念を、「地球時代」の視点から捉え直し、さらに発展させて、人類と地球の危機に対峙する地球平和憲章を創るための世界への呼びかけであり、そのことがまた、九条の理念を世界にひろげ、現に危機にある九条を守る力にもなると考えています。

この度私たちは、「地球平和憲章日本発モデル案」を英文を付して「解説付きブックレット」で公表（二〇二二年五月）しました、深めるべき課題に解説的文章を加えて、皆さんとともに平和への願いを深め広めたいとの思いで、つくったものです。その構成は次のとおりです。

【第1部】

地球平和憲章（日本発モデル案）の構成（目次）

——地球時代の視点からの九条理念の発展——

大宇宙の星の一つ　この地球の上でなぜ争いは絶えず　いつまで戦争を続けるのか

Ⅰ　前文
1　人類最大の夢は、世界から戦争をなくすこと
2　地球時代の視点から
3　日本からの発信
Ⅱ―1　理念と原理
1　非戦　2　非武装　3　非核　4　非暴力　5　平和に生きる権利
Ⅱ―2　人類の夢を実現するために
1　平和の文化と教育
2　国際法の発展と新しい国際秩序の形
Ⅲ　地球平和憲章を支える人間観、世界・地球観

【第2部】は解説と問題提起の論考（6章）で構成。執筆はワーキンググループで議論を重ね、問題意識を共有し、深めてきましたが、その責任は各執筆者にあります。

解説の第1章（堀尾輝久）で「地球時代」認識と人類と地球の「再発見」、そこでの人間観、世界観、価値観の転換とその意義について述べ、2章（笹本潤）で非戦・非武装主義と平和に生きる権利の現段階、3章（堀尾、目良誠二郎）で反核兵器と反原発、武力による戦争抑止論の欺瞞性と軍拡競争の必然性について指摘しています。非核に関しても、核兵器／核実験はもとより、原発についても原発事故の危険性だけでなく、平和利用の名による核兵器製造（プルトニュームの蓄積）につながる問題を指摘しています（3章―2）。4章（目良誠二郎）で非暴力の歴史と現代的意義、とりわけ市民の非暴力による抵抗権について述べています。第5章（児玉洋介）では これらの理念・原則を実現させるための平和の文化と教育のあり方、そこでは、戦後日本の取り組みの蓄積とと

もにユネスコ等の国際的取り組みが指標となっています。さらに、第6章（佐々木亮）ではその実現を国際的に保障する国際法のあり方、市民運動と国際法づくりについても、問題提起がなされています。女性差別撤廃条約や子どもの権利条約、核兵器禁止条約、そして私たちの国際的運動もそのひとつです。「あとがき」は編集担当の田中祐児が書きました。資料編は会の運動記録です。

私たちの取り組みは憲法前文・九条の理念を世界の平和運動と思想の深まりのなかで捉え直す作業であり、地球平和憲章を支える思想をゆたかに発展させるための試みだと考えています。次に私の担当した解説の第1章（総論）を収載しておきます。

二　憲法前文・九条の理念と地球平和憲章の思想

1　人類と地球の危機のなかで、「地球時代」の視点から

⑴平和への願い

人類の最大の夢。それは世界から戦争をなくすことです。

人類の歴史を振り返ると数多くの戦争が戦われ、多くの人々のいのちを奪ってきました。戦争は文化の父といわれたこともありますが、戦争の直接的利益は支配者層が受け取り、戦争の直接的な犠牲は民衆（特に弱者）に最も多くもたらされるのが実情です。人類の歴史は、戦争の歴史でもありましたが、平和希求の歴史でもありました。

戦争は、人間が始めたものであるとすれば、人間自身によってなくせないはずはない。そう考

えた人間の平和への希求と、戦争廃絶の努力がこれまで積み上げられてきました。

二つの世界大戦の後、世界は国連憲章と世界人権宣言のもと平和へ向けて大きく前進したかに見えましたが、対立と冷戦、「恐怖の均衡」状態が続きました。緊張の連鎖は軍備拡張競争を生み、経済の軍事化は官軍産学の一体化をすすめ、貧困と格差を広げ、同盟国への援助としての軍事基地の拡大は平和を脅かす原因にもなってきました。

ソ連の崩壊後、二一世紀はついに平和の世紀になるかと思われましたが、それもつかの間の夢でした。

二〇〇一年の九・一一テロを機とし、「対テロ戦争」を掲げた米国等によるアフガニスタン侵攻、さらに二〇〇三年のイラク戦争は泥沼化し、「報復の連鎖」を招き、ＩＳなどのイスラム過激派の無差別テロはかえって増大しました。

東アジアでは、朝鮮戦争、ベトナム戦争の後も、米国の核の脅しに対抗して、北朝鮮の核武装化が加速し、偶発的な核戦争の勃発の危険さえ生まれました。米中の緊張も高まっています。しかし戦争だけは避けたいと、二〇一八年には南北首脳会談に続いて米朝首脳会談がひらかれました。

このような危機的状況だからこそ、世界中の人びとの中に改めて戦争に反対し、恒久的な平和を望む切実な声が生まれ、広がっています。いまこそ、世界の平和のための新しい理念と運動が求められているのです。

第二次大戦直後、アジア太平洋戦争への深い反省に基づき画期的な非戦・非武装の九条を持つ憲法を制定した日本の政府とそれを歓迎した米国の政府は、米ソ冷戦の開始と激化にともなって一転してそれを問題視するようになりました。その後の日米軍事同盟の締結とその強化により、九条は絶え間ない侵食と破壊の危険にさらされ続けてきました。しかし、曲がりなりにも九条の決定的な改憲を許さなかったのは、平和を愛する日本の私たちの長年にわたる憲法を根付かせる努力と改憲への抵抗でした。

その抵抗の歴史を受け継ぎ、私たちはこれからもなんとしても九条を護り抜き、さらに世界中の平和を愛する人びとと手を取り合い、知恵と努力を合わせて世界から戦争をなくすという人類の夢の実現をめざしたいのです。それを世界に広げなければ九条を護ることもできないのです。

そのために、いまこそ、非戦・非武装・非核・非暴力の世界をめざし、「平和への権利」の国連総会採択（二〇一六年）そして歴史的・画期的な「核兵器禁止条約」を成立（二〇一七年）、発効（二〇二一年一月）させた日本の被爆（曝）者や世界市民の運動、さらにその国際的な批准運動とも連帯し、ＩＣＡＮ（International Campaign to Abolish Nuclear Weapons）のノーベル平和賞の受賞に励まされ、九条の理念で地球平和憲章をつくるというグローバルで壮大な運動を共に始めたいのです。いまこそ、平和を希求する先人たちの努力を引き継ぎながら、次の世代につなぐ、市民の国際的な思想運動、人類と地球を護る運動が求められています。

私たちはこの運動の理念の軸に日本国憲法の前文・九条の精神を据えて地球平和憲章を創りたいと考えました。

(2) 日本からの呼びかけ　前文・九条の理念とは

一九四五年八月一五日敗戦。戦争への反省と平和への希求のなかで、平和的・文化的な国家の建設を目指して平和憲法が制定されました。占領下ではありましたが非戦・非武装（九条の理念）に関しては時の首相幣原喜重郎の発意があったことが知られています。それを励ましたのはマッカーサーの決断であり、それを支えたのは日米両国民の厭戦と平和への希求だったといえます。それは日本のアジア侵略や植民地支配という加害への反省、アジア二〇〇〇万人とも言われる膨大な戦争犠牲者への謝罪と不戦の決意であり、また三〇〇万人とも言われる日本人の戦死者、そして広島・長崎の原爆被害、全国的な空爆による被害、さらに飢餓と心の荒廃は、二度とこうした戦争を起こしてはいけないという思いを支えているのです。

憲法前文には「われらとわれらの子孫のために」「政府の行為によって再び戦争の惨禍が起ることのないようにすることを決意し」とあり、さらに「われらは平和を維持し、専制と隷従、圧迫と偏狭を地上から永遠に除去しようと務めている国際社会において、名誉ある地位を占めたいと思う。われらは、全世界の国民が、ひとしく恐怖と欠乏から免れ、平和のうちに生存する権利を有することを確認する」と規定しています。

この主語は、「われら」すなわち〈国民（people）〉であって、日本〈国家〉の安全と生存ではありません。そのうえで国民一人一人が「平和を愛する諸国民の公正と信義に信頼」することが自らの安全と生存を確保することの最善の方策であるという認識に立つものです。そして、これは、「信頼」して何もしないのではなく、世界中の市民と「信頼」のネットワークを構築して戦争を未然に防ぐ、戦争予防のネットワークを国境を越えて強固につくる必要性を規定したものです。

そして、「全世界の国民が、ひとしく恐怖と欠乏から免れ、平和のうちに生存する権利を有する」として、全世界の国民の「平和的生存権」（「平和のうちに生存する権利」）の保障を規定しています。「日本国民」だけではなく「全世界の国民」の平和的生存権を規定したものであることに注目したいと思います。私たちは今回の憲章ではそのことを「平和に生きる権利」と表現しています。

そこでの「平和」は「戦争がない」だけではなく、専制政治の「恐怖」と飢餓・貧困などの

「欠乏」から免れた〈真の平和〉を目指すものです。「専制と隷従、圧迫と偏狭」あるいは「恐怖と欠乏」といった戦争の根本原因を取り除くことが真の平和の実現のためには求められるのです。戦争の根本原因でもある、飢餓・貧困・差別・政治的経済的抑圧などの「構造的暴力」の解消に向けての、積極的な国際協力推進の必要性を規定したものなのです。

戦争の根本原因を除去し、戦争を起こさない国づくり・国際社会づくりを行い、真の平和を実現しようというのが憲法前文の精神なのです。そして平和こそが人権と民主主義の前提であり、逆にまた人権と民主主義なくしては真の平和もありえないのです。

さらに前文は「日本国民は、国家の名誉にかけ、全力をあげてこの崇高な理想と目的を達成することを誓う」と結ばれ、その精神を世界に広げる決意をのべているのです。

そして憲法第二章を「戦争放棄」とし、第九条第一項に「日本国民は正義と秩序を基調とする国際平和を誠実に希求し、国権の発動たる戦争と、武力による威嚇又は武力の行使は、国際紛争を解決する手段としては、永久にこれを放棄する」、第二項で「前項の目的を達成するために、陸海空軍その他の戦力は、これを保持しない。国の交戦権は、これを認めない」と規定しています。これは、戦争放棄、戦力不保持、交戦権否認を規定したものです。

ここに示された理念はカントの永久平和論につながり、戦争違法化運動そして不戦条約と国連憲章に重なり、さらにそれを超えるものでした。あらゆる戦争を放棄し、あらゆる戦力も持たない、国の交戦権も認めないという第九条は、二〇世紀の軍縮平和主義、そして、戦争違法化（国際連盟規約、不戦条約、国際連合憲章）といった世界の〈普遍的〉な潮流を継承した上で、さらに非戦・非武装平和主義として「徹底化」し、その実現のために積極的に行動する「徹底的・積極的平和主義」に立脚するものといえましょう。

振り返ると、紛争解決のためと称して行われる他国への軍事介入は、その紛争の根本原因たる「構造的暴力」をなくしたり減らしたりすることに役立つよりは、むしろ、そうした紛争の根本原因を拡大再生産することになる場合が多く、そのことが新たな武力紛争の原因となる場合が多いのです。そして、軍事力の行使はつねに濫用の危険性を伴い、平和や安定よりも膨大なる殺傷・破壊・荒廃を生み、「憎しみの連鎖」「テロの連鎖」をもたらしてきたことがあまりにも多いことに留意すべきです。

私たちは「仮想敵」を想定して、「戦争が起きたらどうするか」ではなく「戦争や軍隊を必要としない国際社会をいかに構築するか、その国内的・国際的条件をいかに整備するか」ということこそが最大の課題だと考えています。

(3) この間の憲法状況

しかし、憲法七〇年の歩みを見るとき、憲法の平和・人権・民主主義の理念がそのまま実現してきたわけではありませんでした。米国は朝鮮戦争(一九五〇―五三年休戦)を機に日本の再軍備へと戦略転換し、サンフランシスコ条約(一九五一年)とともに日米安保条約を結び、池田・ロバートソン会談(一九五三年)を経て、再軍備のための改憲論を背景に自主憲法制定を党是とする自由民主党が誕生し(一九五五年)、それと前後して自衛隊も発足(一九五四年)しました。これに対して、軍隊は認めないという国民の批判の前に、自民党政権は専守防衛の自衛隊は憲法の禁止する戦力でも軍隊でもないとして「解釈改憲」の道を選び、事実上の軍隊を「戦力にあらざる自衛隊」として増強してきました。さらに安倍内閣は、「戦後レジームからの脱却」を掲げて、明文改憲路線に踏み込み、国家安全保障会議(NSC)の設置、特定秘密保護法や共謀罪法の制定、武器輸出禁止三原則の撤廃、集団的自衛権の容認の閣議決定、安保法制の制定などを行ってきました。さらに、米軍と一体化した敵基地攻撃を含む活動に乗り出そうとしています。集団的自衛権を認める安保法制（二〇一五年）には違憲訴訟も起こされています。私も原告のひとりです。

しかし、この間にも、平和教育、原水爆禁止運動、安保反対、ベトナム反戦、沖縄基地反対、高校生の平和ゼミ、「九条の会」、女の平和、ママの会、学者の会、市民連合の運動など平和憲法を根付かせる運動も積み重ねられ、さらに、九条を世界に広める先人たちの努力が続けられ、憲法五〇年・憲法学界の取り組み、一九九五年の国際憲法学会日本大会、二〇〇八年の九条世界会議、一九九九年のハーグ国際平和市民会議、世界社会フォーラムでの取り組み、二〇一六年平和への権利 の国連承認、二〇一七年核兵器禁止条約の成立、二〇二一年発効など、これらに呼応して九条を守り根付かせる運動も広がりました。

また、九条は国際的にも評価されてきました。そのなかには歴史家のA・トインビー、シカゴ大学元総長のR・ハッチンズ、経済学者のJ・K・ガルブレイス、思想家のN・チョムスキー、生化学者でノーベル賞のセント＝ジェルジ、コスタリカのノーベル平和賞受賞者アリアス元大統領、マレーシャのマハティール元首相、等がいます。また映画「日本国憲法」を作ったJ・ユンカーマン監督、アメリカに「九条の会」を作ったC・オーバービー、ベトナム戦争に海兵隊として従軍した後に戦争後遺症に苦しみ、平和運動を続けたA・ネルソン、そしてVFP（Veterans For Peace　平和を求める元軍人の会）の方々などにより九条は世界の宝として評価されてきました。「九条にノーベル平和賞を」という国際的運動も平和憲法への関心を世界に広げてくれています。

(4) 国際的な平和への努力

この間、繰り返される核実験と戦争の脅威に対しては、国際的にも批判の声があげられて来ました。ビキニの水爆実験（一九五四年）を機にラッセル・アインシュタイン「声明」（一九五五年）が出され、それを受けての科学者たちのパグウオッシュ会議（一九五五）が重ねられ、非暴力のためのセビリア宣言（一九八六年）が出され、国連、ユネスコの軍縮会議では完全軍縮（complete disarmament）が目指されました。また二〇〇〇年を国際平和文化年とし、平和の文化の創造と平和教育への取り組みを各国に求めました。核実験に反対する国際的な市民運動の広がりは、部分的核実験停止条約（一九六三年）、核拡散防止条約（一九六八年）、包括的核実験禁止条約（一九九六年）、さらに核兵器禁止条約を成立（二〇一七年、二一年発効）させました。二〇一七年のＩＣＡＮ（核兵器廃絶国際キャンペーン）の活動へのノーベル平和賞の授与は、日本の被爆者の長年にわたる活動と世界の市民の反核活動に与えられたものでもありました。この動きはさらに、平和に生きることとそれ自体を人権と考え、それを法的に保障することを求める声とつながり、「平和への権利宣言」（二〇一六）の条約化と国際法・国内法双方での平和への権利（平和的生存権）の確立へと向かっています。

(5) 内外の先駆的な平和の理念と実践に学ぶ

私たちの運動は世界平和に関わる多くの先駆者達の思想と運動に学び、その志を引き継ぐものです。①非戦・非武装・非暴力の思想的先駆者達（エラスムス、ルソー、カント、ユーゴー、ソロー、ジャン・ジョレス、ジェーン・アダムズ、ガンジー、デューイ、フィゲーレス、キング、マンデラ、中江兆民、内村鑑三、田中正造、柳宗悦、石橋湛山、幣原喜重郎等）に学び、②婦人国際平和自由連盟（ＷＩＬＰＦ）、戦争違法化運動、不戦条約、国連憲章、ユネスコ憲章の流れに日本憲法前文・九条を位置づけ、③さらに世界平和市民運動（被爆者運動、原水爆禁止運動、九条世界会議、ハーグ世界平和市民会議、平和への権利宣言、核兵器禁止条約、IPB、ICAN等）の先達者に学びながら、この運動をすすめたいのです。コスタリカからもアフリカからも、フィリピンや韓国からも、イスラム圏からも、アフガニスタンで倒れた中村哲さんからも、世界の各地域での平和の先駆者たちから学びたいのです。私たちの運動は、国際的な実践と成果に学び、連帯して、発展させる運動です。

コスタリカは常備軍を持たず、軍事同盟を結ばない宣言をしています。

ユネスコは完全軍縮を目標とし軍縮教育に取り組み、自然と文化の多様性の認識のうえに国際平和文化年（二〇〇〇年）を定め、「世界の子どもたちための平和と非暴力の一〇年」に取り組みました。

平和への権利宣言（二〇一六年）はすべての個人の平和への権利を認めています。核兵器禁止条約（二〇二一年）は核兵器の非人道性の視点からその禁止を求めています。対人地雷禁止条約（一九九七年）やクラスター爆弾禁止条約（二〇〇八年）はすでに、同じ理由から制定されているのです。人権も、世界人権宣言から人権規約へ、女性の人権、障害者の人権、そして子どもの権利条約へと新たな国際人権法の発展を示し、国内法にも影響を与えています。

地球環境に関しても、ストックホルム会議（国連人間環境会議、一九七二年）からリオデジャネイロでの地球サミット（国連環境開発会議、一九九二年）へと回を重ねてきました。

この間、スリーマイル島、チェルノブイリ、フクシマと、繰り返される原発事故は核兵器のみならず原発も人類と地球に有害である事を示しています。さらに地球温暖化対策のための気候変動枠組条約（一九九二年）、そしてその具体的な対策を定める国際枠組であるパリ協定（二〇一六年）も成立しました。異常気候と災害の多発は国際的な関心となってきています。

これらはいずれも国連憲章と世界人権宣言を共通の基盤としそれを発展させる国際的な取り組みなのです

私たちはこれらの成果のうえに、さらに地球と人類を救うために、平和に生きる権利を確立・実現するために、非戦・非武装・非核・非暴力の地球平和憲章をつくりたいのです。

(6)「地球時代」(the Age of Globe)の視点から九条を読み直す

私たちは「地球時代」を生きています。その契機は全体戦争と言われた第二次世界大戦の終了した一九四五年にあります。一九四五年は、核時代における人類滅亡という危機認識の共有と、平和や人権理念の地球規模への拡大と植民地の解放・独立を生み出す原点の年であったと言えます。これら二つの要因を併せ、「人類と地球の再発見」の現代を「地球時代」ととらえたいと思います。それはまた、地球は宇宙のなかの、太陽系の一惑星であり、生命の誕生と人類の進化の歴史についての、構想力と謙虚さを求めるものでもあります。「地球時代」を宇宙時代(l'ére planétaire)と捉える含意もそこにあるのです。

第二次世界大戦の終結と国際連合の成立は、帝国主義と植民地支配の時代の終焉と、平和と人権と共生を理念とする新しい時代、人類と地球の新たな発見に基づく「地球時代」の開幕を示すものでした。国連総会決議の第一号(一九四六年)が核兵器の全面禁止であったことはその象徴的出来事でもあったのです。

第二次世界大戦の終結はアジア・アフリカの抑圧からの解放と植民地の独立を促し、平和への希求は世界の人々に広がり、国連憲章に結晶し、日本では憲法九条を生みました。世界人権宣言は人類全てが人権の主体であることの宣言でした。

戦争は人を殺し、環境を破壊します。とりわけ核兵器は地球の消滅をも予見させるものでした。私たちはこれらの認識の共有を通して、一九四五年を画期とし、「人類と地球の再発見」の時代として捉え直し、現代を「地球上に存在するすべてのものが一つの絆で結ばれているという感覚が地球規模で共有されていく時代」としての「地球時代」の入り口にあると自覚したのです。日本の憲法は国連憲章と響き合い、その理念はさらにその先を行くものです。現代を「地球時代」として捉えれば、その非戦・非武装・非核・非暴力の理念は一層輝いてくるのです。

この間、普遍的人権はもとより平和的生存権、環境への配慮、生物と文化の多様性の思想が生まれ、国と国、人と人はもちろん自然と人間の共生の思想が育っていきます。それは持続可能な地球環境への着眼となり、環境への権利の主張へと発展していきます。その中には脱原発の視点も含まれています。さらに、子どもの権利の思想が未来世代の権利、地球市民の権利の視点と重なって深まってきている事も重要です。

(7) コロナと「地球時代」

加えて二〇一九年の暮れ、中国武漢から始まった新型コロナウイルス（COVID19）のパンデミックは経済のグローバリゼーションがもたらした社会・経済的格差を浮き彫りにし、政治の国民（people）による信頼度が試され、国内・国際のあらたな連帯と分かち合うことの課題をつきつけるものでした。まさしく人と人、人間と自然の共生の意味を問い直すものです。

更にコロナのパンデミックを通して、世界の貧困と人権格差が顕わになってきました。人類の連帯と協調が求められている時に、国レベルの軍拡競争、そしてワクチン買い取り競争などは、国連事務総長やWHO事務局長が警告しているように、それは人類的視点から許し難いことです。

コロナの脅威を前にして、私たちは「地球時代」における共生の視点、とりわけ自然と人間の共生の視点の重要さについていっそうの確信を深め、「地球平和憲章」案でもその視点を強調しました。「平和に生きる権利」の意味を、気候変動危機と新型ウイルスのパンデミックをも視野に入れることで、新自由主義的経済格差拡大のグローバリゼーションに抗う全人類的な新たな協同と連帯の課題が一層はっきりと見えてきたと思っています。世界のすべての人々の平和に生きる権利を宣言したわが憲法は、ここでも「世界の宝」なのです

私たちの活動はこれらの視点から、九条を読み直し、その歴史的、現代的意義を捉え直し、地球平和憲章に結晶させ、人類と地球を守るために、世界にむけて発信する思想運動であり、世界と繋がる連帯の運動だと考えています。

私たちは国際的な地球平和憲章づくりの思想運動にとって、日本国憲法前文・九条は重要な、しかし一つの参考（reference）だと考えています。「地球時代」が求めている人類と地球を救い、平和と環境を護る思想を、非戦・非武装・非核・非暴力の視点を核として、平和に生きる権利に結晶させて、世界の各地からその体験と実感をもとに地球平和憲章のモデルづくりに取り組み、それを交流する過程そのものが重要だと考えています。

2 地球平和憲章を支える「戦争と平和」「人間と社会」「人類と地球」の理解

(1) 価値観の転換

世界史の転換点としての一九四五年

第二次世界大戦の終結、日本にとってはアジア・太平洋戦争の敗戦による終戦は、世界史の転換点であり、価値観（人間観・社会観・世界観）の転換を決定づけるものでした。

軍国主義的全体主義（ドイツ、日本）が解体し、平和主義的民主主義が主流となり、人権の抑圧ではなく、全ての人間（人類）の人権尊重が世界の普遍的価値になっていきます。帝国主義（欧米列強・日本）の時代が終わり、植民地（アジア、アフリカ、ラテンアメリカ諸国）の独立の時代へと大きく前進したのです。さらに核爆弾とその被害はヒロシマ・ナガサキの体験に留まらず人類の経験であり、核（核兵器・原発）時代の開幕は、その開発競争とその廃絶への取り組みの始まりでもありました。核は人類にとって、また地球（自然）にとっての脅威という意識が共有されてくるのです。戦争から平和へ、抑圧から自由へ、それは人類と地球の再発見の時代であり、同時にその人類も地球も消滅するのではないかという危機意識を含んでいます。この世界史の転換を「地球時代」の始まりと言う事が出来ます。「地球時代」とは〈人類消滅の危機意識とともに、この地球上に存在する全ての人、すべての国、そして人間と自然が、一つの運命的絆によって結ばれ、繋がっている〔共生〕という感覚と認識が地球上に拡がり、共有されていく時代、そのために人類が努力する時代〉と定義しておきましょう。

そこでは、人びとが戦争し殺し合うのは人道に反し、自然の乱開発や核開発（実験）ましてや核戦争は自然を破壊し、地球を破壊する絶対悪だという価値観が共有されていく時代だといえます。

一九四五年八月一五日：日本の敗戦と第二次世界大戦の終結はその歴史転換の始まりであり、その第一歩なのです。

これらの新しい価値観は、植民地支配のもとで抑圧されていた民衆の中に芽生え、戦争の残虐さは戦争を戦場で体験した人々、ヒロシマ・ナガサキで被爆した人々、あるいは無差別爆撃を体験した人々に共有され、自由を求め、平和を求める全てのひとびとを繋ぎ、思想として深め、政治家を促し、それぞれの国の憲法を変え、新しい国際法と国際秩序をつくりだす力となっていくのです。世界は国際連合そして、世界人権宣言へ。日本では帝国憲法から日本国憲法へ。平和と人権と民主主義が共通の価値観になっていくのです。

(2) 戦争観の転換　必要悪から絶対悪へ

戦争観の転換についてもう少し書いておきましょう。

人類の歴史は戦争の歴史だと言われるほどに、いつの世にも戦争は絶えることはありませんでした。権力をもった為政者たちは「平和を望むなら戦争に備えよ」の掛け声のもと、武器を集め、民衆を兵士にし、戦争に備えてきました。戦争での勝利は栄光の印、戦勝国は偉大な国とみなされました。国際法上も戦争は認められていたのです。

この間にも平和を求める民衆の願いとそれを思想として表現する思想家の努力も重ねられてきました。〝人間全て兄弟だ〟と歌ったシラーとベートーベン、永久平和を説いたカント、平和のためには武器は要らないといったV・ユーゴー、二〇世紀を平和と子どもの世紀にと訴えてたエレン・ケー、戦争に反対して開戦前日（第一次大戦）に殺された哲学者J・ジョレス等。日本にも中江兆民、内村鑑三、田中正造、柳宗悦などの平和思想の先達がいます。

第一次世界大戦は空爆と地雷と毒ガスに加えてスペイン風邪が重なり、戦場は凄まじいものでした。現実の戦争は「平和のための戦争」も「民主主義のための参戦」（アメリカ）も空しいスローガンでしかないことを思い知らすものでした。戦後直ぐに国際連盟が組織され（一九二〇年）、平和のための活動を始めます。アメリカでは法律家のレヴィンソンが戦争を悪であり、違法とする運動（outlawry of war movement）を提起し、大きな市民運動が拡がります。アメリカ参戦に賛成していたJ・デューイもこの運動に参加し、戦争違法化論を理論的、思想的に深めることに貢献したのです。その意味で、デューイは戦争認識の転換を自ら為した思想家といえるのです。

この戦争違法化の思想と運動は国際的にも広がり、一九二八年に不戦条約〈戦争を違法とする条約〉を成立させる力となったのです。日本も条件付きで参加するのですが、幣原喜重郎がその前後の外務大臣でした。国際連盟には世界の知的協力の国際委員会（ＩＣＩＣ、一九二二年）がつくられ、平和のための国際的な知的協力の活動を始め、不戦条約を支えます。フランスの哲学者ベルグソンが議長で、Ｊ・ハックスレーやキュリー夫人、アインシュタインそして、当時国際連盟事務局次長だった新渡戸稲造も参加していたのです。

エピソード：アインシュタインとフロイト

この会の活動の一環として、面白いエピソードを紹介しておきましょう。

会の中心的メンバーの一人であったアインシュタインは量子力学と相対性理論に基づいて、つまり最先端の科学者として、ナショナリズムの無意味さと戦争の愚かさを主張してきた平和主義者としても知られていました（マシュー・スタンレー『アインシュタインの戦争』水谷淳訳、新潮社参照）。キュリー夫人もそうでした。しかし何故人間はその無意味なおぞましい戦争を続けるのか？　この謎は解けないままで悩んでいました。

一九三二年に、知的協力国際委員会からアインシュタインに「貴方が対談の相手とテーマを選んで議論して下さい」との依頼があり、アインシュタインはフロイトを選び、「人間は戦争というクビキを解き放つことはできるのか」というテーマでの往復書簡が実現しました。その翌年、共にナチスから逃れて亡命し、往復書簡も長い間幻のものとされていました。

アインシュタインは「技術は進歩し、戦争は文明人の運命を決する問題となったが、いまだ解決策がみつかっていない」と書き、戦争をよいチャンスだとしか見ない「権力欲に駆られるグループ」と「それにすり寄り金銭的利益を追求するグループ」がはびこり「少数の権力者たちが学校やマスコミや、宗教的な組織すら手中に収め、大多数の国民の心を思うがままに操っている！」と憂い、心の問題に詳しいフロイトに「なぜ多くの人が破壊への衝動にたやすく身を任すのか。人間の衝動に精通している貴方の力をおかりしたい。」そして「人間の心を特定の方向に導き、憎悪と破壊という心の病に侵されないようにすることはできるのか？」と問いかけたのです。当時の状況は不戦条約のあと、しかし、世界恐慌が始まり、日本軍は満州への侵略を始め、幣原外相が抗議の辞任。国際連盟も調査団を派遣したのでした。ドイツではベルサイユ条約への憤懣がつのり、乗じてナチスが台頭してきており、アインシュタインには平和への強い危機意識があったのです。

フロイトはアインシュタインの依頼を受けて、知のフロンティアの問題に物理学者と心理学者が対談するのかと思ったが、テーマを聞いて、「人間を深く愛する一人の人間として、この問題を投げかけたのだ」と気づき納得したと述べて、彼の視点からの戦争の歴史の分析を行い、暴力による支配から法による支配への変化を述べ、国際連盟を人類史上まれな実験だと評価しそのうえで、憎悪を人間の本能だと認め、「人間から攻撃的な性格を取り除くなど、できそうもない！」しかし「文化の発展が人間の心のありかたを変える。戦争への拒絶は、単なる知性レベルでの拒否、単なる感情レベルでの拒否ではない」「私たち平和主義者は身体と心の奥底から戦争への憤りを覚えている」と書き、「文化の発展が生み出した心のあり方と、将来の戦争がもたらすとてつもない惨禍への不安——この二つのものが近い将来、戦争をなくす方向に人間を動かしていくと期待出来るのではないか」と応えているのです。

世界が平和から再び戦争へと歩み始めたとき、なんとか阻止出来ないかと思いあぐねたアインシュタインの問いと、〈私たち平和主義者〉と書いたフロイトの、人間の攻撃性を認め、楽観論を退けたうえでの、人間が野生動物を家畜化しその性質を変えてきたように、人間も歴史のなかで文化を変え、人間の攻撃性や破壊衝動を抑え、変化することに賭けようとするその人間理解と、現実に迫っている戦争による巨大な破壊へのリアルな予感と、その先に見る希望に、その人間理解の深さに、改めて感銘を受けたのでした（アインシュタイン・フロイト『人はなぜ戦争をするのか』浅見昇吾訳、講談社学術文庫）。

ユダヤ系の二人の平和主義者は翌年にはナチスに追われ、フロイトはイギリスに、アインシュタインは米国に逃れます。

アインシュタインはナチスの原爆開発計画に危機感を持ち、ルーズベルト大統領に原爆開発を促す手紙をだし（一九三九年）、マンハッタン計画のきっかけをつくることになったのです。原爆は広島、長崎に落とされ、その惨状を知って科学者としての、平和主義者としての良心の呵責に打ちのめされることになるのです。そのことが戦後間もなく核兵器廃絶と軍縮を可能とする世界政府の樹立を訴え、B・ラッセルとの核兵器廃絶の共同声明（一九五五年）そしてパグウォッシュ会議を呼びかける原動力となったのです。フロイトへの手紙（一九三二年）を書いた平和主義者の心痛は察するに余りあります。「平和のための核抑止力論」の危険性（過ち）を自ら体験したのがアインシュタインだったといえるのではないでしょうか（なおこの部分は『反核法律家』二〇二〇年夏号の私の論考に重なります。本書三二七頁所収）。

残念ながら、大恐慌（一九二九年）の後、ヨーロッパではドイツのナチスの台頭、アジアでは日本の軍国主義の跋扈によって、平和は壊され、第二次世界大戦となるのです。

戦後の国際連合は平和と民主主義、人権と自由の新しい価値観に立って、国際連盟を引き継ぎその失敗から学び、国連憲章（一九四五年六月）に基づいて活動を開始し、核の時代を意識し、戦争を違法とする戦争認識に立って新しい平和な世界をつくろうとしたのです。日本の憲法もその流れの中で生まれるのです。「平和にたいする罪」「人道に対する罪」を設けた国際軍事裁判（ニュールンベルグ裁判と東京裁判）は国際法の転回だけでなく庶民の戦争認識を変える出来事でもあったのです。

⑶軍備は平和のために必要か、戦争を抑止するのか

「戦争抑止」のための「軍備拡大」は戦争への道につながっています。

古来から〝平和のためには戦争に備えよ〟と言われてきました。しかし戦争に備えれば戦争になるのです。

〈軍備は平和のための抑止力である〉つまり抑止力とは敵の攻撃を未然に防ぐ力を持つことであり、そのためには仮想敵の攻撃力に勝る戦力・武力を持っており、攻撃しても無駄だということを仮想敵に知らしめ、ときに威嚇することが不可欠なのです。仮想敵も同じく抑止力を持とうとすれば軍備の拡張競争は限りなく続きます。さらに敵の攻撃を口実に、自衛のために戦闘は開始されます。歴史的に見ても、近代の国民国家は、隣国との緊張関係のなかで、しかもそれに植民地争奪の争いが重なって、戦争国家として軍国主義化し、国民の義務としての徴兵制度と軍拡競争は必然でした。

国家主導の軍拡は大工業の発達とその軍需産業化を促します。国家が注文主で製品は税金で国が買い上げるのですから事業者は安心して生産出来ます。産業の構造は次第に軍需産業中心にな

っていき政治への発言権も増大します。不況は軍需産業化を促します。軍部は軍拡によって発言権を大きくしていきます。

軍事（費）事項は相手に知られては危険ですが、味方にとっても機密であり、国民の知る権利も参加の権利も制約され、民主主義は抑圧されていきます。学問・科学の研究も、研究費の配分の圧力から、次第に軍事［防衛］研究に流れていき、研究の自由も侵されていきます。教育にも国の統制が強まり、子どもたちの真理・真実を学ぶ権利も侵されていくのです。こうして軍需産業は経済の構造を変え、政治のあり方を変え、学問や教育のあり方を変えていき、産・軍・学・教の共同体制が進んでいくのです。

戦争が無い状態（平和）が続けば武器がたまる。抑止力は確保して、余分になった武器のはけ口は、同盟国に売りつける。自国に影響の少ないところで事件が起きて、その当事者に、時に双方に、余った武器を売り捌《さば》けばよい。紛争国の武器の輸入国を見れば、大国の代理戦争であることが多く、ときに敵味方の双方が同一大国から来た武器で争いあうこともあるのです。「死の商人」とも呼ばれる武器商人が暗躍するチャンスでもあるのです。それは一触即発の危機を高め、触発を促す切っ掛けともなるのです。

本来そのような構造を持つ資本主義を批判し対抗するための社会主義も、国家となって資本主義国家と対抗し、絶え間ない戦争の危機のなかで軍事力を強化したのです。ここでも軍需産業、とりわけ核を軸に産業構造が変質し、人民のためにある筈の社会主義経済が軍需産業によって侵食され、社会主義国家は軍事国家に変質し、同盟国を巻き込み。やがて自壊していったのです。ソ連の軍事国家化と崩壊（一九九一）はその例です。

軍事国家は経済的に自壊する。自壊しないためには軍事製品の市場を確保し、地域紛争を必要とする。そのための謀略も絶えない。戦争の危機は深まる。これは法則的なことです。平和のためには、軍事国家を、平和産業を軸とし、軍事産業とは無縁な平和国家にする他に道はないのです。非戦・非武装は九条を持つ日本平和国家が現実政策として追求すべき課題であり、改憲と軍事化は破滅への道なのです。

(4)核兵器は戦争抑止力を持っているのか

現代の国際政治は核の抑止力によって、辛くも平和つまり戦争のない状態が保たれているとする理論ないし理解があります。最初は一国だけが核を保有しているときは脅威感を与えることで戦争が抑止されると考えました。次の、核の独占が不可能になった段階では、保有国双方の核が相手の核の使用を抑制していると考える。米ソ対立という現実の国際政治のなかで核抑止論は特別な意味をもって登場してくることになります。核には核をもって対抗しその抑止力バランスの上に辛くも平和が保たれてきたように見えます。

しかしこれを、核が戦争を抑制してきたと言ってよいのでしょうか。

互いに上位に立つための核開発競争も必然です。偶発戦争の危険は絶えません。その同盟国として核の傘に安全性を委ねている国も核の抑止力を頼りにしているのだといいます（日米同盟）。しかしその同盟国関係は核保有国への従属的関係であることも明らかです。核の傘下にある国は核抑止力の恩恵に浴しているかに見えて、その実は敵対する仮想国の攻撃の対象となる危険な状態に自分をおくことになるのです。日本は安保条約で、アメリカの核の傘のもとにあり、在日米軍基地はアメリカと敵対する北朝鮮の攻撃の対象になるのです。日本の原発も格好の攻撃対象になるのです。このような状態を核が抑止力を持つといってよいのでしょうか。

いまも米朝首脳は双方が核の抑止力を信じています。それ故に核の小型化、それを阻止するミサイル開発と、開発競争は止まらず、宇宙戦争も視野に入れ、それ故に軍事費の増大と戦争の危機に歯止めはないのです。それはそのまま国内の政治や経済に歪みや犠牲を強いているのです。核の傘にある国も同様なのです。

(5)核兵器禁止条約の成立・発効の意義

核兵器禁止条約をめぐる争点は核抑止論の是否にあり、核保有国は抑止力を主張して条約反対しています。それだけに核抑止批判論が条約になったことの意義は大きいのです。国際条約によって、つまりは国際法によって核抑止力論は否定され、核で威圧することも人道に反することを明示したのです。条約に反対した国も、今後の国際政治のなかで、成立した条約を無視し続けることはできないのです。

国連での採決で禁止条約を承認した国は一二二カ国（二〇一七年七月）であり、批准国が五〇（二〇二〇年一〇月）を超えて、条約は発効しました（二〇二一年一月二二日）。今後の課題は批准国を拡げること（現在五四カ国）にあり、核の傘にある国、とりわけ、唯一の戦争被爆国日本、九条を持つ日本の動向は国際的にも注目されているのです。日本政府が「橋渡し」の役割をいうのなら、まず自ら渡ること、すくなくとも渡る意思を示すことであり、条約反対を言う事などあり得ない筈なのです。今年（二〇二二年）の八月には昨年延期された核拡散禁止条約（ＮＰＴ）再検討会議が開かれる予定です。核保有国には核先制不使用宣言とともに核の全面削減へむけての努力（ＮＰＴ六条）が求められる筈です。

核拡散禁止条約のさきに核兵器の全面禁止条約があるのです。

各地域での活動、私たちにとっては、北東アジア非核地帯条約への市民の国際的運動も不可欠です。朝鮮半島の非核化は南北が、関係諸国と共に朝鮮戦争の停戦状態を終結宣言に変え、南北ともに核兵器禁止条約に賛同し批准すればよいのです。周辺諸国がそれを支えることが不可欠で、日本も当然批准すればよい。そのためには、日米関係も、韓米関係も変わらなければ朝鮮半島の非核化はありません。

平和のためには平和への努力を！　平和を愛する国民の意思で、非核の政府を創ることこそ私たちの当面の課題です。

その先には非戦、非武装、非暴力、全ての人の平和に生きる世界への課題が見えています。これが地球平和憲章です。

(6)コロナ・パンデミックが突きつけた人間と世界への問い

新型コロナの世界的なパンデミックは改めて現代が「地球時代」であることを考えさせるものでした。コロナ禍のなかで、自粛という名の閉塞の状態のなかで、頭だけは世界の情報に開かれている状況が続き、日ごとに拡大する世界のパンデミック（世界拡大）情報はウイルスのグローバリゼーションと情報のグローバリゼーションを世界に共有させ、現代が「地球時代」であることを実感させるものでした。人類が連帯し、共同してコロナ禍に取り組まねばならないことを自覚させたのも「地球時代」としての現代認識があるからでしょう。発生源を名指して、賠償を求めるなどはあってはならないのです。ワクチン開発の競争と独占化の動きなど、「地球時代」の論理に反するものだといえましょう。世界の賢明で良識ある人々は、自粛は萎縮ではなく、社会的距離は孤立であってはならない。自分を守ることが貴方を守ること、自己愛と利他愛はひとつのこと。この良識（真実）を言葉ではなく、身体を通して、理解できた人も多いでしょう。しかし強要された自粛は自粛とはいえず。監視のなかの自粛は萎縮となり、監視の内面化は他者への眼差しを変え、「自粛警察」として攻撃性と差別感情をうみだす事も知りました。

ところで、コロナ禍の前で人は平等である。確かにそうです。しかし国により、地方により、被害の大きさ、広がりの速さ、対策の違いは明らかであり、医療体制、社会保障のあり方の違いが目に見えるようになってきました。新自由主義のもと医療・福祉を切り捨て、社会の格差を拡げてきた国では医療崩壊を早め、社会的弱者の感染・死亡率の高さは社会的貧困と連動し、それは人間の尊厳を奪う埋葬のされ方にも現れました。貧困と格差の差別的構造は、国内のみならず地球規模であることを、コロナは逆照射して可視化させたのです。世界には「三蜜」が日常の人たちがいる。手洗いしろといっても水がない、ワクチンも回らない。感染爆発は当然の成り行きなのだということも。

他方でしかし、科学と医療に国境なしの信念のもとでの国際的連帯も広がり、人々の意識も、医療従事者や介護従事者への感謝と、自分のために耐えることが、他者を守り、世界に広がるパンデミックと闘うことなのだという、人類意識と連帯の感覚を目覚めさせてもくれました。それは市民の参加と信頼に基づく政府の、科学的専門性と透明性のある、未来世代を配慮しての、世界に開かれた政策を求める意識と繋がっています。

警察官による黒人ジョージ・フロイドさんの殺害事件はアメリカ社会の暗部を照らしだし、人種差別への非暴力の抗議運動は、ジェンダー視点を含んで、帝国主義的植民地支配を過去ではなく現在の問題として問い直す、国際的な連帯運動にまで拡がっています。「女・子ども」は無視し、軍拡は止めず、ショック・ドクトリンで利益を狙うなど論外なのです。

グテーレス国連事務総長はこの間繰り返し、紛争地帯の一斉停戦とＷＨＯと協力して貧困層と難民の救済の国際的支援を呼びかけ、「地球時代」の人類的連帯を訴えています。国連人権委員会と子どもの権利委員会は、コロナ禍のなかでの性的差別と子どもの権利に侵害について厳しい警告を出しています。

グローバルに広がるコロナへの向き合い方に違いがありますが、その成功のためには国民の信頼に支えられた政府の、科学的知見に基づく決断の速さと透明性、検査と自粛と補償の一体性が求められています。コロナ対策の違いには民主主義とはなにかが、そしてそのありようが問われています。長期的には人間と自然の関係、命と死への向き合い方が問われているのです。民主主義にも平和で世界的な連帯の民主主義（peace and global democracy）が求められているのです。

長期の緊急事態と自粛は生命と生活のあり方と、人は関係のなかで生きることの意味を問い直しています。イギリスのジョンソン首相は自分も被患し、あらためてサッチャー元首相が否定した「社会」は存在すると言いました。国家と個人だけではなく社会があると。

人と人との繋がりのなかには子どもがいる、青年もいる。老人もいる。障害者もいる。これまで見えなかった、見ようとしなかった、社会を支える人たちがいる。命を守るために自粛し社会的な距離をとると言っても、そのことによって命を失う、生きている意味を失う人もいる。オンラインでは仕事の出来ない人も多いのです。

とりわけ発達の可能態としての子どもにとっての「現在」は自分の未来と社会の希望と繋がっています。あそびの場を奪われ、学びの場が閉じられたことは、現在の苦痛と未来の不安として、その欠損は二重化されます。一斉休校し、孤立化を強いる自粛は「社会」を奪うことに通じています。逆に四〇人を超える学級が過密社会であることを、二〇人学級こそ学びの環境としてふさわしいことをコロナ禍は教えているのです。学校は変わらなければならないのです。

子どもたちにとってコロナは、いまそのことを体験し、学びを深めるチャンスでもあるのです。大人がそのことに気づき、自ら学び、親が、教師がその学びを励ますことが大事なのです。コロナから学ぶことは大きい！　生活学習の中心にコロナを据えれば、命と身体・健康への気づき、友達関係の気づきから、社会への気づき、疫病と人類の闘いと共生の歴史、そして地球上のひとびとへと共感と連帯の意識は広がり、一人ひとりの尊厳を軸に、主権者の自覚と政治への関心も育ち、新しい未来も見えてきます。「平和に生きる権利」の内実も確かなものとなるでしょう。そうしたいものです。

さらに、コロナ禍のなかで、老人と子どもへの配慮と保護の問題が注目され、医療や介護やライフラインを守る労働の重要性についても関心が向けられたことは大事なことでした。ときに関心の外におかれがちの子どもについては、その子どもの権利の視点が、抽象化されがちの人権を問い直し、子どもの成長発達とアソビの権利、学びの権利が、平和と環境への権利と結びつけられて、子どもの権利が人権の根底をなし、人権思想を豊かにするものであることを、コロナ禍の現実が教えているのです。

平和に生きる権利は子どもの権利の前提的権利であり、子どもの権利の保障なくしては平和に生きる権利の実現もないことも。

(7)「地球時代」に求められる新たな人間観と地球・世界観

私たちの憲章を支える理念はその歴史認識と人間理解に由来するものです。非戦・非武装・非核・非暴力の思想は、現代を「地球時代」と捉え、それにふさわしい人間理解と価値観からくるものです。そこでは平和への権利、全ての人の人権、環境への権利、子どもたちの発達・学習の権利、未来世代の権利、そして人と人、国と国、人間と自然の共生の思想が求められています。さらに公正と信義への信頼を軸に、多様性と寛容、思想信条の自由と偏見からの解放、あらゆる暴力の否定、人間的感性と開かれた理性、普遍の押し付けではなく、個別を貫く普遍へと開かれてある精神態度が求められます。これらは歴史を通して積み重ねられてきた人類の確信（conscience）です。

これらの「地球時代」の価値意識、多様性の尊重、とりわけ個人の尊厳と他者への尊敬の念は、生活と教育のなかで、それが否定されている状況への批判を通して、歴史認識を通して、学習され、身に付いていくのです。

これらの価値観は新自由主義と金融資本のグローバリズムとは別の道、「地球時代」にふさわしい〈平和と人権と共生〉の価値が地球規模で広がり、共有されていくことを求めるものです。それは一つの価値の押し付けではなく、個人の尊厳を軸に、国や地域（リージョン）の歴史と文化の多様性を認めあい、繋いでいくプロセスを含む国際化（インターナショナリズム）であり、新しい共生と連帯のグローバル・ヒューマニズムだといえます。その社会は、持続可能な地球環境のもとでの、全ての人の幸せ（well-being）を保障する社会であり、戦争の無い、貧困と差別、構造的暴力からも解放され、成長神話からも、核の安全神話からも解放された、平和で抑圧のない、人間的で自由で公正な社会だといえましょう。

核兵器禁止条約の成立は改めて、核兵器も戦争もない世界への歩みを求めています。

更にコロナの脅威を前にして、私たちは「地球時代」という視点、とりわけ自然と人間の共生の視点の重要さについていっそうの確信を深め、「平和に生きる権利」の意味を、気候変動危機と新型ウイルスのパンデミックをも視野に入れることで、新自由主義的経済格差拡大のグローバリゼーションに抗う全人類的な新たな協同や連帯の課題が一層はっきりと見えてきました。元の日常に戻るのではなく、新たな関係のなかでの新たな日常を創りだす事が求められているのです。

自己責任と競争と排除という人間分断の社会を続けるのか、自愛と他愛を一つのことと捉え、結がりと分かちあいの社会を作っていくのか。自分のこと、自国のことだけでなく、人類のこと、地球のことも視野に、行動する主体を育てるのか、新しい人間観・社会観と地球観が求められているのです。

Act locally and globally, think globally and locally！　が求められているのです。

ブックレット『地球平和憲章　日本発モデル』（花伝社、二〇二〇年）、解説第一章に加筆。

【資料】「9条地球憲章の会」設立趣意書

九条の理念で地球憲章を！
非戦・非武装の世界を実現するために

この写真をご覧ください。これは月の地平に沈む地球です。日本の月探査機〝かぐや〟が月の両極を回りながら写したものです。宇宙の星くずのような存在でしかない地球、太陽系の一つの惑星。しかしなんと美しいのでしょう。そのうえに生存している人間と動物たち。想いは宇宙の際に拡がり、生命の起源から人類の未来に及びます。

それにしても、この地球上の人間どもの争いは、いつまで続くものなのか。カントの永久平和論を想い、憲法9条を地球時代、宇宙時代にふさわしいものとして地球憲章、世界憲章にまで高める運動が求められているのだと、この写真を前にして思わざるを得ません。

70年前、日本は敗戦の廃墟の中から、戦争への反省と平和への願いを込めて戦争放棄を規定する9条をもつ憲法を制定しました。

その前文には

〈日本国民は……政府の行為によって再び戦争の惨禍が起ることのないようにすることを決意し、ここに主権が国民に存することを宣言し、この憲法を確定する。……われらは、平和を維持し専制と隷従、圧迫と偏狭を地上から永遠に除去しようと努めている国際社会において、名誉ある地位をしめたいと思う。われらは、全世界の国民が、ひとしく恐怖と欠乏から免れ、平和のうちに生存する権利を有することを確認する。……日本国民は、国家の名誉にかけ、全力をあげてこの崇高な理想と目的を達成することを誓う。〉

その第9条には

〈日本国民は、正義と秩序を基調とする国際平和を誠実に希求し、国権の発動たる戦争と武力による威嚇または武力の行使は、国際紛争を解決する手段としては。永久にこれを放棄する。
前項の目的を達するため、陸海空軍その他の戦力は、これを保持しない。国の交戦権は、これを認めない。〉
とあります。

1946年、憲法改正の政府案（3月6日）が発表された後、制定に関わった二人の要人の演説が思い出されます。

一つは当時の首相、幣原喜重郎の戦争調査会（3月27日）での冒頭演説：「かくのごとき憲法の規定は現在世界各国いずれの憲法にもその例を見ないのでありまして……戦争を放棄すると言うようなことは夢の理想だと考えるかもしれません。しかし原爆より更に強力な破壊的兵器も出現するであろうとき、軍隊をもつことは無駄なことなのです。」「今日我々は戦争放棄の宣言を掲げ、（中略）国際政治の荒漠たる原野を単独に進み行くのでありますけれども、世界は早晩、戦争の惨禍に目を覚まし、結局私どもと同じ旗をかざして、遥か後方に付いてくる時代が現れるでありましょう。」

もう一つはそれから数日後、GHQ総司令官マッカーサーの対日理事会での開会演説（4月5日）：「国策の手段としての戦争が完全に間違いであったことを身にしみて知った国民の上に立つ日本政府の戦争放棄の提案」は「戦争を相互に防止するには各国が国際的な社会、政治道徳の更なる高次の法を発展させることによって人類をさらに一歩前進させる新たな段階にあることの認識を示すものです。」「従って私は戦争放棄に対する日本の提案を、全世界の人々が深く考慮することを提唱したい。道はこれしかない。国連の目標は賞賛すべきものだが、その目標も、日本がこの憲法によって宣言した戦争する権利の放棄を、まさにすべての国が行ったときに始めて実現されるのです。戦争放棄は全ての国が同時になされねばならないのです。」

後年、マッカーサーは憲法調査会会長高柳賢三の質問に書簡で答えて、「あれ（9条）は幣原首相の先見の明とステイツマンシップと英知の記念塔として朽ちることはない」（1958・12・5）と述べています。

その憲法前文は〈日本国民は、国家の名誉にかけて、全力をあげてこの崇高な理想と目的を達成することを誓う〉と結ばれています。

それから70年が経ちました。

この間日本は平和憲法のもとに平和産業を中心に経済復興を遂げ、憲法の精神にのっとった平和教育を進めてきました。しかし他方、憲法は占領軍によって押し付けられたものとして改憲論が繰り返され、民主主義の行き過ぎ是正が言われ、日米安保条約のもと、米軍基地とりわけ沖縄への基地の集中を許し、米国の核の傘のもとで、9条の枠内で専守防衛にあたるものとして自衛隊が拡大されてきました。武器の生産と輸出にも触手を伸ばしてきました。

昨年（2015）の安保法制の成立は、従来の政府見解をも変えて集団的自衛権を容認し、海外派兵を可能とするものであり、それを違憲とする訴訟も提起されています。従来の解釈改憲での現状追認が無理だとなれば、条文改正〔改憲〕への動きも強まるでしょう。9条をめぐる憲法状況はきわめて危険なものとなっています。

1945年第2次世界大戦の終結前後、反戦・平和のうねりのなかで国連憲章がつくられ、世界人権宣言が出され、UNESCOが活動を開始。国際理解と平和へ向けて大きく動き出すかに見えました。しかし国際政治の現実は、米ソ対立を軸に二つの世界の緊張が長く続いています。ベルリンの壁に続くソビエト体制の崩壊後はUSAを中心とするグローバリゼーションが進みますが、9・11、アフガニスタン侵攻、イラク戦争、中東不安とパックス・アメリカーナの矛盾が露になり、東アジアでも米中の勢力争いと北朝鮮の冒険主義もあり、日本でのナショナリズムの膨張もあって、緊張が高まっています。

しかし、この間、大戦後の世界平和の理念の実現を求めてアジア・アフリカ・ラテンアメリカでの非同盟・中立の運動があり（例　バンドン会議）、科学者たちのパグウォッシュ会議が重ねられ、国連でも軍縮会議がもたれ、UNESCOも軍縮教育会議、国際平和年そして国際平和文化年をもち、セビリア宣言（非暴力）をはじめ文化の多様性宣言を重ねてきました。学習権宣言や子どもの権利条約、そして未来世代への責任宣言、さらに環境破壊に抗して持続的社会を求める国際的運動も、平和を環境問題と結び、未来世代の権利の視点と結んで豊かに捉え直す視点を提示してきたと言えます。いわゆる第3世界における地域的非軍事同盟と連帯の動きも活発です。非核のための国際会議も長い歴史を刻んできました。

これらの動きのなかで求められてきた新しい秩序理念を「平和と共生」（あるいは平和・人権・環境・共生）と表現することが出来るのではないでしょうか。そしてそれらを貫くものは〝戦争はご免だ！〟という感情であり、〝戦争は悪だ〟とする認識です。戦争は貧困・抑圧・暴力・自然破壊の集約的表現です。

振り返ってわが国の歴史を見れば侵略戦争と敗戦、そして前文と9条を持つ日本国憲法のもとで、この70年、外国の軍隊と殺し殺されることのない希有の歴史を綴ってきました。

改憲と再軍備を求める動きに抗して、憲法を護り根付かせる運動もくり返され、原水爆禁止、日米安保反対、ベトナム戦争反対、イラク派兵反対そして「9条の会」の全国的広がりは、改憲そのものの提起を断念させ、解釈改憲の道を余儀なくさせてきました。

国際的にも、ハーグ世界平和市民会議（1999）や、世界社会フォーラム（2001）に参加、東京、大阪で9条世界会議を開催（2008）して、9条の重要性を訴えてきました。「9条の会」がノーベル平和賞候補にノミネートされた（2015、2016）ことや国連での「平和への権利宣言」の動き（2016）も、9条を護る運動を励ましてくれています。

この間、9条は平和をもとめる心ある外国人からも認められ評価されてきたのです。その方々の中には歴史家のトインビーやシカゴ大学の元総長ハッチンズ、生化学者でノーベル賞のセント＝ジェルジュ、ノーベル平和賞のアリアス元コスタリカ大統領などがいます。アメリカに「9条を広める会」をつくったチャールズ・オーバービー氏や、思想家のノーム・チョムスキー、映画「日本国憲法」を作ったジャン・ユンカーマン監督もいます。ハーグ世界平和市民会議では世界の「各国議会は、日本国憲法9条のような、政府が戦争をすることを禁止する決議を採択すべきである」という項目がアジェンダの第一に掲げられました。中東で働いた経験をもつ商社マンはアラブ圏の人々に親日感情があるのは戦争をしない日本だからだと言ってくれるといいます。そのことはパキスタンそしてアフガニスタンで活動している中村哲さんの国会での実感をとおしての証言でもありました。

9条は「アジア2千万の犠牲者にたいする国際公約だ、軽々に変えてはならない」というアジアの人々の声も忘れてはなりません。東アジアの緊張緩和のためには、抑止力に頼るのではなく、9条を軸とする平和外交こそが求められているのです。

わたしたちはさらに、9条は環境・共生の思想とも親和的であることも含めて平和の思想を豊かにしていきたいと思います。9条は一国の平和だけではなく世界の平和を求めるものであり、それなくして、一国の平和も保てないことについても自覚的なのであり、まさしく積極的平和主義なのです。9条の精神を世界に拡げなければ、その平和主義は完結しないのです。

そして、いま、その9条が危機にあることを、わたしたちは広く訴えねばなりません。日本を救うために、そしてそれは世界を救う道なのではないでしょうか。

この間、ハバーマスとデリダが平和について共同声明をだし、カントの永久平和論に帰れと述べましたが、日本国憲法はこの理念を憲法原則として発展させたものです。

「永久平和は空疎な理想ではなく、われわれに課せられた使命である」(カント)。そのカントの思想を憲法にまでたかめたものこそが日本国憲法の前文および9条ではないでしょうか。9条には世界政治を変える力が秘められています。前文の結語の通り、9条をもつ地球憲章は夢ではなく、それを実現することは、わたしたちの使命です。

そのために、

①まずは日本で、9条を守り根付かせる運動を強めたい。

②それを支援してくださる国内外の人々の署名やメッセージをいただきたい。

③さらにその思いを、「地球時代」にふさわしい「9条の精神をもつ地球憲章（世界憲章）」を創り上げる世界の協同作業の始まりとしたい。

④その成果を国連での活動や決議に活かしたい。

⑤構想さるべき地球憲章は世界各国の国民と政府が、国政と外交の原則に日本国憲法の非戦・非武装の精神をとりいれて人類と地球を守る施策を求めるものです。

以上のアピールは平和のための地球憲章が必要だと考える各国の個人と団体に共有され、そのための活動に利用される為のものです。各国で独自のアピールづくりへの取り組みにも参照されることを期待しています。

（２０１7年3月15日）

【資料】　地球平和憲章　日本発モデル案（V.1.1　2021.9.9）

Ⅰ　前文

1 人類最大の夢は、世界から戦争をなくすこと

かつて、戦争は政治の延長であり、敵・味方の関係が生じることは不可避的であり、文明の発展を促すものだという「通念」がありました。しかし戦争の利益のほとんどは支配者層が独占し、戦争の犠牲は民衆（特に弱者）に最も多くのしかかるのが実情です。

人類の歴史は、戦争の歴史でもありましたが、平和希求の歴史でもありました。戦争は、人間が始めたものであるとすれば、人間自身によってなくせないはずはない。そう考えた人間の平和への希求と、戦争廃絶の努力がこれまで積み上げられてきました。とりわけ二つの世界大戦、壮絶な地上戦と核による破壊を体験した人類は、戦争認識を変え、パリ不戦条約そして国連憲章を、日本では平和憲法を生みだしました。平和を希求する人々は、戦争は悪であり、違法であると捉え、戦争がなぜ起こるのかを問い、平和をかけがえない価値として希求してきました。夢は理念となり、理念を実現させる取り組みが始まっているのです。

2「地球時代」の視点から

戦争は人間を殺傷し、地球環境を破壊します。とりわけ核兵器は地球上の生命の消滅をも予見させるものでした。私たちはこれらの認識の共有を通して、第二次世界大戦が終わった一九四五年を画期とし、「人類と地球の再発見」の時代として捉え直し、現代を「地球上に存在するすべてのものが一つの絆で結ばれているという感覚が地球規模で共有されていく時代」としての地球時代の入り口にあると自覚したのです。

また、新型コロナ・ウイルス禍の世界への広がりは、私たちの人類の一人としての意識を地球規模で共有させたのです。

この事はまた、核の脅威とともに、生物化学兵器の使用はもとより研究・開発のおぞましさを突きつけてくれているのです。

「地球時代」は二つのグローバリゼーション――核の脅威と地球環境破壊そして経済格差のグローバルな拡大か／平和・人権・共生〔人間と人間・人間と自然〕のグローバルな享受か――のせめぎ合いのなかにあるのです。

この間、普遍的人権はもとより平和的生存権、環境への権利の思想が生まれ、国と国、人と人はもちろん自然と人間の共生の思想が育ってきました。環境への権利の中には脱原発の視点も含まれています。国連では平和への権利宣言そして核兵器禁止条約も成立しました。さらに、ジェンダー平等と子どもの権利の思想が未来世代の権利、地球市民の権利と新たな連帯の視点と重なって深まってきている事も重要です。

国連事務総長はこの新型コロナパンデミックの危機に、戦争などしている場合ではない、世界の貧困層の救済対策が必要な時だと訴えています。

私たちは、国連憲章の精神と日本国憲法の理念に基づき、さらにそれを地球時代の視点から発展させて、「私」と「あなた」、「わたしたち」の意識を「世界の人々」、「人類」へと繋ぎ、平和と幸せを希求する世界のすべての人々と力を合わせて、非戦、非武装、非核、非暴力の世界、平和に生きる権利の実現した世界を求めます。人類と地球を護り、この地球を全世界の人々が故郷と思える時代を創りたい。それを実現することは人類の使命なのです。

3 日本からの発信

敗戦と廃虚のなかから生まれた日本国憲法は、前文で〝世界のすへての人々〟の平和のうちに生存する権利を明記し、九条で　非戦・非武装を宣言しています。これは日本国民自身への誓い、そして海外への国際公約でした。

アジア諸国への非道な侵略と加害への反省と、日本国民の無差別爆撃と原爆被害のなかで、厭戦と、もう戦争はしないという非戦の誓いとしてうまれた憲法は、カントの永久平和の思想につながり、第一次世界大戦後の戦争を違法とする運動、そして不戦条約、さらに国連憲章の理念につながるものです。私たちの地球平和憲章の提案は世界の先人達の願いをつなぎ、さらに地球時代の視点から発展させるものだと考えています。

世界の紛争が絶えず、国内外の改憲への圧力のなかで、この七〇年間余り、この平和憲法のもとで、戦闘で一人も殺し殺されることがなかったこと、更に、憲法を守り抜くためには国際的な理解と支援が不可欠であることも学び知りました。平和を求める声も世界に広がり、九条への関心と認識も深まり、いまや九条は〝世界の宝〟だといわれることも多くなってきました。

私たちの運動は、これらの視点から、日本国憲法の前文・九条を読み直し、その歴史的、現代的意義を捉え直し、人類と地球環境を護るために、世界にむけて発信する思想変革の運動であり、世界と繋がる連帯の運動によってその思想を「地球平和憲章」に結晶させることだと考えています。

Ⅱ　1　理念・原理

私たちは戦争に反対し、非武装、非核、非暴力の世界を求めます。地球上のすべての人々に平和に生きる権利を実現し、人類と地球環境を護ること、それは人類の使命なのです。

1　非戦

人類の歴史は戦争の歴史でもありました。戦争の主要な原因は人間の本性にではなく、領土や市場と資源の争奪などの巨大な経済的利害をめぐる争いにあり、その背後には「軍事産業」「軍産複合体」「死の商人」などがあります。

権力欲と支配欲が軍事力の競争を生み、緊張を生み出し、攻撃と復讐の連鎖を生みだしてきました。しかし、二つの世界大戦を通して、人類は戦争のおぞましさを学び、戦争認識を変え、戦争は悪であり、違法であると認識するようになりました。「戦争をしない」〔不戦〕ではなく「戦争をしてはいけない」〔非戦〕なのです。紛争の解決は国連の仲裁と平和を願う民衆（市民）に支えられた、話し合い（対話）の外交交渉以外にはありません。

・戦争は人を狂わせます。人間性を奪うものです。

・戦争は人殺しです。殺し合いです。

・戦争は国民に目隠しをし、自由を奪います。
・戦争は常に〝正義〟の名のもとに、〝平和〟のために、〝自衛〟のためを口実におこなわれます。
・戦争で平和をつくることも護ることもできません。
・内戦も戦争です。対テロ戦争も戦争です。
・戦争は最大の環境破壊です。
・あらゆる武力の行使も武力による威嚇も許されません。たとえ人道目的であっても、武力介入で問題を解決することはできません。
・今や、戦争は違法であり、犯罪であり、条理に反し、人道に背く、絶対悪であると言わねばなりません。

2 非武装・非軍事化

国家が軍隊を持つことや武装することは絶対に必要なことなのでしょうか。他国を侵略することは禁止されていますし、防衛のためであっても、他国にとっては武力による脅威となります。また、軍備の増強は軍事的緊張を高めます。このような弊害をなくすためには軍備を撤廃することが最も効果的です。このような完全軍縮を目標にしない限り、軍事力による戦争の危険はなくなりません。完全軍縮は日本の憲法九条だけが言っているのではなく、国連やユネスコなど国際社会においても国際的な目標とされていることなのです。

・軍隊は解散しなければなりません。軍隊を廃止することは、戦争を防止するための最良の手段です。軍隊の存在が他国に脅威を与えることを忘れてはなりません。
・軍拡や軍事同盟による抑止力は、かえって戦争の危機やさらなる軍拡競争を招きます。
・集団的自衛権は認めません。軍事衝突が拡大することにつながります。
・外国軍の基地も駐留も認めません。また、海外に軍事基地をつくることも認めません。軍事同盟は結ばず、平和友好関係を築き、敵を作らないことです。
・あらゆる武器の製造、保有、輸出入を禁止します。
・軍事費の増大、産・軍・学の協同、軍事優先のメディアなどあらゆる軍事化に反対します。

・完全軍縮を目指して、各国の軍隊は、軍事組織から警察組織へ、そして災害救助や人道的な援助の組織に変えるべきです。現在軍隊のある国は、国外での武力の行使はもとより威嚇もしてはなりません。

3 非核

核（nuclear）は人類や地球と共存できません。核の軍事利用である核兵器だけではなく、その民生利用である原子力発電も、人類そしてすべての生命体の生存と両立しない重大な問題を孕みます。核は非戦、非武装、平和に生きる権利とは両立しません。

・核兵器は、生物化学兵器と同じく、人類史上最悪の残虐で非人道的な大量破壊、大量殺傷兵器です。
・核兵器保有国の核抑止力政策は抑止力競争を生み、危機を高め、他方で非核保有国への恐怖による支配となります。
・核兵器禁止条約は人類の願いです。
・核実験や原発による放射能汚染は半永久的なものです。
・原発の廃棄物は核兵器の原料です。核廃棄物は未だに安全な捨て場がないのです。
・核廃棄物は地球を汚染し、人体を蝕みます。

4 非暴力

暴力は、平和に生きるべき人間の生存と生活に相反します。暴力は、人間の身体と感性、さらに理性と尊厳を傷つけ、破壊し、平和で自由な社会の実現を妨げます。人類が平和に生きるためには、それを妨げるあらゆる暴力に抵抗し、克服していかなくてはなりません。しかし、暴力を暴力によって克服することはできません。それは暴力の連鎖を生むだけです。暴力を真に克服するためには、市民による非暴力の抵抗などの不断の努力が必要です。

・戦争は人間と地球環境への最大の暴力です。
・核戦争は人間と地球環境への究極の暴力です。
・核兵器による威嚇で戦争をなくすこともできません。それは核軍拡競争と核戦争の危機を生み出すだけです。

・貧困、格差と差別として現れる社会の抑圧的構造も、平和に生きるべき子どもたちの成長・発達と市民の生活を妨げる大きな暴力です。

・そうした構造的暴力は、国際的なテロの温床にもなります。

・米国に代表される銃社会は、無差別大量殺人を含む多くの子どもや市民への深刻な暴力を生んでいます。世界中で銃規制を徹底させましょう。

・戦争を美化し、扇動する「暴力の文化」に対して、「平和の教育」と「平和の文化」で子どもたちを育て、市民の連帯を励まさなければなりません。

・家庭、学校、職場、公共空間など、日常・非日常を問わず子どもたちと市民の生活のあらゆる場面から暴力を一掃しなければなりません。

・いっさいの戦争と共に、死刑を含む国家の暴力、構造的暴力、市民生活における暴力を一掃する積極的平和の実現をめざしましょう。

・地球上に永続的な真の世界平和を実現するため、非暴力と積極的平和の思想と行動をさらに豊かにしましょう。

5 平和に生きる権利

非戦・非武装・非核・非暴力の思想は、国と国の平和的な関係だけでなく、すべての人々の平和に生きる権利に収斂されるものです。

・平和とは、単に戦争がない状態だけを言うのでなく、恐怖と欠乏に苦しまない状態、安全な地　球環境や健康を享受できる状態をいいます。

・平和に生きるとは、生きていることを歓びと感じ、苦しみのなかにあっても、支え合い共に生きていることをいいます。

・平和に生きる権利は、生命と生存、個人の尊厳と幸福追求の権利を核とする個人の基本的人権です。

・平和に生きる権利は、あらゆる人権の基底をなす権利です。

・平和は、単なる理念や政策の一つにとどまるものでもなく、権利としても保障されるべきものです。平和に生きる権利は、国や国際機関によっても侵されてはならない人権としての性質を持つものです。
・平和に生きる権利を侵害する法律・政策・予算並びに国際合意はすべて無効とされるべきものです。
・私たちは、平和に生きる権利を実現する政策を国や国際機構に要求することができます。
・平和に生きる権利は、世界が戦争の恐怖や暴力と貧困から解放され、地球環境の変化に世界の国と市民が協力することなしには実現しません。
・世界が平和でなければ、一国の平和もなく、国が平和でなければ、一人の平和もない。そして私たちが平和に生きることができなければ、国や世界は平和ではないのです。そして、それにふさわしい人間観・社会観・人類観が求められているのです。

Ⅱ　2　人類の夢を実現するために

1　平和の文化と教育

非戦・非武装・非核・非暴力の国家と国際社会を築き、平和に生きる権利を実現し、未来世代の権利に応え、持続可能な地球環境を護るためには、平和のための教育と平和の文化の創造が不可欠です。一人ひとりの人間がこれらを実現する担い手であり、その知的協働と精神的連帯の上にこそ、平和は築かれるのです。

・平和に生きる権利は平和の教育を通して根付き、平和の文化の中でこそ豊かになるのです。
・「平和の文化」とは、「戦争と暴力の文化」の対極にある人間性ゆたかな文化です。
・「平和の文化」は、地球市民が、グローバルな問題を理解し合い、非暴力で紛争を解決する技能を持ち、人権と公正のもとに生き、文化的多様性を理解し合い、地球とそこに生きる全てのいのちに関心を払うときに創りだされるのです。
・「平和の文化」につながる価値観、態度、行動様式は、家族と地域での生活を通して育まれるとともに、学校での平和教育によって獲得されるものです。

・平和教育は、平和な国家、平和な国際社会の担い手を育てます。そのためにも世界の子どもたちと教師は、たがいの対話と交流が保障されなければなりません。
・地球時代の平和教育とは、戦争と平和の歴史を学ぶことによって、人類と地球を再発見し、地球時代における戦争違法化の意義を学び、人権と社会正義、自然と人間の関係への認識を深め、平和への確信を育てることです。
・平和学習の機会はあらゆる場所で保障されなければなりません。
・平和教育の核心は日常的に平和を愛し、暴力を憎み、平和に生きる権利を自覚し、平和の文化を担い、創だす主体を育てることです。

2 国際法の発展と新しい国際秩序の形成

非戦・非武装・非核・非暴力の世界を実現するためには、そのための国際環境をつくっていくことが必要です。戦争や平和の問題は、基本的には国家間関係の問題です。国際法は国家間の合意によって作られますが、国家の意思はその国に生きる市民によって作られます。平和を求める市民の声を、国境を越えて強めていくことが、非戦・非武装・非核・非暴力の国際秩序の形成につながります。
・現代世界では国連憲章の下で、狭義の戦争にとどまらず、武力による威嚇や武力の行使が原則として禁止され、国際紛争を対話と法によって平和的に解決することが義務付けられています。
・国連の設立目的に立ち返り、国連の名を借りた軍事介入を廃し、国際司法裁判所をはじめとする紛争解決機関の役割を高めていくことが必要です。
・国連を中心とする世界レベルの動きと並んで、地域レベルでの非核化も進めなければなりません。北東アジアにも非核地帯を設定し、「平和の共同体」を築くことをめざします。
・戦間期に締結された不戦条約は、戦争の違法化を求める市民運動の成果でした。現在に至るまで、マイノリティや女性に対する差別の撤廃、子どもや障害者の権利の実現、完全軍縮や恒久平和を求める市民運動が、国際法規範として実を結んできました。
・各国の政府に対して、平和に生きることを望む市民の声に耳を傾け、民主的過程を通してその実現を図ることを求めます。

・私たちの地球平和憲章も、非戦・非武装・非核・非暴力の新しい国際秩序の形成を目指す国際市民運動です。

Ⅲ　地球平和憲章を支える人間理解

私たちの憲章を支える理念はその歴史認識と人間理解に由来するものです。非戦・非武装・非核・非暴力の思想は、現代を地球時代と捉え、それにふさわしい人間理解と価値観からくるものです。平和への権利、全ての人の人権、環境への権利、子どもたちの発達・学習の権利、未来世代の権利そして共生の思想が求められています。そこでは公正と信義への信頼を軸に、多様性と寛容、思想信条の自由と偏見からの解放、あらゆる暴力の否定、人間的感性と開かれた理性、普遍の押し付けではなく個別を貫く普遍へと開かれてある精神態度がもとめられます。これらは歴史を通して積み重ねられてきた人類の確信です。

これらの地球時代の価値意識、多様性の尊重とりわけ個人の尊厳と他者への尊敬の念は、生活と教育のなかで、それが否定されている状況への批判を通して、歴史を通して、学習され、身に付いていくのです。これらの価値観は新自由主義と金融資本のグローバリズムとは別の道、「地球時代」にふさわしい価値が地球規模で広がり、共有されていくことを求めるものです。それは一つの価値の押し付けではなく、個人の尊厳を軸に、国や地域（リージョン）の多様性を認めあい、繋いでいくプロセスを含む国際化（インターナショナリズム）であり、新しい共生と連帯のグローバル・ヒューマニズムといえます。その社会は全ての人の幸せ（well-being）と尊厳を保障する持続可能な社会であり、貧困と差別、構造的暴力から解放され、成長神話からも核の安全神話からも解放された、新たな人間的で自由な社会だといえましょう。

地球平和憲章とそれを支える思想（講演）

音楽仲間の、懐かしい方々に、コロナ禍の中、久しぶりの対面でお話する機会をつくって下さり、有り難うございます。

はじめに

新緑の季節になると、ハイネ（一七九七―一八五六年）の詩にシューマンが曲をつけた「うるわしき五月」を歌いたくなります。実は私は大学で新一年生に講義する機会がありましたが、開講はこの時期で、駒場の一年生に、〈うるわしき五月、木々のみな芽吹く時、わがこころにも愛は芽生えぬ〉そして黒板にハイネの詩をドイツ語で書き、歌うことから私の授業は始まりました。歌う教師と言われるようにもなりました。今日も歌う事から始めましょう。（歌う）

愛の詩人ハイネは、王制下のドイツを批判し、圧制にあえぐポーランドの独立に思いを寄せる革命の詩人でもありました。ハイネの少し前にはシラー（一七五九―一八〇五年）が、そしてベートーベン（一七七〇―一八二七年）がいました。この中には第九を歌っている方も多いと思います。

Alle Menschen werden Brüder. すべての人々よ兄弟になろうというシラーの詩は、もとはMenschen は Bettler つまり〈すべての乞食たちと兄弟になろう〉と書いていたのですが、検閲を避けて「全ての人々」に変えたのでした。シラーにとって、全ての人間は抽象的一般的人間ではない、現実に生きている全ての人間への思いであった事が分かります。同じ頃、カントが「永久平和論」(一七九五年)を書きます。戦乱に明け暮れるヨーロッパで、平和への願いも切実なものでした。サン・ピエールが平和論を書き、ルソーはそれを批判し、国王間の平和ではなく人民の平和を求め、そのためには革命が必要で、戦争は避けられない。どうすれば平和は実現するのかで悩みました。カントは先人の提起・思想に学びその思索を深め、共和制の、常備軍を持たない国々の国際組織を提起したのでした。一八世紀末から一九世紀の前半は、愛と革命と、平和への願いの時代でもあったのです。

もうひとり挙げておきましょう。少し時代は下りますがヴィクトル・ユーゴー(一八〇二―一八八五年)です。皆さんレ・ミゼラブルはご存知ですね。ミュージカルもありますね。彼は大作家ですが、平和の思想家でもありました。戦乱の絶えないヨーロッパの平和をどう実現出来るか。「武器は要らない、通貨は一つにすればよい」と主張しています。彼は「子どもの発見と子どもの権利」の先駆者でもありました。「コロンブスはアメリカ大陸を発見した、自分は子どもを発見した」ということばを残しています。droit de l'enfant(子どもの権利)というコトバ(フランス語)を始めて使った人でもあるのです。そして、あの「レ・ミゼラブル」に描かれているミゼラブルな人々とは、ルンペン労働者で在り、街角に立つ女であり、路頭の子どもたちであり、この三者が人間らしく解放されることを願って、作品を書いたのです。そう思ってあの作品を読めば、理解も深まるでしょう。彼は政府によってパリから追放された反骨の〈平和と子ども〉の思想家なのです。

時代はさらに、帝国主義、植民地を奪い合う戦争の時代には入ります。大戦前夜、ユマニテを発刊し、戦争に反対し、殺されたJ・ジョレスはツールーズ大学の哲学教師でした（その大学で私は名誉博士号を頂きました）。大戦後には平和運動が高揚、不戦条約が締結されますがナチスの台頭によって、また大戦争時代となります。

ナチによって創作活動を奪われた画家のケーテ・コルビッツ（一八六七―一九四五年）の、死んだ息子を抱きかかえ悲しみにくれる母子の彫像（ピエタ、一九三八年）が、ベルリンのノイエヴァッへに平和の祈念像として建っています。子どもを腕に抱え、決然として戦争から子どもを守ろうとする版画作品「種を粉にひくな」（一九四五年）が遺作となりました。彼女は第一次大戦で息子ペーターを亡くし、第二次大戦で息子と同じ名前をつけた孫のペーターを失っています。

彼女は、「続く戦争のなかで、しかしいつかは新しい思想が生まれ、一切の戦争を根だやしにするでしょう。（中略）そのためには、人は非常な努力を払わねばなりません。しかし必ず目的を達します。平和主義を単なる反戦と考えてはなりません。それは一つの新しい思想、人類を同胞としてみるところの理想なのです」と孫娘に言い残しているのです。

一　「9条地球憲章の会」

前置きが長くなりました。私たち「9条地球憲章の会」の活動と地球平和憲章の話にはいります。

人類の歴史は、絶え間なく続く戦争のなかで、戦争は文化の父だと言われ、〈平和のためには戦争に備えよ〉と言われてきました。いまもそういう人たちがいます。しかし平和を願い戦争を無くそうと言う思いとともに人類の歴史があるのです。とりわけ第一次世界大戦そして第二次世界大戦は戦争観を大きく変え、〈平和のためには平和に尽くせ〉という思想のもとに国際連盟、不戦条約、そして国際連合憲章が創られ、非戦非武装の日本国憲法がうまれました。私たちは人類史のなかで、この事の意義をまず確認しましょう。

しかし、現実には、米ソ対立を軸に、国連は常任理事国と拒否権で機能せず、日本国憲法も改憲論と防衛費の強化政策の中で、前文・九条の理念は大きく歪められています。

「9条地球憲章の会」の発足

私たち「9条地球憲章の会」は、安倍政権が改憲へ向けて、集団的自衛権を認め、安保法制を強行したその危機意識のなかで、九条を守る為には九条の理念を世界に拡げることが不可欠だ、九条の理念で地球平和憲章を創ろう、そのための思想運動を始めようと考え、趣意書を創り、呼びかけ人の賛同のもと、二〇一七年三月一五日に記者会見し、発足しました。一四〇名の呼びかけ人には法学者や教育関係者とともに、美術や音楽関係者、ムジカの内田功さんも、フロイデの指揮者小松長生さんも、池辺晋一郎さんもいます。そして市民も多くいます。現在の国内外の賛同者は一三〇〇名を超えています。坂本龍一さんもそのお一人です。

この危機意識のなかで安保法制違憲訴訟が起こされ、私もその原告の一人で、東京地裁と高裁で証言（陳述）したこともここで報告しておきます。

さて、私たちの会は研究会を重ね、二〇二〇年六月に、〈憲法前文と九条の理念に基づいて、核兵器はもとより、いっさいの武力と暴力を排し、世界のすべての人びとが、尊厳を持った人間として、持続可能な地球環境の下で、平和に生きる権利の実現をめざす〉「地球平和憲章　日本発モデル案」を纏め、内外に公表しました。更に二〇二一年五月には解説版付き「地球平和憲章」のブックレットを出版（花伝社）しました。私たちは九条を守るためには、九条を世界に拡げなければ、守ることもできないと考えています。真の平和のためには日本が変わり、世界が変わらなければならないのです。

二　なぜ九条か――日本国憲法の日本史と世界史のなかでの意義

私たちの憲法は、前文で世界の全ての人々が「恐怖と欠乏から免れ、平和のうちに生存する権利」があることを認め、九条の戦争放棄と非武装の思想を世界に広めることを、「崇高な使命」とし、それへむけての不断の努力をすることを世界に向けて宣言したものだと理解しています。同時にそれはアジア二〇〇〇万の人々への残虐・非道な加害に対しての謝罪と反省の誓いでありました。〈アジアの人たちはそのように理解し、許したのだ。日本の再軍備と改憲はだれも望んでいない〉（陸培春氏）というのがその率直な声なのです。

戦争違法化運動

私たちはこの憲法が戦乱のなかで培われた平和思想の流れに沿い、とりわけ第一次世界大戦の後の戦争を違法とする思想運動に繋がっていると考えています。戦争のおぞましさを知った人々のなかから、戦争には正義・不正義の区別なく、すべて悪であり、違法だという市民の運動（outlawry of war）が法律家S・レヴィンソンの呼びかけでアメリカ全土に拡がり、ヨーロッパでの平和運動とも呼応して、不戦条約（一九二八年）を創りだす支えになりました。この運動のなかにはJ・デユーイがいました。彼は第一次大戦はドイツの軍国主義に対する民主主義の為の闘いと捉え、アメリカの参戦を主張していました。しかし戦争の悲惨さを目の当たりに、反省し、戦争違法運動に参加するのです。ここで大事なのは民主主義は平和と直結するものではなかったことです。この視点は民主主義の歴史を見る場合重要です（参照、宇野重規『民主主義とは何か』、二〇二〇年）。デューイは身をもって戦争認識を変え、戦争違法化運動を通して、〈平和と民主主義〉の思想家に転生したのです。

ここで皆さん、現在のアメリカ大統領も日本の首相も「民主主義と自由と人権の普遍的価値を共有する国々」と言いますが、そこに平和というコトバがない、平和は普遍的価値として共有していないのでしょうか。皆さん政治家の「普遍的価値」というコトバに注意して聴いて下さい。

さて、ヨーロッパでは第一次大戦後、国際連盟がつくられ平和構築の努力が始まっていました。知識人の間には知的交流国際委員会（ICIC、一九二二年）が作られベルグソン、アインシュタイン、キュリー夫人、ハックスレー、そして新渡戸稲造も参加していました。

アインシュタインとフロイト

面白いエピソードを一つ。この委員会が平和主義者アインシュタインに依頼し、フロイトとの「戦争は何故終わらないのか、終わらせるためにどうすればよいか」の対話（往復書簡『ひとはなぜ戦争をするのか』邦訳在り）がもたれたのです。フロイトは人間の暴力性を本能に求め、楽観主義を否定したうえで、感情だけでなく身体から戦争を拒絶する、そうなるために、人間が凶暴な野獣を長い時間をかけて家畜化したように、人間自身を家畜化する文明の力に期待すること、加えて戦争のおぞましい現実を知る事をあげていました。暴力性を肯定し戦争不可避論者と思われがちなフロイトが、「私たち平和主義者は」と書いている事もこころに留めておきたいとおもいます。

さてこのユダヤ系の平和主義者達はナチ台頭のなか、アインシュタイはアメリカに、フロイトはイギリスに逃れます。アインシュタインは凶暴なナチに対抗してアメリカ政府に原爆開発を薦め、広島・長崎への原爆投下に心を痛め、戦後は、悲痛な思いで反核運動の先頭に立って科学者の人間としての責任を問い続けたのです（ラッセル・アインシュタイン声明、パグウオッシュ会議等）。

第二次大戦後、世界の戦争認識の変化は決定的となり、国際連合憲章が生まれ、国際的な平和への新たな取り組みが始まるのです。国連総会の決議第一号（一九四六年）は核兵器の禁止だったのです。

日本国憲法の平和主義はこのようは世界史の流れの中でうまれたのです。

ここで日本の平和思想の先駆者達についても簡単に触れておきましょう。

中江兆民や内村鑑三のことはよく知られています。田中正造は鉱山の乱開発の原因が戦争準備にあるとして公害とともに戦争にも反対したのです。私はとくに芸術家たちの感性に注目しています。東京美術学校を開いた岡倉天心は日露戦争直後に書いた『茶の本』に「ヨーロッパは日本をこれまで野蛮国とみなしたが、戦争に勝利するや文明国とみなした。それなら我々は野蛮国に甘んじよう」。彼は英文でこう書いたのです。民芸運動で知られている柳宗悦は朝鮮の白磁・青磁への感動を通して朝鮮とその文化を愛し、日本による植民地化を憂い、三・一独立運動（一九一九年）を支援する論説を「読売新聞」に書いたのです。しかし治安維持法（一九二五年）体制のもとで、反戦平和の主張・運動は抑圧され、沈黙を強いられ、満州事変から日中戦争そして太平洋戦争に突き進んでいくのです。

前線と銃後の区別のない、全体戦争といわれた第二次世界大戦。そこでの凄まじい地上戦、都市の無差別爆撃、さらに原爆の出現は戦争が人道に反することを決定づけるものでした。日本の、世界の民衆は戦争のおぞましさを、身体で感じたのでした。そのなかから日本国憲法は生まれるのです。

幣原喜重郎とマッカーサー

憲法に不戦・非武装の平和主義にたつ憲法を創ろうと提案したのは敗戦の翌年一九四六年の一月二四日、時の首相幣原喜重郎とGHQのマッカーサーの二人だけの会談の際、幣原が提起したのです。このことは、マッカーサー側と幣原側の証言が出揃い、今ではこれを否定するものはいなくなっています。日本を丸腰にするためにマッカーサーが押し付けたという俗論は、いわばフェイクに他なりません。

私が幣原説をとるようになったのは憲法調査会の会長高柳賢三の仕事を通してでした。

岸内閣のもと改憲の資料集めのため発足したこの調査会は、会長職依頼を我妻栄、次に宮沢俊義と法学会の大御所に断られ、高柳はやむを得ず、敢て、憲法制定過程を、法学者として正確に知りたい思いで引き受けたのでした。内外の聞き取りや資料集めの最後に訪米しマッカーサーに会見を求めたのですが、マッカーサーは憲法調査会の性格を訝って、会わず、しかし、高柳のホテルからの文書での質問に明確に答えているのです。高柳は憲法調査会が最終報告書を発表する直前に自分の見解を論文発表し、それを『天皇・憲法九条』(有紀書房、一九六三年)にまとめて発表しています。そこには「私は幣原が言ったと確信する」と述べ、マッカーサーの文書回答に、「あれは幣原首相の先見の明とステイツマンシップと英知の記念塔だ」とあると書いてありました。

委員長が委員会の報告書発表の前に自分の意見を発表し、報告書では両論併記としたことは如何にも異常ですが、そのこと自体、憲法調査会の性格と高柳の研究者としての良心を示すものとして、私は感銘深くこの高柳本を大事にしているのです。そしてこのマッカーサーとの往復書簡の原本を見たいと思い、国会図書館の憲政調査室で、発見して『世界』に紹介したのです。

堀尾「憲法九条と幣原喜重郎」（『世界』二〇一六年五月号。本書三一二頁所収）です。なお平野三郎による幣原聴取記録、これも憲法調査会の資料として国会図書館にあります。『日本国憲法』（二〇一六、鉄筆文庫）に収載されています。また笠原十九司『憲法九条と幣原喜重郎』（二〇二〇年、大月書店）は歴史学者の著作として貴重です。

なお『しではら』（DVD、二〇二〇年）もあります。斎藤勝監督、堀尾監修・解説で文科省選定作品となっています。面白いですね。

三　「地球時代」の視点から見た日本国憲法

いずれにせよ、敗戦の中から、生まれて七十数年たち、その一国平和主義は新たな国際情勢のなかで古いのではないか、という改憲論にどう対応するか。

「地球時代」の視点から

第二次世界大戦の終結と国際連合の成立は、帝国主義と植民地支配の終焉と平和と人権と共生を理念とする新しい時代、人類と地球の新たな発見に基づく「地球時代」の開幕を示すものでした。日本の憲法は国連憲章（一九四五年六月二六日）の後、原爆体験を経て誕生し、その理念は国連憲章さらには世界人権宣言（一九四八年一二月一〇日）と響き合い、さらにその先を行くものです。

幣原首相は憲法改正の政府案が発表されて、間もなく開かれた戦争調査会の冒頭演説（一九四六年三月二七日）で、今は日本は「戦争を放棄すると言うようなことは夢の理想だと考えるかもしれません。しかし原爆より更に強力な破壊的兵器も出現するであろうとき、軍隊をもつことは無駄なことなのです」。いま、われわれをあざ笑っている人も多いなか、われわれは「国際政治の荒漠たる原野を単独に進み行くのでありますけれども、世界は早晩、戦争の惨禍に目を覚まし、結局私どもと同じ旗をかざして、遥か後方に付いてくる時代が現れるでありましょう」。これが戦争調査会での幣原の発言なのです。

丸山眞男先生——実は私は法学部生時のゼミ生でした——はこの幣原発言を引いて、核時代を意識した幣原の戦争認識と非武装の思想を高く評価して、こういうふうに書いています。「幣原さんの右の思想は、熱核兵器時代における第九条の新しい意味を予見し、むしろ国際社会におけるヴァンガードの使命を日本に託したものであります」（「憲法九条をめぐる若干の問題」、『世界』一九六五年六月）。さらに丸山は「二十世紀最大のパラドックス」という文章（『世界』一九六五年一〇月）で、その最後を「私は八・一五というものの意味は、後世の歴史家をして、……帝国主義の最後進国であった日本が、敗戦を契機として、平和主義の最先進国になった。これこそ二十世紀最大のパラドックスである——そういわせることにあると思います。そういわせるように私達は努力したいものであります」、こういう言葉で結んでいるのですね。私たちの運動はその努力の一つだと思っています。

私は現代を「地球時代」と捉え、その入り口を象徴的に、一九四五年八月一五日と考えています。そして取り敢えず、こう定義しています。「それは人類消滅の危機意識とともに、この地球上に存在するすべての人、すべての国、そして人間と自然が、運命的絆によって結ばれ、繋がっている「共生」という感覚と認識が地球上に拡がり、共有されてくる時代、そのために人類が努力する時代である」と。この「地球時代」的視点に立てば、憲法前文・九条の理念は、古いどころか、一層輝いて見えるのです。戦後国連憲章の理念にもかかわらず長い間米ソ対立を軸に冷戦体制が続きましたが、この間にも、世界の平和への努力は重ねられ、国連やユネスコの軍縮会議や軍縮教育、それに呼応する各国、地域での、平和・反核・環境運動は、地下水のように、ときに激流のように拡がっているのです。

この間二つのことがありました。

核兵器禁止条約の成立・発効

日本の被爆者やICANの国際的運動によって成立（二〇一七年七月）し、発効（二〇二一年一月二二日）した核兵器禁止条約は世界史的意義をもつものです。国際的な反核運動の広がりの中で核兵器禁止条約が成立、発効したことは〈核も戦争もない世界〉を目指すわたしたちにとっても大きな励ましとなるものでした。

そして地球平和憲章を拡げることが核兵器禁止条約の批准国を増やすことに役立つことを願っています

「地球時代」の視点から見れば、日本国憲法の非戦・非武装・非暴力の理念、そして平和に生きる権利の思想は一層輝いてくるのです。

コロナ禍に学ぶこと

更にコロナ禍のパンデミックを通して、世界の貧困と人権（人間の命）の格差が拡大し、そしてワクチン買い取り競争などは、国連事務総長やWHO事務局長が警告しているように、それは人類的視点から許し難いことです。
コロナの脅威を前にして、私たちは「地球時代」における共生の視点、とりわけ自然と人間の共生の視点と構造的較差（暴力）問題の重要さについていっそうの確信を深め、「地球平和憲章」案でもその視点を強調しました。「平和に生きる権利」の意味を、気候変動危機と新型ウイルスのパンデミックをも視野に深めることで、新自由主義的経済格差拡大のグローバリゼーションに抗う、全人類的な新たな協同や連帯の課題が一層はっきりと見えてきたと思っています。世界のすべての人々の平和に生きる権利を宣言したわが憲法は、ここでも「世界の宝」なのです
私たちの試みは人類と地球環境の危機に対峙する地球平和憲章を創ろうという世界への呼びかけであり、そのことがまた、九条の理念を世界にひろげ、現に危機にある九条を守る力にもなると考えています。

四　ブックレット発刊記念集会・シンポジウムとオンラインでの国際活動

ブックレットの内容紹介（略、前章参照）

昨年六月一三日に会の四周年とブックレット発刊を記念しての集会を開催、執筆者からの報告のあと、シンポジウムを行いました。シンポジストとして、韓国の平和研究と運動を担い、私たちの会の賛同者でもある李京柱さん、平和学研究者で英語版の協力者松井ケティさん、比較文化研究者で中国語訳の王智新さん、社会学者で仏語訳のクロード・レヴィ＝アルヴァレスさん、会からは若い河上暁弘さん（憲法学）と高部優子さん（平和学）が加わって、地球平和憲章・日本発

モデル案が国際的にどう見られ、どう広げていくかが論議されました。触発される事の多い、充実した国際シンポになりました。

今年一月にはアメリカ在住の宮本ゆきさんの、アメリカの平和運動について、アメリカ人の核意識の問題についての講演、三月には東京とイタリアとセネガルを繋いで私たち地球平和憲章の会の活動を紹介し交流しました。

五　今後のこと

「地球平和憲章　日本発モデル案」は戦争を放棄し、核兵器はもとより武器をもたず、原発を含む非核の原則を堅持し、いっさいの暴力の批判、さらに自然と人間の共生の原理と未来世代の権利の視点を含む、全ての人の平和に生きる権利を理念・原則とし、その実現のための文化と教育、国際法のあり方についての問題提起であり、世界の、〈地球平和憲章〉を作ろうという呼びかけなのです。

今後は日本発の一つのモデル案、つまり叩き台として内外に広め、各地域（国）の課題に則しての地球平和憲章づくりのきっかけとなり、その交流をとおして、世界の、国連レベルでの『地球平和憲章』づくりに向かう、そのプロセスこそが、世界の平和運動に寄与することを願っています。とりわけ、北東アジアでの平和のための市民レベルでの交流は、非核の政府を作る課題とともに、私たちの、当面の、最重要課題だと考えています。会としては、さらに研究会を重ね、重要課題を個別的に深め、「人類と地球を護る思想運動」を生活に根ざす運動として広げ、深めていきたいと考えています。

そのことはまた日本発モデル案の修正版もありうるということでもあります。皆さんのご意見を期待しています。会の今後のあり方についてもご意見が伺えれば有り難いことです。

最後に

私は地球平和憲章とその解説のブックレットを創る仕事と並行して、地球平和憲章の理念を、文章だけでなくもっと端的に、感性に訴える詩は出来ないか、歌は出来ないかと思い、ブックレットの表紙にある、月の地平線に浮かぶ地球の写真に見入りながら作ってみました（次頁）。東京フロイデ合唱団でピアノ伴奏をして下さっている真形郊子さんが編曲してくれました。きょうも参加して居られますので、伴奏して頂きましょう。尤も私は勝手に歌うので、伴奏があると歌い難いのですが（笑い）。御手元の資料には日本語の詩と英語とイタリア語がついています。実は先日イタリアとセネガルの友人たちと「地球平和憲章」についての国際交流をオンラインでやりましたが、その際この歌の英訳を付けて紹介し歌ったのです。翌日にはイタリア語訳をつけて、詩がよかったよとメールが来たのです。歌も地球平和憲章の国際化にも役立っているわけです。

（笑、伴奏付きで歌う）

ムジカでも、地球平和憲章ブックレットとともにこの歌も歌って下さい。

『地球平和憲章日本発モデル案』（ブックレット、花伝社、二〇二一）解説第1章＝本所二〇六頁参照。また本講演でふれたウクライナ問題については本書「終わりに」（四四九頁）参照。

ムジカ九条の会の講演（二〇二二年四月一九日、中野ゼロホール）

私たちの　ねがい〔この地球はみんなのもの〕
〈地球平和憲章の歌〉

作詞・作曲　堀尾輝久
編曲　真形郊子

この大宇宙の星くずのひとつ
だが　この地球は　うつくしい
なのになぜ　争いはやまず　戦いは終わらないのか

人類の夢は　戦争をなくすこと
武器もない　暴力もない　平和に生きる権利こそ
私たちの　ねがい

平和に生きるよろこび　自由に生きるたのしさ
世界は広く　その笑顔
みんな違って　みんないい
あなたが　そこにいるだけで
世界は　ずっと　すてきだよ

地球は青く　輝いて　水と緑と　いのちのいずみ
この大地に立ちて　海と空をのぞむ
この地球を　みんなの故郷と呼ぼう
この地球を　みんなの故郷にしよう！

Our Wishes……Global Charter for Peace
The Planet Earth is our Common Home

Teruhisa HORIO

One of the stardust in the vastness of the universe
The planet earth is beautiful and wonderful
But why not human being stop war and battle
The dream of humankind is to abolish war
No army , no violence, the right to live in peace
That is our heart's wish

How happy to live in peace
How great to live in freedom
The world is wide
Each smiling face is different and pretty
The world is joyful because of you

Planet-earth brighten in blue
Water, green, fountain of lives
Standing on the ground
Looking beyond the sky and the ocean
We feel the earth as our own home
We' ll create the earth as our common home

Italian translation (by Gio Pampanini)
I nostri auguri …… Carta Mondiale della Pace
Il pianeta Terra e la nostra casa comune

第三部　平和への思想

民主主義と平和と教育

——民主教育研究所創立三〇年記念に寄せて

はじめに

私に与えられたテーマ「民主主義教育は何を問うべきか」は、民主教育研究所（民研）はなにを問うてきたか、問うべきか、民研三〇年の総括と展望・課題ということでもあろう。

とはいえ、民研の設立以来初代の代表として一八年民研活動に関わってきた私自身は「民主主義教育」という表現、そしてそれを主題とした論文は意識的に避けてきた。わが機関誌の名称も敢て『人間と教育』としてきた。問うべきは「人間と教育」「民主主義と教育」であり、民主主義教育のコンセプトがなにを意味するかは　時に漠として限定出来ず、時に教育内容に限定され過ぎるきらいがあり、テーマ設定としては不適切だと考えてきたからである。民主教育の表現にも同様の問題があるが、「民主教育研究所」の呼称は、「国民教育研究所」との関係、それに代わるものとしての新研究所の発足時の情況が大きい。

私たちが問うてきた「民主主義と教育」は、まず、民主主義とはなにか、それと教育の関係が問われる。そこでは「人間と教育」の問いと重なる。

一　問い直される民主主義

1　「人民の力」としての民主主義

民主主義とはなにかが問われ、民主主義を担う主体としての人民（国民・ピープル）をいかに育てるか、その教育とはなにかが問われてくる。

歴史的にも、社会通念としても、民主主義とは demos-kratos つまり「人民の力」の意に発し、リンカーンに因んでいえば「人民（people＝ピープル）の、人民による、人民のための」ガバメントである。ガバメントとはなにか。政府では狭過ぎる、政治であり、経済であり、社会のあり方だとして理解されてきた。

ところで日本語としての「人民」はリンカーンの訳語ではあっても、日常語にはなっていない。しかし日本国憲法の国民は people と訳されている。国民主権は people's sovereignty である。であれば国民＝people＝人民として、従って、国民主権＝人民主権と理解し、使用すればよい。因みに丸山眞男は一貫して国民を人民としている。しかしまた、私たちは護憲の立場からはにわかに「国民」を放棄するわけにはいかない。国民の含意をどうつくりなおすか、捉え直すかが問題なのだ。

民主主義の用語も戦前は避けられて（大正）民本主義といわれた。これは命名者吉野作造の誤魔化しではなく、天皇主権のもとでは民主主義は存在し得ないからである。「大正デモクラシー」の用語の方が非歴史的用法なのである。因みに、不戦条約（戦争放棄条約、一九二八年）は「人民の名において」の表現が国体に反する故にその点は賛同出来ない旨の条件を日本政府はつけたのだった。

日本の民主化＝democratization を求めるポツダム宣言の受諾に始まる戦後民主改革は、新憲法を軸とし、国民（人民）主権、人権の尊重、平和主義の三原則を基本とするものという理解（憲法三原則）は定着し、改憲論者もこのこと（ことばだけ）は共有している。私たちが「戦後民主主義に賭ける」というときそれはこの憲法三原則を中軸としての精神革命を根付かせるという当為（なすべきこと）への決断を含んでいる。

教育は義務から権利へ

そこでは、教育は国民の国家に対する義務から人権としての教育（国民の学習権）へと転換し、教育に民主主義をささえ、根づかせる役割が期待された。そこでは教育自体も問い直され、子どもの成長・発達の権利、学びの権利を軸に、国家と教育の関係が問い直され、教育の自由は憲法的自由と捉えられ、公教育の原理が問われ、人格の発達と人間性の開花を目的とし、憲法三原則を豊かに発展させ、根付かせることが学習・教育活動の基本だとされた。それは学校教育に留まらず、あらゆる場所あらゆる機会を通しての生涯学習権の実現を意味している。日本国憲法・教育基本法そして世界人権宣言と国連の学習権宣言を重ねて、この総体を「民主主義教育」と呼ぶことは出来よう。しかしこの言葉が独り歩きすれば、それは空疎なスローガンになる。その内容と構造が問題なのであり、それは「人権としての教育と国民の学習・教育権論」として具体的に深められてもきた（＊1）。

2 民主主義の多義化・空洞化

しかし戦後七五年の歴史を見れば占領軍による間接統治のもと、朝鮮戦争が始まり日本は警察予備隊を発足させ再軍備への道を歩みはじめた。サンフランシスコ条約（片面講和）を通して自由主義諸国の一員として独立し、自主憲法制定を党是とする自由民主党政治が続く。政党名としてスローガン化した〈自由と民主主義〉は「戦後民主主義の行き過ぎ是正」の同義として定着していく。平和主義も日米安保のもと「戦力なき自衛隊」の増強、朝鮮戦争やベトナム戦争の出撃基地、さらに中国・北朝鮮への防衛・出撃拠点として、集団的自衛の役割をおわされてくる。

この間若干の政治変動はあったが主流は変わらず、「戦後レジームからの脱却」を唱え、改憲の旗を掲げる安倍首相が「自由と民主主義を共通の価値観とする国々」と言うとき、憲法三原則からは遠く、民主主義は議院内閣制のもと、有権者の投票と多数決原理による決定の政治システムとしての議会制民主主義の意でしかなくなってきている。そこでは国民は選挙時（しかも小選挙区制）のアタマ数なのである。これが「人民の、人民による、人民のための政治」だといえるのか。大人たちは〈そんなものだ、投票があるからまだよい〉という。素直で、公平感覚のある子どもたちは国民主権とはなになのか、理解に苦しむ。

他方、歴史的には、ブルジョワ民主主義に人民民主主義が、間接民主主義には直接民主主義が対置されて、社会主義革命が論議されてきた。しかし、「社会主義は民主主義の徹底だ」とされていた筈の社会主義国の現実は、民主主義と自由を裏切るものであった（スターリン主義）。

大衆デモクラシーとポピュリズム

ファシズムを支えたものとしての「大衆デモクラシー」の欺瞞性も論じられた。宣伝と教育を通して、民衆を「政治的に無知な」〈大衆〉にすることによって〈大衆〉に支持された政治を可能にする。ナチが駆使した宣伝・教育の技術。それは「リベラルの要素とデモクラシーの要素が歴史上衝突した典型例」とされている（樋口陽一 *2）。その手法に学ぼうとする現代政治。これをポピュリズムと呼ぶとき、その言葉は大衆デモクラシーの別名だといってよい。いずれも独裁的政治支配者を支える大衆の情動的支持行動として（否定的含意で）使われる。トランプ政治、安倍政治（麻生発言）はその亜流。

他方ではしかし、アメリカの民主主義は、ジェファーソンから、オバマそして民主社会主義を唱えるサンダースまでがポピュリズムと呼ばれる場合、それは〝人民主義〟の伝統と解すべきであろう。リンカーンの人民主義もポピュリズムとも呼ばれた。しかし現代ではその意味は変わり、ポピュリズムは〈大衆〉主義の別名になってきている。大衆の意味も〈万国の労働者大衆は団結して起ち上がれ〉の大衆ではなくなっているのである。改めて、人民、民衆、大衆の意味が問われ、真の人民主義はどこにあるのかが問われてくる。ここに現代民主主義の問題性が端的に現れている。

3 今こそ民主主義の原意と真意を問う

歴史を見れば近代の革命とはアリストクラシーからデモクラシーへ、つまりは政治が貴族制から民主制に変わったことである。デモクラシーとは民衆（人民）が力（権力）をもつ体制を意味する。しかし現実の近代市民革命は第三階級つまりはブルジョワジーが主体であり、第四階級つまり労働者大衆は含まれず、真の人民革命の要求と労働者の人権と選挙権の要求・運動も必然であった。以後、政治支配の方策は「余儀なき譲歩」としての普通選挙制度を前提として、いかに少数支配を可能にするかにかかってくる。民主制が衆愚政治になる危険性はギリシャ以来の常識である。しかし現代の衆愚制は理性的民衆（公衆）を情動的、非理性的な〈大衆〉とし政治操作の対象にする技術（政治手腕）かにかかってくる。それはマスメディアと教育を通して、時間をかけ、密かに、時に扇情的大衆行動を通してポピュリズムを誘発し、独裁政治を誘導する。独裁が顕な権力支配ではなく、ポピュリズム（大衆デモクラシー）に依拠することも現代政治の共通経験である。これを、覚めた目で、民主主義はポピュリズムに堕した、といわれ、あるいは戦後民主主義は虚妄であったと揶揄されもする。しかし、ことは他人ごとではないのだ。

民主派・的あるいはリベラルという表現は私たちの政治用語としてだけでなく、日常語と日常感覚のなかで、共有されてきていることも大事な事実である。相手の話をよく聞く、尊重する、権力に媚びない人を、民主的な人という言い方も拡がっている。「民主主義」を上から目線で振り回す人もいたが、逆に顰蹙《ひんしゅく》を買い、そんな人は少なくなった。「民主的な」という日常用語の語感は民主主義が生活の中に根づく度合いを示してもいえよう。皮肉なことに、〈自由・民主主義〉ではなくカナガキの〈リベラル・デモクラシー〉という表現が身近に感じられる昨今である。

ラディカルな民主主義

ラディカルな、根っこを持った民主主義とは政治・社会のあらゆる領域、あらゆる課題を人民が自分たちのもの（人民のもの）と捉え、自分たち自身の手で（人民による）、自分たちのために（人民のために）なる結果を得るために人民全員が力を尽くすことだ。人民の必要と要求をもとに、英知を結集しての課題を発見（課題化）し、具体的に取り組む。その手続きと順序、そこには人民参加を前提に、信頼されたリーダー達の熟慮と人民参加による意見表明、批判と課題の共有、言論の自由と参加の原則が不可欠である。人民の学習と参加は自分と集団の熟慮を深め、自分たちの力をつける（empowerment）。そこでの民主主義には公平で合理的な政治と行政の制度が求められるが、熟慮と実践を通しての、制度機能への反省とフィードバックが不可欠であり、完成はない。絶対正しいという解決もない。新たな課題に開かれた問いと実践を通しての問い直しの、循環と連続。そのなかで人民一人ひとりの主体的自己形成の課題も果たされよう。その中からリーダーは生まれても、独裁者とは無縁である。参加と熟慮と実践と検証、その循環に終わりはない。民主的教育制度と教育実践もその循環のなかにある。

民主主義は永久革命だと言った丸山眞男の真意もここに見ることが出来よう。勝田守一が教育はプラグマチズムだと言った意味もここにあろう。発展はあっても完成はないのだ。

二　民主主義と平和

1 歴史のなかの民主主義と戦争

現代の私たちにとって、平和と民主主義の問題は不可分である。憲法三原則はそのことを示している。しかし民主主義の思想史を辿れば、それは自明ではないことが分かる。

ブルジョワ民主主義、議会制民主主義、三権分立と普通選挙、法の前の平等と実質的不平等の拡大（階級対立）、国民主権の国家主権への従属、帝国主義戦争の必然性、（大衆）デモクラシーと大衆国家、そしてファシズムの台頭。第一次世界大戦から第二次世界大戦へ。民主主義（米・欧・

ソ）とファシズム（独・伊・日）の戦争――民主主義国も戦争を続けた。

他方、人民主権と直接民主主義、プロレタリア革命と社会主義的民主主義、第二次世界大戦後の二つの世界と二つの民主主義の対立と核戦争の危機――。

イデオロギー化したデモクラシーは決して一義的ではない。ソ連の崩壊以後の現代ではリベラル・デモクラシーとイルリベラル・デモクラシー、そして二つのポピュリズム（人民主義）が言われる。さらに中国の人民主義はどこに位置づくのか。

二つの民主主義の対立と核戦争の危機のなかで、反戦・反核と平和に生きる権利こそが主要な課題となってきた。人民の力としての民主主義が平和をつくり出す力として改めて問い直されてくる。

2　戦争認識の転換と民主主義の深化

この間、戦間期から世界大戦の終結と国連憲章の成立さらに核戦争の危機を通して、戦争認識が決定的に転換したのだ。そのことは民主主義を問い直す契機ともなった。

第一次大戦は戦争の様相を変え、その被害の様態の凄まじさは、戦争を抑制する国際機構の創出への動きの原動力であった。市民の感覚は戦争の抑制に留まらず、戦争そのものを悪として退ける運動（Outlawry of War 戦争を非合法のものとし排除する運動）として、アメリカを中心に拡がる。この運動は法律家レヴィンソンが提起し、J・デューイも加わっての、デモ参加者二〇〇万という巨大な民衆の思想運動であり、それは不戦条約に結実し、それを超える反戦・平和の思想として、憲法九条の源流の一つとなる。

戦争違法化運動とJ・デューイ

ここでJ・デューイについて触れておこう。

デューイは、第一次大戦にはウイルソンの「デモクラシーのための戦争」論に呼応して、アメリカ参戦の積極的な論者であったが、戦後その認識を変え、「正義の戦争」を否定し、戦争そのものを悪と捉えるようになり、その違法化運動の思想的支柱としての役割を果たす。実は表題だけはよく知られている *Democracy and Education* は一九一五年に出版されたのだが、教育とはなにかを生理学的視点を含んで総合的人間学的に展開した著作であり、デモクラシーの定義は見られず、そこでの民主主義はアメリカの伝統のなかに定着し、コモンセンスとしてあったものを、人間発達の視点から、コミュニテイとコミュニケーション論を通して捉え直す試みであったと言えよう。そこでは平和の記述は僅かで、平和への志向は示されているが反戦論は見出せない。

デューイの民主主義論は一〇年後の *The Public and its Problem*（一九二七年、この年ソ連訪問）が重要であり、ここでは〈大衆化〉と〈public の喪失〉の事態を踏まえての、現状批判と民主主義の原意に還っての、common and public の創造の課題を教育に託している。この時期は彼の戦争非合法化運動と重なっている。それは戦争を合法的前提とする体制を国際法・国内法の両側から非合法化しようとする人民の運動であった。この運動に参加し、自らの思想も深めていったデューイの、人民参加のコミュニティ論は国際的平和コミュニティ論を含んで、その視野は拡がっていく。

日本でこの戦争非合法化運動と憲法九条の関係について、最初に、詳しく論じた久野収は「非戦運動の主体はあくまで、人民であって、政治家ではない。人民の目覚めによって守られていない政治家中心の機構づくりは必ず失敗するというのが、デューイ的人民主義の主張であった」とのべている（＊3）。

久野は、自身治安維持法による逮捕、投獄の体験者であり、戦後は市民の哲学者として平和運動に取り組んだ思想家であり、私も多くのことを学んだ。わが師勝田守一の親友であり、雑誌『教育』の寄稿者でもあった。

ＩＣＩＣの活動

戦間期には国際連盟の「国際知的協力委員会（ＩＣＩＣ）」が発足し（一九二二年二月）、知識人の運動も国境を超えて拡がっていた。ベルグソンが議長で、キュリー夫人、アインシュタイン、そして、新渡戸稲造（当時国際連盟事務局次長）もいた。この委員会の依頼を受けて「戦争はなぜ止められないか」を模索した平和主義者アインシュタインとフロイトの対話については別論で書いた（＊4、本書三二七頁収載）。ナチスの脅威にたいして、アメリカも原爆で抑止力を果たすべきだと進言したアインシュタインの苦悩は戦後の反戦・平和運動の原動力となった。フロイトのタナトスと破壊の衝動は文化の力で、時間をかけて、変えられるのではないかと言う感慨は、自分も追われる身になったナチの人間破壊の注釈ともなりえたが、戦争は究極において人間のこころより始まるとし、平和の課題を「教育と科学と文化」に託したユネスコを生みだす力にもなった。ナチと民主主義との関係が問われ、人民の平和、人民による平和、人民のための平和を創り、守る主体を育てる平和と民主主義の教育が求められてくるのである。

ユネスコの成立については、第一次世界大戦の後、国際連盟のもとに国際教育局（ＩＢＥ）が設置され（一九二五年）、国際公教育会議が開かれ、国際的な相互理解と教育の問題に取り組む活動があった。その中心にいたＪ・ピアジェの役割も忘れてはならない。ユネスコ発足に尽力したＡ・

カミュのことも（＊5）。

三　戦後日本の民主主義と教育

1 戦後、民主主義はどう教えられたか

すでに述べたように、一九四五年八月一五日敗戦、ポツダム宣言の受諾、新憲法の制定、憲法と一体としての教育基本法の成立、民主主義、平和主義、個人の尊厳と国民主権が国のかたちとありかたの根本原理となり、教育の基本方針となる。戦後の日本で、民主主義はどう解されていたのだろうか。

『あたらしい憲法のはなし』

『あたらしい憲法のはなし』はその一つの歴史的指標といえよう。

一九四七年八月二日文部省発行の中学一年用の社会科教科書として発行されたこの本は、私が中学三年の時、私たちにも配られたのだが、そこで、この憲法は国民主権にもとづく総選挙で選ばれた国民の代表、つまりは国民の総意にもとづく憲法であるとしてこうのべている。

「これまであった憲法は、明治二十二年にできたもので、これは明治天皇がおつくりになって、国民にあたえられたものです。しかしこんどの新しい憲法は、日本国民がじぶんで作ったもので、日本国民ぜんたいの意見で、自由につくられたものです。この国民ぜんたいの意見を知るために、昭和二十一年四月十日に総選挙が行われ、あたらしい国民の代表がえらばれて、その人々がこの

憲法をつくったのです。それで、新しい憲法は、国民ぜんたいでつくったということになるのです」

次に「二　民主主義とは」の項で「こんどの憲法の根本となっている考えの第一は民主主義です」と書き、物事を決める際に意見が分かれた時に「なるべくおおぜいの人の意見で、物事をきめてゆくのが、民主主義です。国を治めてゆくのもこれと同じです。わずかの人の意見で国を治めていくのは、よくないのです。――つまり国民ぜんたいが、国を治めていく――これが民主主義の治めかたです」

と述べて、選挙と国会の役割と、国民投票の意義に触れ、「あたらしい憲法は、代表制民主主義と直接民主主義と、二つのやりかたで国を治めていくことにしていますが、代表制民主主義のやりかたのほうが、おもになっていて、直接制民主主義のやりかたは、いちばん大事なことにかぎられているのです」さらにこの項の最後をこう結んでいる。「みなさんの考えとはたらきで国が治まっていくのです。みんなが仲良く、じぶんで、自分の国のことをやっていくくらい、たのしいことはありません。これが民主主義というものです」

続いて三の「国際平和主義」には、「憲法で民主主義のやりかたをきめたからには、ほかの国に対しても、国際平和主義でやっていくということになるのは、あたりまえであります」とのべ、四で「主権在民主義」では主権を「国を治めていく力」ととらえ、憲法は「民主主義を根本の考えとしていますから、主権は、とうぜん日本国民にあるわけです」と説明している。こうして民主主義は国際平和主義と国民主権と不可分の憲法三原則だとされる。さらに憲法は民主主義にもとづく国の仕事のやりかたの規定と人間の自由と平等を軸とする基本的人権の規定からできていると憲法の構造をとらえている。

さらに以下の叙述は憲法の条文の順を追って、天皇、戦争の放棄、基本的人権、国会、政党、内閣、司法、財政、地方自治、改正、そして最高法規の項で、〝人は自からの力で、自からを治めるがよい〟という民主主義の視点を基本に置いて説明している。

さらに、「戦争の放棄」の項で、「戦争は人間をほろぼすことです。世の中のよいものをこわすことです。だから、こんどの戦争をしかけた国には大きな責任があるといわねばなりません」、「そこでこんどの憲法では、日本の国が、けっして二度と戦争をしないように二つのことを決めました。その一つは、兵隊も軍艦も飛行機もおよそ戦争をするためのものは、いっさいもたないということです」、「これを戦力の放棄といいます」。「もう一つは国の間の争いがおこったとき、戦争ではなくおだやかにそうだんしてきまりを付けようとするものです。また、戦争までゆかずとも、国の力で、相手をおどすようなことは、いっさいしないことにきめたのです。これを戦争の放棄というのです」と戦争の放棄と戦力の放棄の明快な説明がある。その頁には戦争放棄の溶鉱炉の上の口から、戦車や軍艦などの武器が入れられ、出口から電車や船や車の平和の生活に役立つものが出てきているイラストがある。これが文部省の戦後最初の憲法教科書である。

この年から発足した新学制では社会科が始まり、そこでは憲法学習が中心に置かれた。

翌年（一九四八年）には、文部省『民主主義　上』が刊行され高校生中心に配布された。わたしの手元には二年三組とメモされたそれが保存してある。「はしがき」には「民主主義を単なる政治のやり方だと思うのは、間違いである。……すべての人間を個人として尊厳な価値を持つ者として取り扱おうとする心、それが民主主義の根本精神である」、「それは政治の原理であると同時に、経済の原理であり、教育の精神であり、社会の全般にいきわたっていくべき人間の共同生活の根本のあり方である」、「人間の生活の中に実現された民主主義のみが、本当の民主主義なのだ」と説かれていた。

社会では、ポツダム宣言に示された「日本社会の民主化」方針と憲法改正の動きの中で、民主主義は時代の潮流となり、「民主主義への一斉転向」（渡辺一夫）とリーダーたちの軽薄さが批判されもしたが、学校の動きに先行して、日常業務に復帰した職場でも、組合での学習会で、あるいは青年団での、文化活動で、「占領軍による『配給』された自由と民主主義」を自分の言葉で捉え直し、職場と生活のなかに根づかせるかせる活動も盛んになり、民衆自身の、焼け跡からの、「草の根からのデモクラシー」（吉見義明　＊6）は希望を紡ぐ動きであった。「民主主義への一斉転向」は間もなく「民主主義の行き過ぎ是正」に転向するが、焼け跡からの、職場からの民主主義は生産過程や福祉の問題を通して社会・経済的視野へと開かれていく。彼らの戦争体験は民主主義を平和主義と結びつける。研究者たち（丸山もその一人）も庶民の学びに参加し、自らも学びなおす。社会教育という新しい研究・実践（宮原誠一等）も開かれていく。

2　憲法学者の憲法教育

憲法学者も「君たち」に語りかけた。

『憲法と君たち』

敗戦後、松本憲法問題調査委員会の補助員として、さらに法制局の参与、金森徳次郎憲法担当国務大臣の秘書官として憲法制定過程に若くして関わった佐藤功が一九五五年、憲法改正論の最中に書いた『憲法と君たち』（牧書房、一九五五年）は憲法と民主主義、人権と平和を「若い君たち」に語りかける。「憲法が君たちを守る。君たちが憲法を守る」この言葉には佐藤の憲法への思いが集約されている。憲法は歴史のなかで作られ、変わっていく。専制政治の憲法から人民のための憲法へ。イギリスの議会、アメリカの独立宣言、フランスの人権宣言、これらを通して「基本的人権と民主主義」を二本柱とする「人民の、人民のための、人民による憲法」へ。佐藤はその歴史のなかで、リンカーンのゲティスバーグの演説に詳しく触れ、リンカーンは「人民の、人民による、人民のための政治」に自らを捧げた人だが、その理想を保証する憲法、「人民の、人民による、人民のための憲法」を世界の国々が作り上げて来たのであり、それが人類の歩みである。日本の憲法もその流れのなかにあるとのべている。さらに「日本の今の憲法のどこをほこってよいか」(傍点筆者)という節で、これまでの憲法は一国の平和については書かれて来たし、努力もしてきたが、「世界という一番大きな社会の平和をも実現するということが、今までの人類の努力の、もう一つ残っている最後の大きな仕事なのだ。それを日本の憲法はやろうというわけなのだよ」、「今の日本の憲法のなかで、ほこってよいことは、まさにここにあるのだ。基本的人権とか民主主義とかいうことは、これは今まで、日本がおくれていただけのことなのだ。それを今の憲法で、他の国に追いついたということなのだ。だけど平和だけはちがう。それはほかの国ぐにはまだしていないことなのだ。――ほかの国が日本よりもおくれているのだ。ほかの国が、その点では日本のまねをしなければならないことなのだ。それが今の憲法の中で一番私たちが、君たちが、世界に向かってほこってもよいことじゃないだろうか」と戦争放棄の憲法の意義を熱く述べている(一三四―一三五頁)。この本の冒頭の国連の各国の旗の写真説明には「民主主義が地球をおおえば、一国においては、国民がたがいにおかしあうことなく、真に自由となり、世界の国ぐには、この国旗のようにあらそうことなく、それぞれの独立をたもっていくことができる」とある。そして、この本と同年に佐藤の名著『憲法』(ポケット注釈全書)も出版されたのだった。

実は私は法学部政治学科で佐藤先生の政治機構論を受講したが、それはこの本の出版される前年（一九五四年）、講義は憲法に拠る政治の仕組みであり、デモクラシーの政治機構論だったのだと改めて思う。今回『憲法と君たち』を精読して、「君たちのひとり」としての吾を想うこと切なるものがある。

『政治学辞典』一九五四

なお同じ時期に発刊された『政治学辞典』（中村哲・丸山眞男・辻清明編、岩波書店、一九五四年）では、民主主義の項は辻清明、平和の項は久野収、戦争の項は田畑茂二郎と坂本義和がそれぞれ長い解説・論文を書いている。政治と政治権力は丸山眞男が、憲法と憲法学を中村哲が担当している。この辞典自体が戦後日本の社会科学が総力を挙げた歴史的論集であり古典だと言えよう。なお私は丸山眞男の東洋政治思想史とゼミに参加、辻清明の行政学（必修）を受講した。懐かしい。

最後に　民主主義と平和と教育

憲法と教育について更に考えてみよう。

「人民の、人民のための、人民による」政治が、憲法で求められているとすればそれに重ねて、不可分のものとして、教育が語られねばならない。佐藤功が『憲法と君たち』で「憲法が君たちを守る、君たちが憲法を守る」という信念で語りかけているのは子どもたち、若者たちである。つまりは憲法を守るのは国民であり、未来を担う子ども・青年である。佐藤たちの活動は教育活動にほかならない。人民の、人民による、人民のための教育がなければ、民主政治は不可能だし、人民のための憲法は生かされないし、守れないないからだ。

問題はその先に、つまり人民の教育とは、人民による教育とは、人民のための教育とはかにかが問われ、それに重ねて憲法を活かし守る教育、民主政治を活かす国民を育てる教育が求められてくる。

憲法と一体のものとして創られた「教育基本法」(一九四七年)の前文には「われらは、さきに、日本国憲法を確定し、民主的で文化的な国家を建設して、世界の平和と人類の福祉に貢献しようとする決意を示した」と書き、続けて「この理想の実現は根本において教育の力にまつべきものである」と述べていた。第二条には「教育の目的は、あらゆる機会、あらゆる場所において実現されなければならない」とあった。戦後の民主主義を支える体制が憲法・教育基本法体制と呼ばれた所以である。それが国民主権と一体のものとしての国民(人民・ピープル)の教育権(教育への権利)であり、国民(人民)の学習・教育権は人権であり、すべての国民(人民・ピープル)の人格発達と個人の尊厳をめざす普通教育であり公教育である。それは国家教育ではない。

さらに平和に生きる権利、幸福追求の権利、人間的発達と学ぶ権利、教育への権利と国家の責任(何をやるべきであり、何をやってはいけないか)、そして、平和に生きる権利と子どもの権利の不可分性が問われてくる。戦後日本の教育実践と教育研究はこれらの問題に取り組み、深めてきた。

しかし、戦後民主主義の行き過ぎ是正を言い、戦後レジームからの脱却を唱える政治によって、教育基本法が変えられ(二〇〇六年、第一次安倍内閣)、改憲勢力による、改憲のための政治が図られている。学習指導要領と教科書検定を通しての教育内容統制が進み、加えて、競争と自己責任論による管理のもとで、教師の教育実践の自由が制約され、子ども・生徒の人間的主体性と学習の権利が侵害されてくる。憲法学習も疎かにされ、平和主義とともに、人権と民主主義の教育も空洞化してきている。

私たちの道は八・一五に立ち返り、憲法・教育基本法の精神に立ち返って、子どもの権利条約に重ねて、民主主義を個人の尊厳、人権の尊重、そして平和主義と結びつけて、「人民つまり日常の人々の、人民（人々）による、人民（人々）のための」生活と社会と政治、そのような国の形と世界のあり方を創りだす主体（それを市民といってもよい）を育てる他に道はない。民間教育団体（民教連）や全国教研の活動もここに集約されよう（その豊富な成果の蓄積は別稿に期したい）。

私たちが有志で「子どもの権利条約市民・NGOの会」の活動を軸に、子どもの権利の視点の重要性を訴え続け（＊7）、地球平和憲章づくりに取り組んできたのもそのための努力の一つである（＊8）。それは九条の理念をベースに不戦・非武装・非暴力の地球平和憲章を創る国際的な市民運動である。それは持続可能な地球環境のもとでの、平和に生きる権利を軸に、新しい国内・国際法秩序を作る運動であり、そのためには平和・人権・共生の文化と教育が不可欠となる。憲法、国連憲章、ユネスコ憲章、子どもの権利条約、そして日本国憲法が重要な拠り所となる。

それを敢えていえば、民主主義の原意＝人民の力＝に還っての、その現代的（「地球時代」的）発展だと言えるのではないか。人民には子ども・未来社会を担う者を含んでいる。憲法にも基本的人権は「現在及び将来の国民」に対して信託されたものだとあり（第一一条、九七条）、前文には「全世界の国民が、ひとしく恐怖と欠乏から免れて、平和のうちに生存する権利を有する」と書かれている。全世界の人民の、グローバルな平和と民主主義と教育を！

＊1　堀尾『人権としての教育』（岩波書店、一九九六年、新二〇一九年）、堀尾『日本の教育』（東京大学出版会、一九九四年）、

「日本の憲法・教育基本法の理念と子どもの権利・学習権論の発展」（台湾での報告、東京大学教育学部基礎研究室紀要、二〇一八年）など。なお堀尾「丸山眞男先生の平和思想」（『季論21』第40号、二〇二〇年一二月、本書二九〇頁所収）参照。

＊2　樋口陽一『リベラル・デモクラシーの現在』（岩波新書、二〇一九年）九頁。

この書には「ネオ・リベラルとイルリベラルのはざまで」の副題が付けられている。樋口は「リベラル・デモクラシー」は近代の立憲民主主義であり、日本国憲法の原理である。自民党憲法改正草案（二〇一二年）はこれに対して「ネオ・リベラルとイルリベラの組み合わせを対置したもの」と捉え批判する（一四一頁）。また彼は「ポピュリズムの二つのヴァージョン」の小項でガーディアン紙の論稿「ポピュリズムはジェファーソンからバニー・サンダースに至る抗議の話法の伝統」であり、「トランプ政治の正当な名は〝デマゴギー〟か〝にせポピュリズム〟だ。ポピュリズムは病気ではなく治療法なのだ」（二〇一八年五月二三日、電子版）を紹介している（一七五頁）。なおこの本の帯には「戦後デモクラシーの破局をどう乗り切るか」とある。

＊3　久野収「アメリカの非戦運動からみた憲法第9条」（『中央公論』一九六三年一月号（久野『憲法の論理』、みすず書房、一九六九年、所収）、なお戦争違法運動については、河上暁弘『日本国憲法9条成立の思想的淵源の研究』（専修大学出版、二〇〇六年）

＊4　堀尾「アインシュタインとフロイト」（日本反核法律家協会『反核法律家』二〇二〇年夏号）

＊5　深山正光『国際教育の研究 平和と人権・民主主義のために』（桐書房、二〇〇七年）、堀尾輝久、河内徳子編『教育国際資料集』（青木書店、一九九八年）

＊6　吉見義明『焼跡からのデモクラシー　上』（岩波書店、二〇一四年）

＊7　子どもの権利条約市民・NGOの会『国連子どもの権利条約と日本の子ども期』（本の泉社、二〇二〇年）、堀尾『子育て・教育の基本を考える』（童心社、二〇〇七年）

＊8　9条地球憲章の会「地球平和憲章」（二〇二〇年六月一四日公表。なお、堀尾「いま憲法を考える　9条の精神で地球憲章を！」（『季論21』二〇一七年夏号、本書一八六頁、参照）

（民主教育研究所編『民主主義教育のフロンテイア』、旬報社、二〇二一年）

丸山眞男の平和思想
――地球平和憲章の理念を深め運動を拡げる視点から

いまなぜ丸山眞男か

私たちの会（「9条地球憲章の会」）は、九条の精神で地球平和憲章作りに取り組んできた。憲章草案が出来た段階で、改めて私たちの取り組みを振り返り、先人たちの平和への取り組み、憲法九条を根づかせ拡げる努力に学びながら私たちの思想を確かなものとしたいと考えている。丸山は、戦後民主主義の思想的リーダーであるが、それにはマルクス主義やポストモダンの視点から、「近代主義」あるいは、「虚妄」とする批判があり、平和思想に関しても戦争責任や九条解釈について異論が出されている。それだけにいま丸山を九条の精神を掘り下げてきた先達として理解を深める事が市民・野党共闘を強め、民主主義と護憲の思想を豊かにするために重要だと考えた。

幸い、私は東大法学部の三年の時丸山眞男ゼミ（一九五三年度）に参加した。四年の時には先生は長期の病欠。そのこともあり、私は進路に迷ったが、もっと人間のこと（実存と社会性、実存主義とマルクス主義）を考えたいとの思いが強く、教育学部大学院の勝田守一先生（哲学・教育思想）

のもとで人間と教育の問題を考える道を選んだ。丸山先生にはその後も影響を受け続けてきた。今回の報告は、前半ではゼミやコンパでの記憶に残る先生の言葉や思い出を語り、後半では先生の平和思想や九条への思いを語り、それを引き継いでいま私たちが取り組んでいる安保法制違憲訴訟や地球平和憲章の理念についてお話ししたい。

丸山先生と私

いま述べたように、私は一九五三年度の丸山ゼミ（日本のナショナリズムとファシズム）に参加（三年生は私一人）した。四年時は先生のご病気でゼミは無く、講義も家永三郎氏が代講した。幸い私は三年時に受講し（鎌倉仏教から明治維新まで）、単位も頂いていたが、家永先生の講義も受講した（後に家永教科書裁判で法廷証言することなど想像だにしなかった）。なお四年時には『法の究極にあるもの』に触発された尾高朝雄先生の法哲学ゼミ（カントの永久平和論）に参加した。

この二つのゼミは、父が戦死し靖国の子（誉れの子）として育った私の、懐疑主義的青年期の、戦争と平和を考える姿勢をつくるのに大きな意味を持っていたと今にして思う。

私は、大学卒業時には、進路に迷ったが、もっと人間のことを、自分の生き方を考えたいとの思いが強く、勝田守一先生のもとで人間と教育の問題を考える道を選んだ。それは、疑う事から選ぶ事（生きること）への決断でもあった。教育学部の仲間からは生き方の基本と結びつく学び（研究）のあり方について触発された。京都学派（勝田もその一人）にも大きく二つの流れがある事を知った。

修士二年のとき丸山先生の大学院のゼミが復活し、出席し報告もした（「公民と公民教育」、『天皇制国家と教育』所収）。その後もお宅に伺ったり、丸山先生の研究会（ＶＧ研究会）に、自分の関心に応じて参加してきた。トレルチのSozial Lehren（キリスト教の教会とその諸集団の社会教説）の英訳の講読は記憶に残っている(Sekten と Kirchentypus)。先生の古層論の原形もここで話された。私もフランス留学の報告をした。

私はシュピーゲル事件（丸山先生がドイツの週刊誌『シュピーゲル』のインタビュー記事を訴えた事件）の時その場にいた唯一の証人でもある。

ゼミで記憶にのこること

学生の分かりにくい質問を正確に受け止め、コンテキストのなかに位置づけ、その意味付けをしながら、丁寧に答え、質問者が納得する、その教育的力量はすごいと感じていた。

私のゼミ参加の趣意書には日本のナショナリズムやファシズムの歴史的分析よりも、なぜ自分が軍国少年になったのかを歴史と社会のなかで考えたいという思いを書いた。ゼミでの私のテーマは「外国から見た日本のナショナリズム」で敗戦前後の、主として天皇制と戦争責任の問題を扱った。大窪愿二さんを紹介していただき、日本太平洋問題調査会にお訪ねした。『フォーリン・アフェアーズ』や『ポリティカル・アフェアーズ』を使っての研究らしきものを体験した三年時の夏であった。他者の目をとおしての自己認識の方法的自覚の第一歩だったと言えようか？

ゼミでの、私の記憶に残る先生の片言のいくつか。

私は a marxist だ（＊1）

マルクスの言っている事をマルクスを使わずにどう表現するか。

ラスキの多元的国家論とマルクス主義国家論をどう繋ぐのか、つなげるのか。（当時、学生達もラスキはよく読んでいた）

自分の主張は原理的な民主社会主義で、政治的立ち位置は容共右派だ。民主主義の徹底的実現が社会主義だ。民主主義は制度の問題に留まらず理念の問題であり、永久革命の課題だ。エートスとしてのコミュニズムが大事なのだ。（当時は学生も研究者も共産党との関係、立ち位置を意識していた）

ゼミのコンパで、私は「人間の尊厳の意味と根拠はなにか」と唐突に質問して場を白けさせ、先生も「別の機会に」と言われたことがあった。

場を弁えない自分の無礼を恥じたが、この問いはずっと自分自身への問いであり続けた。教師になった後も学生に質問されたら、どう応えるか……。

一　丸山眞男の戦争体験と平和主義

丸山は旧制一高生三年の春（一九三三年）、唯研での長谷川如是閑の講演に参加し特高に捕まった事はよく知られていることだ。初年兵としての日本陸軍内務班の非合理体験は軍隊の本質を考える契機だった。広島は宇品の船舶司令部に勤務、原爆体験は語るも嫌、思いだすのも嫌な体験であった（私の兄は船舶司令部の参謀だったが、被災の直後から被爆者の救出の任に当たった。このことを死の直前のメモに残した）。

敗戦と戦後改革

政府の憲法調査委員会（松本烝治委員長）で憲法改正検討。宮沢俊義（東京帝国大学法学部教授）も委員。東大の憲法研究委員会（委員長宮沢俊義）も発足、法学部助教授として復職した若き丸山らはそれを支えた。ＧＨＱの改正憲法案は憲法調査委員会の面々にとっても、内々に伝えられた東大の研究委員会にとっても、予想を超えるものであり、宮沢はこれを「八・一五革命」といったが、この表現はもとは丸山のものだったと言われている。国民主権、民主主義、平和主義の三原則が戦後改革の中軸となった。

一般に天皇制は護持されたと言われるが、国民主権のもとでの象徴としての天皇は帝国憲法下の天皇制とは異なるものである。しかし天皇の戦争責任の問題そして象徴天皇制の問題はその後も問われ続けている問題として残された。丸山の師南原繁は天皇退位を主張し、丸山は自由と民主主義の視点から、天皇制そのものを問い続けることになる。

丸山にとって、民主主義もまた問い続けられる永久革命的課題であった。かれの求めた社会理念としての社会主義、共産主義も、民主主義とともに問い続けられるべき永久革命的課題であった。後年「民主主義の徹底をめざそうというのがコミュニズム」とも語っていた（『自由について』、聞き手鶴見俊輔他、ＳＵＲＥ、二〇〇五年、五〇頁）。またソ連崩壊後にはあれは社会主義ではなく「国家主義の変種」で、「いまこそ本来の社会主義を擁護する時代になった」（『図書』一九九五年七月）と述べている。マルクスに学び、ラスキと対話しつづけ、「現実の社会主義国」を見つめてきた丸山の課題意識は今日の私たちのものでもある。

平和主義

戦争放棄と非武装の憲法九条は厭戦、嫌戦の庶民の感覚から悦ばしく、有り難きものであった。兵卒（将校ではない）としての体験と広島原爆を体験した丸山はそれを共有していた。日本ファシズムと軍国主義の痛烈な批判者であり帝国軍隊の解体は当然のことであったが（「超国家主義の論理と心理」、『世界』一九四六年五月）、しかし、国家論、権力論の研究者としての丸山は、恐らく、にわかに平和主義者にはなれなかったのではないか。南原が（共産党も）憲法案を審議した最後の帝国議会で九条の非武装条項に疑念を出したように。

しかし占領政策の反共化（レッドパージ）と、朝鮮戦争、日本の再軍備への動き、そして日米安保条約への動きのなかで、大学もイールズ事件（一九四九年、連合軍教育顧問だったイールズは新潟大学で共産主義教授の追放を言い、教員、学者、学生たちの反対の声が広がった）等で緊張し、そしてH・ノーマンの死（カナダの外交官で日本史学者だったが、ソ連のスパイの疑いをかけられ自殺）もあって、丸山は国際情勢と日本の国内の政策動向へのリアルな認識を通して、九条の意義を再発見・再認識したのではないか。

「三たび平和について」（一九五〇年朝鮮戦争の直後の執筆、『世界』一九五〇年一二月）は、平和問題談話会報告で丸山がその一章、二章の下書きを書いたことが知られている。「三たび」とは「戦争と平和に関する日本の科学者の声明」（『世界』一九四九年三月）、「講和問題についての平和問題談話会声明」（『世界』一九五〇年三月）につぐ三度目の意味。ここには「非戦非武装の憲法の精神は、見方によっては迂遠きわまる観念論という事になろう。しかし、むしろ一歩事態の把握を深めてみれば、まさにそれが、現代戦争の現実認識に最も則した態度であり、自国または他国の武装に安全保障を託するような考え方こそ、かえって安易な楽観論であるとわれわれは考えざるをえないのである」「戦争を最大の悪とし、平和を最大の価値とする理想主義的立場は、戦争が原子力戦争の段階に到達したことによって、同時に高度な現実主義的な意味を帯びるに至ったといえよう」。この項の小見出しは「原子力戦争は、最も現実的たらんとすれば理想主義的たらざるをえないという逆説的真理を教えていること」とある（『丸山眞男集』第五巻、一〇頁）。

この平和問題懇談会声明への主体的コミットメントは朝鮮戦争、再軍備、そして片面講和と安保条約へ向かおうとする状況での、九条に賭ける丸山の決意表明であったと思われる。同時にこの論文が個人論文としてではなく、「平和問題談話会の声明」として発表されたことの意義は大きい。一九五一年大学入学の私たちにとっては、全面講和と二つの世界の平和的共存と日本の中立を主張する『世界』の諸論文は、大きな影響力をもっていた。

一九五五年の自民党の結党と憲法調査会の発足という改憲へ向けての動きのなかで、それに対抗して発足した憲法問題研究会（大内兵衛、宮沢俊義等）での共同研究も、社会的にも大きな影響力をもっていたが、丸山はそこでも中心的な論客であった。

戦争責任論の盲点

丸山の平和に関する論文（＊2）の中に「戦争責任論の盲点」という「思想の言葉」（一九五六年）がある。丸山は戦争責任の問題を天皇、官僚機構、そして財界の経済支配の問題、軍隊の問題と分節的に問いながら、最後に、戦争責任論の盲点として、じゃあ民衆はどうだったのか。さらに、戦争に反対した唯一の党である共産党。これは立派だけれども、ファシズムに負けた責任は問わなくていいのかという問題提起をしたのだが、なんだ丸山は反共になったのかという形で反発された論文なのだ。私もこの論文にはそこまで言うのかという思いで違和感を感じていた。歴史的な評価としては公平ではないと。遠山茂樹も「当時の歴史的条件を無視するもの」と書き、鶴見俊輔も、あの信頼している丸山さんだけど、この論文だけはいただけないという反論を書いた。その後、九〇年代に丸山批判が再燃する。

そのうえであえて弁護すれば、共産党は唯一正しかったのだ、がんばったのだという言い方だけで本当にいいのか、なぜ反ファシズムの連合、連帯ができなかったかという、そういう問題はやはり考える必要があるのではないのかという問いであった。正確に引用すれば「非転向コンミュニストが戦争責任の問題についてもっとも疚しくない立場にあることは周知のとおりである。彼らがあらゆる弾圧と迫害に堪えてファッシズムと戦争に抗してきた勇気と節操とを疑うものはなかろう」と述べたうえで、「個人の道徳的責任ではなく前衛党としての指導者としての政治的責任の問題」として「国民に対しては日本政治の指導権をファッシズムに明け渡した点につき、隣邦諸国にたいしては侵略戦争の防止に失敗した点につき、それぞれ党としての責任を認め、有効な反ファッシズムおよび反帝闘争を組織しなかった理由に大胆率直な科学的検討を加えてその結果を公表するのが至当である」と述べていた。

現在の時点でこの論文をどう再読するか。再読してもやや八つ当たり的で無い物ねだり的批判の感はぬぐえない。しかし、当時の「平和運動と護憲運動を進めるため」には、共産党のもつ独善主義的で他者を許さない態度が運動を拡げる妨げになっていることへの批判としてこの論が書かれたものであることは、この論文の冒頭を見れば分かることであり、最後の一節こそが丸山の言いたかったことだと思う。「共産党が独自の立場から戦争責任を認めることは社会民主主義者や自由主義者の共産党にたいするコンプレックスを解き、統一戦線の基礎を固める上にも少なからず貢献するであろう」と結んでいるのである（第六巻、一六四―一六五頁）。丸山は「戦争責任の問題は戦後責任問題と切り離しては提起されえない」（「後記」、『現代政治の思想と行動』、一九五七年）とも言っている。これは丸山提起の背景として重要だとおもう。この丸山提起は同時期の「〈スターリン批判〉の批判」（一九五六年）にも通じている。それは国際的コミュニズムに共通するスターリン主義批判がどこまで自己批判足りえているかを問う問題提起として再読に値すると思う。

同じ時期にハンガリー事件がある（一九五六年、ソ連とハンガリー共産党政権の支配に反対して民衆が全国規模のデモをおこなったことに対しハンガリー政権はソ連軍の出動を要請。市民約三〇〇〇人が死亡、二〇万人に以上が国外亡命した）。

なぜ丸山さんがそれを言ったのか。「がんばったんだ」「自分が正しかったんだ」というだけでは、独善的で、反省的・主体的な歴史の認識あるいは課題化的認識としては不十分ではないかという問い、信条倫理と結果責任の区別の問題を含んでいたのだと理解したい。

このことは私たち自身にも向けられた問いでもある。たとえば私たちは、教育基本法の改悪に反対してきたというだけでなく、なぜ阻止出来なかったのか。いま、九条地球憲章の問題や子どもの権利の問題にかかわっているのだが、若い人がこない、子どもの権利条約が根付かない、何故なのだ。どこに弱さがあるのかという、思考方法の問題提起として受け止めればいい。あるいは、この前の高知の選挙で、野党の連合勢力ががんばって、もうちょっとで勝ちそうだった。「よくがんばった、がんばった」とだけ言われているけれど、やはりなぜ負けたのかをきちんと分析しないと課題が見えてこないではないか、京都では市民と野党連合はどうだったのか。なぜうまくいかなかったのか、そういう思考方法が大事なのだということをこの丸山さんは「盲点」として言っているのではないか。これを反共論文として、丸山は敵だと読んだのでは「容共右派」は立つ瀬がなくなる、逆に運動は広がらないと思う。

復初の説と九条見直しの論

①一九六〇年安保反対の集会で丸山が「復初の説」を説いた事もよく知られている。物事の初原に帰る事を意味する復初とは、この時の丸山にとって、「古層」でも、「福沢」（諭吉、丸山は福沢

を原点に近代日本を批判した）でもなく、「八・一五革命」にほかならない。丸山は「あえて虚妄に賭ける」とも言った。軍事同盟としての安保が憲法九条に違反することは明らかだが、安保条約改定は立憲主義の外がわに安保条約をおく事で憲法を壊す道を開くことになる(砂川裁判伊達判決、一九五九年三月、検察は跳躍上告し、同年一二月、最高裁は事実上の安保合憲論、統治行為論で判決を破棄。担当裁判長は最高裁長官の田中耕太郎)。その意味で反岸と反安保は「復初」であり、護憲の運動であったのだ(私は当時院生で学問と教育の自由を守る視点で安保改定反対のビラを書いた。教育学部とスタンフォード大学の日本の戦後教育改革についての共同研究が進められており私もそのメンバー（助手）であったが、その合宿研究会でもスタンフォードの教授と安保論争が交わされ、私は「米帝国主義」批判をし、教授を怒らせ、米国留学を断念することにもなった)。

②ところで六〇年代の初め、国際情勢には二つの世界の平和的共存へむけての変化が現れた。フルシチョフとケネディイの完全核軍縮へ向けての共同声明がそれである。その状況のなかで丸山は「憲法九条をめぐる若干の考察」を憲法問題研究会月例会（一九六四年一一月一四日）で報告する(『世界』一九六五年六月)。丸山は「軍備の完全撤廃案が全世界の責任ある政治家によってともかく真剣に討議されるに至ったという国際社会の変遷、そのテンポの速さこそ、考え方によって驚くべき事柄ではないでしょうか。憲法九条はもう一度見直されねばならぬと思います」と言っている。

「もう一度見直す」とはどういう意味だったのか。

丸山はこの論文で二つの世界の緊張と共存への動きの中で、まさしく全面軍縮以外に道なしというリアルな世界情勢のなかで九条を捉え直す視点の重要さを提起したのであった。

因みに、フルシチョフが国連総会で全面完全軍縮提案(一九五九年九月)、ケネディイ大統領当選(一九六〇年一一月)、米ソ全面完全軍縮の目標で合意、軍縮八原則共同声明(一九六一年九月二〇日)、一八カ国軍縮委員会が全面完全軍縮条約全文一六項目発表(一九六二年三月)……この流れのなかで米ソ首脳が「全面完全軍縮」を提起したことに丸山は注目し、その視点から九条を見直し、その先駆性を再評価しようと提起したのである。

しかし一九六二年一〇月にはキューバ危機、一九六三年一〇月にはケネディ暗殺、ジョンソン大統領のもとでベトナム介入の激化と世界の緊張は高まっていくのであり、丸山の現実認識は甘かったが、しかし、後で述べるように、核軍縮と平和へ向けての世界の動きは続いていくのであり、国連軍縮会議(一九七五年)、そしてユネスコの世界軍縮教育会議(一九八〇年)は complete disarmament(完全軍縮)を目標に掲げ、さらに今日核兵器禁止条約が成立しているこの流れにこそ丸山の視点と願いは生きているといえよう。核兵器の禁止と九条理念を重ねて捉える視点が最もアクチュアルな平和運動になっているのだから。

③同時に丸山はこの論文で九条を前文と結びつけて、その理念と思想の意味と意義を問い、九条の成立過程に関心を示し、戦争放棄の思想史を素描し、さらに一九四六年一月二四日の幣原・マッカーサー会談に関心をよせ、「いずれの側からかはともかく」、九条への発意がここでなされた事、そして幣原の九条理念への思い入れが強かった事を指摘し、三月末の戦争委員会での幣原の冒頭発言を引用し、核時代を意識した幣原の戦争放棄と非武装の思想を高く評価している。「幣原さんの思想は熱核兵器時代における九条の新しい意味を予見し、むしろ国際社会におけるヴァンガードの使命を日本に託したものであります」(同二七九頁)。さらにその年の「二十世紀最大のパラドックス」という文章の最後を「私は八・十五というものの意味は、後世の歴史家をして、帝国主義の再後進国であった日本が、敗戦を契機として、平和主義の最先進国になった。これこ

そ、二十世紀最大のパラドックスである――そういわせる事にあると思います。そういわせるように私たちは努力したいものであります」(同二九三頁、『世界』一九六五年一〇月)という言葉で結んでいる。

④この丸山の前文・九条にかける思いは幣原の思いと重なる。

幣原は亡くなる前、元秘書の平野三郎にこう語っている。

「軍縮は可能か、僕は軍縮の困難さを身をもって体験してきた。――軍縮交渉とは形を変えた戦争である。唯もし軍縮を可能にする方法があるとすれば一つだけ道がある。それは世界が一せいに一切の軍備を廃止することである。しかしそれは不可能なことだ」

「恐らくあの時僕を決心させたものは僕の一生のさまざまな体験ではなかったかと思う。何のために戦争に反対し、何のために命を懸けて平和を守ろうとしてきたのか。今だ。今こそ平和のために起つ秋ではないか。そのために生きてきたのではなかったか。そして僕は平和の鍵を握っていたのだ。何か僕は天命をさずかったような気がしていた」

「要するに世界は今一人の狂人を必要としているということである。――世界史の扉を開く狂人である。その歴史的使命を日本が果たすのだ」

(平野三郎記「幣原先生から聴取した戦争放棄条項等の生まれた事情について」、憲法調査会事務局、一九六四年二月＝『日本国憲法九条に込められた魂』、鉄筆文庫、二〇一六年、一三六―一三八頁)

⑤戦後改革を憲法と教育基本法の成立過程を軸に研究してきた(『教育理念』戦後教育改革シリーズ、東大出版、一九七六年)私にとっては、この丸山の幣原についての指摘は私を幣原研究に向かわせた一つの切っ掛けともなった。丸山は「いずれの側からかはともかく」と書いていたが、いま私はマッカーサー側の資料(特にマッカーサー・高柳賢三往復書簡、一九五八年)を精査し、平野文

書と合わせて幣原発意説を主張している（堀尾「憲法九条と幣原喜重郎」、『世界』二〇一六年五月号。本書三一二頁所収）。このことも先生とお話ししたかった（『しではら』という短編映画《DVD》も生地、大阪府門真市の人々の努力でできた。斉藤勝監督、堀尾監修、二〇二〇年文部科学省選定作品となった）。

⑥丸山と教育

丸山は教育は苦手だといいつつも、並々ならぬ関心を持っていた。

戦後、三島での住民の憲法や民主主義の学習会に参加していた事はよく知られている。吉野源三郎『君たちはどう生きるか』に付記された丸山の解説もよく知られている。「人民」という表現にこだわった丸山は「国民教育」運動という表現についても懸念していた。教科書の検定による国家統制の復活にたいしては家永三郎教科書裁判では学友としてだけでなく、国を相手に闘う家永に対しての熱烈な支持者であった（家永宛て書簡）。

大学紛争での全共闘運動に対しては民主主義を暴力的に破壊するものとして厳しく批判しておられた（昨年は東大闘争の「確認書」から五〇年）。

政治嫌いで政治的価値を低く見ていた丸山は経済や文化や教育の価値について、人間のありかたに重ねて、関心を持っていた。人間の尊厳について、そして教育的価値について、おはなしを伺う機会を逸したことは残念であった。丸山はリアリズムからすれば教育嫌いでもあったのではないか。しかし、永久革命としての民主主義を語るとき、民衆（人民と言うべきか）の主体的学習としての教育は不可欠であるはずである。

さらに戦争体験（軍隊と原爆）と戦後は文学者達との交流、そしてロマン・ロランやドストエフスキーへの関心と重ねてニヒリズムを突き抜けた先生の人間理解が伺いたかった。先生の残されたものから、読み解く他はない。いや私たち自身が個と社会のアンチノミー（矛盾）の意識に耐え、自らの問いとして問い続ける以外にない。

息子・彰さんの通っていた明星学園に呼ばれ、丸山夫人の前で緊張して教育の話をしたことを思いだす。先日お会いした彰さんから音楽好きの父親の親バカの面について伺った（堀尾「丸山眞男に〈人間と教育の思想〉を読む」＝『丸山眞男手帖』三三号）、「丸山眞男先生と私」（追悼文。『自由の主体を求めて』、本の泉社、二〇一五年所収、参照）。

二　現代政治への射程

歴史修正主義と安倍内閣の出現

九〇年代からの歴史修正主義と日本会議の動きのなかで憲法改正への動きが強まり、「戦後レジームからの脱却」を掲げての安倍内閣が出現（二〇〇六年）。教育基本法を改定し、防衛庁を省に昇格させ、国民投票法を通し、改憲への足場を作り、批判を浴びて下野。しかし第二次安倍政権で安保法制を強行採決し（二〇一五年）、日米軍事同盟を強化し、さらに改憲に政治生命を賭ける安倍政権。立憲民主主義を破壊し、公共性を解体させてきた政治・社会の状況を丸山先生はどう捉え、どう批判されるだろうか。再び「復初の説」を説かれるのではないか。そのことを私たちに託されてもいるのではないか。

「九条の会」の発足時（二〇〇四年）、加藤周一は丸山がいないことをことのほか残念におもったに違いない。

引き継ぐものとして

私は「地球時代」の視点から、「復初」つまり一九四五・八・一五革命の意味と憲法理念に立ち返って、なにをなすべきかを考えたい。「八・一五」とは日本の敗戦と変革への象徴である。同時にそれは国際的視点から見ても、大戦争の終結と平和へ向けての決定的な転換点であった。人類と地球の再発見の時代としての、平和・人権・共生を価値とする「地球時代」が始まる。国連憲章、ユネスコ憲章、世界人権宣言……この流れの中で、前文・九条を持つ日本国憲法も生まれたのである。それは二つの世界と冷戦、そして核時代の始まりでもあった。

顧みれば第一次世界大戦は戦争認識を変える転換点であった。空からの爆撃、毒ガスと地雷の地上戦、戦争の壮絶さを経験した人類は、まずアメリカで法律家（レヴィンソン）達を中心に、戦争そのものを違法と考える（outlawry of war）市民運動を始めた（そこにはJ・デューイもいた）。それが支えとなって、不戦条約を成立させたのだった（一九二八年）。

ドイツ・ナチズムと日本軍国主義はそれを反故にしたが、ホロコースト（大量虐殺）と大量餓死の経験、そして無差別爆撃と核爆弾は、戦争認識を決定的に転換させ、民衆の意識を変え、政治家の思考を変えさせた。厭戦から非戦へ、〈戦争は悪である、犯罪である〉。

戦争違法化の思想運動、不戦条約から国連憲章（一九四五年六月二六日）そしてヒロシマ、ナガサキの体験を経ての日本国憲法（前文・九条）の成立。戦争犯罪を裁く国際的裁判（ニュールンベルグ裁判、東京裁判）も開かれた。戦争は人道に反する犯罪とされていく。世界人権宣言（一九四八年）は一国（例えばフランス）の人権ではなく全世界の全ての人間の人権の宣言であった。帝国主義の時代は終わり、植民地の独立と平和と人権を軸とする「地球時代」への入り口が開かれてい

郵 便 は が き

料金受取人払郵便

小石川局承認

7766

差出有効期間
2025年9月13
日まで
（切手不要）

1 1 2 - 8 7 9 0

101

東京都文京区水道2−10−9
板倉ビル2階

（株）本の泉社 行

1128790 101

フリガナ お名前	年齢 歳 性別（男・女）
ご住所 〒 電話 （ ） FAX （ ）	
メールアドレス	
メールマガジンを希望しますか？（YES・NO）	

読者カード

■このたびは本の泉社の本をご購入いただき、誠にありがとうございます。

ご購入いただいた書名は何でしょうか。

(　　　　　　　　　　　　　　　　　　　　　　　　　　　　　　　　)

■ご意見・感想などお聞かせください。なお小社ウェブサイトでご紹介させていただく場合がありますので、匿名希望や差し障りのある方はその旨お書き添えください。

■ありがとうございました。

※ご記入いただいた個人情報は正当な目的のためにのみ使用いたします。

また、本の泉社ウェブサイト（http://honnoizumi.co.jp）では、刊行書（単行本・定期誌）の詳細な書誌情報と共に、新刊・おすすめ・お知らせのご案内も掲載しています。ぜひご利用ください。

く。

現実の世界は米ソ対立で世界は二極化し朝鮮戦争、ベトナム戦争と緊張が続く。しかしそのなかで平和への希求と平和的共存への志向も続く。バンドン会議（一九五五年）、ラッセル・アインシュタイン宣言（同）、スターリン批判（一九五六年）、ハンガリー事件（同）、パグウォッシュ会議（一九五七年）、米ソ完全軍縮（complete disarmament）共同宣言（一九六一年）、非核三原則（一九六七年）、核兵器不拡散条約（NPT、一九六八年）、国際環境会議（一九七二年）、ユネスコ国際教育勧告（一九七四年）、国連軍縮会議（一九七八年）、UNESCO軍縮教育世界会議（一九八〇年）、セビリヤ（非暴力）宣言（一九八五年）と国際的な平和への努力が続く。

さらに一九八九年のベルリンの壁、そしてソ連邦崩壊（一九九一年）によって米国の勝利と世界の一国支配（パックス・アメリカーナ、グローバリゼーション）が始まったかに見えたが、湾岸戦争（一九九一年）、九・一一同時多発テロ（二〇〇一年）とアフガニスタン空爆開始、イラク戦争（二〇〇三年）と中東への介入と不安をひろげ、米国は威信を失い、世界は多極化・地域化（中南米、アフリカ、東南・東北アジア、アラブ諸国、EU、北欧）し、地域の非核化と平和へ向けての努力もひろがっている。

この間、国連レベルでも、地球サミット（一九九二年）に続いて、地球温暖化や気候変動への国際的関心が広がり、平和に関しても、国際平和文化年（二〇〇〇年）と平和文化への一〇年プロジェクトへの取り組み、さらに国連平和への権利宣言（二〇一六年）、そして核兵器禁止条約（二〇一七年）の成立とその批准運動の取り組みが進み、市民運動が国際法を作る時代へと動いてきた。

国際法認識も変革を迫られている（国家から人へ、国際人権法、戦時国際法の無意味化）。

戦争放棄のみならず交戦権をも破棄した日本国憲法は、この流れにあり、コスタリカ憲法とともにその最先端にある。国際平和主義こそがその理念であり、一国平和主義ではないのである。前文には世界の全ての人々の「平和に生きる権利」を宣言し、平和を求める国際社会において「名誉ある地位を占めたい」と述べ「国家の名誉に賭け、全力をあげてこの崇高な理想と目的を達成する事を誓う」と結んでいるのである。ペシャワール会の中村哲さんのアフガニスタンでの命と緑を取り戻す活動は、この憲法に守られ、その理想を実現する運動でもあった。しかし瀕死の憲法では中村さんの命を守る事が出来なかったとも言えよう。

〈日米安保は憲法違反である。自衛隊は違憲である。集団的自衛権を認める安保法制は違憲である〉。ならば憲法を変える以外にない（安倍政権）。その実質改憲政策が中村さんの悲劇の背景にあることは間違いなかろう。リアルにみれば日米安保のもと、軍国化を強める日本は、憲法のいう「名誉ある地位」を失っているといわねばならない。

しかし丸山に倣って言えば、この理念を通して日本と世界の現実を見れば、現実も一枚岩ではなく、現実に根ざした理念で現実を変える運動こそが求められているのであり、九条は世界の宝だという認識も広がりつつあるのだ。

核兵器禁止条約に九条を重ねて、非戦・非核・非武装の旗を！　非暴力と平和に生きる権利の旗を！　平和・人権・共生の文化を！　人権・子どもの権利・未来世代の権利を！　平和と民主主義を担う主体形成を！

「地球時代」を拓くために！

いまなすべきこと

①私たちは戦争に反対し改憲を阻止するために何ができるか

危機的な国際政治情勢のなかで国連総会での平和への権利宣言（二〇一六年一二月、賛成一三一）、そして核兵器禁止条約（二〇一七年七月、賛成一二二）成立は大きな希望である。提案した委員会の委員長はコスタリカ代表であり、日本は欠席。その空席には「貴方はここにいて欲しかった」と書かれた織り鶴がおかれていた。この条約は国際的な長い運動があり、ヒバクシャ運動、非核法律家協会（日本、国際）、そしてICANの若者たちの国際的運動が実ったものだ。国際的な批准運動が進められており、昨年暮れ、フランシスコ教皇のナガサキ、ヒロシマからの世界へのメッセージは、批准を渋る日本政府にたいしてもインパクトを与えた事は確かだろう。私たちも日本政府の批准を求める運動を進めよう。八月現在四四カ国で批准され、年内に五〇カ国を越えての発効が期待される。

②九条を守り、拡げる運動

私たちは戦前の国内国外の平和思想に学び（ルソー、カント、ユーゴー、ジョレス、デューイ、アインシュタイン、フロイト、ラッセル、安藤昌益、中江兆民、内村鑑三、柏木義円、田中正造、柳宗悦、石橋湛山など）、戦後日本での九条を軸とする平和の思想と運動に学び（幣原喜重郎、丸山眞男、深瀬忠一、小林直樹、全国憲法研究会、平和教育、九条の会＝各地・各分野七〇〇〇を越える）、非戦非武装の思想を根付かせる努力が求められている。

さらに、世界に九条の意義をひろめることに意識的に取り組むこと。これまでもハーグでの世界市民平和会議（一九九九年）、東京、大阪での九条世界会議（二〇〇八年）が開かれた。これを機にピースボートの運動も始まった。九条は世界の宝だとする有識者や政治家も増えている（C・オーバービー、アレン・ネルソン、VFP＝平和を求める退役軍人の会、N・チョムスキー、R・ヴェイユ、アリアス、マハティールなど）。

③九条の精神で地球平和憲章をつくる運動を（＊3）

二〇一五年準備会、二〇一七年三月「9条地球憲章の会」発足。趣意書発表（呼びかけ人一四〇、賛同者一〇〇〇《内外国人八〇名》を越える）。二〇一九年五月非戦、非武装、非核、非暴力、平和に生きる権利を理念とする地球平和憲章案（日本発）発表、意見を参考にワーキング・グループで再検討。二〇二〇年五月二五日草案発表、英訳版も。四月末のニューヨークでのNPT検討会議にあわせて国際NGO集会でアッピール予定だったがコロナ禍のため開催されず。（その後の活動は本書第二部を参照されたい）

④安保法制違憲訴訟（国賠、差し止め）原告として

違憲訴訟：安保法制がその成立過程が立憲主義に反し、内容が九条に反する事を証明する事はやさしい。

しかし違憲立法審査権はなく、提訴は国にたいする個人の損害賠償請求であり、提訴者の精神的打撃を証明しなければならない。平和に生きる権利、幸福追求権、人格権が争点。

私の訴状のポイントは二〇一五年九月一九日の安保法制立法の強行採決によって、憲法と平和の研究者として、又教育者として受けた精神的打撃を説明し、それが一三条の幸福追求の権利を侵し、学問と教育の自由を侵す事を強調したが、最後は提訴は私憤からのみならず公憤からのものだと訴えた。

法廷でも、安保法制の社会的影響についての質問があり、私は「安保法制の強行採決が象徴的に示している日本の民主主義の危機、他方で科学技術の急速な発展、その隙間に軍国主義が芽生えるのだ。実はこれは丸山眞男先生が軍国主義について言われていた事なのです。まさにそういう時代に再びなってきつつあるのではないか。ふたたび軍国少年・少女が生み出されてくるそう

いう時代になっていくのではないか。これから予想される社会の変化の中で安保法制がどういう役割を果たすのか、裁判官はこれから起こりうる事態の重大さに付いても判断の視点にいれて欲しい」と述べたのだった。この時私は丸山先生とともに法廷に立っていたと思っている（参照：東京地裁法廷尋問、二〇一八年五月一一日。なお、法廷に提出した陳述書を本書四二一頁に収載）。

同時に日本の違憲訴訟制度と手続きが変わるべき事を感じた（家永教科書裁判でも同様の問題を感じていた。因に家永訴訟は検定によって受けた学者としての精神的打撃への損害賠償として提訴であったが、法廷では検定によって歪められた教科書を使う生徒の真理・真実を学ぶ権利を奪う事が争点となり、私の法廷証言も重点をそこに置いたのだった）。なおコスタリカの違憲裁判は市民に提訴の権利がある（サモラ・ロベルト氏の事例：イラク介入、原発で違憲訴訟を起こし、勝訴した）。

安保法制違憲訴訟の全国的裁判状況：国家賠償請求訴訟と自衛隊スーダン派兵差し止め訴訟が全国二二の地裁で争われている。原告七七〇四名、代理人一六八五名、東京地裁国賠訴訟二〇一九年一一月七日判決。裁判は高裁へ。差し止め訴訟：東京地裁結審。長期戦である。〔復初の精神で、行動を！〕

＊1　丸山自身の言葉として記録に残されているものには「僕はマルクス主義者にもコミュニストにもならなかったけれども、若いときに決定的と言えるほど影響をうけたのは、やはりマルクス主義だ」（『ユリイカ』一九七八年三月号）、「私個人は、まさに学生の時から、マルクス主義者、それも優秀なマルクス主義者を友人や先輩にもっていたことはつくづく自分の学問をみがくためにも幸福だったと思っています。……例えば、政治というものと哲学とか経済学とかと関連させて見ていかねばならないという習慣を付けてくれたのは、なんといってもマルクス主義のおかげが大きい」（「昭和思想史への証言」、『エコノミスト』一九六六年八月号所収。いずれも笹倉秀夫『丸山眞男論ノート』、みすず書房、一九八八年、三三一頁）。

一九五三年度のゼミで、学生の質問に、間を置き、aを強調しながら、a marxist といわれたのは、わたしの記憶違いではないであろう。

丸山は「マルクスはフロイトは知らなかったが、マルクスくらい、総合的にね、人間関係、社会関係の問題についての基礎理論と言うものを構築した人はいないですね、マックス・ウェーバーというのは、ぼくは偉いと思うけれども、やはり、断片的でしょ。ただし、マルクスほど体系的ではないにしても、ウェーバーというのは最後の社会科学者だと思う」と話し、後は専門分化し社会科学者はいなくなったといい「マルクスからウェーバーへの立ち返りを通して悪しき専門分化の泥沼から脱する道」もあると考えていた（丸山『自由について―七つの問答―』、聞き手・鶴見俊輔、北沢恒彦、塩沢由典、SURE、二〇〇五年、一〇四頁）。

『思想と行動』の第二部追記には「マルクス主義がいかに大きな真理性と歴史的意義を持っているにしても、それは人類が到達した最後の世界観ではない。やがてそれは思想史の一定の段階のなかにそれにふさわしい座を占めるようになる。その時、歴史的なマルクス主義のなかに混在していた、ドグマと真理とが判然とし、その不朽のイデー（人間の自己疎外からの恢復とそれを遂行する歴史的主体という課題の提示）ならびにそのなかの経験科学的真理とは沈殿して人類の共同遺産として受けつがれていくであろう。ちょうどあらゆる古典的思想体系と同じように……」（同書五五二頁）

私も大学院にはいってから自分は a marxist だといってきた。そして疎外論を媒介しての人間の全面発達と主体形成論を軸に教育研究を模索してきた。マルクス主義教育学はマルクスの残した課題でありマルクスの教育についての片言を集めてもそれは教育学にはならないと考えてきた。大学院では人文主義から啓蒙・革命期のフランス思想に学び、デュルケムからブルデューへの文化教育社会学に学びワロン、ピアジェ、ビゴツキーの人間発達論に学んできた。デューイやブルーナーからも。

私のもう一人の師勝田守一（教育思想）は「総合的人間学としての教育学」を志向していた。一五年前に発足した総合人間学会初代会長は小林直樹（法哲学）で私は第三代目の会長を努めた。小林さんは丸山さんを「導師であり同志であった」と話されていた。今私はアインシュタインとフロイトの往復書簡『ひとはなぜ戦争をするのか』に読み耽っている。「心と身体の奥底からの戦争への拒絶反応を起こす文化」（フロイト）、先生にはこんなことも話したかった。バレンボイムとサイードについても、「第九」と九条についても話したかった。シャンソンもご一緒に歌いたかった。（拙稿の「丸山眞男に『人間と教育の思想』を読む」、『丸山眞男手帖』第33号、「丸山先生と私」改題＝『堀尾輝久対談集　自由の主体を求めて』、本の泉社、2014年所収＝を参照されたい）

＊2　丸山の平和に関する文献としては以下のものがある。

「超国家主義の論理と心理」（『世界』一九四六年五月）

「軍国支配者の精神形態」（『潮流』一九四九年五月）
「三たび平和について　平和問題談話会研究報告」（『世界』一九五〇年一二月）の第一章、第二章。
「『現実』主義の陥穽―ある編集者へ」（『世界』一九五二年五月）
「戦争責任論の盲点」（「思想の言葉」、『思想』一九五六年三月）
「日本支配層の戦争責任」（『現代史体系』、みすず書房、一九五六年一二月報、『丸山眞男集　別巻』所収）
「『スターリン批判』の批判―政治の認識論をめぐる若干の問題」（『世界』一九五六年一一月）
「復初の説」（一九六〇年六月一二日、民主政治を守る講演会での講演、『丸山眞男集』第八巻所収）
「憲法九条をめぐる若干の考察」（『世界』一九六五年六月、憲法問題研究会『憲法を生かすもの』一九六一年、『憲法と私たち』一九六三年、『憲法読本』上下一九六五年）
『現代政治の思想と行動　上下』（未来社、一九五六年七月）
『戦中と戦後の間１９３６―１９５７』（みすず書房、一九七六年）

【参考文献】
石田雄『平和の政治学』（岩波新書、一九六八年）
今井伸英『丸山眞男と戸坂潤―護憲の論理と丸山政治学の陥穽』（論創社、二〇〇〇年）
田口富久治『丸山眞男とマルクスのはざまで』（日本経済評論社、二〇〇五年）
吉田傑俊『丸山眞男と戦後思想』（大月書店、二〇一三年）
樋口陽一『リベラル・デモクラシーの現在』（岩波新書、二〇一九年）

＊3　堀尾「いま憲法を考える　九条の精神で地球憲章を！」（『季論21』第37号二〇一七年夏。本書一八六頁所収）。
この論文に「9条地球憲章の会」発足の経緯と地球憲章づくりの趣意書が載っている。

なお「地球平和憲章」は「9条地球憲章の会」のＨＰ参照。

https://www.9peacecharter.org　E-mail:9.globalpeace@gmail.com

「9条地球憲章の会」講演＝二〇二〇年二月二〇日＝に加筆。丸山文庫記念講演（二〇一九年一二月七日）参照。

（『季論21』第50号、二〇二〇年秋号）

憲法九条と幣原喜重郎
――憲法調査会会長高柳賢三・マッカーサー元帥の往復書簡を中心に

はじめに

私はかねがね憲法の成立過程、とりわけ九条の成立過程に関心をもち、幣原喜重郎の果たした役割とその思想に注目してきた。一九四六年一月二四日にマッカーサーと幣原の会談があり、その時、今度の憲法に戦争の放棄の条文を入れる事の発意があったのだが、それは幣原からだったというのが私の見解で、これまでも論文等で発表してきた。憲法学者では深瀬忠一先生の研究があり私は励まされてきた。

幣原説の資料としては幣原自身の回想や、「あれは幣原だった」とする当時の幾人かの証言や思い出の中で語られてきたこと、マッカーサーの米国上院での証言や回想録等であるが、私はそれに加えて、高柳賢三の『天皇・憲法第九条』（有紀書房、一九六三年）での論述に注目してきた。

しかしポツダム宣言受諾後、帝国憲法改正のために内閣に設置された憲法問題調査委員会（松本委員会）案が「毎日新聞」（一九四六年二月一日）でスクープされてから、二月三日のマッカーサーの三原則の提示、そしてＧＨＱ内部での短期間の憲法案作成、それをうけての日本政府案の作成

（三月五日）までの間、幣原には九条に関連しての発言がないこと、さらに米国上院でのマッカーサー証言（一九五一年五月五日）は信頼できないという根拠のない理由から、幣原説を否定する論者も多く、憲法改正論者はマッカーサーの押しつけ説を繰り返している。安倍首相の戦後レジームからの脱却・改憲論は、占領下の押しつけ改革批判を根拠にしている。その論からすれば、戦後民主主義も象徴天皇制も占領下の押しつけの産物ということになる。近年の古関彰一氏の精力的な研究にも注目してきたが、古関氏はいわゆる押しつけ・改憲論とは違うコンテキストではあるが、幣原発意説を繰り返し批判している。これらに共通して高柳の前掲本に注目したものは皆無である。

探していた資料

高柳は、自由民主党政府のもとで改憲のためにつくられた憲法調査会（一九五六年設置法、五七年に岸信介首相のもとで始動、六四年に最終報告提出。本文一二〇〇頁、付属文書四三〇〇頁）の会長を務め、憲法制定過程を検証し報告書をまとめた責任者である。

高柳は、この活動のまとめの段階で、「憲法第九条――その成立経過と解釈」を論文として発表した（雑誌『自由』一九六一年一二月号）。前掲高柳本にはこの論文が収められており、私はしばしばこれに依拠してきた。そこにはこう書かれている。

「わたくしは、一九四六年貴族院議員として、同院における新憲法案の審議に参加したが、そのころわたくしは、憲法第九条は、連合国が日本非武装化政策を新憲法に定めることによって、これを永久化しようとするのではないか、と素朴的に考えていた」（六五頁）。だが（憲法調査会での調査の結果）、「わたくしの素朴な推定は、あやまりであることが判明してきた」（六六頁）。

「第九条の発祥地が東京であり、一月二十四日のマッカーサー・幣原会談に起因する点は疑われていないが、その提案者が幣原かマッカーサーかについて、日本でもアメリカでも疑問とされていた。(中略)しかし調査会の集めえたすべての証拠を総合的に熟視してみて、わたくしは幣原首相の提案と見るのが正しいのではないかという結論に達している」(七六―七七頁)。

この論文で高柳はマッカーサーの高柳宛の書簡についてふれたあと「〝日本国憲法第九条は、幣原首相の先見の明と英知とステーツマンシップを表徴する不朽の記念塔である〟といったマ元帥の言葉は正しい」(八七頁)とのべている。

私はこれまで何度か、マッカーサーのこの言葉を高柳宛の書簡からとして引用してきた。しかしその書簡の原文(英文)はどこにあり、日付はいつなのか判らないままになっていた。今回、国会図書館の憲政資料室を訪ね(二〇一六年一月一九日、二二日)、その原文の手紙(高柳・マッカーサー往復書簡)を見つけだす事ができ、久し振りに研究者として興奮している。それをここで紹介したい。幣原説を補強する大事な資料であることは間違いない。

高柳・マッカーサー往復書簡

それは、見当をつけていた憲法調査会関係資料のなかにあった。

"Correspondence between Chairman Takayanagi and General MacArthur and General Whitner Commission on the Constitution (1～21page)，その表紙には憲法調査会事務局の印がある。日本語訳「高柳会長とマッカーサー元帥及びホイットニー准将との間に交わされた書翰」、昭和三十四年二月、憲法調査会(一～二六頁)と合わせて合本資料としてまとめられている。関係資料の通し番号(12853-12891)が付してある。この資料自体興味深いので、少し解説しておこう

(なお英文の訳文は憲法調査会訳、必要に応じて英文を挿入した)。

憲法調査会会長高柳賢三は、日本国憲法の成立過程の歴史的調査のために訪米した調査団の長として、調査の最終段階でマッカーサーとの会見を強く願っていた。

一九五八年一二月一日付の最初の会見申し入れの手紙には、憲法調査会は内閣に置かれてはいるが内閣からも政党からも自立した委員会として、憲法の成立過程、憲法の運用の実際と国民生活に及ぼした影響、改正の必要の有無の調査が目的であることを強調し、これまであった「誤報や誤解」を正すための詳細な検討の中で、アメリカ側の情報が不可欠であり、それは「真理のため」であり、そのことが日米の相互利益になると痛感しているとのべ、「貴下は、わたくしたちが調査している問題について権威ある情報を握っておられ、わたくしたちの真理の探究 (our search for truth) に対して大きな寄与をなす事ができるということを考えると、わたくしたちが貴下に会見できずに日本に帰るとしたら、わたくしたちの今回の渡米は、不完全なものとなりましょう」と書き、わたしたちはニューヨークのアビー・ホテルに一二月五日から一二日まで滞在予定なので、その間にぜひ「会見下さるようお願い申しあげます」と会見を切望している。

この文面の背後には、憲法調査会が改憲のための調査会ではないかという疑念が、日本国内はもとより米国側にもあったので、マッカーサーは会見に躊躇していたという事情があった。ホイットニーへの書簡には、このような事情がいっそうはっきりと読み取れる。

高柳は同日付の手紙をマッカーサーの側近(GHQ民政局長)であったホイットニーに出し、貴下が「日本大使館の安川氏」からの情報によって、憲法調査会の性格及び訪米の目的を「誤解されているように思われるのは残念」だとのべ、この調査会は「憲法を反動的に改正 (reactionary revision) するのを支持する人々の集りではありません」「改正に賛成する人々のために証拠を発見するためではありません」「むしろ学術的なものであります」とのべ、自分の英米法研究者としての経歴を紹介し、書簡に長い自己紹介と詳細な質問項目の二つを添付資料として付記し、訪米の真意への理解を求め、マッカーサーとの会見の支援を願う書簡となっている。

これに対するホイットニーの返答（一二月四日）には、調査会の目的についてこれまでの日本大使館からの情報とは「雲泥の差」があること、「貴下の説明が貴調査会がわが国を訪問する前に行われていたならば、調査会が意見を聴きたいと思っておられるすべての人々の完全な協力を得ることができたであろうと信じます。しかし、このように明らかな食い違いから生じた現在の状態は、とても混乱しておりますので、わたくしは、調査会の活動に参加しないというわたくしの前の決定を変更するのは賢明ではないと思います」というものだった。同時に手紙の最後に「わたくしたちが日本国民の幸福をもっともよく増進するような新しい憲法を制定するために一しょに働いていたとき以来、貴下のことをよく覚えており、貴下に好感をいだいております」とある。「反動的で気ままな改憲論」への、ホイットニーのいらだちが伝わってくる文章となっていることにも気づく。

高柳の質問とマッカーサーの回答

その翌日の日付（一二月五日）で、マッカーサーからの、書簡による返事が届く。

冒頭で高柳からの三点についての質問（①占領統治のあり方、②天皇制問題、③第九条問題）を繰り返してそのまま明記し、項目ごとに簡潔に回答している。

まず、回答の冒頭で「わたくしは、今は完全に日本自身の主権（Japan's own national sovereign authority）の範囲内にある事柄に関して、日本の調査委員会の議事に正式に参画することが適切であるかどうか疑わしいと思いますが、貴下の御質問に対して、非公式に（informally）、次のように御回答申しあげます」とのべて、質問①の占領統治のありかたについては、当時の日本の政治情勢の絶望的ななかで、「外人による軍政か自治的な民政かが問題」であり、連合軍による分割統治をよしとする圧力の中で、「わたくしの確固とした決意と目的は、このような強暴な差別的処置を避け、日本の君主制をできるだけ速やかに近代的、自由主義的な線に沿って再建する事でありました」。

この原文は、My fixed determination and purpose was to avoid such violent discrimination and to reconstruct Japan,s sovereignty along modern and liberal lines as practicable. となっている。Japan's sovereignty が、調査会訳では「日本の君主制」となっている。思い込みによる誤訳というべきか。

質問②が天皇制について。「天皇制の維持（the preservation of the Emperor system）は、わたくしの不動の目的（fixed purpose）でありました。天皇制は、日本の政治的、文化的生存に固有のものであり欠くことのできないものでした」とのべている。なお質問での「天皇制の維持」の英文は the maintenance of the Emperor system となっている。なぜマッカーサーは maintenance を preservation としたのか。訳は同じでよいのか。また「不動の目的」と訳されている fixed purpose の背景には、米国および連合国のなかに天皇制をめぐるさまざまな意見のあるなかでの、連合国軍最高司令官（GHQの長）の政策選択としての fixed purpose（確定した目的）だったということであろう。ここには、天皇の人間宣言、そして象徴天皇制の歴史的理解に関わる問題が含まれているように思われる。

質問③は第九条について。まず高柳の質問の全文はこうである（なお質問はホイットニーを介してのため間接話法となっている）。

「多くの議論が行われている第九条については、わたくしは、マッカーサー元帥も幣原男爵も、日本の基本政策という観点からのみならず、世界全体に実現すべき将来の事態（the shape of things 姿かたち）という観点から考えていたものと思う。日本国憲法第九条は、世界各国の将来の憲法の模範となるべきものであった。さもなければ、人類は、原子力時代において死滅してしまうかも知れない。わたくしは、ロスアンゼルスにおける元帥の雄弁な演説に大いに感動し、元帥が日本政府に対して本条を憲法に入れるように勧めたとき（when he encouraged the Japanese Government to put that article in the Constitution）、元帥の心中には他の考慮もあったかも知れないが、これが元帥の支配的な考えであったと思うようになった」。この「わたくしの印象が誤っていないかどうかを元帥にお尋ねしたいのです」というものである。

それに対してマッカーサーはこう答えている。

「3. 貴下の印象は正しいものであります。第九条のいかなる規定も、国の安全を保持するのに必要なすべての措置をとることを妨げるものではありません。わたくしは、このことを憲法制定の当時述べましたが、その後（中略）自衛隊（Defense Force）を設けるよう勧告いたしました。本条は、専ら外国への侵略を対象としたもの（the article was aimed entirely at foreign aggression）であって、世界に対して精神的な指導力（spiritual leadership to the world）を与えようと意図したものであります。本条は、幣原男爵の先見の明と経国の才と英知の記念塔として、永存することでありましょう」。最後の文章の英文はこうである。

It will stand everlastingly as a monument to the foresight, the statesmanship and the wisdom of Prime Minister Shidehara.

私が探していた手紙の原文がここにあった。マッカーサーが幣原の平和への願いと志を、いかに高く評価していたかが判ろう。同時に戦力の放棄についての幣原とマッカーサーの考え方には違いがあったこと、交戦権の放棄と戦力の放棄は幣原のものであったことを窺わせる証言となっていること、マッカーサーには憲法九条の枠での専守防衛的発想があったことが窺えることにも注目しておきたい。四六年三月の戦争調査会での幣原演説と、四月の対日理事会でのマッカーサーの発言の重なりと違いも想起されてよい（この点については後述）。なお、statesmanship をあえて訳せば「経国の志」のほうがよいのではないか。調査会訳が幣原首相を男爵とした理由もわからない。

再度の質問と回答

ところで、しかし、高柳にはなお疑問が残った。幣原の世界と未来への願いは判る、しかしやはり憲法条文にそれを入れようとしたのはマッカーサーではないのか。

高柳は再度マッカーサーに質問の手紙（一二月一〇日付）を出す。そのなかで高柳は、これまでの日本での参考人（憲法調査会）には二つの異なる意見がある。一つは、幣原は軍国主義の復活防止や平和への歩みを世界に示す必要を貴下に語り、それに貴下が賛同したのではないか。幣原は日本の将来の政策の問題として一般的に取り上げたのであって、日本国憲法に法文化するように述べたのではないのではないかと考えている人々がいる。これらの意見は、「幣原の閣内その他の場所における憲法改正に関する態度」を根拠としている。もう一つは、「幣原と個人的に親しかった他の参考人たちは、幣原はこのような考えを憲法に法文化するようマッカーサー元帥に進言したという意見」をのべ、これらの人々は「幣原自身が、第九条は連合国から押しつけられたものではなくて、日本側から発案されたものであると言ったことを根拠として」いるとし、参考人の中には、「閣内の幣原の（保守的な）同僚は、幣原がかれらと話す場合には全く沈黙を守っていたので、欺かれたのだ」と言っている人もいると述べたあと、「わたくし個人としては、幣原の考えは憲法改正に関連して貴下に伝えられたものである、ただし、貴下の覚書第二（筆者注：いわゆるマッカーサー三原則の第二、戦争放棄）は幣原ではなく貴下が筆をとって書かれたものであると考えています」とのべ、しかしこれらはいずれも推測であり、「貴下だけが真相を語ることができます」と書いたあと、こう質問している。

「幣原首相は、新憲法起草の際に戦争と武力の保持を禁止する条文(an article renouncing war and the maintenance of an armed force）をいれるように提案しましたか。それとも、首相は、このような考えを単に日本の将来の政策として貴下に伝え、貴下が日本政府に対して、このような考えを憲法に入れるよう勧告されたのですか」。

この単刀直入な高柳の質問にたいして、マッカーサーの回答も明快である。

一二月一五日の日付の回答でこう述べている。

まず高柳の質問をそのまま引いたあと、「戦争を禁止する条項を憲法に入れるようにという提案は、幣原首相が行ったのです（The suggestion to put an article in the Constitution outlawing war was made by Prime Minister Shidehara.）。首相は、わたくしの職業軍人としての経歴を考えると、このような条項を憲法に入れることに対してわたくしがどんな態度をとるか不安であったので、憲法に関しておそるおそるわたくしに会見の申込をしたと言っておられました。わたくしは、首相の提案に驚きましたが、首相にわたくしも心から賛成であると言うと、首相は、明らかに安どの表情を示され、わたくしを感動させました（I was astonished at his proposal but when I assured him of my complete support, his relief was very evident and very moving.）。

クリスマスをお祝いしつつ　拝具　ダグラス・マッカーサー」

この回答は、一九五一年五月五日の上院軍事外交合同委員会での証言と変わらず、その信憑性を裏付けるものであり、しかも文書によるものである。

憲法調査会の会長として、憲法の成立過程に関わったアメリカ人を訪ね、確かな事実を学問的に突き詰めようとした高柳の思い。しかし、六〇年安保を前にしての憲法改正論議のなかで（実際この調査会自体、岸内閣のもとで五七年に活動を開始した）、それだけに主観的な、思い込みをふくんだ俗論が飛び交うなかでの、truth を求めての調査が容易ではなく、訪米最後の二週間でのマッカーサー及びホイットニーとの接触もままならず、応答は会見によってではなく文書によるものであった。それだけによく準備され、焦点のはっきりした質問と明快な回答は貴重な証拠資料であり、憲法九条の成立史研究にとって、そして憲法九条の捉え方にとっても意義深いものがある。

幣原とマッカーサー

高柳が自分の「素朴な推定が誤りであったこと」を認め、「九条の直接の発意者は幣原であり、いわゆる押しつけ論の主張者の根拠はない」ことを確信させたものこそ、この二通のマッカーサーからの手紙に他ならない。九条には単に日本の一国の平和ではなく世界の平和のために果たすべき、主導的な役割への期待が込められており、マッカーサーも世界平和への視点から幣原に共感し、励ましたのであった。これが一九四六年一月二四日の二人だけの会見の経緯である。

その後の憲法改正へむけての取り組みの経緯は、よく知られているように、マッカーサーは二月一日にスクープされた日本側の松本試案（帝国憲法の手直し的改正案）では全くダメだと考え、三原則をＧＨＱ民政局長のホイットニーに示し、民政局のチームで九条の文言も作られていき、二月一三日にＧＨＱ案が日本政府に交付され、三月六日に憲法改正草案要項が政府案として発表される。この間幣原は、松本委員会が自分の内閣の委員会ということもあって、九条の発意について口を閉ざしていた。しかし政府案発表の後は意を強くして、自分の理念と九条を重ねて、対外的にも発言していったのであり、三月二七日の戦争調査会の開会挨拶での格調高い九条論は、よく知られているところである。そこではこう語られていた。

「かくのごとき憲法の規定は現在世界各国いずれの憲法にもその例を見ないのでありまして……戦争を放棄すると言うようなことは、夢の理想だと考える人があるかもしれませぬ」。しかし「原爆よりも更に強力な破壊的新兵器も出現するであろうとき、軍隊をもつことは無駄なことだ」とのべ、「今日我々は戦争放棄の宣言を掲げる大旆を翳して、国際政治の広漠たる原野を単独に進み行くのでありますけれども、世界は早晩、戦争の惨禍に目を覚まし、結局私どもと同じ旗を翳して、遥か後方から付いてくる時代が現れるでありましょう」（丸山眞男も「憲法九条をめぐる若干の問題」で、一月二四日の会見にふれ、「真偽はともかく」としつつこの幣原挨拶を引用し、その発想の新鮮さに注目している）。

片やマッカーサー。九条には国連憲章を超える理念が示されているが、その実現のためには世界がこれを共有し、実現に取り組まなければ、それは空論に終わると危惧していた。彼は四月五日、連合国対日理事会の開会での冒頭挨拶で参加各国にこう訴えている。「国策の手段としての戦争が完全に間違いであることを身にしみて知った国民の上にたつ日本政府がなしたこの提案は、実際に戦争を相互に防止するには国際的な社会、政治道徳のより高次の法を発展させることを認めるものです」「したがって私は戦争放棄に対する日本の提案を、全世界の人々が深く考慮することを提唱するものです」。国際連合の目標は「偉大なもの」ですが、「その目標も、日本がこの憲法によって一方的におこなうことを宣言した戦争する権利の放棄を、まさしくすべての国が行ったときにはじめて実現されるのです」（この対日理事会冒頭挨拶は高柳前掲書にも引かれている）。

このあと四月一〇日には、女性の参政権を含む戦後初の衆議院選挙があり、第九〇回帝国議会（衆・貴両院）で政府原案を元に憲法審議が進められ、一一月三日に日本国憲法は公布され、翌年五月三日発効、憲法記念日となる。幣原の理想主義的先見と、マッカーサーのリアリストとしての危惧のなかで生まれた九条。今年はその七〇年を迎える。

内外の平和思想と国民の希求のなかで

私は「押しつけ論」批判のため幣原の役割に注目してきたが、言うまでもなく、九条を生み出したものは幣原の経国の志だけではない。マッカーサーのサポートが不可欠であった。さらにそれを支えていたものとして、国内での、中江兆民、田中正造、内村鑑三など、九条につながる日本の平和思想の流れ、国際的にはカント、ユーゴー、ジョレス、デューイもその中にいた戦争違法化（outlawry of war）の思想運動、そして不戦条約、さらに国連憲章。加えて原爆と敗戦の体験のなかでの国民の厭戦と平和への渇望と希求。それこそが九条を生み出す土壌であり、それを支える力であったこと、幣原はそれを新しい思想として熟させ、憲法前文及び九条として結晶させる役割を果たした、少なくともそのきっかけをつくったと言えるのではなかろうか。

幣原は外交官として、第一次大戦後の世界の平和への願いのなかで生まれた戦争違法化の運動、その結実でもある不戦条約を熟知し、「満州事変」に反対して下野していた。その幣原が、ポツダム宣言を受諾した戦後日本の首相としての責任を担い、原爆をも体験しての敗戦と廃虚のなかから日本がいかに立ち上がり、新しい天皇制を含む新しい政治体制のもとで、国民の平和な生活をいかにして守ることができるか、九条を軸とする新しい国の姿を示すことこそが、核時代に入った世界のなかでの、日本のleadershipを発揮できる道だと考えた。幣原の経国の士としての志(statesmanship)はそこにあったのではないか。

It will stand everlastingly as a monument to the foresight, the statesmanship and the wisdom of Prime Minister Shidehara.

九条は幣原首相の、先見の明と、経国の志と、英知の記念塔として、朽ちることなく立ち続けるであろう。

＊

私たちは九条を幣原のモニュメントに終わらせることなく、戦争で犠牲を与えたアジアの人々への国際公約として心に刻み、憲法前文と結びつけて「地球時代」にふさわしい思想、世界憲章たるべき理念、として捉えかえし、外交政策の軸に据えて国際的にアピールするとともに、足下の生活のなかからの平和の文化、そして世界の平和への貢献、それを現実化するための具体的な方策と手だてを創り出していかねばならない。そう願っている。

〈付記〉

私はかねて教育思想研究者として、内外の平和思想とともに憲法九条の成立過程には特段の関心をもってきた。この間、戦後改革の問題を憲法制定過程と教育基本法の成立過程を重ねて研究し、それを『教育理念』(戦後教育改革シリーズ第二巻、東京大学出版会、一九七六年)にまとめたが、そこで一九四六年一月二四日の幣原・マッカーサー会談にも注目し、九条の発意者は幣原ではないかと書いたが、そこでは示唆に留めた（同書、一七五―一七六頁、一九一―一九三頁）。その後もこのことに関心を持ちつづけ、幣原とマッカーサー関連の資料や研究に注目し、幣原発意説を確信するようになり、そのことを書きまた発言もしてきた（『日本の教育』東京大学出版、一九九四年。『いま、教育基本法を読む』岩波書店、二〇〇二年。「戦争と教育そして平和へ」『戦争を総合人間学から考える』＝学文社、二〇一〇年＝など）。

第一次安倍内閣のもとで「戦後レジームからの脱却」が言われ、教育基本法が変えられ、第二次安倍内閣では押しつけ憲法論に立っての自主憲法制定が、国会で首相の口から公言される事態をうけ、自民党改憲草案批判の論文「改憲とは『国のかたち』を変えること」（『季論21』第21号、二〇一三年夏号、堀尾著『自由な人間主体を求めて』本の泉社、二〇一五年。本書一六一頁所収）を書いたが、そこで幣原発意説の根拠をまとめて書いておいた。その際も、これまで同様に高柳賢三の『天皇・憲法第九条』を重要な参考文献として参照してきた。この間、マッカーサーの高柳への書簡そのものを見たいものと思いつづけてきた。それを今回憲法調査会資料のなかから見つけ出し、この論文で紹介することができた。

なお先日（二〇一六年二月二五日）のテレビ朝日「報道ステーション」で、ジャーナリストの鈴木昭典氏による憲法調査会の参考人からのヒヤリングの音声資料が紹介された。岸首相のもとで発足した憲法調査会では改憲のためのお膳立てとして、憲法が占領下の押しつけであることを明らかにすることだと考える委員が多数を占める中での公聴会。そのなかで、小山武夫元中部日本新聞政治部長が「あれは私である」「私がマッカーサー元帥に申し上げて、それが九条になったのだ」と幣原から直接聴いたという興味深い音声証言も紹介された。

ところで高柳は前著の中で「調査会における大多数の参考人は、幣原ではなかろう、マ元帥だろうと陳述したが、青木得三、長谷場忠など少数の参考人は幣原だと陳述した」（七七頁）と記している。小山武夫もその中に入る少数者の一人ということになる。

因みに、憲法調査会は一九五六年二月に、岸信介を中心とする議員立法で設置が決まり、五七年八月に岸首相のもとで第一回総会が開かれたが、委員は議員二〇名、有識者一九名、社会党に予定の一〇名空席のままの発足であった。委員のなかからの互選で拝命した会長・高柳が、真実は何かを課題としてその任にあたった苦労も分かろう。

報道ステーションでは、血気にはやる若き中曽根委員の発言に対して、高柳会長が「学者を政治の道具と見なしているあなたは間違っている」と窘めている場面も放映された。改憲のための報告書を出そうとした多数派にとって、会長は厄介な存在であったことは間違いない。高柳が調査会最終報告を出す（一九六四年）前に、先の自著を出版（一九六三年）した思いも伝わってこよう。それ自体が「反動的改憲派」への牽制球ではなかったかと思われてくる。憲法調査会とともに、高柳賢三の研究も面白い課題だと改めて思っている。

（『世界』二〇一六年五月号）

アインシュタインとフロイト
――二人の平和主義者の『ひとはなぜ戦争をするのか』に寄せて

はじめに

私たちは九条の精神で地球平和憲章を創る活動に取り組み、この四月（二〇二〇年）ようやく日本発〔地球平和憲章〕ができ上がった。

憲章は前文と理念・原理からなり、非戦、非武装、非核、非暴力、その集約としての平和に生きる権利の五つの課題と、それを担う主体形成を目指す平和の文化と教育そして国際的相互理解と連帯による新しい国際法の形成の課題を提起した。

たまたま今年四月末から五月にかけてのNPT再検討会議がニューヨークで開催され、そのサイドイベントとそれに合わせて非核を求めるNGOの世界大会（含む原水爆禁止世界大会）が予定されており、日本反核法律家協会のお誘いを受けて、「核兵器をなくし、戦争をなくすための地球平和憲章」の報告をする予定だったがコロナウイルス禍で断念せざるをえなくなった（なお世界大会は緊急事態に対応してオンライン世界大会として四月二五日に開かれ、二九日にはピースボート主催の日本でのオンライン会議も開かれ、私たちも参加した）。

これからは地球平和憲章を国内国外に広める努力と重ねて、それぞれの課題に則して各論的に論議を深めようとしている。

一

１私自身この作業を通して多くを学び、学び直してきた。そのひとつにアインシュタインとフロイトの『人はなぜ戦争をするのか』という往復書簡がある。これを読み直し、改めて戦争をやめることの難しさを考え、戦争をなくす課題と方法がいかに現代的で、困難ではあるが、それを可能にする道を探ること、それこそが人類的課題であることを改めて強く感じたのだった。

一九三二年、国際連盟の知的協力国際委員会からアインシュタインに「貴方が対談の相手とテーマを選んで議論して下さい」との依頼があり、アインシュタインはフロイトを選び、「人間は戦争というクビキを解き放つことはできるのか」というテーマでの往復書簡が実現した。その翌年、共にナチスから逃れ亡命し、往復書簡も長い間幻のものとされていた。

顧みれば第一次世界大戦は戦争認識を変える転換点であった。空からの爆撃、毒ガスと地雷の地上戦、戦争の壮絶さを経験した人類は、平和のための国際機関として国際連盟を発足させた（一九二〇年）。アメリカではレヴィンソン等の法律家が中心となって戦争そのものを違法と考える（outlawry of war）市民運動を始め（そこにはJ.Deweyもいた）、それが支えとなって、不戦条約を成立させたのだった（一九二八年）。国際連盟は世界の知識人の平和のための協力を求め、知的協力国際委員会（ＩＣＩＣ、一九二二年）を組織し、ベルグソン、Ｊ・ハックスレー、キュリー夫人、アインシュタイン、新渡戸稲造等が参加し、ピアジェは国際連盟の国際教育局（ＩＢＥ、一九二五）

の事務局長を務め、国際公教育会議の中心で活躍した。アインシュタインとフロイトの往復書簡もこの流れの中で実現したのだった。

アインシュタインは「技術は進歩し、戦争は文明人の運命を決する問題となったが、いまだ解決策がみつかっていない」と書き、戦争をよいチャンスとしか見ない「権力欲に駆られるグループ」と「それにすり寄り金銭的利益を追求するグループ」がはびこり「少数の権力者たちが学校やマスコミや、宗教的な組織すら手中に収め、大多数の国民の心を思うがままに操っている！」と憂い、「なぜ多くの人が破壊への衝動にたやすく身を任すのか。人間の衝動に精通している貴方の力をおかりしたい。」そして「人間の心を特定の方向に導き、憎悪と破壊という心の病に侵されないようにすることはできるのか？」と問いかけた。

当時の状況は不戦条約のあと、しかし、世界恐慌が始まり、日本軍は満州への侵略を始め、幣原外相が抗議の辞任。国際連盟も調査団を派遣したのだった。ドイツではベルサイユ条約への憤懣がつのり、乗じてナチスが台頭してきていた。アインシュタインには平和への強い危機意識があったのである。

フロイトはアインシュタインの依頼を受けて、知のフロンティアの問題に物理学者と心理学者が対談するのかと思ったが、テーマを聞いて、「人間を深く愛する一人の人間として、この問題を投げかけたのだ」と気づき納得したと述べて、彼の視点からの戦争の歴史の分析を行い、暴力による支配から法による支配への変化を述べ、国際連盟を人類史上まれな実験だと評価しそのうえで、憎悪を人間の本能だと認め、「人間から攻撃的な性格を取り除くなど、できそうもない！」しかし「文化の発展が人間の心のありかたを変える。戦争への拒絶は、単なる知性レベルでの拒否、単なる感情レベルでの拒否ではない」「私たち平和主義者は身体と心の奥底から戦争への憤りを覚えている」と書き、「文化の発展が生み出した心のあり方と、将来の戦争がもたらすとてつもない惨禍への不安……この二つのものが近い将来、戦争をなくす方向に人間を動かしていくと期待出来るのではないか」と応えている。

世界が平和から再び戦争へと歩み始めたとき、なんとか阻止出来ないかと思いあぐねたアインシュタインの問いと、〈私たち平和主義者〉と書いたフロイトの、人間の攻撃性を認めたうえでの、その人間理解に改めて感銘を受けた。

ユダヤ系の二人の平和主義者は翌年にはナチスに追われ、フロイトはイギリスに、アインシュタインは米国に逃れる。彼はナチスの原爆開発計画に危機感を持ち、ルーズベルト大統領に原爆開発を促す手紙をだし（一九三九年）、マンハッタン計画のきっかけをつくることになった。原爆はヒロシマ・ナガサキに落とされ、その惨状を知って科学者としての、人間としての良心の呵責に打ちのめされることになる。そのことが戦後間もなく核兵器廃絶と軍縮を可能とする世界政府の樹立を訴え、B・ラッセルとの核兵器廃絶の共同声明（一九五五年）そしてパグウォッシュ会議を呼びかける原動力となったのだった。フロイトへの手紙（一九三二年）を書いた平和主義者の心痛は察するに余りある。核抑止力論の危険性（過ち）を自ら体験したのがアインシュタインだったといえるのではなかろうか。このことは別項で再論したい。

2ドイツ・ナチズムと日本軍国主義は国際連盟を無視し不戦条約を反故にしたが、ホロコースト（大量虐殺）と大量餓死の経験、そして無差別爆撃とヒロシマ・ナガサキの核爆弾は、戦争認識を決定的に転換させ、民衆の意識を変え、政治家の思考を変えさせたのだった。厭戦から非戦へ、〈戦争は悪である、犯罪である〉。戦争認識は決定的に転換したのである。国際紛争と戦争を前提とする国際法認識も変革を迫られてくる。国際連盟の反省のうえに国際連合憲章（一九四五年六月二六日）が成立し、知的協力国際委員会や国際公教育会議の流れの中でユネスコも結成され（一九四五年一一月一六日）、活動を開始する。日本国憲法もこの流れのなかで成立する。

3 ユネスコ憲章の冒頭には「戦争は人の心の中で生まれるものであるから、人の心に平和のとりでを築かなければならない」と書かれている。

人の心のなかに生まれるものとはなにか。「相互の風習と生活を知らないこと」からくる「世界の諸民族の間の疑惑と不信」。「この疑惑と不信からしばしば戦争がおこったのだ」。そしてこう続けている。「あの恐るべき大戦争は人間の尊厳・平等・相互の尊敬という民主主義の原理を否認し、これらの原理の代わりに、無知と偏見を通じて人間と人種の不平等という教義を広めることによって可能にされた戦争であった」。

平和のためには戦争の原因を取り除かねばならない。「政府の政治的及び経済的取り決めのみに基づく平和は世界の諸人民の、一致した、しかも永続する確実な支持を確保できる平和ではない」、「平和は、失われないためには、人類の知的及び精神的な連帯の上に築かれなければならない」。

「文化の広い普及と正義・自由・平和のための人類の教育は人間の尊厳に欠くことのできないものであり、かつ、すべての国民が相互の援助及び相互の関心の精神をもって果たさなければならない神聖な義務である」。

そこで求められる教育は「客観的真理が拘束を受けずに探求され、思想と知識が自由に交換されるべき」だという信念に基づいて、相互理解を「生活を通して」深めることのできる「教授の方法」を発展させなければならないと述べている。
これらを通して改めて冒頭のことば「戦争は人の心の中に生まれるものであるから、人の心に平和のとりでを築かなければならない。」の含意がはっきりと理解出来よう。

4　このユネスコ憲章の前文に先のフロイトのことばを重ねてみる。人間の本性を生と死、愛と憎悪、エロスとタナトスの欲動に求めるフロイトは人間の攻撃性と戦争への欲動の克服について楽観主義ではなかった。しかし「破壊兵器がこれほどの発達を見た以上、これからの戦争では、当事者のどちらかが完全に地球上から姿を消すことになるのです。場合によっては、双方がこの世から消えてしまうかをもしれません」と核戦争を予測するかのような戦争認識を示し、「文化の発展が人間の心と身体のあり方を変える」「戦争への拒絶は単なる知性レベルでの拒否や感情レベルでの拒否ではない」私たち平和主義者は「心と身体の奥底から戦争への憤りを感じる」と書いた。彼は「文化の発展」への期待と、「きたる戦争の惨禍への恐怖と不安」の二つに戦争を阻止する可能性があると述べていたのである。

現実の歴史は人間の心を変える文化にほど遠く、偏見と無知から来る不信と憎悪の増幅のなかでの、前線も銃後もない全体戦争（トータル・ウォー）といわれる壮絶な戦争（第二次世界大戦）となり、最後は原爆による破壊であった。核戦争は人類の消滅をも予知させるものであった。

ＵＮＥＳＣＯは〈二人の平和主義者の訴え〉を含む知的協力国際委員会と国際公教育委員会を源流としてもち、その取り組みは、核時代を告げるなかでの、文化と教育の力による人間の心のあり方を変える取り組みを引き継ぐものだったということが出来よう。これが単純な観念論からくるものではないことも明らかだあろう。二人の平和主義者の願いがユネスコ憲章の精神に引き継がれているとも言えるのではないか。国連憲章はヒロシマの前、ユネスコ憲章はその後に採択されたことも想起しておこう。科学者たちのパグウォッシュ会議（一九五五年）や生物学や人類学者たちのセビリア会議（暴力についてのセビリア声明一九八九年）はその精神を発展させるものであった。

5フロイトの人間理解で、いま私たちが深めるべきもう一つの視点がある。それは「文化と家畜化」への着眼である。人類が文化の発展を通して自らを、その身体と心を、変えてきたことへの着眼である。人間は野生の動物を「家畜化」して、その性質を変えてきたのだが（例えば猪を豚に、狼を犬に）、それは人類をも逆に自己家畜化してきた歴史でもあり、そのことによって身体も心も変わっていったのである。このことに自覚的になれば、戦争好きな人間性を自己家畜化して、攻撃性を和らげ、別の方向、例えばスポーツにむけ、楽しみ合うことも出来るという視点である。人間の攻撃性は変わらない故戦争はやめられないという論議に対して自己家畜化論は有効な反論になるのではなかろうか。我が国では、動物学者で平和主義者の小原秀夫（元総合人間学会会長）らによって、自己家畜化論は深められてきている。ここからも学ぶことは多い。

6戦争放棄のみならず交戦権をも破棄した日本国憲法は、国際的な非戦の思想と運動、そして、日本の戦争体験と反省に基づくものであった。その前文には世界の全ての人々の「平和に生きる権利」も謳われている。私たちは非戦・非武装・非核・非暴力の思想を深め、「知的にも感情的にも」、そして「心と身体の奥底から」戦争を憎む平和主義者を育てる文化と教育が求められているのである。

戦後日本の平和教育は平和を担う人間主体の育成を課題にしてきた。また現代戦争のおぞましさを、ヒバクシャの声を聞き、ヒロシマ・ナガサキや沖縄の修学旅行などを通して学習してきた。しかしまだ、人間性の変革を通して、身体と心の奥底から戦争を憎み、暴力を嫌う人間性を育てることに成功してはいない。そんなことは出来るわけがない、観念論だ、人間はそれほど上等ではないという揶揄が聞こえてくる。逆に軍国化を進めようとする権力者たちの平和教育への圧力が強まっている状況もある。平和の実現と平和の文化の教育の課題は一国ではなく世界の課題である。

二

7 今世界は新型コロナウイルスの危機にある。人とモノの交通と交流そして情報の国際化のなかで、武漢を震源とする新型ウイルスは瞬く間に世界に広がりＷＨＯはパンデミックを宣言し、オリンピックは延期の決定が出された。ウイルスのメッセージはいまこそ人類の共通の敵を見誤るな！　連帯して闘え！　ということである。経済（利益）中心のグローバリゼーションが国際的にも国内でも格差を拡げ、連帯を壊してきた状況と、ウイルスのグロバリゼーションへの対応の差異との関連も明らかになってきている。オリンピックの延期はまず第一に、世界が力を合わせて、連帯してウイルスと闘うためであろう。マスクの買い溜めは過度な自己愛だが、転売は剥き出しのエゴイズムであり、連帯の破壊である。オリンピックはＮＢＣの財力に支配されてはならず、一年遅れの実施は世界が力を合わせてのウイルス克服の証しでなければならない。情報の交換、医療対応と知見の交換、一人の命と皆の命と安全の繋がりへの気づき、そこに人類の共通の確信・良心（common con-science）が生まれてくる。たまたまこの三月末の東大の卒業式で、武漢からの医学研究科留学生劉習さんが答辞で医療の研究には国や地域の垣根は必要ないと述べ、連帯の不可欠なことを語ったという。山中伸弥氏はNHKのインタービュー（二〇二〇年三月二七日）で〈ウイルスは個人と社会の脅威であり、一年は続く長いマラソンである。私たちはウイルスに試されている。うまいつきあい方を見つけよう。桜は来年も咲くが命は戻ってこない〉と自粛の意味を訴えた。今なお緊張の続く中東に対してグテーレス国連事務総長は〈この世界の危機のなかで、まだ戦闘を続けるのか〉と停戦を呼びかけ、さらにWHOと協力して世界の貧困層や難民の救済対策を世界に呼びかけた（同日）。

8　私たちは「地球平和憲章」を支える歴史認識として「地球時代」の視点から九条の理念を見直す視点を強調し（前文）、その人間理解として、こう解説している。

「私たちの憲章を支える理念はその歴史認識と人間理解に由来するものである。非戦・非武装・非核・非暴力の思想は、現代を「地球時代」と捉え、それにふさわしい人間理解と価値観からくる。そこでは平和への権利、全ての人の人権、環境への権利、子どもたちの発達・学習の権利、未来世代の権利そして、人と人、国と国、人間と自然の共生の思想が求められている。さらに公正と信義への信頼を軸に、多様性と寛容、思想信条の自由と偏見からの解放、あらゆる暴力の否定、人間的感性と開かれた理性、普遍の押し付けではなく個別を貫く普遍へと開かれている精神態度が求められている。これらは歴史を通して積み重ねられてきた人類の確信（con-science, Gewissheit）である。

これらの「地球時代」の価値意識、多様性の尊重とりわけ個人の尊厳と他者への尊敬の念は、生活と教育のなかで、それが否定されている状況への批判を通して、歴史認識を通して、学習され、身に付いていくのである。

これらの価値観は新自由主義と金融資本のグローバリズムとは別の道、「地球時代」にふさわしい価値が地球規模で広がり、共有されていくことを求めるものである。それは一つの価値の押し付けではなく、個人の尊厳を軸に、国や地域（リージョン）の多様性を認めあい、繋いでいくプロセスを含む国際化（インター・ナショナリズム）であり、新しい共生と連帯のグローバル・ヒューマニズムだといえる。その社会は全ての人の幸せ（well-being）を保障する持続可能な社会であり、貧困と差別、構造的暴力から解放され、成長神話からも核の安全神話からも解放された、新たな、人間的で自由で公正な社会だといえよう」。

9　これに重ねて、ウイルスのグローバリゼーションは経済の新自由主義的グローバリゼーションがもたらした矛盾をあぶり出してもいる。

ウイルスのメッセージは「地球時代」における金融を軸とするグローバリゼーションと世界の民衆（市民）のよき生（well-being）との矛盾を克服する新たな共生と連帯をつくり出すことを促すものだ。都市の封鎖は、自粛を通して自分を守ることがあなたを、そして皆を守ることなのだということを、感じ、考えさせてくれた。そのメッセージは、日常生活のあり方を問い直し、国家間の、市民の間の、破壊された連帯を見据え、信頼を軸に、安心と安全、医療と福祉と平和のために、学び合い助け合うあらたな共同と連帯を作り直すこと！　私とあなたとわたしたち、他者とみんなの関係を問い直すこと！　これは地球平和憲章の精神と重なる。

人間観・社会観の変革と各人が主体としてのローカルでグローバルな連帯の行動が求められているのである。そのことは生物化学兵器や核兵器の危険性に地球市民として、人類として連帯して闘うことと重なり、それを深いところで支える思想である。私たちの地球平和憲章をつくる運動が新しい世界の市民の新しい思想運動であることを心に刻み、運動の国内国外での発展を願いつつ筆を措く。（二〇二〇年五月五日）

【参考文献】

アインシュタイン・フロイト『人はなぜ戦争をするのか』（浅見昇吾訳、講談社学術文庫、二〇一六年）
飯岡秀夫「人類の家畜化と戦争」（地域政策研究『高崎経済大學』第19巻第四号、二〇一七年三月三一日）
森田俊男編『人類の良心　平和の思想』（汐文社、一九八四年）
堀尾輝久・河内徳子編『平和・人権・環境　教育国際資料集』（青木書店、一九九八年）
深山正光『国際教育の研究』（柏書房、二〇〇七年）
Edgar Morin :〈Le confinement peut nous aider á commencer une détoxification de notre mode de vie〉Par David Le Bailly et Sylvain Courage　Publié le18 mars 2020 á 07h01
　E・モランさんは哲学・社会学の碩学で九九歳。コロナ禍にたいする長いインタービューで「閉塞状況は私たちのこれまでの生活様式の解毒の助けになるのではないか。これがコロナのメッセージではないか」と述べ、「連帯を破壊してきたグローバリゼーションではなく、新たな国際的な連帯」を訴えた。その用語法にも感じ入って、メール交信。モランさんは私の仏語論文の地球時代と共生論に共感し、引用したいとのこと。地球平和憲章も送らねばと思う。
(Teruhisa Horio ; Valeurs et enjeux de l'éducation à l'ère planétaire — Paix, droits de l'homme, kyosei (vivre ensemble)——MESCE à Tunis 2012.10.1)
堀尾輝久『未来をつくる君たちへ　地球時代をどう生きるか』（清流出版、二〇一一年）

（『反核法律家』二〇二〇夏号）

三・一一から一年余
——ことばと情念、祈りと歌

はじめに

私は昨年（二〇一一年）『未来をつくる君たちへ　〝地球時代〟をどう生きるか』という本を書いた。その全体は三・一一以前に書いたものだが、現代を地球時代と捉える私の問題意識は地球そのものの認識から始まり、自然と人間、科学と人間、歴史と人間、政治と人間の関係を問い直すことの呼びかけであり、そこで示した私の歴史認識と価値意識は死者との共生を含めて、三・一一後の今も変わらない。

あの大災害から間もない頃、わたしは校了間近のこの書の後書きに、こう追記した。

「この大地震による災害と原発災害は三・一一として日本史のみならず世界史、そして地球史にも刻まれることでしょう。地球時代は地球の時代でもあります。地球は活きて動いている。ときにそれは人間にとって凶暴でもあります。しかし原発事故は人間が自然に対して傲慢にすぎたからではないでしょうか。この本でも書いてきました『科学と人間』『自然と人間の共生』そして『死者との共生』という思想も、その表現の妥当性を含めて深めなければと感じています」

私はこの続編を書かねばと思っている。このエッセーはそのためのメモとして書き留めたものである。

なにかできることは

応分の募金は勿論、なにかできることはないか。民研（民主教育研究所）の会議のながれで、被災地の先生から、離散した生徒たちを訪ねるために車が欲しいという要望があることを知って、車を送る募金活動に取り組んだ。仲間のひとり（野々垣務）は自分の中古車を送ることにし、先ずその車で被災地を訪ねようということになり、六月なかば、民研仲間四人、宮城県を中心に仙台の若林から福島県境に近い元山まで、現地の元教師の案内で、二日がかりで訪ねてきた。

まったく手も付けられていない瓦礫の山、そこに乗り上げた大きな漁船、たたずむ漁師。ここは常磐線が走っていた筈だが線路の跡形もない。ぽつねんと残る学校。三階の教室には生徒たちの卒業式を迎える作品が残っている。黒板のすぐ下には津波の痕がある。体育館には止まった時計、校庭には壊れた車の数々。ここの子どもたち、先生たちは――わたしたちはただ押し黙ったままだった。

あれから一年半が過ぎても手付かずに残る瓦礫とその処理をめぐる迷走に、絆ということばもむなしくひびく。政治不在、無責任体制はあまりにひどい。

死者にことばを

三・一一は家も田畑も船もそして命も奪い去っていった。深い空白だけが残されていた。わたしたちもまた奪われていた。それは自分の一部でもあるあの風景と、そこに活きていた親しい人々、それを失った自分の内面の、そしてことばの喪失である。
石巻育ちの辺見庸もふるさとに足が向かず、ことばを失ったその思いを、一年たって、『瓦礫の中から言葉を　わたしの〈死者〉へ』（ＮＨＫ出版新書、二〇一二年）につづっている。それはこの詩で始まる。

死者にことばをあてがえ
わたしの死者ひとりびとりの肺に
ことなる　それだけの歌をあてがえ
死者の唇ひとつひとつに
他とことなる　それだけしかないことばを吸わせよ
類化しない　総べない　かれやかのじょだけのことば　を
百年かけて
海とその影から掬え
――
私の死者よ
どうかひとりでうたえ
浜菊はまだ咲くな
畔唐菜はまだ悼むな
わたしの死者ひとりびとりの肺に
ことなる　それだけのふさわしいことばが

あてがわれるまで

わたしたちも、それぞれのおもいを、虚しいとは知りながら、ことばにしておかなければいけない。死者のことばを聴くためにも。死者、行方不明二万人云々は時に一人ひとりの生と死をひとからげにして抽象化してしまう。かけがえのない親しきひとを無くしたひとの切なさ。幽霊でもよいから帰ってきて欲しいと語ったひともいると聞く。幽霊にも、夢でさえ会えないもどかしさ。

亡きひとは夢に来ずなり　台所に立ちて亡きひとの　好物つくる
〔古川市〕高橋こう

これは朝日歌壇（二〇一二年七月八日）の一首である。

戦争で逝った私の父のことを、母は夢にでもでてほしいと言っていたことが思い出される。福島の原発事故では亡くなった人はゼロだ、疫学的にも問題はないという電力会社の職員に対しては唖然としてことばもない。だがそこで黙するわけにはいかない。電力会社にもこのような人ばかりではないであろう。しかし、安全神話になお冒されている人たちは福島原発での廃炉へむけての作業員が被曝の数値を少なくするために鉛カバーで計器を覆って働いていたということや、内部被曝の問題についてどう考えているのだろうか。もう農業は出来なくなったと自殺した農民、村に残されてミイラ化した牛、飼い主の苦悩への共感どころか想像力も無くしてしまっているのだろうか。

生きるのに　生きてゆくのに必死です　採っても　捕っても　売れぬみちのく

これは岩沼市の山田洋子さんの歌（朝日歌壇二〇一二年七月二三日）。この切なさを少しでも共有したいと思う。

想像力といえば、一つのことを見てもどのようなイメージをもつか、知りうる映像も多様である。例えば船。

船につかまって命拾いをした親もいれば手を離して波に呑まれた子どももいる。荒浜の瓦礫のうえの船はどうなっただろうか。あの時、沖へと逃げて助かった船もある。流されて船だけカナダの沖合まで漂着したものもある。船は残ったが漁場は瓦礫の海、それを取り除くのに一年掛けた。魚やわかめじゃなく瓦礫の水揚げをやってきて、ようやく漁師に戻るのだと語る顔には笑顔があった。

船はあるが漁場がないという福島原発の近くの漁民、怒りと諦めの表情が忘れられない。三陸ではカキやほたて、わかめの養殖再開に、若い漁民たちが力を合わせている姿もある。いまいちど、森と海の恵みあう関係を取り戻したいということばに、そこに自分たちも生きている、生かされているのだという気持ちが伝わってくる。

生きて、死者と共に生きようとする人たちの思いを、そのことばをつづり継ぐことが、死者にことばを、その声を聴くことでもあるのだと思う。被災地の医師や先生たちを中心に、その辛い取り組みもすすめられている。

最後のことば

自分のことばを残すこともなく亡くなっていった多くのひとたちへの思いに、戦争、原爆の被害者への思いが重なる。そのことばを探す努力が『きけ　わだつみのこえ――日本戦没学生の手記』（岩波文庫）であり、『原爆の子』（同）であった。戦争を知らない子どもたちの、体験したひとたちからの聞きとりからの学びであった。広島、長崎、沖縄の語り部は語り継ぐことを務めだと思っている人たちであろう。水俣も忘れてはなるまい。新しい語り部も生まれている。

いまわたしの手元に『最後の言葉　戦場に残された二十四万字の届かなかった手紙』（講談社文庫）という本がある。戦場での死闘のなかで書かれた家族への思い、突撃寸前まで綴られた日記。戦場に遺された、届かなかった手紙や日記がアメリカの国立公文書館に保存されていることを知ったＮＨＫの取材班に作家の重松清氏が協力して、遺された資料（それらは日本人のメンタリティや戦略の分析のために集められ英語に翻訳されていた）から四つを選び、それを遺された家族を捜し当てて届けるという作業の記録でもある。

事前の学習で戦争はそれなりに知っていると思っていた筆者たち、六〇年も経った戦場の痕を訪ねてことばを失う。その後書きには「戦後二十年以上たって生まれた私に何がわかるというのか。しかし戦場で親しきひとたちに向けて必死になって言葉を発した将兵がいたことを想像すると、せめて生きている私たちが言葉を尽くして戦争の悲惨さを語り伝えなければいけないと思う」と書いている。

その第一章は「わが妻、シズエへ」。サイパン島で戦死した海軍将校が家族に遺したメッセージ。第二章「節子の肌、恋し」。飢餓や疫病のガダルカナル島から恋人を思う。第三章「雨宿り　虫も一緒で　椰子の蔭」。ニューギニヤにユーモラスな詩人がいた。第四章「戦争は、悲しい」。死にたくないとソロモン戦線で念じ続けた二十三歳の無念――の四篇。

それぞれに迫り来る死は覚悟のうち、激戦地での日常や戦闘の模様が記され、家族への思い、恋人への思慕が刻まれている。大本営と聖戦を信じての大きな言葉に混じって、死と向き合っている闘いのなかでの、愛する者たちへのちいさなことばが、思いのほか冷静に、綴られている。そこに刻まれた時と言葉はその人の生の、そして死の記録でもある。戦争の残酷さとむなしさと悲しさがずっしりと、じっくりと伝わってくる。

翻って、三・一一をおもうと、書き記す暇も無く瓦礫の下につぶされ、波に呑まれていった人たちの無念。その声無き声を聴き、ことばに書き留めることが残された者の務めであろう。

そして私たちも、私たち自身のちいさなことばを大切に、こころに刻まなければいけないのだと思う。そのちいさいことばを大事にすることが、そしてそれを繋ぎ合わせることが大きな言葉のウソを見抜き、新しいことばを創り出す力となろう。

ここで小難しい議論をするつもりはないが、ちいさいことば、あたらしいことばは、絶望をくぐり抜けてのやさしさや愛、そして祈りとひとつのものといってもよいだろう。被災地の人たちの生き抜こうとする力はどこからくるのか、何を支えとしているのか。家族や地域の人々の支えあい、父の志を継ぎ、力を合わせて新しい漁業に取り組もうとしている若者たち。ボランティアの、目立たないが持続する善意。現地の人たちに、押しつけがましい善意や〝にっぽんがんばれ〟の大きな言葉はどう響いたのだろうか。被災地から甲子園に立つ若者たち、民謡歌手をめざす中学生もいる。

そこには励まされ励ましあう関係がある。そこにちいさいことばが生き返り、新しい言葉が生まれ、あたらしい心の絆が生まれている。

音楽のちから

この間、新しい歌も生まれた。アンジェラ・アキの歌は卒業式でも歌われた。長渕剛の瓦礫の中からのライブにはその叫びのなかに死者と生者を結ぶ祈りがあった。笑福亭鶴瓶とさだまさしの被災者との再会の旅〈家族に乾杯〉では、両人の人を癒す不思議な魅力に魅せられた。

古い歌も甦った。新井満の「千の風にのって」や武満徹の「翼」もそうだ。そういえば武満が谷川俊太郎とつくった、あの「死んだ男の残したものは」は戦争の死者が残した詩歌なのだ。よく歌われているという坂本九ちゃんの「上をむいて歩こう」もあの空の事故の思い出と結びついて、切なくもなる。私たちが「故郷」を口ずさむ時も、これまでとは違う。故郷を失った人たちのこの歌にこめる思いに重ねて、改めて私自身の、いまは変わり果てた遠い故郷を想うのだ。

歌のもつ力とはなになのか。改めて考える。よくわからない。「考えるからわからないのだ。感じればよいのだ」という声がどこからか聞こえてくるようだ。

たまたま朝日新聞(二〇一二年七月二三日)にバイオリニスト天満敦子の文章を目にした。彼女も親しい人を津波で失った。まだ不明とされているころ、舞台で弾いていたら急に耳の中でゴボゴボと音がした。「おばちゃん、水の中かあ？　わかったよお」と問いながら、どこかで聴いているのかなと思いながら、弾いた。それ以来「弾いて、祈る」が私のテーマになったと書いている。

いまは、ステージで祈りの時間を設けている彼女は、シューベルトやグノーのアベマリアを震災後に弾くと、思いがあふれ、胸も目も熱くなるという。被災地でのリサイタルではお客さんと一緒に祈った後、「見上げてごらん夜の星を」で空、天に呼びかけ、「故郷」で心を静めているとも。

そしてこう書いている。「見あげて……」「故郷」を弾き始めると、客席の空気が大きく変わる。

私を聴いているというより、皆様がご自分の中に戻っていくということか。私も弾きながら涙し、客席からもハンカチが動くのが見える。弾いて、お聴かせするだけでなく、お客様にこんな気持ちをもってもらえる。そんな自分を演奏家としてちょっぴり誇らしく思うことがあると。

音楽のもつ力は——そんな議論をするまえに久しく聴いていない天満さんのリサイタルで無伴奏のアベマリアとふるさとが聴きたくなった。そういえばブラームスにWarum（なぜ）というゲーテの詩から採った小歌曲がある。

「なぜ歌詩は天に向けて歌い放たれるのか」で始まる詩の意味も少しわかるようだ。ファウストも「劫罰」となって天空を舞っているのだろうか。

いのちのつながり

多くの命が失われたその同じ日に、被災地でうぶごえをあげた新しい命がある。

『ハッピーバースデイ3・11』（文・並河進、写真・小林紀晴、飛鳥新社、二〇一二年）という写真集には一二名の子どもと家族の、当日の混乱と不安とよろこびが綴られている。付けられた名前にはそれぞれにその時の体験と生まれてきた喜びと希望がこめられている。

出産直後の産院に津波。病棟は二階だが一階まで浸水、不安な一夜を過ごした母子。分娩台で赤ちゃんを抱かせてもらった直後の地震に、助産師さんが覆い被さって守ってもらった母子。ある母親はこう語ってもいる。

「こんなにたくさんの人が亡くなっているときに、生まれてうれしいって言葉を言っていいのか、すごく不謹慎なのかなと思って、なかなか友人や職場のかたに連絡できなくて。でも生まれたことを話すと、こんななかで生まれたのだからみんなの希望だよって、みんなに言ってもらいました。」

子どもはなおもひとつの喜び
あらゆる恐怖のただなかにさえ

谷川俊太郎のこの詩が思い出される。
あの日、失われた命と新しく生まれた命。失われた死者のことばを掬い紡ぎ、新たないのちに語り継ぐことができれば、そのとき死者を悼むことができるのではないか。
新川和江の詩に中島晴子が曲を付けた混声合唱組曲「夢のうちそと」の一曲に「歌」という曲がある。いま私たちは合唱グループでこの曲を歌っているのだが、戦争や災害をくぐり抜けてきた新川が、中原中也の詩に心動かされてつくったという、この詩にこめた思いと私たちの三・一一への思いが重なってくる。

生きている子どもたちを　光のなかで跳ねさせているのは
闇のなかの　死んだ子どもたちです
生きている子どもたちを　ベッドの上でむずがらせているのは
つめたい川を流れてゆく　生まれなかった子どもたちです
生きている子どもたちの　目方をふやし　背丈をのばしているのは

死んだ子どもや　生まれなかった子どもたちが
使わずにたくわえている月日です

ここまでは、明るい女声部を低くて暗い男声部が受けるようにすすむのだが、ここで曲想が変わり、ソプラノとアルトの二重奏で「おやすみ」という母の声がひびく。

おやすみ　おやすみ
おかあさんは　子守歌をうたう
世界じゅうの　屋根の下で

目に見える子どもも　見えない子どもたちも
同じ腕に　抱き寄せて
どんなちいさな耳にもとどく
優しい声で

光のなかで跳ねている子どもにも、生まれなかった子どもにもとどく、優しい母の声の二重奏には作曲者の、原詩への深い理解が込められているのだと改めて思った。
その母の声は三・一一の母の声と重なって私たちの胸にひびく。

（『季論21』第18号、二〇一二年秋号）

福島から広島へ
――求められる「地球時代」感覚

〈福島からの声〉


さて、みなさん、福島はとても美しいところです。

東に紺碧の太平洋を臨む浜通り。

桃、梨、りんご果物の宝庫の中通り。

猪苗代湖と磐梯山のまわりに黄金色の稲穂が垂れる会津平野。

そのむこうを深い山々がふちどっています。

山は青く、水は清らかな私たちのふるさとです。

「三・一一」原発事故を境に、その風景に、目には見えない放射能が降り注ぎ、私たちはヒバクシャとなりました。

大混乱のなかで、私たちには様々なことが起こりました。

…略…

毎日、毎日、否応なくせまられる決断。

逃げる、逃げない？　食べる、食べない。

子どもにマスクをさせる、させない？　洗濯物を外に干す、干さない。畑を耕す、耕さない？　何かにもの申す、黙る。様々な苦渋の選択がありました。

そして今、半年という月日のなかで次第に鮮明になってきたことは、

「事実は隠されるのだ」
「国は国民を守らないのだ」
「事故は未だに終わらないのだ」
「福島県民は核の実験材料にされるのだ」
「莫大な放射能のゴミは残るのだ」
「大きな犠牲の上になお、原発を推進しようとする勢力があるのだ」
「私たちは棄てられたのだ」

私たちは疲れとやりきれない悲しみに深いため息をつきます。

でも口をついて出てくる言葉は、

「私たちを馬鹿にするな」
「私たちの命を奪うな」です。

福島県民は、怒りと悲しみのなかから静かに立ち上がっています。

わたしはこのエッセイの冒頭で、敢えて武藤類子さんの〈福島からの声〉を引用した（『世界』二〇一一年一一月、一部改行—堀尾）。それは、私たちの高まる安全意識からではあるが、身の周り

の商品産地に目を配り、瓦礫県外処理にクレームをつけ、ホットスポットを気にする自分がおり、そこでは福島の人たちのことが、意識の外にあることにこの詩が気付かせてくれるからである。

〈私たちはヒバクシャとなり〉〈私たちは棄てられたのだ〉

棄てたのは東電や政府ばかりではない。自分はどうなのか。「怒りと悲しみのなかから静かに立ち上がって」いる人々と、どのように心を通わせ、なにをすることができるのか。なにをするにしてもその「怒りと悲しみ」に感応する心を持ち続けること、何かできることはないか、邪魔にならないように行動することであろう。三陸大災害を二度（一九二二年、一九三三年）経験した宮沢賢治の、「そこに行って」の呼びかけを思い起こして。

造られた安全神話

さて、原発には安全神話、成長神話、そして安保神話の三つの神話が不可分に結びついている。このことを前提にまずは安全神話についてメモしておきたい。

原発は「クリーンで、安全で、安い」。この神話はつぎのように説明されてきた。〈原発はCO_2を出さず、環境に優しいエネルギーであり、現代日本の科学技術をもってすれば絶対に安全で、低コストなのだ〉

この安全神話を支えてきたのは〈原子力無くしては電力の安定供給は無く、安定供給なくしては経済成長なし〉という経済界の主張である。

神話はタブーをつくりだし、批判を許さない。安全神話とともにつくられていったのが「原子力ムラ」と「原子力村」である。前者は政財官学の複合的結合体であり、安全神話に疑いをはさむものは政治経済の中軸から外され、批判を持つ科学者たちは「ムラ」から排除されていった。

マスコミのメスも刃がたたず、やがて自らも広告収入がらみで取り込まれていく。大新聞の原発に関する見解の軌跡はそれを物語っている。

教育もまた学習指導要領と教科書検定をとおして、安全神話の再生産に大きな役割を担わされてきた。

中央の「原子力ムラ」は原発立地のための利益誘導システムを通して地域社会を巻き込み、原発地域は「原子力村」となって反対派を村はじき（むら八分）するシステムがつくられ、住民の意識もやがてその「村」にとりこまれていく。その先には雇用拡大と地域活性化の大宣伝のもとで、安全性を無視しての「経済の論理」がまっている。それは地域を破壊し、地域内外の格差をひろげてきた。

そして大災害の後も、安全神話に自らも身をゆだねてきた責任あるひとたちは、事故の真実を覆い、被害をできるだけ少なく報告してきた。スピーディの発表を遅らせ、メルトダウンを隠すことによって被害を大きくしたことは間違いない。

そんななかで、財界の要望を担っての関西電力大飯原発の再稼働。「私の責任」でゴーサインをだす野田首相、それを支える経産省の役人たち。原子力ムラはなおも健在、その無責任体制もゆるぎないようにみえる。しかし、安全神話を必要とし、それを創り出す社会的、政治的力学の構造は強力にみえても、自然と真実の前ではもろいものであることを、今回の事態は示してもくれている。

安全神話は科学への信頼から生まれたものではない。経済性、つまりは利益を求めてリスクを「想定外」とし、その枠のなかに科学を閉じ込めてつくりあげたものである。

日本の地震学、地球科学の発展は目覚ましく、その提出する知見は地震や津波の歴史研究と相まって原発立地の不適切性を警告するものばかりである。

原発技術に即して言えば、科学者なら誰でも、メルトダウンの危険性については知っている。使用済み核燃料の処理技術が未開発であることも知っている。六ケ所村の再処理施設が事故続きで機能していないことは衆知の事実である。「トイレの無いマンション」という比喩は的確にその危険性の所在を示している。未完成のトイレからプルトニウムを取り出そうとする発想には、核武装への隠れた野望も見え隠れしている。

再処理は断念し、近年ではモンゴルの砂漠の地下に埋めるという話があると知り、また原発を巨大商品として、ベトナムをはじめアジア、アフリカにもその市場を求めていまも交渉がすすめられていると知って、一人歩きする経済の論理の非人間性に唖然としたが、そこには原発技術保持国間の国際競争という問題も浮かび上がってくる。脱原発には国際的な連帯が不可欠であることもみえてくる。

この一〇月半ば、リトアニアで原発建設を問う国民投票がおこなわれ、反対が六〇パーセントを超え、日立製作所の原発プラント輸出計画も見直しが求められようと報じられた。またシンガポールではフクシマ後、「リスクが利益を上回る」として原発設置に危惧の念が広がり導入が見送られたという(「朝日」二〇一七年一〇月一六日)。それにしても原発の是非についての住民投票を定める条例作りに反対する地方自治体(大阪、東京そして浜岡)の動きには、日本の民主主義は名ばかりのものなのかと呆れるばかりである。

原発王国フランスもオランド政権は原発依存を七五%から五〇%にする方針を出した。これまでタブー視されていた原発論議もようやく始まったようだ。

フクシマの後、いち早く脱原発に踏み切ったドイツの国営放送は昨年「フクシマの嘘」を放映、いまもユーチューブで見ることができる。ドイツのジャーナリストのヨハネスハノ氏のチームが三・一一の直後から白衣と防護服で身を守り監視の目をくぐって退去地区に入り映像を撮り、関係者とのインタービューで構成した貴重なドキュメントである。そのなかには菅直人（元首相）、佐藤栄佐久（前福島県知事）との聞き取りもある。佐藤前知事は原発に感じた疑問を率直に東電に質問するうちに知事追い落としの罠にはめられ、菅元首相は脱原発を主張した故に首相の座を失ったという記者のコメントには説得力がある。アメリカのGEから東電に派遣されて定期的に点検を行ってきたケイスガオカ氏とのインタービューでは東電が従来から事故を隠し、報告にも修正を求められたことを告発している。点検に責任を持った人物による東電の隠蔽体質への批判は痛烈である。この三〇年、告発無視と嘘で固めた安全神話の中で、原子力の「ムラ」と「村」に守られての福島原発であったことが語られていく。

このドイツのジャーナリストは「なによりもこれだけの嘘がいまだに糾弾されずにいる日本の現状が一番怖い」と語り、「つまり黒幕はアメリカだろう」というつぶやきでおわっている。この放送が一般ジャーナリズムでは紹介されず、ユーチューブでしか見られないという現状もまた怖いことと言はねばならない。アメリカの圧力はいまや露骨である。

科学者と安全神話

科学技術者が科学者としての精神を持っている限りこの神話に加担することはない。科学者は「原発は絶対に安全だ」などとは決して言うことはない。「想定外」は科学者の言葉ではない。分からないことは実験によって問題点を探り、確かめる。

しかしその上で、科学と価値をめぐっての態度決定の問題がある。三・一一のあとＮＨＫはアメリカの科学者の声を伝える報道番組を放映した（八月一四日）。そこに登場した二人の科学者の発言を紹介しよう。

ケネス・バジョロ氏。彼は原発事故のシミュレーション研究をやってきた。フクシマと同じ事故は必ず起きる。自分のシミュレーションは当たった。福島の人には気の毒だが自分は科学技術者としての誇りをもつ。原発がある限り自分の事故予測研究は有効だ。と語っていた。

ブライデンボー氏。彼は米国の原発の安全性に関する委員会の委員長として、その危険性を警告する報告書(ラスムッセン報告)をまとめたが採用されず辞任。その後も危険性を警告し続けてきた。彼はインタービューに答えて原発はつくるべきではないとはっきりと断言していた。

この二人の科学技術者の違いはどこからくるのか。科学は何のためにあるのか。科学と価値、科学者の人間性の問題といわざるをえない。原爆作成にかかわった科学者たち（アインシュタインを含めて）の内面、その苦悩とも重ねて考えさせられる番組であった。

日本で原発推進の第一歩となったのは一九五五年前後、アメリカの支持と指示を得ての中曽根、正力グループの動きである。アメリカにとっては平和利用の名による核アレルギー対策であり、日本の保守層にとっては原爆開発への潜在力を手にすることでもあった。

当時の日本の科学者の多くは原子力の平和利用には前向きではあったが政府推進派の動きには危惧の念を抱き、湯川秀樹、朝永振一郎、坂田昌一、武谷三男らは政府の委員から身を引いた。あるいは最初から外された。原発、放射能の危険性を訴え続けた次世代の研究者には高木仁三郎、小池裕章、安斎育郎らがいる。彼らに対する大学や学会の処遇も記憶されてよい。内部被曝問題を訴え続けてきた広島の肥田舜太郎医師や素粒子物理学の澤田昭二（いずれも被爆者）のことも忘れてはなるまい。その後に続く世代の科学者たちの声も次第に大きくなってきている。そこには依然として原子力村の圧力も強いようだ。地震学者で浜岡原発の危険性を具体的に指摘しその廃炉をめざすべきだと訴えた石橋克彦氏に対して班目春樹原子力安全委員長は「原子物理学会では聞いたことのない人だ」といって無視、小佐古敏荘東大教授も同様の発言をしたという（石橋「まさに原発震災だ」『世界』二〇一一年五月号）。科学者の批判精神に枠をはめる「ムラ」の政治経済学とともに学問社会学的分析が求められている。

つながる福島と広島

今年の八月六日は特別の日となった。それはヒロシマとフクシマが、その被災者の思いが、「反核」としてむすばれ、それが世界へ向けて発信されたからである。広島市長の平和宣言にも、子どもたちの訴えにも、福島への思いが語られていた。「核と人類は共存できない」という松井市長の提起には反核兵器だけではなく脱原発への思いも込められていた。福島からは浪江町の馬場有町長も参加し広島から学びたいと語っていた。広島の被爆者団体は福島の子どもたちを受け入れる活動に取り組み、市民は福島の被災者を迎えるための住居の確保に取り組んでいる姿もテレビで紹介されていた。絶望的な状況に耐えてここまできた広島の人たちの福島の人たちへの心配りには格別のものがあり、福島の人たちには大きな励ましになっていることは間違いあるまい。

広島と福島がつながるとはどういうことなのか。その心の通い合いを支えているものは、核という共通の苦しみのなかでの連帯ということもできよう。苦しみに耐えてきた生のたくましさに学び励まされる関係であり、励まし合う関係であり、原爆も原発も一つのこととして「反核」へ向けて歩み出そうとする志であり、その苦しみの連帯をこそ日本と世界の人々が共有してほしいと訴えているのだ。原水爆禁止世界大会にも参加した浪江町長の思いもそこにあったのだろうと思う。

核の被害者は日本だけではないことを改めて思う。長崎の原爆資料館には「私たちの声も聞いてください」という一室があり、そこでは核実験によって汚染された地域、アメリカのネバダ、旧ソ連のセミパラチンスク（カザフスタン）、マーシャル諸島のビキニ、フランスのムルロア環礁などの周辺住民の被災に苦しむ人々の映像とその声がながされている。旧東ドイツのウラン鉱山の労働者、第五福竜丸の映像も語りかけている。それに、スリーマイル、チェリノブイリ、フクシマの声もかさなってこよう。東海村ＪＣＯ犠牲者のことも忘れてはなるまい。

原水爆禁止を求める世界の声もフクシマを通して、脱原発をふくめてＮＯ　ＮＵＫＥＳの声となって運動の幅も深さも増してきている。大飯原発再稼働を機に、核反対の市民の声は、この夏、毎週金曜日十万人の規模で、首相官邸を取り囲むデモが繰り返され、寒空のもとでも続いている。

その声はオスプレイに反対し、基地はいらない、安保条約を問い直せという沖縄の人たちの声とも重なってこよう。

被害にあった人たち、抑圧され、犠牲を強いられたひとたちの声を貫くもの、それこそは人間としての共通の苦しみ（compassion）であり、抑圧を拒む人間に共通の感性（human sentiment）でありそれを結びつけ変革する力となるものこそ人間のもつ開かれた理性（raison ouverte et universelle）の普遍的な力ではなかろうか。

改めて「地球時代」の思考を

私は近著『未来をつくる君たちへ　〝地球時代〟をどう生きるか』（清流社）のあとがきに「大地

震と原発災害は三・一一として日本史のみならず世界史そして地球史にも刻まれることでしょう」と書いた。

地震や津波は地球は生きて動いていることを、目の前で、にんげんを叩きのめす仕方で示してくれた。「地球にやさしい」というものいいそのものに、にんげんの傲慢さが隠されていることにも気づかせてくれた。地球こそが私たちに優しくもあれば酷《きび》しいこともあるのだ。地震や津波そして台風も繰り返しそのことを警告しているのではないか。

日本列島の近くで、あるいはその真下で、四つのプレートが重なり、衝突し、潜り込むプレート運動が引き起こす地震や津波は今日の地震学、地質学、地学のプレートテクトニクス理論によって説明がつく。アルフレッド・ウェーグナーの『大陸と海洋の起源』（一九一五年、岩波文庫など。二〇二〇年に竹内均訳、鎌田浩毅解説で講談社ブルーバックスで出版されている）は一度は空論としてしりぞけられたが、いまではプレート理論の先駆的研究として位置づけられている。

地球＝宇宙科学の前進は、私たちに「『地球時代』としての現代」という時代感覚を求め、日常の生活、地域の人々とのつながりも、国を越えて、世界と結ぶ方向で開いていくことが求められていよう。

科学の前進は、未知の世界のひろがりを教え、真理真実の前に謙虚であることを私たちに求めているのだ。

隣人からの励まし

あの日の直後、韓国の詩人・高銀《コウン》さんが「日本への礼儀」という詩を書いている（ハンギョレ新聞二〇一一年三月二五日、『世界』二〇一一年五月号再録）。

どうしてあの空前絶後の災害に
口をあけ
空言を吐けようか
どうして　あの目の前のまっ暗な破局に
口をつぐみ
顔をそむけられようか
なすすべもなく　ただただ画面を見つめる
（中略）
人間の安楽とは　いかに不運であることか
人間の文明とは　いかに無明であることか
人間の場とは　いかに虚妄であることか
あの唐山　あのインドネシア
あのハイチ
あのニュージーランド
今日再び日本の事変で
人類は　人類の不幸で　自らを悟る
しかしながら　日本は今更にうつくしい
決してこの不幸の極限に沈没せず

犯罪も
買い占めも
混乱もなく
相手のことを自分のことと
自分のことをあいてのことと思い
この極限を耐えぬいて　ついにうち克つ

今日の日本は
ふたたび明日の日本だ

わが隣人　日本の苦悩よ　その苦痛の次よ
いまの日本をもって
のちの日本　必ずや立ちあがらん

一九二三年　関東大震災のことが頭をよぎり、襟を正して、高さんの想いを胸に刻んだ。いや、高さんのこころざしはもっと高貴だ。

私たちは　あの唐山、あのインドネシア、あのハイチ、あのニュージーランドに、そしてこの夏のトルコ地震に、どのような想いを馳せただろうか。

〈人類は　人類の不幸で　自らを悟る
わが隣人　日本の苦痛よ　その苦痛の次よ

いまの日本をもって
のちの日本　必ずや立ちあがらん〉

高さん、ありがとうございます。

―二〇一二年一〇月二〇日、チュニジアから帰って―

（原題「三・一一のあと――福島から広島へ　求められる地球感覚」、総合人間学会編『総合人間学』、二〇一三年）

沖縄が問うている問題
——私たちは試されている

はじめに

私は「沖縄で」講演をするということに特別な想いをもっています（二〇一二年一一月一七日）。学生時代に安保反対運動・沖縄返還運動に参加し、復帰後も琉球大学での集中講義や教育研究集会、日本学術会議での訪問など、何度か沖縄を訪れる機会があり、沖縄に対してはそれなりに強い関心をもって過ごしてきましたが、返還四〇周年を迎える今、果たしてどこまで沖縄について学べているのか、その学び方はどうだったのかということを自問しています。

それだけに今日は「沖縄が問うている問題　私たちは試されている」というしんどいテーマで始めさせて頂きます。このようなテーマでお話させて頂くのは、自分自身を問い直すためでもあります。大江健三郎氏も、沖縄を知り、話すにつれ、負い目を感じると仰っていますが、沖縄の皆様の前で講演させて頂くことの重さを痛感しながら、お話しさせて頂きます。

一　沖縄復帰四〇周年が問うたもの

私もお会いしたことがある大田昌秀元沖縄県知事が、復帰四〇周年式典を欠席され、朝日新聞（二〇一二年五月一六日）にも「大田元知事式典を欠席　深まる本土との溝」という見出しで大きく載りました。記事の中で大田氏は、沖縄の実情はお祝いできるようなものではないと仰っています。また、月刊誌『環』51号にも「復帰四〇年の節目に反問する」という論考を掲載されています。以下抜粋します。

「沖縄の施政権が米政府から日本政府に返されて四〇年の重要な節目を迎え、沖縄の多くの人たちは二つの疑問にとりつかれている。一つは『沖縄の日本復帰とは何だったのか』というもの。今一つは『一体日本にとって沖縄とは何なのか』という疑問だ。これら二つの疑問は、沖縄が一六〇九年の薩摩の琉球侵略以来、明治の琉球処分を経て今日に至るまで、日本本土から間断なく構造的差別をされてきたとの認識に発している。それだけに、沖縄の人々にとっては深刻きわまる問い掛けである」。その上で、沖縄の基地問題の現状に触れ、「基地の存在は、憲法が保障する沖縄の人々の平和的生存権を守るどころか、日夜受忍の限界を超える爆音で生活を破壊し、生命さえも危険に晒しているのである。沖縄の人々が痛苦の想いで、復帰とは何だったのかと反問する理由だ」

抽象的なようですが、この大田氏の問いに、私も「やまとんちゅ」としてどう答えるかということで、「復帰」とは何だったのか、日本にとって沖縄とは何か　沖縄にとって日本とは何か、沖縄にとって沖縄とはなにか（私にとって沖縄とはなにか）という問いを立てました。

二　歴史を振り返って

沖縄について議論するためには、その歴史を思い起こし、歴史の背後にある想いを心に留めて向き合わなければなりません。戦後、憲法ができ、サンフランシスコ条約で「独立した」と言いながら、いわゆる片面講和で、しかもその第三条で沖縄は日本からきりはなされて「沖縄処分」とも言えるような占領の継続状況に置かれました。沖縄の自治と復帰を求める動きに対しては米民政府高官は「薩摩支配に始まる日本民族の琉球支配を終わらせる解放軍として米軍は沖縄に貢献した。それなのになぜ琉球は日本に戻りたがるのか」と困惑したそうですが（前泊博盛『もっと知りたい！　本当の沖縄』二七ページ）、現実の沖縄は占領支配の継続に加えて米軍の軍事基地化の拠点であり、そのような状態に対する批判と結びつけて、復帰運動が拡がっていきました。そして六歳の少女暴行虐殺事件（一九五五年）さらには小学校にジェット戦闘機が墜落して一二八人の死傷者が出た事件（一九五九年）などを機に運動が高揚しました。このように一九六〇年前後の復帰運動は、平和憲法のもとへの復帰を求めるものであり、本土での安保反対運動と重なって高揚したという経緯があります。私自身、その頃は大学院生で、運動に参加していた一人として当時のことはよく覚えています。

国民教育研究所の研究員でもありましたので、上原専禄、宗像誠也、森田俊男の諸先生から日本の「独立」の課題と沖縄問題の重要性をまなびました。まだパスポートの時代、沖縄を訪れた宗像先生は基地問題、教育問題、子どもの状況を語られ、沖縄の民衆文化にふれて、民謡「てぃんさぐぬ花」を歌ってくださいました。伊波普猷の琉球、沖縄の歴史からも学びました。木下順二の戯曲『沖縄』も共通の話題でした。

「沖縄」について

ここでこの作品（初演一九六八年）について少し話したいと思います。これは、沖縄を知るためのモニュメント的作品であり、作家大城立裕氏（「カクテル・パーティー」で芥川賞受賞）も、「沖縄」について次のように語っています。

「一九五七年〜六〇年代前半まで、沖縄を描いた数編の舞台作品の中で、私を、或いは私たちを納得させる作品は木下順二の『沖縄』だけであった。他の作品には、苛立ちを多く感じたものである。いずれの作品にも、作者の善意と同情があふれていて、それがよく伝わるだけに認識が違うといういら立ちを余計にかき立てられる。沖縄の私たちは確かに救われたがっていたには違いないが、それは本土から同情を得たいということではなかった」（木下「『沖縄』について」、『子午線の祀り・沖縄』岩波文庫）

このように、「沖縄」は沖縄の人々にも大きな影響を与えました。木下自身、作品の趣旨を次のように書いています。

「沖縄のいわゆる祖国復帰を実現するものは直接にはもちろん政治だろう。政治というのは、専門政治家の活動と大衆行動の両方を含めてである。だが、たとえ政治が問題を解決しても、沖縄と本土の両方の人々が、それぞれに生き生きとした生命力をもって自立しうる人間になっていないなら、本当の幸福はそこから生まれないだろう。沖縄の側からいえば、本当に復帰したいと思うような本土で本土がなければならないし、本土からすれば、差別観や好奇の対象であるような沖縄で、沖縄自体があっては困るわけなのだ。観念的なことばだが人間回復、そのための営みが

それぞれ双方で続けられることが必要なのだ」（上演パンフレット、前掲）

つまり、それぞれが精神的に自立することが必要だと強調している訳です。この精神的自立という点は、木下の友人の丸山眞男氏も賛同し評価しています（木下、前掲）。

「沖縄」の初演から五〇年を経て、大田氏は先の論考の中で、この木下氏の趣旨文について次のようにコメントされています。

「『沖縄は、沖縄がこれまで一度も自立しえなかったことに対する責任を負うこと。本土は、本土が沖縄に対して犯した罪の責任を背負うこと。――双方の自己変革としての自立がなければ、結びつきは生まれ得ないこと。それこそが、沖縄の日本復帰の最も本質的な根本問題なのだ』というわけだ」

この「というわけだ。」というやや疑問を含む表現に込めた想いについては後でもう一度考えたいのですが、私は、沖縄の人々はこの五〇年のあいだ自立の問題を深く考え、実践してきたと考えています。

一九七二年、本土復帰とその後

では、「本土復帰」は本当の沖縄の自立だったのでしょうか。本土復帰の際、屋良朝苗琉球政府行政主席が『建議書』を携えて東京に来て、国会で沖縄を「基地の島」としてではなく「基地のない平和な島」として復帰させることを強く望むと訴えようとしたが、当時の政府はそれを無視して返還協定を強行採決してしまったという経緯があります。その時のやるせない思いを、屋良氏は新聞での談話で次のように語っています。

「本土の世論が沖縄問題は終わったとは思わず、本土復帰と共に襲ってきたこの難問を、国民的

課題として考えて欲しい」（大江健三郎『沖縄ノート』、岩波新書、一四四頁）

本土復帰とは基地を沖縄に押し付けるものであったという認識とその悔しい思いが伝わってきます。沖縄ではその前年、このような事態になることを危惧した人たちによる「安保のもとでの祖国復帰に反対」する大デモ（五・一九ゼネスト、一〇万人）があったことも想起しておきたいとおもいます。

その上で、安保と憲法の関係をどう考えるか。米軍基地に反対して起こされた砂川事件に対する東京地裁判決（伊達判決、一九五九年）では、米軍基地が日本にあることを違憲としましたが、その後の跳躍上告で、最高裁は駐留米軍を憲法九条に言う「戦力」には当たらないとしました。そしてこの判決が今でも政府見解です。本土復帰とはこの見解を沖縄に押し付けて認めさせ、安保による現実の問題を引き受けさせられているのが沖縄であり、九五年の少女暴行事件、危険な普天間基地から海上ヘリ基地へ、九七年辺野古沖への日米基本合意、二〇〇四年の沖縄琉球大学へのヘリ墜落、度重なる米兵による犯罪と地位協定にもとづく治外法権的状態などなど、屈辱的痛苦を強いられてきています。

この間地位協定見直しを求める県民総決起大会（一九九五年、八万五〇〇〇人参加）が開かれ、住民の意思での決着を求める県民投票条例制定の直接請求がなされ条例が成立しました。大田知事も地位協定見直しを政府に求めましたが拒否され、またいくつかの市町村が基地使用を拒否し、大田知事も代理署名を拒否したのに対して村山富市首相が大田知事を告訴し（一九九五年一二月七日）、翌年早々（一月一〇日）村山に代わった橋本龍太郎首相が署名代行（三月二九日）して基地使用を認めたのです。裁判では高裁（九六年三月二五日）に続いて最高裁（九六年八月二八日）でも大田知事と沖縄県の敗訴が確定、憲法も地方自治法も安保のまえでは通用しないことを、日本政府も最高裁も認めてしまったのです。

しかしこのような基地反対の民衆運動の拡がる状況のインパクトは大きく、クリントン大統領は訪日を中止（九五年一一月一六日）、橋本・モンデール会談で普天間基地の返還合意（九六年四月一二日）、そして辺野古沖基地問題が浮上してくるのです。大田知事は海上基地受け入れを拒否（九八年二月六日）、知事選では「沖縄人の誇りを」「わずかなカネで魂を売ってはならない」と訴えたのですが、自民党の推す稲嶺恵一氏に敗れ（一一月一五日）、危機感を深める市民は九九年には「沖縄から基地をなくし世界平和をもとめる」市民連絡会や県内移設反対県民会議を結成します。

反戦地主や一坪地主の運動も含む民衆運動が拡がっていくのですが、そんななかで稲嶺知事は辺野古移転を認め（一一月二二日）続いて政府も辺野古移転を閣議決定（一二月二八日）します。辺野古からの非暴力による基地反対の粘り強いたたかいがひろがっていくのです。私も那覇での研究会のあと辺野古を訪ね、テントの方々に励まされ、友人とジュゴンの海で泳いだのです。この青い海を汚させてなるものかと思ったことでした。

マニュフェストで県外国外移転を唱えた民主党政権の誕生（二〇〇九年）は沖縄県民にも希望をもたせるものでしたが、それだけにその裏切りへの怒りは強く、県民の基地反対への確信も島ぐるみで強まったのではないでしょうか。因みに、沖縄では自民党も民主党も辺野古移転には反対と言わざるをえなくなっているのです。

二〇一二年　復帰四〇年

以上のような歴史のなかでの復帰四〇年、オスプレイ問題では岩国には反対し沖縄には押し付ける日本政府。そのさなかにまたまた婦女暴行事件が発生しています。また、尖閣諸島問題等により、抑止力としての沖縄米軍基地の重要性が一層増していると喧伝されています。その中で沖縄県議会が辺野古基地反対決議をしたのは、極めて重い意味をもっていると思います。さらに国内でも、安保か憲法かという問いが、マスコミでも議論されるようになってきています。今までは安保を問うこと自体がタブー視されていましたが、このところ基地問題が再燃する中で、犠牲を沖縄に集中していいのか、沖縄を差別していいのか、という問題がストレートに立ち起こってきたのだと思います。

この間、安保が本土による沖縄差別を再生産する構造をささえているものであるという認識も深まってきています。沖縄問題を正視すれば、安保と憲法が矛盾しないという建前のほころびがはっきりと見えてくるのであり、改憲をするのか、安保を見直すのかという選択を迫られていることが判るはずなのです。

三　問い直される沖縄像

歴史的経緯の中で、沖縄像が形成されてきたと思います。例えば、沖縄には自己批判と本土批判を重ねての「植民地」像があります。反基地運動に取り組んでいる若い知念ウシさんが朝日新聞（二〇一二年五月一五日）での高橋哲哉氏との対談で、「私は自分で植民地といっていますが、いざ本土の人に言われるとずしんと悲しくなりました」と言っているように、日常的に差別されていると感じながら、本土から植民地と言われることに対する抵抗感があり、コンテクストによって違った様相を呈する「植民地としての沖縄像」があります。

さらに、自省と忍従を強いられている中でも、矜持をもつという沖縄像もあります。「命ど宝、争わず、したたかに生きる、生活の中に文化を創る、誇りをもって生きる」という姿です。しかし同時に、沖縄は秘めた怒りをも持っているということを、私たちは知らなければなりません。昨日、ＮＨＫの「沖縄の言葉」という番組で、「相手を怒らず自分を責める」という意味の沖縄の言葉「ちゆねーわじらん　どうにどう　わじる」を紹介していました。しかし、耐えがたきを耐えてきた、もう我慢が出来ない、というところまで、現状の沖縄は至っていると感じます。

木下氏は「沖縄」の中で、「ニライカナイの国」について語っています。これは、かつて沖縄にあり、そして、再び取り戻そうとしている理想の国のあり方のことです。

「永い苦しい生活の中から生み出した理想の国。そこに住む人たちは、一軒一軒、すべてがしあわせと豊作を約束される国。一人ひとりがからだにみちあふれるいのちを恵まれる国。誰からも支配されず、誰をも支配せず、誰からも搾取されず、誰をも搾取しない国……朝早く働きに出るおとなたちのあとを子どもはさわいで駈けながら……」

「ニライカナイの国」を取り戻すために、何をすべきなのでしょうか。

四　あらためて問われる沖縄・日本そして日米関係

どのような課題を立ち上げるか、そして、その課題を歴史との関係でどのように捉え未来につなげるか、という認識方法を、「課題化的歴史化的認識方法」（上原専禄先生の用語）と言います。私は、今改めて課題化的歴史化的認識方法の下で、沖縄を、そして日米問題をどう理解するかということが問われているのだと考えています。社会は感情だけでは分からない。世界は肉眼だけでは見えない。何を課題化するか、何を歴史化するか、そのような問題意識で問い直すことが必要です。

そのひとつに沖縄の人の平和的生存権はどうなっているのか、特に、子どもたちの平和に生きる権利はどうなっているのか、という問題があります。

現地の子ども研究会の皆さんがお作りになった『沖縄子ども白書』（二〇一〇年、同編集委員会編）が提起している問題をどう認識するのかという問題です。明日は少年非行の問題にとりくんでいる若い弁護士さんの報告も予定されていますがそこからも沖縄の構造的格差・差別からくる子どもたちの貧困問題や基地のなかの子どもたちの実像もより鋭く見えてくるでしょう。

今ひとつには、基地問題をはじめ、矛盾を沖縄に押し付ける関係性をどうするのか、という問題があります。

基地に依存する経済を作り上げ、それを再生産する補助金政策をどう考えるのか。抑止力の名のもとでの基地の集中（国土面積の〇・六％に米軍専用施設の七五％、そして原子力潜水艦やオスプレイ）そのことによる本土と沖縄との矛盾、そして基地への依存体質の温存による内部矛盾の拡大。基地反対運動にクサビを打ち込み、矛盾を深めさせることで日米の軍事同盟化をすすめ、両国関係を強化するという日米両政府の方策と思惑。これをどうすれば破綻させることが出来るのかという問題です。

また、憲法と安保の矛盾が顕在化する中で、憲法改正で集団的自衛権を認めるのか、それとも、真に憲法の理念を活かす、すなわち、「自覚的戦争拒否国家」としての道を歩むのか、という選択の問題があります。

私は、憲法九条は世界的にも注目を浴びている未来的な、「地球時代」を先取りする条文なのだということを強調しています（資料の堀尾「戦争と教育、そして平和へ」、総合人間学会編『戦争を総合人間学から考える』＝二〇一〇年、学文社＝参照 本書第二部）。安保と憲法という問題の枠組みの中で考えると、九条は消えそうになっていますが、世界的な目から見れば、九条が極めて重要なものであるということを、誇りをもって言うことができるのです。

この一〇月、チュニジアのハマーマートで行われた地中海地域比較教育学会で、私は「地球時代の価値と課題」という報告（基調講演）をしましたが、その際に九条を紹介し、その世界史的意義と「地球時代」的意義を強調し、沖縄基地問題にも触れました。そして、本当の平和とは抑圧された人と想いを共有することであり、それをつなぐのが理性の力であり、感情を理性的につなぐことを通して世界的に運動を繋ぐ必要があると訴えました。

すると、イタリアの研究者G・パンパニーニが、米軍がシチリア島で超レーダー基地を建設しており、その反対運動をしていると話してくれました。私は、一一月に沖縄に行くので、その話を沖縄の皆様にするとイタリアの彼と約束しましたので、彼の沖縄への連帯の思いとともにお伝えさせて頂きます。

五　誰が何をやれるのか、やるのか

沖縄の心を本当に深く理解し、それとつながろうとすることが重要です。辺野古基地反対を全会一致で決めた沖縄県議会決議の意味を深く考え基地反対運動に連帯しよう、ということは言えますが、それはどういうことなのかを問い直す必要があります。大城氏が『普天間よ』という今年出した作品の中で、拳をあげての反対運動だけではなしに、とりあえず基地のなかの自分の家のあったところに入ってみようとする沖縄の人々、ユタのちからも借りてのおばぁやおなごたちのしたたかな知恵のある試みを書いています。そのような沖縄のしたたかな、しなやかな力を、どうやったら結集できるのか、つなげることができるのか。そんなことを考えさせられた作品でした。

話は戻りますが、先ほど紹介した木下氏の「沖縄」の趣旨文に対し、大田氏は「というわけだ」とやや疑問的でした。先の朝日新聞記事の中では、大田氏は「知事時代、痛みを体験する者として、本土に基地をもっていけとは言えないと感じる県民が多かった。それが変わったと思う。痛みを体験しないと分からないなら本土に基地を移してくれ」と言うようになった、と仰っています。私は、沖縄の人たちは本土の責任をより鋭く突き付けるようになってきているのだと受け止めました。知念氏も、「本土の人は、反基地運動も沖縄に依存しているのではないか」と指摘しています。

大田氏の知事としての仕事に対してはもっと毅然として欲しかったという批判もあるようですが、沖縄の内部の矛盾を背負い、日米両政府との戦いとも言うべき交渉のなかで、その苦悩と痛みには格別のものがあったことでしょう。その苦悩は沖縄の人々の共苦であり、本土の私たちの共に苦悩すべきものだと思います。

沖縄では、その苦悩を通してあたらしい連帯の思想も生まれ、その反基地運動はいまでは民衆のなかに広く深く、その命と暮らしと平和を大事にしてきた伝統と結びついて根付き、世界へと発信されているのです。二〇〇〇年の「沖縄から平和を呼びかける四・一七集会」(沖縄市民連絡会)での「沖縄民衆平和宣言」には、「わたしたちの願う平和とは、地球上の人々が、自然環境を大切にし、限られた資源や富をできるだけ平等に分かちあい、決して暴力(軍事力)を用いることなく、異なった文化、価値観、制度を尊重しあって、共生することとです」と書かれています(新崎盛暉『沖縄現代史』、岩波新書二〇五頁)。新しい「ニライカナイの国」の姿がここにあるようにおもいます。

私は沖縄の状況と運動を知るにつけて、沖縄の人々は、『沖縄』が書かれてから五〇年の間に、たくましくしなやかな精神で自立してきていると感じていますが、本土の人々はそれよりもずっと遅れてしまっているのではないかと思います。

大城氏は「カクテルパーティー（一九六七年）は各方面から、少しも古くなってないね、という温かい言葉を頂いています。でも考えてみると、私の手柄というよりも、沖縄が依然として苦労しているおかげで、私が褒められているようなものです」（「朝日」二〇一二年六月一二日）と語っていますが、まさに今の沖縄はそういう状況に置かれているのです。そうなっているのは誰のせいなのか。さらに、大城氏は「基地を単に事件等によって、我々に被害をもたらすだけではなく、沖縄人のアイデンティティを奪っている問題として考えようと思ったのです。」と新作への思いを語っています。だとすれば、木下氏のように「沖縄も本土も精神的に自立しろ」と言うだけでは、本当に苦しみ戦ってきた沖縄の人たちに対する言葉としてはどうだろうか、木下さんが現在の沖縄と本土の状態を見ればどういわれるだろうか。きっと新しい作品を書かれるだろうと思います。

さて、これらの問題を問い直す際には、奪われた人たち、抑圧された人たちの苦しみや痛みへの共感と共苦（compassion）を、開かれた理性（open-minded reason）を通して世界規模でつないでいくことが重要です。基地問題は平和問題そして環境問題の最たるものです。足元から世界へ向けての行動。ローカルであり、同時にグローバルに拓かれた活動と思考。それを通して、平和と人権と共生の「地球時代」を実現しなければなりません。そして、その中軸には、未来世代の権利としての子どもの権利を据えなければなりません。子どもは今の大人たちを乗り越える権利をもっている。しかし同時に、現代世代が、この地球を、未来世代から、未来世代のために預かっているのだという視点も重要であり、未来世代の権利と子どもの権利を繋ぐ視点が大事になっていると思います。基地と環境の問題はその具体的な問題にほかなりません。

その際にも、沖縄の人々とりわけ教師たちが、自分たちが戦争の犠牲者でもあり協力者でもあったことを深く捉え、その反省に立って、子どもたちに未来を託すために、戦禍のなかで、砂浜を教場として、教育実践にとりくみ、子どもたちの自立と沖縄の自立のために、そして平和のために闘ってきたその伝統に学びたいとおもいます。屋良元知事も大田元知事も教育者でした。教育と政治の、本来的で根源的な結びつきの関係もそこにあるのだと言えるのではないでしょうか。

【付記】

①子どもの人権研究大会の会場は沖縄国際大学、普天間基地のすぐ傍。しかしオスプレイは飛んでいない。丁度、天皇の那覇訪問と重なったためだろうというのが現地の声であった。翌日私たちは垣花豊順氏の車でのご案内で基地めぐりをすることができた。垣花氏は元検事、大学教員のあと今は弁護士、沖縄の九条の会の中心を担っている方。車は宜野湾から北谷町、沖縄市をぬけて金武町から宜野座村へ。このちかくには海軍基地があり、原子力潜水艦が出没するところでもあるようだ。車は金武湾沿いを引き返し、海中道路を通って宮城島から伊計島の先端まで、沖縄の海の美しさを満喫した。この一帯にはCTS（石油基地）があり巨大なタンクが目に付く。これに反対する「金武湾を守る会」の運動があり、屋良知事はCTS誘致の方針を撤回したのだが、それも虚しく本土からの政治的、経済的圧力に押し切られたそうだ。これも本土復帰後のひとつの現実である。

那覇まで引き返す途中、普天間基地に隣接する「佐喜眞美術館」を訪ねた。基地のため土地を奪われた佐喜眞さんが日米両政府と交渉をかさね、フェンスを基地内に押しやるかたちで返還させた土地に造った「平和美術館」。丸木俊さん、位里さんの沖縄戦の巨大な壁画が常設されているのだが、この時は丁度特別展で広島原爆の壁画も展示され、圧倒された。私は普天間基地の傍に、いや、基地を押し込んで、こんな美術館があることを不明にも知らなかった。沖縄の人々の平和への願いとその底力にも感服、この美術館のことを皆に知ってほしいと思った。

②沖縄から帰って、沖縄の人びとと文化への関心が高まるなかで、映画「スケッチ・オブ・ミャーク」を見た。監督は大西功一、原案は音楽家の久保田麻琴。宮古島に残る神歌と古謡、それを歌い継ぐ人々の生活のドキュメントで構成したミュージカルともいえるもの。「自然のなかで、働くことと祈りと唄と踊りがひとつのことだった島人の暮し」、このことを「ニライカナイの国」に付け加えたいと思った。

③沖縄関係ニュースにも、いっそう注意を払うようになった。なかでもこのことだけは記しておきたい。

昨年（二〇一二年）九月オスプレイ配備に反対する沖縄県民大会を一〇万人の参加で成功させた同大会実行委員会が主催して、今年一月二七日日比谷野外音楽堂で沖縄の思いを伝えるための「NO　OSPREY東京集会」が開かれた。沖縄代表団は全四一市町村の全首長と議会議長、県議三三人などの一四四人、集会参加者は四〇〇〇人を超えた。集会の後、沖縄の首長団を先頭に銀座でデモを行った。翌二八日には同実行委員会は安倍首相に、オスプレイ配備撤回、普天間基地閉鎖・撤去、県内移設断念を求める『建白書』を手渡し、アメリカ大使館にも要請行動を行った。沖縄県議会議長の喜納昌春氏は「もう、沖縄は戻れない。政府が覚悟を決めてほしい」と国会内での記者会見で語り、集会に参加した沖縄選出の自民党衆議院議員国場幸之助氏は、「沖縄で県内移設が出来ると信じている人はいない」と県内移設に協力を求める防衛庁幹部に語ったという。

オール沖縄の建白書、基地を次世代にまで引き継がせたくないという沖縄の人々の思い。沖縄のアイデンティティとその尊厳を懸けた不退転の思いが伝わってくる。

思えば一九七一年一一月、基地のない復帰を求める『建議書』を携えて上京した屋良朝苗琉球政府主席の思い虚しく、基地つき返還協定が衆議院特別委員会で強行採決されたのだった。しかし、沖縄はもう戻らない。政府はそして私たちはその思いをわが事として、なすべきことをなさねばならないのだ。基地は、オスプレイは、そして安保は、私たち自身の問題なのだ。

それだけに東京集会を伝える「朝日新聞」の記事（二〇一三年一月二八日）には愕然とした。一面にはデモの写真だけが小さく、三八面に「オスプレイ異議可決五県　沖縄の痛み届かず」の見出し記事。この記者たちは本土との温度差を訴えたかったことは判るが、まさしくそのための、オール沖縄からの訴えの集会の報道としてはピントがずれ過ぎている。翌日の沖縄代表団の行動を伝える記事の見出しは「『沖縄』自民迷走の兆し」とある。沖縄の心を伝える記事とは思えない。沖縄の痛みを伝える記事を書いてほしいとおもう。そして改めて沖縄の現状を知るためには「琉球新報」や「沖縄タイムス」の報道を知ることが不可欠だとおもった。

因みに「沖縄タイムス」の社説は「東京行動は、もう後には引けないという沖縄発のメッセージであり沖縄住民意識に化学変化が起きたことを示すものだ」（一月二七日）と書き、「琉球新報」の社説は「日米両政府は沖縄の民意を見誤ってはならない。抑止力や振興策をかざせば、いずれ軟化すると思っているのなら、見当違いも甚だしい」（一月二八日）、「全市町村長による総行動は例がない。沖縄の不退転の決意が示された節目の日として、歴史に刻まれることになるだろう」、「日本政府がそして本土の国民こそがかわるべきなのだ」（一月二九日）と私たちを厳しく問うている。

④ イタリアでの反基地の闘い――友人パンパニーニ氏からの連絡によれば、シチリア島のニシ

エーミに計画されている超レーダー基地はＭＵＯＳ（Mobile User Objective System）といわれるもので、すでにバージニアとハワイ、オーストラリアに設けられているアメリカ海軍の戦略的、軍事基地で、人体にも危険なもの。それを地中海のど真ん中に設けることの影響はイタリアにとどまらない。この超レーダーは地中海域のアフリカ・ヨーロッパを包む国際的な軍事外交問題でもあるという。イタリアの中央政府も地方政府も当初はその建設を認めていたが、昨年秋の市民の強い反対運動とシチリア地方政府の判断で環境と健康への影響の科学的調査を待つとして現在はこのプロジェクトはストップしているという。新聞 La Repubblica（二〇一三年一月二三日）も取り上げ、ＭＵＯＳ批判の記事を書いたという。なおパンパニーニ氏はネットで Virtual Forum on Foreign Affairs を立ち上げて意見の交流を計っている。

【追記】　安倍内閣と防衛省は、日米合意にもとづくとして辺野古沖の埋め立てを沖縄県に申請した（三月二二日）。朝日新聞も「埋め立て申請　沖縄の声、なぜ聞かぬ」という見出しの社説で「知事が『ノー』と言ったとき、その責任を、首相自ら取る覚悟はあるか」と書いた（三月二三日）。朝日新聞にはこの社説の「覚悟」に期待しよう。（二〇一三年三月二五日記）

「子どもの人権研究大会in沖縄」二〇一二年一一月一七日での講演に補加筆。

（『季論21』第20号、二〇一三年春号）

アジアの中の憲法九条
——李京柱さんとの対話から

この七月二〇日（二〇二〇年）日本国際法律家協会主催、「9条地球憲章の会」賛同で、韓国の憲法学者で市民の平和活動の中心にいる、李京柱《イギョンジュ》先生をお招きし、ソウルと東京を結んでZoomでのオンライン学習会が催された。

一橋大学で山内敏弘教授のもとで日本の憲法学を学んだ李さんは、九条の意義を、その理念の普遍性と同時に、アジアのなかで、日韓関係の中で、考える視点の重要性について提起し、すでに『アジアの中の日本国憲法　日韓関係と改憲論』（二〇一七年、勁草書房）を出版されており、私はこの本から多くのことを学び、また、二〇一八年の韓国への旅の時は、李さんにソウルの参与連帯（金泳三政権の一九九四年に発足した市民運動団体）の本部で、市民の平和活動のお話を伺うことができた。「9条地球憲章の会」にとっても、二〇一七年五月の発足総会に長文の励ましのメッセージを下さった方でもある。今回はコロナ禍のなか、オンラインでの、うれしい再会であった。

学習会では笹本弁護士による李先生の紹介のあと、憲法学者で室蘭工大の清末愛沙さんの司会で進行した。

一

李さんのお話は韓国語での新著『安倍改憲』の内容の紹介から始まった。

なぜこの表題を選んだか。最初、李さんは先の日本語本（『アジアの中の日本国憲法：日韓関係と改憲論』）について、これは日本語版しかなく、その後の状況を加えての韓国語版を考えていた。しかし韓国では安倍政権への不信が強く、このタイトルになった。安倍政権が変われば日本語版と同じタイトルにした方がいいだろうと話された。

私は、日本では安倍改憲への批判本も多く出されているだけに、原題直訳の日本語版では問題提起性が失われる、日本では旧本の増補版が欲しいと感想を述べた。

李さんは『アジアの中の日本国憲法』は九条の先駆性とともに、「不戦の誓いという歴史性を考えればアジアのものともいえる」、それは「東アジア共同体形成の志向点」であり「アジアの安全保障」という視点からも重要なのだが、日本の改憲・護憲論議ではこの視点がいずれにも欠落していると指摘した。また、日本での九条賛否の世論調査で、改正反対の人でその理由に「アジアとの関係を損うものだから」をあげたひとが四・一パーセントしかなかったことに触れて、私たちの憲法認識の弱点を抉り出した。新著ではこの視点が基調になっているようだ。

李さんからは、本の全体構成の紹介に続いて安倍九条加憲論の比較憲法論的視点からの丁寧な説明があった。韓国では侵略禁止の憲法（第五条）のもとで、憲法裁判を通して良心的兵役拒否の解釈に発展がみられ、基地再編（平沢《ピョンテク》基地）反対の裁判にも平和への権利を軸に一定の前進がみられるが、日本では「後ろ向き」だという指摘があった。「積極的平和主義」といい「自衛隊加憲」

といい、正しく「後ろ向き」である。加えて、イージスアショアの撤回のあと、敵基地攻撃論が再燃している現在の状況は、これが従来の政府見解を超える危険なものであることは明白だが、李さんからは北を仮想敵とする先制攻撃が、韓国にとって、そしてアジアにとって無視出来ない暴論であることが指摘された。

日本の一部には、イージスアショア配備破綻のあと、守るよりも攻める方が容易（予算上も）だという俗論が政府高官からもいわれている。核兵器を持とうという危険な動向とともに、私たちが反対世論を強める責任があることを強く思ったことである。

核兵器禁止条約問題でも意見交換した。私は、安倍首相の「橋渡し」論を誤魔化しとして批判するだけではなく、どうすれば橋渡しができるのかを議論すべきだとし、唯一の戦争被爆国、非核三原則を掲げる日本、九条をもつ日本として、日本国民は勿論、政府もこの三点は否定してはいない（できない）のだから、それを根拠に、核兵器禁止条約の承認・批准を進めること、すでに四十四カ国が橋を渡っているなかで、核の傘にいてそういう決意を示すことが、日本の「橋渡し」役の第一歩であり、そしてそれが核の傘にある国々の合意となるよう、市民運動とともに外交努力をすることが、核の傘にある国の「橋渡し」を進めることになると述べた。また朝鮮半島の非核化は南と北双方が非核化条約に参加することであり、日本の非核化は朝鮮半島の平和と非核化にとっても重要な条件作りになると述べた。

李さんもこの大筋に賛同して下さったように思う。なお李さんの本には憲法学的視点からの朝鮮半島、南と北の戦争から休戦そして和解と、交流へ向けての南北合意書（一九九二年）から南北共同宣言（六月一五日、二〇〇〇年四月一〇日）を通して、これまでの積み上げられた道程が書かれており、二〇〇二年の日朝合意（平壌宣言、小泉純一郎首相・金正日朝鮮労働党総書記）もその流れの中にあったのだと改めて感じた。この宣言には「日本側は、過去の植民地支配によって、朝鮮の人々に多大の損害と苦痛を与えたという歴史の事実を謙虚に受け止め、痛切な反省と心からのお詫びの気持を表明した」とあることも明記しておこう。なお一九九一年の「南北基本合意書」における「南」「北」という表現は、それぞれの正式国名を使わずに「南北合意」としたのであり、その背景に朝鮮民族の統一への願いがあることも理解できた。新著では米朝会談（トランプ大統領・金正恩委員長、二〇一八年六月一二日、シンガポール）があり、その前後の南北関係についても、板門店（米朝韓、六月三〇日）につづいて南北・平壌共同宣言（九月一九日）があり、南北和平の道が大きく進んだことが述べられている。米朝会談は破綻したが、希望への道も示唆されているとのことだ。

李さんの「アジアの中の日本国憲法」という視点は、繰り返し言えば、私たちの「憲法と平和」についての認識枠を問い直し、九条がアジアへの不戦の誓いであり、アジアにとっての安全保障という視点から、日本の改憲論が批判されているのだということを肝に銘ずべきだと思う。

私自身、八〇年代の改憲ムードのなかで、シンガポールの特派員陸培春さんと同席した時、「九条はアジア二〇〇〇万の犠牲のうえに作られた国際公約であり、アジアの人々は九条改正に賛成する人は一人もいない」と言われたことを忘れない。マレーシャのマハティール元首相が現在も、九条を高く評価して国際的に発信しているのも、日本軍の残虐さを体験している氏の、日本の軍事化への警告でもあるのだと言うべきであろう。李さんの著書が広く読まれるようにお勧めしたい。実は私の『未来をつくる君たちへ　〝地球時代〟をどう生きるか』（二〇一一年）でも第一章で「アジアの中の日本」の視点、とりわけ日韓関係の歴史を直視することの重要性について述べていたのだが、李さんとの対話からさらに深く捉える視点を学ぶことができた。

二

対談の後半は私からの地球平和憲章についての説明と李さんのコメント、さらに質疑が行われた。

私はまず「9条地球憲章の会」と、この六月に発表した「地球平和憲章　日本発モデル案」を目次に沿って紹介し、次のように報告した。

憲章の構成は前文と理念・原理、それを実現させるための方策から成っている。構成は単純に、文章は分かりやすくと心がけた。

日本発モデル案とあるように、憲法九条の理念を、「地球時代」の視点から捉え直し、さらに発展させて、〈九条の精神に基づいて核兵器はもとより、いっさいの武力と暴力を排し、世界のすべての人びとが、持続可能な地球環境の下で、尊厳を持った個人として平和に生きる権利の実現をめざす〉ものとした。ぜひ今後、世界中でそれぞれの国や地域の課題に即した「地球平和憲章」案づくりに取り組む上での参考にしていただければ幸いである。

この間、コロナの脅威を前にして、私たちは会の強調する「地球時代」という視点、とりわけ自然と人間の共生の視点の重要さについていっそうの確信を深め、「地球平和憲章」案でもその視点を強調した。「平和に生きる権利」の意味を、気候変動危機と新型ウイルスのパンデミックをも視野に入れることで、新自由主義的経済格差拡大のグローバリゼーションに抗う全人類的な新たな協同や連帯の課題が一層はっきりと見えてきたと思う。

私たちの試みは、人類と地球環境の危機に対峙する地球平和憲章を創るための世界への呼びかけであり、そのことがまた、九条の理念を世界にひろげ、現に危機にある九条を守る力にもなると考えている。

この間、賛同者は一二〇〇名を超え、外国からの賛同者も七〇名を超えて、拡がっている。九条の会や「女の平和の会」の方々にもお力添えを頂いてきた。この間軍隊を持たない国コスタリカとの交流を深め、アメリカの平和を求める退役軍人の会（VFP）との交流にも務めてきた。アジアの中の日本として、北東アジアの平和構築には、とりわけ日・韓の連帯が重要である。

概略以上の様な報告に対して、李さんからは国際市民運動としての共感と同時に、韓国での平和的生存権の確立と憲法上の問題点が語られ、質疑では高吉嬉《コキルヒ》（山形大）さんから植民地下三六年の朝鮮の歴史から見れば九条評価が甘過ぎないかと指摘された。

私たちの憲章のなかでは、「非戦・非武装の宣言」は「日本国民自身への誓い、そして海外への国際公約でした。アジア諸国への非道な侵略と加害への反省と、日本国民の無差別爆撃と原爆被害のなかで厭戦と、もう戦争はしないという非戦の誓いとしてうまれた憲法は……」と書かれている。そのうえで高さんの重要な指摘をどう受け止めるか、少なくとも解説パンフでは書き込みたいと私は応えた。

最後に、私たちの運動は世界市民平和思想運動だと考えているが、とりわけアジアの平和への共同、そして日・韓の市民の連帯の重要性を感じている。今日の企画はその一歩だと確信出来た。有り難うございましたと述べて閉会した。

（日本国際法律家協会『INTERJURIST』No.203、二〇二〇年一一月）

「六〇年代のアフリカ」から思うこと

――アフリカの独立と日本国憲法の影響

「9条地球憲章の会」第六回研究会（二〇一八年七月二五日）は、「海外での外交・商社体験から見た憲法九条の意義」というテーマで、元外交官の五月女光弘さんと、商社九条の会の浜地道雄さんに、それぞれユニークな視点から、お話をうかがうことが出来、わが会の視野を広げそのグローバルな意味を考えるよい機会となった。

五月女さんは「アフリカ諸国の独立と日本国憲法の影響」というテーマで、大使として関わったアフリカでの経験を通して「アフリカを見直した」と語られた。一九六〇年代はアフリカの独立の年とも言われ、五七年のガーナを先頭に六〇年には一七の独立国が誕生する。独立に際して国旗や憲法をどうするかが重要な課題となるが、その際日本の国旗が、ライジング・サンとして注目され憲法の平和主義が参考とされたと語られた。また、アフリカ諸国の「本音を代弁すれば」、「一九六〇年代に独立した多くの国々は本当に貧しいのです。食料も不十分、医療品も足りない。教育に必要な学校も足りない。経済発展に必要な工場なども建設できない。でも元の宗主国は軍隊のために武器を買うように圧力をかけてくるのです。我々は戦争をしない平和な国になりたいのです」、これが本音なのですと語られた。

平和国家日本、そして敗戦の廃虚のなかから経済的にも立ち上がり、六四年の東京オリンピックを目指した日本が参考にされたのは当然であった、と言う五月女さんの指摘は説得力があった。また憲法の成立過程で幣原喜重郎の果たした役割の大きさが強調されたことも、うれしいことだった。

ところで、「六〇年代アフリカの年」は私たち（の世代）にとっては強いインパクトを持った歴史事実として記憶されている。しかしそのことを、私たち自身も忘れてきたのではないか。五月女さんの講演はそのことを思い起こさせるものであった。

私たちの世代の、「六〇年代」の世界史への当時の思いを書き付けておきたい。思えばそれは、私にとってのアジア・アフリカ・ラテンアメリカ（AALA）の発見の時代であった。日本での「六〇年安保」時代と重なる。ときは冷戦体制のさなか、AALA諸国は悲願の独立・非同盟を求めて声をあげる。バンドン会議（一九五五年）はこの目標へ向けての大きな一歩だった。国連憲章や世界人権宣言はその共通の理念的支えであった。旧宗主国からの独立、国造りの方向は宗主国への追随ではなく、統一アフリカと社会主義が目指された。当時、アフリカの指導者達の発言が出版され、日本にも翻訳紹介された。

一九五七年、最初にイギリスから独立したガーナのクワメ・エンクルマ『わが祖国への自伝』はすぐに翻訳紹介された（野間寛二郎訳、理論社、一九六〇年）。五八年にフランスから独立したギニアのセク・トゥーレは講演でアフリカの独立と統一を訴え（『アフリカの未来像』小出俊・野沢協訳、理論社、一九六一）、六〇年にフランスから独立したセネガルで、ネグリチュード文学の旗手でもあったサンゴールは「アフリカの道」を社会主義に求めた。六〇年にベルギーからの独立を担い、翌年三五歳で暗殺されたコンゴのパトリス・ルムンバは『息子よ未来は美しい』（榊利夫訳、理論社、一九六一年）を残し、読んで感動した記憶が甦る。ケニアのケニヤッタ大統領の『ケニヤ山の麓で』も手元に置いた覚えがある。これらの本は小宮山量平の理論社が新しい人間双書で次々に出版、岩波も『アフリカの目覚め』や『鎖を断つアフリカ』を出して世界の新しい流れを伝えようとしていた。岩波年表を見れば、一九五九年はキューバ革命、シンガポール独立（イギリス連邦内自治国）。六〇年のアジア・アフリカ連帯会議には五二ヶ国が参加（コナクリ宣言）、年の暮れには国連総会で「植民地独立宣言」採択（AA四三ヶ国提出）とある。

私たちの青年期、大学院生の頃から研究員として参加した国民教育研究所では、上原専禄先生の「世界と教育」研究委員会を中心に六〇年前後のアジア、アフリカ、ラテンアメリカの独立と連帯の動きが世界史の捉え直しの焦点になっていた。教育学の古川原先生や勝田守一先生もよき理解者であった、というよりそこで学んでおられた。しかし日本は逆コースのなかにあった。岸信介の憲法調査会も始動する（五八年）。教科書検定で不合格となった上原専禄、江口朴郎の『日本人の世界史』が岩波から検定不合格本として出版（六〇年）され注目される時代であった。

当時の私たちにとっては、日米安保条約改定問題（六〇年安保）に向き合うことは日本の真の独立と平和への闘いだった。それだけにAALAの動きは、身近なものとして感じていたのである。アフリカの独立国と宗主国との関係は独立のありようを規定し、二つの世界の対立も独立国の進路選択を規定した。独立を支援したソ連、中国の対立も顕になり、それぞれの独立国との関係、援助の質にも問題があった。アフリカ諸国にとって、独立とは帝国主義支配の裏返しではあっても、アフリカの統一性を保障するものではなかった。それゆえ、地域の自立と連帯による「アフリカ連邦」こそが彼らの共通の理念であった。六〇年代の独立はそのための第一歩だった。それがいかに困難な道かということは、冷戦構造のなかで、ＥＵ（旧宗主国）諸国との関係、さらにソ連と中国の対立関係が援助に影響をあたえ、日本のＯＤＡ（政府援助）の支援も独立とアフリカ連邦の理念からは多くの問題点があった。独立から五〇年が過ぎて、ソ連の崩壊、アメリカの一極支配も陰り、ＡＡＬＡの新しい連帯の動きが大きくなってきているのが現在であり、ＡＡＬＡの再発見の時代が来ているといえるのではなかろうか。アジアではＡＳＥＡＮ＋ＴＡＣの動きがあり、ＬＡでは中南米の連帯の動き、南アフリカにはアパルトヘイトと非暴力で闘ったネルソン・マンデラ、女性差別と闘ったウィニー・マンデラがいる。それに重ねてパン・アフリカン（Panafrican；united african nations）の運動がある。

私たちの会の趣意書に共感して長いメッセージを下さったブバ・ディオブさんもその一人である。彼はセネガル・ダカール大学の歴史学の教授だが全アフリカの平和運動と識字教育運動のリーダーでもある。

彼からのメッセージ（仏語）は昨年（二〇一七年）五月のシンポジウムで紹介したが、ここでもう一度読み直しておこう。

シンポジウム参加の皆さまへ

私たちは多様な危機に直面する中で、永続する平和、人間の尊厳、社会的・経済的な尊厳、そして正義と連帯をもとめる、アフリカの人々の千年を超える闘いを引き継ぐ者として、あなた方が実りある成果を得られるよう願っています。（中略）私たちはいま地球上のすべての者が直面しているポピュリズムとテロリズムの危険に気づいているすべての男女老若に訴えます。今だからこそ、改めて、平和と連帯、相互の尊敬と優れた実践を分かち合う教育に更に努力をつくすことを。

九条の理念はここでも、注目されている。私たちの趣意書へのアフリカ諸国（セネガル、アルジェリア、モロッコの友人達）からの好意的な反響は決して唐突でもなく、私たちの独りよがりでもないのである。そのためには私たち自身が、私たちの思いを、アフリカの千年を超える屈辱と闘いの歴史に重ねる想像力が求められているのである。それはまず、無知であることの自覚からはじまる。自戒をこめて。

商社九条の会の浜地さんは中東での商社活動で、日本人は戦争をしない国からの人として、敬愛され、仕事もやりやすかったと話された。いまはどうなのだろう。中村哲さんのことが重なってせつなくもなる。

（「9条地球憲章の会」事務局会議用のメモ、二〇一八年八月三日記）

「地球時代」の価値と教育の課題
――地中海地域比較教育学会（ＭＥＳＣＥ）での基調講演から

二〇一二年一〇月、チュニジアのハマーマートでの国際学会で基調講演を求められ、「地球時代の価値と教育の課題――平和、人権、共生」(Valeurs et enjeux de l'éducation à l'ère planétaire ――paix,droits de l'homme,kyosei《vivre ensemble》）と題して話した。フランス語での講演は久しぶりのことだった。学会の正式名は「地中海地域の比較教育学会」というのだが、地中海地域という言葉の持つ世界史的意味について学び直すよい機会でもあった。ブローデルの名著『地中海』も読み直した。前年の「アラブの春」の起点としてのチュニジアへの関心もあっての参加であった。

私は「地球時代」の定義、その始まりとしての一九四五年、そしてあの大戦争の終結と国連憲章、世界人権宣言に始まる新しい世界秩序へ向けての動きについて述べ、日本国憲法とりわけ前文、九条の日本にとっての意義と世界史的意義を強調した。国際軍縮教育会議の流れや、バンドン会議（一九五五年）とその後についても話した。「構造的暴力」論を契機に、「平和の文化」への国際的な意識の高まりについてもふれた。

人権については世界人権宣言から人権規約（条約）へ、そして女性、障害者、子どもの権利条約への発展の意味について述べ、とりわけ子どもの権利については、それを実現するための国連子どもの権利委員会（ＣＲＣ）の活動と各国政府およびＮＧＯの動きの比較研究が重要であることを、日本の場合を例に挙げながら提起した。

とくに共生の思想については時間を割いた。私はまずそれを kyosei と書き、フランス語や英語では vivre ensemble,live together,conviviality あるいは symbiosis にあたるが、共生は人と人の関係だけでなく、人間と自然の関係も強く意識されている言葉であり、アニミズム的な、あるいは仏教的な言葉であること、人間性とは human nature つまりは人間をつらぬく自然であり、生者は死者と共生していると考えられてきたことを説明し、とりわけ三・一一以後にはこのような感覚が共鳴しあい、共有されてきていることも話した。

また、文化の多様性に関しては、個別性と普遍性の関係の捉え直しが求められているとして、「これが普遍である」とはだれも言うことはできないが、それは相対主義に与することではないこと、個別性をつらぬいて普遍性へと開かれていく、そういう普遍的なものへの存在感覚が大事ではないかと述べた。民族衣装をまとい堂々と発言するアフリカの人たちに尊厳を感じ尊敬の念を抱くことは、アフリカ的なものへの関心と敬意、民族的アイデンティティを尊重することであり、そして、個々人への尊敬の念を通して人間の尊厳を感じとることではないか。あるいは、ノーベル文学賞の受賞者＝大江健三郎の文学の普遍性は、彼が常に回帰する故郷松山の森のそれであり、障害を持って生まれた息子の光君との共生体験から紡ぎ出され、ヒロシマと沖縄を通して発信される言葉のなかにあるのではないか。抑圧された者に共通する人間としての感情（le sentiment humain）とそれをつなぐ開かれた理性（la raison ouverte et universelle）の働きとが、個別性と普遍性をつなぐものではないのか、と話した。

世界に拡がる格差、貧困、そして環境問題も、すべて地球上の人と人、そして人間と自然の共生の問題である。貪欲な経済成長主義は格差を拡げ、自然を破壊し続けてきた。ローマクラブそしてドネラ・メドウズらによって成長の限界が指摘され（一九七二年）て久しいが、今や限界を超えたと警告され（ドネラ・メドウズ他『限界を超えて：生きるための選択』、ダイヤモンド社）、脱成長（décroissance）が主張されるにいたっている（セルジュ・ラトゥーシュ『脱成長』、白水社文庫クセジュ新書）。グローバリゼーションは世界に格差をひろげたが、豊かな国のなかにも格差を拡げ、昨二〇一一年米国や英国では［我々は九九パーセントだ］という抗議と連帯の運動が広がった。グローバリゼーションは「地球時代」のネガティブな現象であり、それをいかに克服するかということこそ、目前の、最大の課題だと言える。

グローバリゼーションに国境は無く、多国籍金融資本が世界を支配する。貪欲で横暴な資本の活動を掣肘するためには、ナショナルインタレストの視点をつなぐ国際的連帯が求められている。それは globalism に対抗する新しい inter・nationalism と言えるのではないか。

さらに成長神話が問い直されるなかで、豊かさとは何か、人間にとっての幸せとは何かが問い直されているのではないか。そこで私は日本に古くからある清貧の思想についてふれた。「清貧の生き方」を Vivre honnête,juste,et pauvre（誠実で慾ばらず貧乏な生活）と説明したのだが、どこまで理解してもらえたかは分からない。Ascetism（禁欲主義）とどう違うのかという質問も受けた。これから深めたい課題だと思う。

スリーマイル島、チェルノブイリ、フクシマと原発事故の続くなかで、安全神話は崩れ、No Nukes! の声も広がっている。なぜ反対か。私はフクシマについて話し、事故の巨大さ、使用済み核燃料の処理方法が未解決、加えて地震と津波の多い日本列島はそもそも立地条件を欠いている、と反対理由を述べた。

さらに核抑止力神話も崩壊しているのに、ヒロシマ・ナガサキを経験し九条を持つ日本で、軍事基地が集中する沖縄についてふれた。成長神話、安全神話、核抑止力神話という「現代の神話」から脱却するための思想と国内的・国際的戦略が必要であり、そこで新しい連帯の思想が求められていること、その軸となるのは弱い者・抑圧されている者の人間的感情であり、それを結びあわすのは〝開かれた理性〟ではないか、と語った。

イタリアの友人パンパニーニ氏が、彼は私のフランス語のスピーチを英語に通訳してくれていたのだが、通訳の役割を超えて、いま米国がイタリアのシチリア島で進めようとしているスーパーレーダー基地は地中海地域全体にとって脅威となる、その反対運動を拡げたいと語ってくれた。最後に、フランスでよく知られたプロテストシンガーで、私の好きなジャン・フェラのシャンソン「カマラード」という曲、これは一九六八年のプラハの春を武力で押しつぶしたソ連とカマラード（同志）の裏切りに対する、痛烈な抗議の歌なのだが、これを紹介し、もう一曲「ラ・モンターニュ」を、チュニジアを代表する「カルタゴの山の秋がジャスミンの春と同じように美しくあれ」と替えて歌ったのだった。会場にハミングが広がったのも、うれしいことだった。「地球時代」にふさわしい世界を！　これを最後の言葉とした。

（『中央大学人文科学研究所紀要』第98号、二〇二一年）

【付記】　この小論は拙稿「総合人間学への道」の一部であるが、旧友板垣雄三氏が信州イスラム勉強会で資料として紹介して下さり、「講師が独唱して終わる講演は地中海的でステキですが、堀尾さんが説く個別性と普遍性の結合はまさにイスラームの基本であるタウヒード（多即一、多元主義的普遍主義、ネットワーキング）の教えであり、これを生き方の原則とするムスリムたちも参加する会場で、堀尾さんの講演がどう聴かれたか、想像するだけで心躍るものです」と書いて下さった。なお講演の仏文テキストは『中央大学人文科学研究所紀要』第78号（二〇一四年）所収。

映画「コスタリカの奇跡」を上映して

二〇一八年三月二四日、「9条地球憲章の会」と「コスタリカから学ぶ会」の共催、「SA9」(Second Article 9＝九条を支持せよ、埼玉県の市民有志が立ち上げた)後援で、念願だった「コスタリカの奇跡——積極的平和国家のつくり方」の上映会を持つことが出来た。私たちの会としては、会の発足一周年の記念事業でもあった。会場は、専修大学の長谷川宏先生のご好意で神田校舎の大教室。会場の広さに比べて来て下さる方はいかほどかと気をもんだが、ほぼ満席の一五〇人近くの参加者に一安心。

映画はドキュメンタリータッチでコスタリカ平和憲法の成立からの歴史を描く。第二次大戦のあと国民解放軍のホセ・フィゲーレス・フェレールたちは内戦を制し、自ら武器を放棄し(一九四八年)、常備軍を撤廃する画期的な憲法を作り(一九四九年)、平和の国づくりに取り組む。日本の戦後史と重なるその後の七〇年の歴史は、内からの抵抗と外からの干渉のなか、軍事費を福祉と教育に回し、豊かな自然環境を活かす政策は民衆に支えられて根付き、いまでは世界でトップレベルの国民の満足感、幸福度の国として認められている。

この間アメリカからの圧力や干渉は繰り返され幾度も危機にさらされるが、とくに八〇年代、米レーガン政権の圧力に対して、モンヘ大統領は渡欧し、各国首脳に支援を訴え、「永世中立」宣言を行い（一九八三年）、平和憲法を根付かせる国際関係づくりに成功する。アリアス大統領は中米地域の紛争解決にリーダーシップをとり、ノーベル平和賞を受賞する（一九八六年）。パナマやハイチの非武装化にも貢献した。これら優れた大統領たちの肉声が聞こえるのもこの映画の魅力である。

イラク戦争への支援を求めるアメリカからの圧力に屈しそうな政府に対して、憲法裁判を起こして勝訴した若い弁護士ロベルトさんの熱弁も映し出される。彼らは隣国ニカラグアの国境干渉に対しては、国際司法裁判所に提訴し、勝訴に導くことにも貢献した。平和を守るための法律家の果たす力の大きいことも感じさせられた。なおロベルトさんとは昨年東京でのシンポジウムでお会いし、私たちの会の賛同者にもなっていただいた仲でもある。

しかし、この映画の真の主人公はこれら英雄たちではなく民衆である。働く人たち、子どもたち、そしてその自然と共にある生活である。これは監督の言葉でもある。

この映画はコスタリカの政府筋がつくった宣伝映画ではない。実はアメリカの若い二人の研究者（マシュー・エディー、マイケル・ドレリング）が現地の歴史と現在を調べて脚本を書き、監督した作品なのだ。その言葉の中で、アメリカのサンダースの支持者には北欧の社会民主主義を理想とするものがいるが、そのモデルはすぐ近くにあるではないか。コスタリカがあるではないか。こういう思いでこの映画を作ったのだという言葉があった。（『シネ・フロント』３３９号参照）

映画を見終わって（実は二度目だが）、まさしくアメリカの人たちに、そして日本の人たち、憲法をないがしろにする人たちにも、平和憲法を守ろうとする人たちにも見てほしいと思ったのだった。

映画の後、ローラ・エスキベル（Laura Esquvel）コスタリカ大使の話があり、映画に重ねてコスタリカの現在への理解を深めることが出来た。とりわけ、充実した福祉、医療、教育のもとで「子どもたちこそ力」であり、子どもたちの平和を求める気持と政治への関心が伸びやかに育っているという話には心をうたれた。ローラさんは若い女性弁護士でもある。そういえば国連での核兵器禁止条約の委員会の中心はコスタリカの女性、ホワイト議長だった。私たちの運動も若い、女性の力が不可欠なのだと思ったことだった。

今回の映画会には、老若男女の多様な参加者が来られたことはうれしかった。なかでも異色はコスタリカ国立オーケストラ桂冠指揮者の小松長生氏が参加され、コスタリカの音楽文化についても目を開かされたことだった。小松さんは大使とも交流されていた。なお小松さんは私たちの会の呼びかけ人のひとりで、私の属する東京フロイデ合唱団の第九の指揮者でもある（驚いたことに、この年の東京フロイデの年末の演奏会には、大使も参加された）。

映画と講演の後、「コスタリカから学ぶ会」の共同代表児玉勇二さんと「９条地球憲章の会」からは代表の私がそれぞれ短い感想をのべ、その後、主として大使への質問と交流があって、盛会のうちに会を閉じることが出来た。地球平和憲章を創る活動にとって、北東アジアとの連帯と共にコスタリカとの交流の重要さを強く感じた会であった。通訳された「コスタリカから学ぶ会」の星野弥生さん、『シネ・フロント』編集長の浜田佳代子さん、準備をされた二つの会の事務局の方々、後援し、当日も三人が参加してくださった「ＳＡ９」のみなさま、ありがとうございました。

（『シネ・フロント』用原稿のメモ、二〇一八年三月）

地球の守り人クストー

――服部英二編著『未来世代の権利　地球倫理の先覚者Ｊ・Ｙ・クストー』を読む

服部英二さんから贈られたこの本を一読、Ｊ・Ｙ・クストーを語る最適者によって、善い本が纏められたことを嬉しく思った。

このたび入院の必要があり、この本をじっくり読もうと、必携書に加えたのだが、一週間クストーさんとつきあうことになった。

私はかねて、「『地球時代』と子どもの権利」の視点から未来世代の権利に関心をもち、服部さんとは日仏関係での知己があり、日本クストー・ソサエティーの立ち上げの時には、呼びかけ人の一人に加えて頂いた仲である。クストーの未来世代の権利宣言を最初に翻訳したのも私である(堀尾、河内編『国際教育資料集』一九九七年、所収)。

クストーについては、それなりの知識と敬意を持っていたのだが、この本を精読して、改めてその活動の広がりと深さ、人間と自然の洞察の鋭さ、生命と海と地球と宇宙への想像力の豊かさに感じ入った。加えて環境を破壊する人間の傲慢、市場原理に翻弄される人間社会の歪さ、その原因に対する科学社会史的な豊富な知識を駆使しての追求には脱帽した。この感動を多くの人と共有したいと思いこの文章を書いている。

クストーとは何者なのか？

日本では海底探検家、アクアラングの発明者、海の汚染の告発者、海底考古学の先駆者、それに加えて、未来世代の権利の主張者として、知られていれば良いほうだ。

クストーは自然の探検家であり、人間の生き方の探検家であり、思索の人であり、環境破壊に抗して、それを国際舞台でそのアイデアを活かすために行動した人である。「地球時代」を代表する人物である。服部さんはユネスコで主席広報官から事務局長顧問までの要職を歴任、その間、クストーの国際的活動を支え、シンポジウムを企画し、日本に紹介することに務めてきた。この本の「編著」も服部さんのクストーさんへの深い思いの現れであろう。

さてこの本の構成は、まず、服部さんの「はじめに」でクストーの活動の全貌がコンパクトに紹介され、「あとがき」と重ねてその深く広い思索へのオマージュとなっている。

「第一部　クストーが語る」では、クストーの一九九二年の第一回世界ジャーナリスト会議での基調講演「地球の将来のために」と一九九五年九月国連大学（東京）におけるユネスコ創立五〇周年記念シンポジウムでの基調講演「文化と環境」に加えて、ロサンゼルスでのインタビュー「人口増加と消費激増が地球環境に致命的負荷」（一九九二年）が収められている。これらをとおして、クストーの地球環境への問題意識と危機意識が明確に浮かび上がってくる。

第二部はクストーの未完の自伝『人、蛸そして蘭』の抄訳。ここで、クストー自身の少年時代からの探検への情熱、海への憧れから海軍へ、そしてレジスタンスへの参加。戦後は愛船カリプソ号と自ら発明したアクアラングを駆使しての海の神秘、多様な生物との出会いと感動。しかし進む環境汚染から環境破壊の実状に憂いは怒りに変わっていく。乱獲と海洋資源の枯渇、国を挙げての資源獲得競争に南極条約が改訂されようとする危機、リオ環境サミットの意義と限界。「生き物のいない海への絶望は生き物のいない森への絶望」と重なる。さらにフランスのムルロアでの水爆実験への抗議、彼はこの時フランス政府から委嘱された全ての役職を辞任する。海の汚染は水爆実験だけではない。原発の核廃棄物の放射能汚染はどうするのか。ここではアイルランドの原発基地と海洋汚染について、さらに日本のプルトニウムと「もんじゅ」についても語られている。原発開発が核実験と結びついていることも。福島のことを知ったら彼はなんと言っただろうか。地震列島が原発列島であることへの警告が聞こえてくるようだ。

環境汚染から破壊へ。これらの背後には市場主義の跋扈、マーケット・マスターの君臨がある。死の商人たちの武器輸出は、紛争を拡げ、長期化することを歓迎し、環境破壊も拡大する。「海への愛」にはじまる彼の生活は、「海を守ることにいのちを捧げる」決意となり、汚染の原因、破壊の原因への探求と糾弾となり、それは「この地球は未来世代からの預かりもの」という着眼を生み、生物多様性と文化の多様性を守るための国際的活動へと駆り立てていく。

思索も深まる。知の交流も広がる。なかでも知の巨人アンビュルジュとの出会いと触発は大きい。クストーの主張は自然に還れというものではない。自然の法則性はジャングルの法則であり、そこから抜け出したのが人類である。それは時に自然を征服の対象と考え、君臨し破壊しようとしてきた。今こそ、いのちの多様性を守る人類のモラルが求められていると彼は考える。

科学と倫理の問題も問い直され、価値フリーの科学の末路に批判のメスが加えられる。そこからまた自然科学と人間科学の結合の必要が説かれる。彼自身、その結合を、そのいきざまの中で試みてきたのであった。行動から思考へ。それは知の総合化を求め、その実践化を促す。

第三部は未来世代の権利と文化の多様性。ここでは服部さんの「未来世代への責任と文化の多様性」についての簡潔な解説があり、ユネスコの創立いらいの理念とその後の展開が辿られ、初代事務局長J・ハックスレーからマイヨール時代への発展、「文明の危機」論（ハンチントン）に対する生物の多様性と文化と多様性の尊重を軸とするユネスコの対応が示される。服部さんはこの間、ユネスコ事務局長顧問としてマイヨールを助け、クストーとつなぐ役割を果たし、東京でのユネスコ五〇周年でのクストー記念講演（日本からは大江健三郎）を実現させたのであった。

次に、ジャック＝イヴ・クストー、ジャン＝ミッシェル・クストー連名の「未来世代の権利のための請願」、これを基にユネスコで論議をかさね、第二九回総会（一九九七年一一月一二日）で採択された「未来世代に対する現存世代の責任宣言」、さらに第三一回総会での「文化の多様性に関する世界宣言」（二〇〇一年一一月二日）が訳出されている。これらを貫く思想は未来世代から託されたこの地球を守り、グローバリゼーションのもたらす画一化と格差拡大を批判し、自然と文化の多様性を原理とする平和の文化を創り、いのちと共生と寛容の生き方を求める「地球時代」の「人類のモラル」を拓こうという世界への呼びかけにほかならない。それはクストーが生涯をかけて求めてきた夢であり、その実現を未来世代の権利を守る責任をもつわれわれに託した遺言でもあろう。

さいごにクストーを敬愛した鶴見和子さんがその逝去を知って、服部さんに送った手紙に記された短歌を紹介してこの文章の締めとしよう。

海底の美しき生命究めたるクストーは今海へ還るや
山へゆき海に還りし熊楠とクストーはともに地球守り人

（『地球システム・倫理学会会報』第10号、二〇一五年九月）

新型コロナのパンデミックのなかで思うこと
――世界のこと、子どものこと、自分のこと

はじめに

『人間と教育』の前稿で「自粛という名の閉塞の状態だが、頭だけは世界に開かれている」と書いたが、さすがに閉じこめられた状態が一年半にも及ぶと頭の方も尋常では居られない。時間と空間の感覚が混濁してくる。老人ホームに入っての、強いられた自粛生活であれば、鬱になるのが自然であろう。老人にもスキンシップは不可欠なのだ。

いま、これから、ここ、あちら、といった時間と空間の観念にも、自粛と接触禁止のなかで変化する体感を通して、影響がでてくることも確かであろう。

それは実存的時間・空間の問題、そして生と死への歳相応の気づきとも重なっていよう。

幸か不幸か、いや、幸にも私自身は、毎日近所の人通りのない小道や、森のなかを散歩し、草花と出合い、シャンソンを口ずさんで季節を感じる日課があり、それに加えて、子どもの権利条約市民・NGOの本づくりや、地球平和憲章のブックレットづくりに忙しく、パソコンとメールとZoomの生活で、ボランティア仕事にあけくれの日常であるが、その中でも、時間と空間の

感覚も変わってきているのは確かである。いまは過去とはつながるが、未来は漠たる闇に、かすかな希望としてあるのみ、というのが「現在」の感覚である。生きる気力は希望とつながっている。コロナのさきにある希望とは？　前回書いた文章を読み直してみよう。

1 自己愛と利他愛

世界中のコロナ禍の情報のなかで、高齢で糖尿病の我が身はもっぱら自粛という名の閉塞の状態だが、頭だけは世界に開かれている。それにしても自粛は萎縮ではなく、社会的距離は孤立であってはならない。自分を守ることが貴方を守ること、自己愛と利他愛はひとつのこと。この良識（真実）を言葉ではなく、身体を通して、理解できた人も多いだろう。しかしオリンピックをやるのだと叫んでいた権力者に、いきなり「検査もしない、補償もない自粛」を説教され、強要されても、それは自粛とはいわないのではないか。

不安は他者への監視の眼差しとなる。監視のなかの自粛は萎縮となり、監視されてあることの内面化は他者への眼差しを変え、「自粛警察」として攻撃性と差別感情をうむ。医療関係者への排他的態度などはその屈折感情の最たるものといえよう。

いま、すべてのひとはコロナに罹る不安と、うつすのではないかという不安と、何時まで続くのか、仕事が出来るのか、生きているのか、という二重・三重の不安の中になげこまれている。適切な疫学調査と検査、自粛には適切な保障を、被患者の隔離は排除ではなく保護のため、そして未知なるものへの真摯な科学的検討と説明こそが求められているのである。無能で自粛だけを求める政治家の言には飽き飽きし、一層不安になり、苛立っている。

ところで、コロナ禍の前で人は平等である。確かにそうだ。しかし国により、地方により、年齢により、被害の大きさ、広がりの速さ、対策の違いは明らかであり、医療体制、社会保障のあり方の違いが目に見えるようになってきた。競争と利潤至上の新自由主義のもと、医療・福祉を切り捨て、社会の格差を拡げてきた国では、医療崩壊を早め、社会的弱者の感染・死亡率の高さは社会的貧困と連動し、それは人間の尊厳を奪う埋葬のされ方にも現れている。貧困と格差の差別的構造は地球規模であることをコロナは逆照射して可視化させている。手洗いしろといっても水がないのだ。感染爆発は当然の成り行きなのだ。「女・子ども」は無視し、軍拡は止めず、ショック・ドクトリンで利益を狙うなど論外であると言いたいが、これもコロナ社会の現実である。IT産業は活気づき、デジタル化は教育の市場化を進め、公教育を解体させる。学校は権力統制下にあるというよりもデジタル化によって溶解する危機にあるというべきであろう。

他方でしかし、科学と医療に国境なしの信念のもとでの国際的連帯も広がり、人々の意識も、医療従事者や介護従事者への感謝と、自分のために耐えることが、他者を守り、世界に広がるパンデミックと闘うことなのだという、人類意識と連帯の感覚を目覚めさせてもくれた。それは市民の参加と信頼に基づく政府の、科学的専門性と透明性のある、未来世代を配慮しての、政策を求める意識と繋がっている。

コロナがあぶり出す世界のカゲ

グテーレス国連事務総長は、三月（二〇二〇年）以降、一斉停戦とＷＨＯと協力しての、貧困層と難民の救済の国際的支援を繰り返し呼びかけた。「地球時代」の人類的連帯を！

トランプ大統領はＷＨＯが中国寄りで、初動の判断を誤ったとして、ＷＨＯへの賛助金を引き揚げる決定をし、さらにコロナウィルスは中国武漢の疫学研究所から出されたものだとして中国批判を強めている。しかし彼こそコロナを甘く見、アメリカは感染者が少ないと言い、安倍首相とオリンピックも出来ると楽観的であった筈。三月以降の状況はニューヨークを中心に、全米に広がり、感染者数と死亡者数は一位となっていた。医療保険も無く、病院に行けない貧困層や移民の多いヒスパニックの犠牲者が多いのは、新自由主義の先頭を行く「富める国」アメリカが社会経済的には格差・差別の国であることを示している。コロナと向き合い、懸命に努力しているクオモニューヨーク州知事と、選挙目当てのトランプとの違いぐらいは心あるアメリカ市民には判っていることだろう。アメリカ第一とはコロナ被害のことかの皮肉も聞こえてくる。そうなったのは中国とWHOのセイだと威丈高。こんななかで民主的社会主義を掲げるサンダース氏の発言が期待されてもいよう。警察官による黒人ジョージ・フロイドさんの殺害事件はアメリカ社会の暗部を照らしだし、人種差別への非暴力の抗議運動は帝国主義的植民地支配を問い直す国際的な連帯運動にまで拡がっている。

トランプの失墜とバイデン大統領の誕生はアメリカ民主主義の復元力を示すものではあったが、どこまで市民の声を受け止めることができるのか。

2 向き合い方の違い

グローバルに広がるコロナへの向き合い方に違いがあり、ヨーロッパではドイツが、アジアでは台湾、韓国が成功例として注目されている。国民の信頼に支えられた政府の、科学的知見に基づく決断の速さと透明性に、検査と自粛と補償の一体性に共通点がある。余り報道されていないが、軍隊を持たず、教育と医療に力を注いできたコスタリカのコロナ対応は注目されてよい。スウェーデンとベトナムとニュージーランドの取り組みについても詳しく知りたい。中国と台湾についても。コロナ対策の違いには民主主義とはなにかが、そしてそのありようが問われている。地域差も大きく、アジアに少ないのはなぜか。

医療崩壊のなかでは否応なく命の選別（トリアージ）も行わざるをえないのか。医師たちの苦悩。家族の苦悩。本人の苦悩。人間と自然の関係、命と死への向き合い方が問われている。

日本と諸外国を対象に行った「コロナ感染は自業自得だと思うか」というアンケート（大阪大学三浦綾子教授グループ）の結果は興味深い。アメリカ一％、イタリア二・五％、中国四・八％、そして日本は一一・四％とある（読売新聞二〇二〇年六月二九日）

〝お前が悪い、自分が悪かった〟、同調圧力のなかでの自粛警察が多いのも納得がいく。

日本のPCR検査体制の遅れ、やるべきことをやらず、自粛と自己責任の押しつけ、他方で各地の水害とコロナの恐怖をよそにGo Toキャンペーンの前倒しの強行。政治の破綻は目に見えている。これは人災だという民の声こそ天の声だ。医療崩壊の危機は現場の実感に基づく悲痛な声だ。コロナに関する医学・疫学的論文数が少ないのは、検査が不十分で、基本データが少なく、信頼性が無いので、論文が書けないのだという。日本の科学の先進性はどこにいったのか。

国民は自粛し、我慢した。政府はオリンピックに固執し、自粛を説くだけで無策。第四波は必然である。「災害復興」のオリンピックは、「コロナに打ち勝つ（勝ったではなく）証し」のオリンピックに変わってきた。しかし、聖火ランナーもワクチン接種も見せかけだけ。オリンピックの強行は、医療崩壊を進め、コロナ禍を広げるのではないか。外見だけの宣伝の時代は終わったのだ。終わらせねばならないのだ。

3 「社会」の発見

長期の緊急事態と自粛は生命と生活のあり方と、人は関係のなかで生きることの意味を問い直している。イギリスのジョンソン首相は自分も被患し、あらためて新自由主義者・前首相サッチャーが、そして自分も否定していた「社会」を発見したという。国家と個人ではなく社会があることを。新自由主義と自己責任論が問い直されている。グローバリズムの裏側に人類の連帯と地球との共生の時代としての「地球時代」認識が、感覚を通して、共有されてきてもいるのだ。この地球は現世代のものだけでなく、過去を背負い、未来世代のものでもあることも。

海の汚染に気付き、フランスの水爆実験に反対し、国連で「未来世代の権利」を訴えた海洋探検家のクストーさんのこと、そして「大人は議論する振りをしている、これが一番いけない」と訴え、行動を始めたスウェーデンの高校生グレタさんの顔が浮かぶ。

ひととひととの繋がりのなかには子どもがいる、青年もいる。老人もいる。障害者もいる。これまで見えなかった、見ようとしなかった、社会を支える人たちがいる。命を守るために自粛し社会的な距離をとると言っても、そのことによって命を失う、生きている意味を失うひともいる。オンラインでは仕事の出来ない人も多い。社会には日々の生活を失い、命の危険に曝されている多くの人たちがいるのだ。社会を支えているエッセンシャル・ワーカーの処遇の不当さへの気づきと感謝も拡がっている。

コロナ禍のグローバルな拡がりは、経済のグローバリゼーヨンによる貧困と格差の広がりと、地域紛争と亡命を生み出す国際政治の歪みを可視化してもいるのだ。因みに、コロナ禍のなかで最大の利益を挙げている超国籍企業アマゾンでは各地（国）でストが起こり、労働組合の結成が進んでいるという。人間らしい労働のあり方を求める運動も国境を超えて拡がるのが必然であろう。

4 問い直される子どもの生活と学校

とりわけ発達の可能態としての子どもにとっての「現在」は自分の未来と社会の希望と繋がっている。あそびの場を奪われ、学びの場が閉じられたことは、現在の苦痛と未来の不安として、その欠損は二重化される。孤立化を強いる自粛は子どもにとっての「社会」を失うことに通じている。逆に四〇人を超える学級が過密社会であることを、二〇人学級こそ学びの環境としてふさわしいことをコロナ禍は教えている。学校は変わらなければならない。

二月二七日（二〇二〇年）の安倍首相の独断的学校休校の要請が、なんの法的根拠もなく、子どもの権利の視点もなく決められ、教育委員会は独自の判断責任を放棄し、学校現場が大混乱し、学校が子どものいない空虚な建物になってしまったことは教師も親も教育委員会も忘れてはならない。卒業式も入学式も無かった、文化祭も運動会も無くなったことを子どもたちは忘れない。学校が再開されれば今度は学習の遅ればかりを気にする大人たちのことも。第四波の中での小学校の新一年生は、マスクした先生とマスクしたあたらしい友だちにとまどい、そして自分もマスクしていることに気づく。友達いっぱいつくりたい。どうすればいいの?

子どもたちの被害は世界に拡がっている。国連子どもの権利委員会（CRC）は各国に対して子どもの権利の視点の重要性を訴える声明をだしている。教育現場の過度なディスタンス（の要求）とIT化への警告も含まれている。

5 世界の子どもは

世界各国の情況も、経済か、命か、その両立を！　の掛け声はあっても、子どもの視点を意識した政策は弱い。命を第一にという場合にも、子どもはコロナに罹りにくいからという理由から、視野から外されていく。しかもロックダウンの対象は当然学校を含むのが実態であった（日本は首相の二・二七一斉休校が先行した）。ユネスコの調査に拠れば、休校は一八六カ国・地域に及び、一二億を超える子どもが自粛を強いられたという（二〇二〇年四月二九日の時点）。ユニセフも当然関心を示し、従来の子どもの健康を守る施策も困難に陥っている状況に対して警告している（九月九日）。

これより先に、国連子どもの権利委員会は声明（四月八日）を出した。「委員会はCOVID・19の世界的大流行が子どもに重大な身体的、感情的、および心理的影響をあたえていることを警告し、子どもの権利を護るよう政府に要請します」、この長いタイトルの声明は、一一項目についてその具体的な要請内容を示している。まず「多くの子どもたちが、とりわけ、緊急事態を宣言し、ロックダウンを命令している国々において、身体的、感情的、精神的に重大な影響を受けている」と述べ、「本委員会は、国際人権法が、危機的状況において、公衆衛生を保護するために、特定の人権の享受を制限する措置をとることを例外的に許容しているものと認識している」と述べたうえで「その制限は必要性に比例し、最小限でなければならない」とし、その際にも「子どもの最善の利益原則」が考慮されるべきことと原則的な視点を示し、そのうえで、具体的に、「休息、余暇、リクリエーション、ならびに、文化的および芸術的活動に関する権利を子どもが享受出来るようにするため、創造的な代替策を探求すること」を求めている。そこでは大人の配慮と指導のもとでの一日最低一回の野外活動についてもふれている（因みに、私はこれらの活動全体をアソビの活動として表現することができると考えている）。

オンライン学習については、項を改め特記し、それが「既存の不平等を拡大させないことを確保し、生徒・教師間の相互的関係に取って変わるものではないことを確認すること」と明記し、アクセスが困難な子どもには「教師による指導と援助を内容とする代替策」が講じられるべきことが記されている。経済的貧困と格差、さらに障害のある子どもや移民や難民、マイノリティの子ども、少年院やキャンプに収容されている子ども等について、差別を受けない権利の尊重と、権利が侵害されやすい状況にある子どもの保護の措置についても触れている。最後の項では、パンデミックへの対応に関する「意思決定のプロセスにおいて子どもの意見が聞かれ、かつ、考慮される機会を設けること、子どもは現に起きていることを理解すべきであるし、世界的大流行への対応としてなされる決定に参加していると実感できるべきである」と参加の権利を強調してこの声明を結んでいる。

これにつづいて、国連人権理事会に「教育に関する権利の特別報告者」による「COVID・19の危機が教育に関する権利に与える衝撃：懸念、課題および機会」と題する報告（六月一五日）が提出されたことも重要である。そこではコロナを機にIT化と教育の民営化への危惧が示されている（子どもの権利条約市民・NGOの会『通信第20号』所収の世取山洋介論文参照）。

日本では、安倍政権のあと、コロナ対策として、デジタル化が強調され、デジタル庁（IT庁）も九月（二〇二一年）には発足するという。Web環境の格差の中でオンライン授業を経験し、今後の教育のIT化はGIGAスクール（全国の小中学生に各一台の端末を配布、小中高を高速大容量のネットワークで結ぶ）構想とともに必至であるだけに、その導入のされ方に注目し、経産省・デジタル庁が主導する教育改革と情報・通信産業、教育産業による教育の民営化の動きに対して、教育とはなにか、学校とはなにか、公教育とはなにか、誰が教育内容を決めるのか、教師の専門性とはなにかを問い直し、全ての子どもの発達・成長の権利を中心に据えて、子どもの学びと学び合いを軸にした学校づくりの視点から、子どもの参加の視点から、意見を挙げていくことが不可欠である。国民の教育権と発達・学習権論はその理論的な根拠となり得よう（拙著『人権としての教育』新版、二〇一九年参照）。なお「Society5.0 へ向けての人材養成」のための教育改革がコロナ禍のもと、これを良いチャンスとして進められようとしている状況については児玉洋介氏の論考（子どもセンターニュース）及び児美川幸一郎氏の民教連での講演（「民教連ニュース」二〇二一年三月号）に詳しい。なお最新情報として、国連子どもの権利委員会がデジタル環境についてのジェネラル・コメント二五をだし（二〇二一年三月二日）、デジタル環境較差の無い発達環境・条件への特別な配慮を呼びかけていることをメモしておく。

なお子どもの権利条約市民・NGOの会は『子どもの権利条約と日本の子ども期』（本の泉社、二〇二〇年）を纏め、国連子どもの権利委員会の日本政府に対する最終所見・勧告（第四・五回）の紹介と私たちの課題を纏め、また三一条〈あそび〉の会は、コロナのなかでの子どもの生活の実態とあそびの意義について発信している。

この間、東京都は「子どもの権利条約の精神にのっとり」とある「こども基本条例」を全会一致で採択した（二〇二一年三月二六日）。そこには「こどもの生きる権利、育つ権利、守られる権利及び参加する権利をはじめとした、こどもの権利」さらに「学ぶ権利」が明記され、さらに、「こどもの意見を聴いて条例の見直しを行う」と規定されている。重要な動きなので、これもメモしておこう。

6 あらたな学びの発見

コロナ禍のなかで、子どもたちのダメージは大きい。母親からも隔離されがちな新生児、マスク顔の、言葉少なの親や大人たちを、子どもたちはどう見、どう感じているのだろうか。子どもと一緒の時間が増えたと思える父親もいれば、フラストレーションを子どもに向ける親も増えている。アソビ友達を奪われた子ども達の欠如感は大きい。

しかし、子どもたちはいまその体験を通して、学びを深めるチャンスでもある。時間のできた父親と庭いじりを楽しんだり、散歩の道すがら野草の花に見入ったり、子どもごころに感じること（センスオブワンダー）も多かろう。久しぶりに友だちと出会っての歓びもあろう。

生活を通してのアソビと学び、総合的な学びのチャンス。そのためには大人がそのことに気づき、自ら学び、親が、教師がその学びを励ますことが大事なのである。コロナから学ぶことも大きい！　コロナ日記を付けて、交換し語り合うのもよい。生活学習の中心にコロナを据えれば、命と身体・健康への気づき、友だち関係の気づきから、社会への気づき、さらに疫病（ペストやコレラやスペイン風邪、天然痘や結核等々）との人類の闘いと共生の歴史、これらを通して地球上のひとびとへと共感と連帯の意識は広がる。先達（ジェンナーや緒方洪庵等々）への感謝の念も深まってくる。奈良の大仏さま建立の背景には天平の疫病・天然痘で、人口の三分の一が犠牲となり、救いを仏への祈りに求めたことも、歴史理解を深めてくれる。現在インドのヒンズーの人々が、ガンジス川で沐浴しているニュースも他人事ではなくなってこよう。宗教と科学の関係を考える切っ掛けにもなろう。

マスクや手洗いをすることで、衛生とは「命を守る」という意味であり、自分を守ることが、他人の安全を守ることになるという、自愛と他愛が一つのことであることも体験した。それが自粛警察や他者の排除やいじめとは全く逆のことだということも、子どもたちは理解出来るチャンスでもある。

さらに現代社会では貧困や格差が、地球規模でつながり、拡がっていることも、地球の温暖化や、汚染のことも見えてこよう。一人ひとりの尊厳を軸に、主権者の自覚と政治への関心も育ち、世界を視野に、新しい未来への希望も見えてこよう。

親たちの共感と支えのなかで、教師の教育実践のちから、子どもたちの関心のある問題を引きだし、繋ぐちからが問われてくる。新たな「絆」が求められている。東日本大震災や各地の災害を通して培われたさまざまな知恵も生かされよう。新たな状況のなかでの、今を生きる工夫も繋がって行けば、大きな力になろう。

学校についても、四〇人学級での、競争主義と自己責任論のなかでの、格差を拡げるIT任せの授業の一斉導入ではなく、少人数で、ITは補助として、子どもに向き合い、子どもたちは助け合い、共に創りだす授業が求められている。学校と教育は、元に戻るのではなく、変わらねばならない。そのチャンスでもある。政治も社会も、元に戻るのではなく、変わらねばならない。

少人数学級を求める現場からの長年の運動に、教育学会も呼応し、文科省と政府も、ようやく義務標準法が四〇年振りに改正され、学級規模を四〇人から三五人に換えた。しかし、教員増を含めて、まだまだである。

おわりに

求められる「地球時代」の新たな人間・社会観と地球・世界観

現代という時代をどう捉えるかということで、私は一九四五年を歴史的な転換点として、それ以後を現代、そして、その現代は「『地球時代』への入口だ」という捉え方をしてきた。

「グローバリゼーション」という言葉が、ごく普通に使われているが、それは「地球時代」の一つの側面である。第二次世界大戦（全体戦争）が核爆弾で終わった一九四五年、それまでの地球の理解の仕方、人間の捉え方が大きく変わる。それを私は地球と人類の再発見の年だと考えてきた。

戦争と核のもたらす人類と地球の危機のなかで、改めて、平和、人権、そして、植民地の解放と独立、自然と人間の共生、そういう大きな課題が眼の前に突き付けられたのである。

　現実の世界はいわゆる冷戦体制で二つの世界に分かれて、地域紛争も絶えず、平和とは言い得ない状態が続く。しかし、〝一九四五年〟に象徴される新しい時代の理念は、国連憲章、そして、ユネスコ憲章にも結晶し、日本国憲法にも、国連憲章の先を行く理念が提示されたのであり、これらの総体が「地球時代」の始まりを担っているといってよい。

　その「地球時代」を定義的に言えば、「それは、地球と人類の危機意識のなかで、地球上に存在する全ての人、もの、自然、そして自然と人間、それらが一つの運命的なきずなにつながれているという、感覚が地球上に広がり、さらに感覚だけではなくて、それを一つの考え方〈思想〉として共有する時代」であり、一九四五年以降の現代は、なお、そういう時代へ入り口だということである。

　そして人類と地球の再発見という場合、人類も地球もそれぞれが危機にあり、その危機が相関的でもあるのであり、更に言えば、それは自然の生態系の問題と社会システムの問題をどう関係付けるかという問題である。生態系という場合にも、人間の生命活動、これはマルクス流に言えば、まさに物質代謝の問題である。それはさらに人間と自然の関係、自然の生態系と社会システムの関係の問題という大きな問題を突きつけているのである。産業革命以後の富の蓄積は労働力の収奪と共に自然の収奪・破壊を抜きには説明出来なくなっているのである。

　現代の自然災害は人災だと言う時、正しく自然の生態系の問題と社会システムのありかたが問われているのである。環境の危機的状態は、人間が自然を収奪してきた結果だと、少なくともそのことを抜きにしては考えられなくなってきているのである。

　そして、核戦争はもとより、核実験、原発とその事故の問題は人類と地球の危機を代表する問題なのである。気候変動そして温暖化問題もそうだ。コロナもそういってよいのではないか。

災害のなかで、復興といい回復というのはどういうことを意味しているのか。そして回復力というのは何なのか、何をどう回復するのか。回復というのは、元に戻るということではないという問題を含んで現在の環境学ではリジリアンスという言葉が使われているようだ。原発事故問題は、まさに元に戻るなどという話ではない。コロナの問題も、新しい生き方が大事だと言っているのだが、その新しい生き方とは何なのか。それからまた、学校の子どもたちにとって、遅れを取り戻すなどという仕方で回復、復興と言っても、本当にそれでいいのかということなのだ。

疫病の歴史も含めて、システムと生態系の問題として括れるのだが、現代は人間のコミュニケーション（交流と通信）がグローバルになり、コロナも地球規模で広がった、その情報を世界が共有することもできた。そして、人間にとってはコロナは平等であるという言い方はあるけれども、果たして本当に平等だったのか。コロナのグローバリゼーションは国際的国内的較差も浮き彫りにした。邪魔者扱いして排除するのではなくて、みんなで守ろうという姿勢も求められている。日本の場合は同調性が強いなかで特に排除の論理が強い。そこで、個人の利益・利害、個人の尊厳と人間の共同利益（コミューンのコモン・インタレスト）をどう考えるか、これは幸福・充足（ウエル・ビーイング）と福祉（ウェル・フェアー）の問題とも重なってくる問題である。これが自然の生態系と社会システムの関係の重要な中味の問題なのである。それは意識構造を問う問題も含むのである。

この間、コロナの脅威を前にして、私たちは「地球時代」という視点、とりわけ自然と人間の共生の視点の重要さについていっそうの確信を深め、私たちは先般公表した「地球平和憲章」でもその視点を強調した（ブックレット『地球平和憲章〈日本発モデル案〉』花伝社、二〇二一年、本書二〇六頁）。

「平和に生きる権利」の意味を、核兵器禁止条約の成立・発効を励ましとし、気候変動危機と新型コロナウイルスのパンデミックをも視野に深めることで、新自由主義的経済格差拡大のグローバリゼーションに抗う全人類的な新たな協同や連帯の課題が一層はっきりと見えてきたと思う。元の日常に戻るのではなく、新たな関係のなかでの新たな日常を創りだすことが求められているのである。

さらに、コロナ禍の現実なかで、子どもの権利、成長発達とアソビの権利、学びの権利は人権を問い直し、平和と環境への権利を含んで、人権思想はさらに豊かにしていかねばならないことを求めているのである。

私自身、改めて、いま・こ・こ・の充足感の重要性とともに、その充足感は他者とのつながりと未来への希望のなかで深められていくということも実感したことだった。自己責任と競争と排除という人間分断の社会を続けるのか、自愛と他愛を一つのことと捉え、つながりとわかちあいの社会を作っていくのか。自分のこと、自国のことだけでなく、人類のこと、地球のことも視野に、連帯して、行動する主体を育てるのか。新しい人間観と地球観が求められている。

本稿は『法と民主主義』二〇二〇年五月号のエッセー、および、子どもの権利条約市民・NGOの会『通信第20号』(二〇二〇年八月六日)「コロナ問題と子どもの権利」特集、さらに『人間と教育』二〇二〇年冬号に加筆したものである。コロナ問題で意見を求められそのつど前に書いたものを読み直し、考えを深め加筆し、今回大幅に書き足したものである。なお、スペイン風邪のなかで生まれ、現在一〇〇歳の、フランスの碩学 Edgar Morin さんから贈られた『生き方を変えよう　コロナの教訓』(Changeons de Voie —les leçons du coronavirus　2020)は示唆に富む。(二〇二一年五月五日)

(『民主教育研究所年報』第21号、二〇二一年)

安保法制違憲訴訟の原告として

一　安保法制違憲訴訟原告団に加わって

安保法制の廃止を求める手段として法律家たちは違憲訴訟に踏み切り、私も原告団に加わることになった。以下はそのために弁護団に送った法廷陳述書（二〇一六年五月一一日）からその要旨をまとめたものである。

1私は一九三三年福岡県小倉生まれ。その前々年満州事変が始まり、この年日本は国際連盟から脱退した。治安維持法による小林多喜二の虐殺、教育界では二・四事件として知られる教員の弾圧があったのもこの年である。「異端の排除」と「善導」による国民精神総動員の道が作られていく時代であった。一九三七年日中戦争が始まり父は戦場へ。私が四歳の時。六歳の時父は中国北部で戦病死。靖国に祀られ、わが家は「誉れの家」となった。学校では「八紘一宇」、戦争は東洋平和のためと教え込まれた。やがて私は当然のように軍国少年になっていた。

敗戦は一二歳、中学一年の夏。小倉が原爆の目標だったことは後に知った。終戦の安堵と将来の不安のなかで青年期を過ごす。教科書の墨塗り体験はそれまでの価値観を自分の身体で否定する、否定される体験であり、翌年配られた『新しい憲法のはなし』は新鮮な驚きであった。しかし信じていたものが否定された虚脱感と、なにも信じられない懐疑の闇に青年期の不安が重なり、大学に入ってからも、迷いながら考えるモラトリアムが続く。大学では比較的に自由な法学部政治学科に入ったものの、なじめず、さらに自由な教育学部で人間の問題を考えたいと思い、大学院で教育哲学を専攻した。

2　戦争と平和の問題はなぜ自分は軍国少年であったかの問いとして学部生の時からの関心事であった。法学部では丸山眞男ゼミで「日本におけるナショナリズムとファシズム」、尾高朝雄ゼミでカントの「永久平和論」を読み、大学院では現場の先生たちの平和教育の実践に触発されることが多くあった。私の研究も、修士論文で日本ファシズムの前史、大正末期から昭和初年にかけての政治・社会と教育の再編過程を扱い（『天皇制国家と教育』、青木書店）、さらに、戦後改革への関心から憲法と教育基本法の成立過程を『教育理念』（東大出版）として上梓。その後も戦争と教育の役割を歴史的に深め、幣原喜重郎に着目して、憲法九条の押し付け論を批判し、その世界史的意味を考察してきた。さらに人格形成を軸とする人間教育にとって平和は条件であり、目的であることを、子どもの権利条約を通して確認し、平和主義を教育思想の中軸に据え、それを自分の生き方としてとらえるようになってきた。東大の教師としては教育学、教育思想の講義とともに「平和と教育」ゼミを続けた。中大では国際教育論で平和教育を講じ、現在も総合人間学会で「戦争と平和の問題を総合人間学的に考える」研究会を主催している。

3今年は憲法七〇年、それは戦争で人を殺し、殺されることのなかった七〇年、世界の現代史でも特筆されてよい希有の「平和な時代」を私たちは享受してきた。この間、緊張する世界情勢と再軍備への圧力のなかで憲法九条改正論も繰り返されてきた。その流れに沿い、「戦後レジームからの脱却」の道を突き進む安倍内閣は、まずは教育基本法を変え、特定秘密保護法から集団的自衛権を認める閣議決定、安保法案の強行採決とその歩みは急ピッチであり、いまや解釈改憲の域をこえ、明文改憲へと動き出しているのが現在の状況だといってよい。

4このままの事態がすすめば、マスコミと教育は再び国民馴化の手段となり、なによりも子どもたちの幸福追求権、人間的な成長と学習の権利、そして教師の教育実践の自由が、抑圧と自粛ムードのなかで侵されていくのではないか。かつて丸山眞男は民主主義とテクノロジーのシェーレ（隔離）の広がるところに軍国主義は忍び寄ると指摘した。民主主義が形骸化し、高度な技術が軍事産業と結びつく時、秘密保護法は有力な武器ともなり、社会からそして学校から自由の雰囲気が消えていく。検定教科書と管理教育のなかで再び軍国少年少女が育てられるのではないか。自衛隊の性格も大きく変わり、安保法は戦争法としての顔を露にし、国民を戦争の危機に曝すこととなるのではないか。

5政府が安保法の必要の根拠とした、「国家の存立危機」そして「国民の生命、自由及び幸福追求の権利」が脅かされる事態は、この法が成立することによって、逆にその危機が現実のものになる。まさしく自己撞着の法律にほかならない。戦争状態こそは「国家の存立が脅かされている状態」であり、そこでは「生命、自由、幸福追求の権利が根底から覆された状態」になることはあの戦争で私たちが体験したことではないか。さらにいえば、「国民の生命、自由、幸福追求の権利の侵害の危険」を国家が判断し、その判断を「国家の存立危機」として権力的に国民に押し付けることは、実は、個人の幸福追求の権利、言論・思想の自由を奪い学問と教育の自由を侵すことになる。さらに子ども達の未来を創り出す権利（未来世代の権利）を奪うことになっていく。幸福追求の権利は個人の尊重と不可分な人格権であり、国家が関与すべきではないというのが憲法一三条の法理であり、これを安保法の根拠とすることがすでに憲法違反なのである。

6　私自身にとってもこの間の推移、そして現在の状況はその精神のありようにとって酷《きび》しいものがある。かつて、憲法と一体のものとして捉えられてきた教育基本法が変えられようとしたとき、日本教育法学会会長として、また歴代の日本教育学会会長の連名（私もその一人）でその改正を批判し反対した。しかし安倍内閣のもとでの新法制定（二〇〇六年）は衝撃的であり、教育学研究の根拠を奪われる思いであった。自分の研究が国家権力によって否定された思いといってもよい。しかし憲法はまだ生きている。憲法を支えている人間観・教育観そして憲法全体から導き出される教育の原則を深める仕事があるではないかと思い直し、「憲法と教育」というテーマで研究に取り組んできた。

しかし先に述べてきた状況の中で、その憲法が不法にして不適切な仕方で侵される事態は堪え難い苦痛である。それは研究者としての苦痛であるとともに、平和主義を自分の生き方として選びとってきた私にとっての人格権の侵害とも言うべき苦痛である。さらに、その状況は教育がそして子どもたちの未来が黒い雲で覆われていくことを予見できる事態といわねばならない。

そうならないためには、子どもたちの、そして未来世代の権利を守る責任をもつ世代の一人として、戦前戦中そして戦後を生きてきた人間の一人として、歴史をとおして培われてきた普遍的な正義の感覚と平和の思想を自らのものにしようと生きてきた人間として、法の前に立ちたいと思う。長らく教育研究に身をおき憲法・教育基本法の依拠する教育条理を明らかにし、平和の思想史と平和教育の実践的研究に携わり、前文・九条に誇りを持って生きてきた者として、この法が適正手続きを無視し立憲主義を侵して立法され、その内容は明らかに前文及び九条に違反し、一三条にも反するとして、司法の場で、その違憲性が裁かれることを心から願っている。

以上が陳述書の要旨である。さらに多くの方が原告に加わり、違憲訴訟の支援の輪が広がることを願っている。

（『季論21』第33号、二〇一六年夏号）

二　安保法制違憲訴訟における陳述書——軍国少年からの転生

はじめに

戦争は、国民の支持なしには戦えない。アジア・太平洋戦争は、マスコミと教育を挙げての、国民精神総動員体制の下で準備され、遂行された。子ども・青年たちは軍国主義教育のもとで、健気な軍国少年・少女に育てられた。大東亜戦争は東洋平和のための正義の戦争であり、それを妨げる鬼畜米英を倒せと教えられた。

しかし戦に敗れ、廃墟のなか、戦争への反省と平和への希求のなかから、国民主権、人権の尊重、平和主義の三原則を軸とする新憲法が制定され、「その理想の実現は根本において教育にまつ」として教育基本法がつくられ、人間教育の指導理念が定められ、新教育が発足した。まさに新憲法と教育基本法は一体であった。「子どもたちをふたたび戦場に送るな」と平和と人権の教育への取組みが始まった。国際的には、国連憲章に続いて世界人権宣言が出され、国連のもとでユネスコが発足し、平和と人権、国際理解の教育が推奨された。

1 典型的な軍国少年に

私は一九三三年福岡県小倉に生まれた。その前々年満州事変が始まり、この年日本は国際連盟から脱退した。治安維持法による小林多喜二の虐殺、教育界では二・四事件として知られる教員の弾圧があったのもこの年である。国策批判は国賊とされ、「異端の排除」と「思想善導」による国民精神総動員の道が作られていく時代であった。

父は陸軍軍人（獣医）で、第一次大戦後の軍縮時代には退役し、小倉競馬場に勤務していた。しかし一九三七年、私が四歳の時日中戦争がはじまり、すぐに父は軍馬とともに戦場である中国へ向かった。そして一九三九年、私が六歳（小二）の時、父は中国北部で病に倒れ帰国、小倉陸軍病院で戦病死した。結核だった。父は靖国に祀られ、我が家は「誉れの家」となり、私は靖国の子となった。玄関の表札と並べて「誉れの家」と書かれた札がうやうやしく掲げられた。一九四一年（小三）の秋に、父が靖国神社に合祀され、母と二人で初めて上京した。

同年一二月八日には真珠湾攻撃。米英に宣戦布告。続く戦果に多くの国民は酔い、黒板に貼られた地図には朝鮮、台湾に加えて、マレー半島もフィリピンも赤く塗られていった。

小学校四年（一九四二年）から学校でも「八紘一宇」（世界を一つの家となす）、大東亜共栄圏の建設が説かれた。戦争は「東洋平和のために」と教え込まれた。学校では「東洋平和のためならば、なんで命が惜しかろう」と歌った。

毎日の朝礼では、皇居のある東方に向かって最敬礼をする「東方遥拝」のあと、「私たちは天皇陛下の赤子であります。謹んで大御心を奉戴し、よい日本人になります」と唱和した。やがて私は当然のように軍国少年になっていた。

私は五人兄弟の末っ子であった。父は戦病死、上二人の兄は陸軍大学、陸軍士官学校出の軍人家族であった。三番目の兄は身体が弱く旧制高校から東大へ進学した。

すぐ上の兄も、将来の将校候補生を養成する全寮制の陸軍幼年学校へ。受験は兄が中一、私が小五の時。この兄は珍しくアナウンサーになりたいと言っていたのに、「なぜ軍人にならんのか」と弟の私がけしかけたのだという。

戦争未亡人の気丈な母は、「倒れても　倒れてもまた　送りだす　男の子持つ身の　心づよさよ」と詠み、己を励ましていた。戦場にいる二人の息子を思い「母と兵隊」（田端義夫）のレコードを毎日のように聴いていたやさしい母でもあった。

父に対しては、死んだことへの悲しみよりも、「なぜ戦死ではなく戦病死だったのか」、「なぜ騎兵ではなく獣医だったのか」、という思いが勝っていった。父の仕事と亡くなり方が、戦場の第一線で華と散る姿からは遠かったからである。私の三番目の兄についても、なぜ軍人にならず東大にいったのか。体が弱かったからだろうと自分を納得させた（その兄も結局は学徒動員で軍隊にいった）。私にけしかけられてしょうがなく陸軍幼年学校に入った私の四番目の兄は敗戦後中学に復帰、アナウンサーへの道をつらぬいた（ＮＨＫの杉山邦博アナウンサー）。

私は正義感の強い級長で、いじめられている子がいれば助けに行った。農村奉仕はお国のためと熱心に取り組んだ。メイ虫駆除の先頭にも立った。体が強く、正義感があり、リーダーシップに富むことが、軍国少年・少女像として私の中にあった。日本の戦争は平和と正義のためと信じ、軍人の兄たちがよく歌っていた「血潮と交へし」も覚えた。〈遼東半島の屈辱への復讐の誓い、支那四億の隷民を助けるため　脱人道の賊を斬れ〉との文言に昂揚するものを感じていたのだった。

しかしその正義感は誤った歴史認識によっていびつに歪められていたのだった。私は、後年、中国との教育交流会で招待され、父もいた河北省保定の河北大学で講演したが、冒頭で日本の侵略戦争を謝し、父のことを話し、父が騎兵でなく獣医であり、戦死でなく戦病死であったことがせめてもの救いであることを話した。

2　敗戦から戦後教育――墨塗り教科書から「あたらしい憲法のはなし」へ

敗戦は一二歳、小倉中学一年の夏。私は九月初めに予定されていた陸軍幼年学校の入学試験を受けるつもりでいた。夏休みには工場で手榴弾の型を作ったり、類焼を避けるための建物疎開に駆り出されていた。小倉が原爆の目標だったから、焼夷弾による空襲はなかった。それが、原爆投下の当日の天候により目標は変更され、小倉から長崎に飛んだことは後に知った。広島には大本営があり、参謀であった長兄が原爆投下後の広島救済のための責任者になって入市被爆していたのだが、私にとっては長崎の原爆投下の方が一層心に残っている。私の生家は農村の中の集落にあり、家にはラジオもなく、敗戦時は、近所の家の庭に集まって、玉音放送を聞いた。その日から灯火管制がなくなった。戦争がないということはこういうことなのかと知り、安堵した。学校では教科書の墨塗り体験をした。教科書は神聖なもの、空襲時にも持って避難するよう教えられていた。その教科書を占領軍の命令のもと、教師の指示に従って墨でぬりつぶしていった。自分の身体で教科書を黒く塗らされ、それまでの価値観を自分の身体で否定する、否定される体験であった。教師も昨日までとは違うことを教えていた。そのことに耐えられず、教壇に立たない決断をした先生もいた。価値観を一八〇度転換させられたのだった。しばらくは新しい教科書もなく、黒塗り教科書で何を学ぶべきなのか分からなかったが、後にプリントされた新しい教科書が配られた。

中学三年時に配られた『あたらしい憲法のはなし』は、先生から丁寧に内容を教えられた記憶はないが、自分で熟読した。戦争放棄の口絵がとても印象的で、新鮮な驚きであった。新しい時代になるという予感がした。学校に生徒会ができた。級長もみんなで選んだ。民主主義とは何かを学んでいった。しかし、国家と社会の大きな価値観の変化にすぐにはついていけず、小倉は軍隊に代わって占領軍の基地ともなり、米兵とケバケバしい女性たちが行き交い、憲法や教育法の美しい言葉も、ときに絵空事のように響くニヒルな心情にとらわれたのだった。終戦の安堵と将来の不安の中で青年期を過ごす。

一九四七年の新学期（六・三・三・四制）の発足で、私の通う中学は新制高校併置中学となり、翌年の高校進学は無試験。高校での学習は自分で調べる学習が奨励され、図書館が学習の場となった。図書館司書の先生も配置され、図書館の充実が進められた。生徒の自治活動の一つに図書部もつくられ、わたしもそこで部長として図書の新分類と整理の作業をしたが、本の質と量の変化に時代と文化の変化を感じた。日本史の先生は考古学の視点から古代史に多くの時間を割いた。若い社会科の先生は国連の成立過程を詳しく話した。カイロ宣言、ダンバートン・オークス会議（第二次大戦末期の一九四四年八月、ワシントン郊外のダンバートンで開かれた国際会議。ここで採択された提案が国連憲章のもとになった）、国連憲章はこのときに覚えた。世界も変わるのだと学んだ。自然科学では調べること、実験することが重視された。自分で調べて考えるという学びの姿勢を身につける、戦後教育の出発点そのものの教育だった。生徒が先生に、今まで何やってたんだとくってかかることすらあった。体育では銃剣術がなくなってスポーツに変わった。先生は、体罰はしなかったし、やれなかった。

教育への関心の芽生え

高校時代は自分はどう生きればよいのかを考える、哲学的な関心の芽生えの時期でもあった。また、自分がなぜ軍国少年だったのか、あの時代の教育とはなんだったのかという疑問も生じた。教育への関心が強まる理由となった。教育への関心はほかにもあった。小学校からの友人の父は市役所の助役を務めていたのだが汚職事件がらみで自殺、それを理由に友人が教師に睨まれ、いじめられ、自殺未遂したことだ。こんな教師でいいのかと思った。もう一つはよく出来る友人が家の事情で大学進学が難しくなったことだ。教育の仕組みはこれでよいのかと思った。

3　青年期の懐疑と迷いのなかから教育研究の道へ

進路の相談を東京大学法学部政治学科を出た三番目の兄にした。「教育への関心はいいけど、まずは広く学べ、おれの後についてこい」と言って、東京大学の文科Ⅰ類の受験を勧めてくれた。

大学入学は一九五一年。サンフランシスコ平和条約・日米安保条約の年。前年には朝鮮戦争が始まり警察予備隊が発足していた。南原繁東大総長は片面講和ではなく全面講和を主張していた。敗戦から戦後へ、しかしその戦後の新生日本はどこへ行こうとしているのか。時代の変化のなかで。信じていたものが否定され、新しい価値も怪しくなり、何も信じられない心の闇に青年期の不安が重なり、大学に入ってからも迷いながら考えるモラトリアムが続く。そこから脱出するには、時間と曲折があった。

地方からの貧乏学生にとって寮生活は不可欠。寮に入るには運動部が有利と聞き、迷わず馬術部に入った。父の形見のキュロットをはいて馬術部生活を過ごす。大学二年の時には、血のメーデー事件が起こり、駒場寮の寮生たちは政治的な議論に熱中していた。しかし、私は激しい学生運動にはついていけず、距離を置いた。戦中・戦後の価値観転換の中で疑い深くなった私は、納得しないと動かない、動けないようになっていた。自治会の委員長が同じクラスにおり、後年のクラス会で、自治会のストライキに反対したのは君一人だけだったと言われた。駒場寮ではマルクス主義と実存主義をめぐる終わりなき論議を繰り返し続けた。

戦争と平和の問題は、なぜ自分は軍国少年であったかの問いとして、教養学部生の時からの関心事であった。進学した法学部政治コースでは、丸山眞男ゼミに参加した。「日本におけるナショナリズムとファシズム」がテーマだった。ゼミに入るためのレポートでは、なぜ日本がファシズムに進んだのか、ファシズムを支えた人はどういう人たちなのか、なぜ自分のような軍国少年が作られたのかという関心を、自分史を含めて書いた。丸山ゼミは四年生と院生で構成されていたが、三年から唯一人参加を許された。ゼミのレポートでは、日本のナショナリズム・天皇制を世界はどう見ていたのかというテーマで、日本と時代を客観視しようとした。

しかし四年生のとき、丸山教授の病気のためゼミは休講となり、法哲学の尾高朝雄教授のゼミのカントの「永久平和論」に惹かれて参加した。「常備軍を持たず、他国の内紛に武力で介入してはならない」という主張に、国連憲章や九条の思想的源流があることを学んだ。福田歓一教授の西洋政治史の試験は「ユートピア思想について」であった。先生は「緑会新聞」に寄せた初講義の感想文の中で私の答案を〈歴史的かつ構造的な論述〉と評価してくださった。

しかし法学部にはなじめなかった。

人間とは何か、成長するとはどういうことなのかを深く考えたい、自由に人間の問題を考えたいと思い、大学院で哲学者勝田守一教授のもとで教育哲学を専攻した（一九五五年―一九六二年）。それは私にとっては、青年期のニヒリズムからの決別、生きる価値への選択、決断でもあったと思う。大学院では大正末期から昭和初年にかけて、なぜ日本が民本主義から総力戦体制になっていったのかを社会＝教育構造の変化と教育思想の変容を軸に修論にまとめた（一九五七年、『天皇制国家と教育』青木書店、一九八九年所収）。民主主義の行き過ぎ是正の名の下に教育が徐々におかしくなっていた時代であった。〈九条改正のためには平和教育に換わる愛国心の教育が必要だ〉という池田・ロバートソン会談（密約・一九五三年）が行われた時期でもあった。当時の大学院では、現場の先生たちの平和教育の実践に触発されることが多く、博士論文（一九六二年）では国家と教育の関係をヨーロッパ近代の歴史から問い直す研究をまとめた（『現代教育の思想と構造』岩波書店、一九七一年所収）。

さらに戦後改革への関心から憲法と教育基本法の成立過程を精査して、『教育理念』（東大出版会、一九七六年）として上梓。戦争と平和と教育の役割を歴史的に深めた。

その後、人間の成長・発達、人間形成と社会との関係を研究テーマとし、フランス留学（一九六九―一九七〇年）でも同じテーマで学んだ。フランスを選んだ理由には、日米安保条約（六〇年安保）に反対し、アメリカ留学を諦めたということもあった。

人格形成を軸とする人間教育にとって、平和は条件であり、目的であることを、憲法・教育基本法を軸とする戦後改革の研究を通して、さらにユネスコの活動や子どもの権利条約を通して確認し、それを教育人間学的に深めて捉え直し、平和主義を教育思想の中軸に据え、さらには自分の生き方として捉えるようになってきた（『人間形成と教育』岩波書店、一九九一年、『未来をつくる君たちへ　〝地球時代〟をどう生きるか』清流出版、二〇一一年）。

4　「地球時代」――平和・人権・共生を軸とする人間教育

一九六二年、東京大学の専任教師になってからは、教育学、教育思想の講義とともに「平和と教育」ゼミを続け、中央大学では国際教育論を講じ、現在も総合人間学会で「戦争と平和の問題を総合人間学的に考える」研究会を主催している。顧みれば、これらを通して平和・人権・共生の価値を軸とする「教育と人間の思想」を深めようとしてきたといえよう。

この間、子どもの発達と学習の権利を中心として国民の教育権論の研究を深め、教育の実践との交流も深めて、教育裁判とも関わってきた。戦争や原爆の記述を理由とする検定不合格の違憲を訴えた家永裁判では、検定が教科書を歪め、それを使う子どもたちの学習の権利、真実を知る権利を奪うものだという観点から法廷で証言をした。検定が検閲に当たるとし、検定は執筆者の自由を侵すのみならず、ゆがんだ検定教科書を使う子どもたちの真理真実を学ぶ権利を侵すことにつながるとした第二次訴訟一審杉本判決（一九七〇年）は画期的であった。まだ子どもの権利・学習の権利という考え方のなかった時代であった。先生や父母が広く運動に参加したことも家永裁判の特徴であった。子どもの学習権を認め、教育内容への国家の介入への抑制を求める学力テスト最高裁判決（一九七六年）や、君が代の教師への強制は教師の内面の自由を犯すのみならず、生徒の内心の自由にたいする間接的介入であり違憲・違法だとする判決（予防訴訟東京地裁、難波判決二〇〇六年）にも意見書をだし、貢献した（『教育は強制になじまない』青木書店、二〇〇六年）。

一九四五年を転機とする価値観の転換は、日本だけのものではなかった。

あの戦争はそれまでの戦争のイメージを変え、まさしく前線と銃後の区別もない全体戦争として闘われ、核爆弾で終わった。もう戦争は嫌だ、やってはいけないのだという意識を世界が共有し、国連憲章を生み出していく。

私は一九四五年を区切りとして、それ以降の時代を「地球時代」と名付けた。それは人類と地球の再発見の時代。平和と人権と共生をこの「地球時代」にふさわしい価値とし、どうわが物として生きるのかが私の大きなテーマとなった（『地球時代の教養と学力』かもがわ出版、二〇〇五年）。「ファッシズムは子どもの権利を奪って進む」（H・ワロン）。私の思想史研究は、人権と子どもの権利と平和の思想史が中心となっていく（ルソー、カント、コンドルセ、ユーゴー、デューイ、ワロン、コルチャック、クストー、中江兆民、田中正造、内村鑑三、幣原喜重郎等）。総合人間学会で発表（二〇一〇年）した「戦争と教育、そして平和へ」と題する論文（総合人間学会編『戦争を総合人間学から考える』所収）は、教育が戦争を支えた歴史――私自身の少年期も、教育が軍国少年を作り上げた時代――、そして戦後の憲法・教育基本法のもとでの平和と教育の関係、国際的な平和思想と運動の発展、「地球時代」の視点からの憲法前文・九条の意義の捉え直し、そして平和であってこそ子どもの権利・未来世代の権利、その生存・生活・成長の権利は守られ、人間教育が可能となることを論じたものである。

私は、平和と人権と教育の思想史を軸に、憲法に対する考えを深めてきた。憲法前文と九条は戦争を違法とする平和思想と運動の結晶であり、アジア二〇〇〇万の犠牲者にたいする国際公約であり、日本の戦争犠牲者、父を含む靖国の人たちにも支えられている（平和遺族会）。と同時に、「地球時代」という新しい時代に最もふさわしい「世界の宝」であり、その精神を守るだけではなく世界に拡げる必要がある、私たちにはその責任がある、と考えるに至った。

そして同じ思いの方々と、国際的な運動をするため、国際憲法学会や平和学会に学び、ブリスベンでの国際平和学会（一九九六年）や、パリでの国際平和教育会議（二〇〇〇年）にも参加してきた。一九九九年の「ハーグ世界平和市民会議」では「世界各国が九条の精神で政治を！」の決議、二〇〇八年には国際法律家協会の呼びかけで東京と大阪で「九条世界会議」の開催、そして二〇一六年には国連で「平和への権利」の国際的運動の決議が採択され、九条の評価は国際的な広がりをみせている。私は現在、九条の精神を世界に拡げるため「9条地球憲章の会」の世話人代表として取り組んでいる（後述）。九条地球憲章の国連での採択が私の夢である。

5　憲法九条は押し付けられたものではない——幣原首相からマッカーサーへ提案

憲法九条の成立過程については、私は、憲法九条の押し付け論を批判し、幣原喜重郎発意説（一九四六年一月二四日、幣原がマッカーサーとの会談において非戦・非武装の憲法像を提起）を採ってきた。幣原は、第一次大戦後の軍縮の時代に外務大臣を歴任し、「幣原平和外交」として知られた外交官で、一九二九年に不戦条約を批准した時の外務大臣である。満州事変の時、軍部と対立し下野したが、血盟団に狙われたりもした。戦後一九四五年一〇月から翌四六年五月まで内閣総理大臣を務めて、憲法成立過程に重要な役割を果たした人物として、私はその役割と思想に注目してきた。

一九五六年、自民党政府のもとで改憲のために憲法調査会がつくられた。翌年に岸信介首相のもとで始動、六四年に最終報告を提出した。憲法調査会の会長を務めたのが英米法学者の高柳賢三である。憲法調査会は、憲法制定過程の精査のためアメリカを訪問した。訪米の際、高柳の質問に答えるかたちでマッカーサーとの間に往復書簡が交わされた。

高柳がマッカーサーから受け取った書簡に憲法九条は幣原首相の提案であったと記載されていることは知っていたので（高柳賢三『天皇・憲法第九条』、一九六三年）、書簡原文を確認したいとずっと思っていた。長く幣原の秘書を務めた平野三郎による幣原が亡くなる直前におこなわれた聴き取りも公表された（「幣原先生から聴取した戦争放棄条項等の生まれた事情について」憲法調査会資料、一九六三年、鉄筆文庫、二〇一六年、所収）。その中で幣原は「原子爆弾というものが出来た以上、世界がこのまま軍拡に進めていくなら交戦国はことごとく灰燼に帰してしまう、人類が滅亡すると考え、九条をマッカーサーに提案した」と述べている。

なぜ憲法学者は憲法九条の成立過程に関心を示さないのか。憲法九条が日本発案であればもっといいのではないか、という思いをずっと抱いてきた。「戦後教育改革シリーズ」（東大出版会）の『教育理念』（一九七六年）に、憲法九条の成立過程についても書き、教育基本法について書くときは必ず幣原説を書いてきた。

新安保法制の審議が始まり、憲法九条押しつけ論が再浮上する中、二〇一六年一月、国会図書館の憲政資料室で、高柳・マッカーサー書簡を発見し、発表した（「憲法九条と幣原喜重郎」、『世界』二〇一六年五月号）。憲法九条の提案は幣原からマッカーサーＧＨＱ最高司令官になされたことを裏付ける資料である。久しぶりに研究者として興奮した。この資料は国際的にも注目されている。

書簡では、高柳からの質問に対する回答に次のように記してあった。

It will stand everlastingly as a monument to the foresight, the statesmanship and the wisdom of

Prime Minister Shidehara.

（あれ《九条》は幣原首相の先見の明とステイツマンシップ《経国の志》と英知の記念塔として朽ちることはないであろう）

高柳はマッカーサーに重ねてこう質問している。「幣原首相は、新憲法起草の際に戦争と武力の保持を禁止する条文をいれるように提案しましたか。それとも、首相は、このような考えを単に日本の将来の政策として貴下に伝え、貴下が日本政府に対して、このような考えを憲法に入れるよう勧告されたのですか」。

この高柳の質問に対して、マッカーサーは明快に回答している。

The suggestion to put an article in the Constitution outlawing war was made by Prime Minister Shidehara.

（戦争を禁止する条項を憲法に入れるようにという提案は、幣原首相が行ったのです）

I was astonished at his proposal but when I assured him of my complete support, his relief was very evident and very moving.

（わたくしは首相の提案に驚きましたが、首相にわたくしも心から賛成であると言うと、首相は明らかに安堵の表情を示され、わたくしを感動させました）

このような経緯もあり、昨年一二月八日、幣原の生家がある大阪府門真市で幣原生誕一五〇年（二〇二二年）記念事業準備会に向けての記念講演会に招かれ、「憲法九条と幣原喜重郎」との演題で講演をした。

第一次大戦後、アメリカを中心に戦争は悪である（outlawry of war）という国際的思想運動が広がり、それが支えになって一九二八年に不戦条約が生まれ、翌年発効するが、これが第二次大戦後の国連憲章に繋がってもいる。日本国憲法九条一項はパリ不戦条約そのものであり、その思想の流れの中に憲法九条があることは確かである。第二次世界大戦では原爆が投下され、核の時代に突入したが、核戦争が起これば地球は滅びる。さらに〈戦争はそれ自体が悪である〉という認識が国際的にも共有されていったと言えよう。

東西冷戦の時代にも国際的努力は続けられ、ラッセル＝アインシュタイン声明を受けてのパグウォッシュ会議、さらに国連軍縮会議、ユネスコ軍縮教育会議などが開催されてきた。軍縮の目標は完全軍縮（complete disarmament　軍備の完全放棄）を目指すものであった。その流れは、平和の権利宣言（二〇一六年）、核兵器禁止条約（二〇一七年）に繋がっている。

この流れのなかで憲法九条への国際的な関心と高い評価もひろがってきた。

歴史家のトインビー、シカゴ大学の元総長ハッチンズ、ノーベル平和賞のアリアス元コスタリカ大統領、アメリカに「九条を広める会」をつくったチャールズ・オーバービー、思想家のノーム・チョムスキー、映画「日本国憲法」を作ったジャン・ユンカーマン監督など、よく知られている方々だ。

6　平和憲法否定から新安保法制へ

今年は憲法七一年、九条があったからこそ戦争で人を殺し、殺されることがなかったのではないか、経済的な意味でも九条があったからこそ平和産業で復興し、世界の現代史でも特筆されてよい希有の平和を私たちは享受してきたのではないか。

この間、緊張する世界情勢と再軍備への圧力のなかで憲法九条改正論も繰り返されてきた。朝鮮戦争と自衛隊の発足、六〇年安保条約、中曽根内閣の戦後政治の総決算論、そして「戦後レジームからの脱却」の道を突き進む安倍内閣。

安倍首相は二〇一四年三月の国会（参院予算委員会）でこう語っていた。「憲法自体が占領軍の手によって作られたことは明白な事実。私は戦後レジームから脱却して、今の情勢に合わせて新しいみずみずしい日本をつくっていきたい」。また、二〇〇五年には「憲法前文は何度読んでも、敗戦国としての連合国に対する詫び証文でしかない」（『諸君！』二〇〇五年六月号）、二〇一二年には「いじましいんですね。みっともない憲法ですよ、はっきり言って。それは日本人が作ったんじゃないですからね」（ネット番組にて）とも語っていた。改憲派のジャーナリスト櫻井よしこ氏は「日本の現行憲法は、憲法を知らないＧＨＱの素人集団が短期間で作ったもので、専門家によるチェックもなかった」と書いた。これらを見れば、その改憲論の根拠に戦後改革についての歪んだ歴史認識があることがわかる。

他方で、幣原は一九四六年三月二七日の政府戦争調査会の冒頭で「かくのごとき憲法の規定は現在世界各国いずれの憲法にもその例を見ないのでありまして……戦争を放棄すると言うようなことは夢の理想だと考えるかもしれません。しかし原爆より更に強力な破壊的兵器も出現するであろうとき、軍隊をもつことは無駄なことなのです」、「今日我々は戦争放棄の大旆を掲げ、国際政治の荒漠たる原野を単独に進み行くのでありますけれども、世界は早晩、戦争の惨禍に目を覚まし、結局私どもと同じ旗をかざして遙か後方に付いてくる時代が現れるでありましょう」と演説した。

その数日後（一九四六年四月五日）、マッカーサーは対日理事会の開会演説で「国策の手段としての戦争が完全に間違いであったことを身にしみて知った国民の上に立つ日本政府の戦争放棄の提案」は、「戦争を相互に防止するには各国が国際的な社会、政治道徳のさらなる高次の法を発展させることによって人類をさらに一歩前進させる新たな段階にあることの認識を示すものです」。「従って私は戦争放棄に対する日本の提案を、全世界の人々が深く考慮することを提唱したい。道はこれしかない。国連の目標は賞賛すべきものだが、その目標も日本がこの憲法によって宣言した戦争する権利の放棄を、まさにすべての国が行ったときに始めて実現されるのです。戦争放棄は全ての国が同時になされねばならないのです」と語っているのである。

改憲論者の認識との落差たるや。憲法改正論者がこのようなお粗末な戦後認識で、それを改憲の理由付けにするのには何の説得力もないといわざるをえない。戦中戦後時代を生きてきた、そしてその憲法的価値観を身につけようと努力してきた、そして憲法と教育基本法の成立過程について研究もしてきた私たち世代に対しては、屈辱的な歴史の偽造だと言わねばならない。

安倍内閣は、まずは教育基本法を変え（二〇〇六年）、防衛庁を防衛省に昇格させ、国民投票法を通し、特定秘密保護法（二〇一三年）から集団的自衛権を認める閣議決定（二〇一四年七月一日）、続いて新安保法制の強行採決（二〇一五年九月一九日）、そして二〇一六年三月二九日施行と急ピッチで実質的改憲を進め、解釈改憲の域をこえ、説明困難となるやさらに明文改憲へと動き出しているのが現在の状況だと言ってよい。

とりわけ立憲主義を踏みにじり、それまで歴代政府が否定してきた集団的自衛権の解釈を閣議決定で変更し、憲法違反の法律を強行採決したやり方は、民主主義の根幹を脅かすものとして、憲法学者はもとより、法曹界、学者、若者、ママさんたちと多彩な批判の市民運動が広がっている。私もその一人として参加し、多くのことを学んできた。

このままの事態が進めば、マスコミと教育は国民馴化のための手段となり、何よりも子どもたちの幸福追求権、人間的な成長と学習の権利、そして教師の教育実践の自由が、抑圧と自粛ムードの中で侵されていくのではないか。かつて丸山眞男は民主主義とテクノロジのシェーレ（隔離・格差）の広がるところに軍国主義は忍び寄ると指摘した。民主主義が形骸化し、高度な技術が軍事産業と結びつく時、秘密保護法は有力な武器ともなり、社会からそして学校から自由の雰囲気が消えていく。検定教科書と管理教育のなかで再び軍国少年少女が育てられるのではないか。経済的徴兵も進むのではないか。自衛隊の性格も大きく変わるのではないか。自衛隊員が殺し殺される可能性を含む安保法は戦争法としての顔を露にし、国民を戦争の危機に曝すことになろう。

政府が安保法の必要の根拠とした「国家の存立危機」そして「国民の生命、自由及び幸福追求の権利」が脅かされる事態は、この法が成立することによって、逆にその危機が現実のものになる。まさしく自己撞着の法律にほかならない。戦争状態こそは「国家の存立が脅かされている状態」であり、そこでは「生命、自由、幸福追求の権利が根底から覆された状態」になることは、あの戦争で私たちが体験したことではないか。さらにいえば、「国民の生命、自由、幸福追求の権利の侵害の危険」を国家が判断し、その判断を「国家の存立危機」として権力的に国民に押し付けることは、実は、個人の幸福追求の権利、言論・思想の自由を奪い、学問と教育の自由を侵すことになる。さらに子どもたちの未来を創り出す権利を奪うことになっていく。

幸福追求の権利は平和的生存の権利（前文）および個人の尊重と不可分な人格権であり、国家が関与すべきではないというのが憲法一三条の法理であり、これを安保法の根拠とすることがすでに憲法違反なのである。一三条は「人権としての教育」の根拠ともなる条文であり、二三条（学問の自由）、二六条（教育への権利）とも不可分のものであること、さらに子どもの権利条約とも響き合うものであることも強調しておきたい。

7 新安保法制の制定は私の人格を否定するもの

私自身にとってもこの間の推移、そして現在の状況はその精神のありようにとって酷《きび》しいものがある。かつて、憲法と一体のものとして捉えられてきた教育基本法が変えられようとしたとき、私は、日本教育法学会会長として、また歴代の日本教育学会会長の連名で、その改正を批判し反対した。しかし安倍内閣のもとでおこなわれた、教育基本法を廃止しての新法制定(二〇〇六年)は衝撃的であり、とりわけ「われらは、さきに日本国憲法を制定し」に始まり「真理と平和を希求する人間の育成を目指す」とする前文が大きく書き換えられ、教育行政の任務は教育条件の整備にあるとし、教育行政の中立性と教育の自由と自立性を保障する第一〇条が国の関与を認める方向で大きく変わったこと(一七条の新設)は、これまでの教育学研究の根拠を奪われる思いであった。自分の研究と教育の実践が国家権力によって否定されたと思った。

しかし憲法がまだ生きている。憲法を支えている人間観・教育観そして憲法全体から導き出される教育の原則を深め、さらに確かなものにする仕事があるではないかと思い直し、「憲法と教育」というテーマで研究に取り組んできた。また、国連子どもの権利報告書をつくる会会長として、子どもの権利条約を根付かせる活動にも取り組んできた。これまでも教育裁判では、教科書検定、教師の研修権、学力テスト、君が代強制、埼玉の九条俳句訴訟等の裁判で意見書を書き、法廷でも意見陳述してきた。

新安保法制の制定は、すでに述べたように、憲法前文・九条の平和主義を中心に据えた私の「平和と教育」の研究・教育実践を否定するものである。

私は長らく教育研究に身をおき、憲法・教育基本法の依拠する教育条理を明らかにし、平和の思想史と平和教育の実践的研究に携わり、前文・九条に誇りをもって生きてきたが、さらに、前文・九条の精神で非戦・非武装・非核・非暴力をめざす地球憲章をつくる「夢」を語ってきた。しかしこの間の改憲への動きが強まるなかで、九条を護るためにも、国際的な理解と支援が必要だと考え、九条の理念で地球平和憲章を創り国連での採択を目指しての、国際的な思想運動を立ち上げた。「日本国民は、国家の名誉にかけて、全力をあげてこの崇高な理想と目的を達成することを誓う」と結ばれている憲法前文を心に刻み、「永久平和は空虚な理念ではなく、われわれに課せられた使命である」というカントの言葉を改めて噛みしめながら。

すでに二〇一六年八月から、世話人会を中心に「趣意書」を作り一四〇名を超える呼びかけ人の下、二十数名の外国人の賛同を得て、二〇一七年三月一五日に「9条地球憲章の会」を発足させ、内外に広く参加を呼びかけている。同年五月には、「発会記念シンポジウム」を開催した。アメリカで「九条の会」を作ったオーバービーさんが「日本の皆様は九条を活かし、さらに世界に広げて下さい。なぜなら、九条は地球上全ての人類の幸福にとって、とても重要だからです」とのメッセージ、その他アジアからもアフリカからも内外の学者・研究者・社会運動家等から多くのメッセージを寄せていただいた。現在では国内六〇〇名、外国七〇名を超える賛同をえている。そのなかには戦場を体で体験しPTSDに悩むアメリカの平和を求める退役軍人（VFP）の、九条への強い思いも含まれている。

今年の二―三月、ヨーロッパに出向したが、ジュネーブの国連子どもの権利条約委員会での予備審査を終えたあとICANの事務所を訪問し、交流した。パリでは日本版地球憲章の草案作りに当てた。現在の構想としては、以下のような内容を考えている。

①戦争は悪であり、「戦争はしない」（不戦）ではなく「戦争はしてはならない」（非戦）のです。私たちは二つの戦争で戦争の残虐性、おぞましさを知っています。戦争は人殺しです。戦争は人を狂わせます。戦争は人間性を奪うもの。戦争は必要悪ではなく人道に反する絶対悪です。

②安全保障のために軍備は必要でしょうか。

③軍事同盟は安全保障に役立つのでしょうか。
④各国は常備軍をもたず、完全軍縮を。
⑤平和外交こそ新しい世界のあり方を創る。
⑥貧困と抑圧、格差と憎しみは暴力と戦争の温床。
⑦世界が平和でなければ個人の平和もない。
⑧憲章を支える条理で新たな国際法と国際人道法を発展させる。
⑨人類と地球を守る思想を深める運動を。

今後、世界各国・地域で地球憲章モデルを作り交流を行い、国際的な対話と連帯で地球憲章を策定し、国連での採択までこぎつけたい。今このようなメッセージを日本から世界に発信しようとしている。

しかし、憲法前文・九条の精神を踏みにじる新安保法制はその実現を妨害するものである。私の子ども時代は戦争から始まり、外国を憎み、海外の多くの人たちを敵と思うような教育を受けた。人を憎むことが、簡単に人の心に植え付けられることを知った。自分の国の戦争の被害児、他国の戦争の被害児など不幸な子どもたちを見てきた。国が選んだ戦争、それを支持する大人たちが、子どもたちをいとも簡単に、幸せにも不幸にもすることを、これまでの経験と研究で知っている。自分の八五年の人生が次の世代に、子どもたちに活かせるかどうかの瀬戸際であり、そのためにすでに述べたような九条を活かす活動に取り組んできたのである。

新安保法制の成立・施行は、私自身の平和教育学研究の根拠、世界中の子どもたち、未来世代のための「九条地球憲章」の実現を、国家権力によって根底から否定され、夢を奪われた思いである。先に述べてきた状況の中で、その憲法が不法にして不適切な仕方で侵される事態となったことは堪え難い苦痛である。それは、とりわけ典型的な軍国少年の世界から長い苦悶を経て、平和主義を自分の生き方として選びとってきた私にとっての人格そのものを侵害された苦痛であるとともに、研究者として、教育者としての苦痛である。やがて「非国民」と罵られるのではないかという恐怖でもある。

さらに、その状況は教育がそして子どもたちの未来が黒い雲で覆われていくことを予見できる事態といわねばならない。そうしてはならない。私は、子どもたちの、そして未来世代の権利、その平和のうちに生存・生活する権利を守る責任をもつ世代の一人として、戦前戦中そして戦後を生きてきた人間の一人として、歴史をとおして培われてきた普遍的な正義の感覚と平和の思想を自らのものにしようと生きてきた人間として、法の前に立ちたいと思う。

これまで、家永教科書裁判等の教育関連の裁判においては、幾度も学者として意見書を書き、証言することはあっても、自ら原告になるということはなかった。しかし今度ばかりは、自ら原告となる道を選んだ。それほどの苦痛を受けているということである。それは個人としての苦痛にとどまらず、教育研究者として、教育実践者として、未来世代に責任を負うものとしての憤り〈公憤〉でもある。

幾つかの裁判に関わり、裁判の重要性、その影響の大きさを経験している者として、この新安保法制法が適正手続きを無視し立憲主義を侵して立法され、その内容は明らかに憲法前文及び九条に違反し、一三条（個人の尊厳・幸福追求の権利）にも反するとして、司法の場で、その違憲性が裁かれることを心から願っている。

（二〇一六年五月一一日に東京地裁に提出した法廷陳述書。『季論21』第42号、二〇一八年秋号）

三　東京高等裁判所陳述書（二〇二二年二月四日）

0 初心　安保法制強行への不安と怒り

私は一九三三年小倉生まれ。父は四歳の時出征（日中戦争）、七歳の時戦病死。「誉の家の子」として育った私は、当然のように、軍国少年であった。一二歳（中一）の時敗戦、教科書の墨塗りを体験し、『あたらしい憲法のはなし』（文部省教科書）で育った世代。何が正義なのか。懐疑派の青年は法学部での政治思想（丸山ゼミ、日本ファシズム）や法哲学（尾高ゼミ、カント永久平和論）での学びのなかで平和思想にめざめ、大学院では平和と民主主義の問題を人間の教育と生き方のなかで深めたいと教育哲学（勝田ゼミ）を専攻し、内外の平和思想史を学び、憲法、教育基本法、国連憲章、ユネスコ憲章に基づく平和教育学を通して「平和と教育」を生活の中に根付かせる仕事を続けてきた。現在も九条の精神を根付かせ、世界に拡げるための「9条地球憲章の会」の代表として、九条の理念で「地球平和憲章」を創る運動（国際的思想運動）も進めている。そのための作詞・作曲もした（資料参照）。安保法制は私たちの活動の障害でもある。

集団的自衛権を認める安保法制の強行の不安と怒りのなかで、原告になることを決意した。（前節、東京地裁陳述書参照）

1 安保法制その後

(1)国際情勢の緊張　米朝の対立・会談・緊張、さらに、米中対立、「台湾有事は日本の有事」緊張

と不安の増大

(2) 国内政治　安倍政権から菅政権、岸田政権へ　改憲志向の深化

この間、イージス・アショア、F35などの攻撃的軍備増強、出撃基地としての沖縄基地強化（辺野古、石垣、高江）、鹿児島の馬毛島など。緊張の高まる中で、在日米軍基地（そして原発）は攻撃目標となる。これらの動きは北朝鮮の脅威、中国の脅威を理由とし、安保法制を根拠に、日米安保の軍事同盟強化政策がもたらしたものに他ならない。米国の強い要請のもと、日本政府は「同盟の強化」と抑止論にしがみついて、危機を理由に軍拡をすすめ、それは北朝鮮そして中国の脅威となり、軍拡競争の悪循環に陥り、偶発戦争の危機を増大しているのである。安保法制の強行がもたらした不安には根拠があったことが、これらの政策事実を通して、誰の目にも明らかである。

被告国は、自ら集団的自衛権の根拠としてあげた「存立危機事態」、「我が国の存立が脅かされ「国民の生命、自由及び幸福追求の権利が根底から覆される明白な危険がある」事態を、自ら作りだしながら、裁判ではその根拠を否定するという明白な矛盾を示している。判決はこの矛盾にどう向き合うのかが問われているのである。

(3) 平和への新たな動きも

a 国連総会の「平和への権利宣言」採択（二〇一七年）

b 核兵器禁止条約の成立、国連採決（二〇一七年七月七日）から発効へ（二〇二一年一月二二日）

核兵器を人道に反するものとし、使用も製造も威嚇も禁止する条文が、国際条約として確定

した歴史的、人類史的意義は大きい。

核兵器保有国は国際法違反国となった。保有国はその国際法を認めていない少数派ということになる。

また核保有国が参加し成立した核不拡散条約（一九七〇年発効）の第六条は核保有国の完全軍縮への努力を求めている。「核兵器禁止条約はその先にある」のだ。

その事は岸田首相も認めている。

c コロナ・パンデミックと地球認識

「世界のコロナ対策をこそ。軍拡の時代ではない」（グテーレス国連事務総長）

d 国連ＳＤＧｓ（二〇一五年九月）

日本の国会が安保法制で激論しているその時、国連ではすべての参加国の賛同でＳＤＧｓが承認された。

誰もが合意しているＳＤＧｓの実現にとって、貧困と格差、軍拡競争と軍事的緊張は障害物であることも明白。ＳＤＧｓに取り組む子どもたちにも分かる（子どもだから容易に分かる）ことだ。「平和であり暴力のないことが、持続可能な社会のための必要条件」（蟹江憲史『ＳＤＧｓ　持続可能な開発目標』中公新書、二〇二〇年、一一五頁）なのだ。

2 核兵器禁止条約が提起した問題

核兵器の非人道性、核抑止論の非論理性・非現実性が指摘され、非核条約こそが合理性で人道に叶うこと、これを国際条約として宣言したことの歴史的、人類史的意義は大きい。

三月に予定されている締約国会議の課題について、アレクサンダー・クレメント議長は新年のメッセージでこう述べている（二〇二二年一月一日）。

「会議で大事なテーマとなるのは、実際に核が使用された際に起こり得る影響やリスクです。――これは核の保有国が描く軍事的な意義や戦略をはじめ、『核抑止力』を正当化する『核の傘』の描く戦略では到底図り得ない甚大なものになります」

この発想こそが現実的であり、重要なのである（これは安保法制違憲訴訟の原告の発想と主張に重なり、一般的には予防訴訟の発想と重なる）。

『核抑止力』にたって、敵地攻撃を合理化しつつ、攻撃を「必要最少限」に留めて戦争を抑止するということは論理的にも、現実的にも不可能なこと。それを日米安保強化論はやろうとしているのだ。

戦争を抑止する為に核抑止力にたよって軍拡をすすめ、緊張を高めるのか、緊張を弱めるために、交渉の道を選び、協力・協調して軍縮を進めるのか、さらに軍事同盟を解消するのか。私たちの不安や精神的苦痛から解放される道は後者以外にない。

3 集団的自衛権を認める安保法制の危険性と違憲性

米朝対立から台湾有事を機に日米軍事同盟強化の歩み、敵基地（先制）攻撃までを視野に検討がすすんでいる。

これは今や誰もが否定出来ない、政府も公言している現実。であれば、「安保法制成立当時は誰もが予測できることではなかった」ということが、今日の法廷判断の根拠になりうるのか。一審の時はそうだったと言い逃れても、今日の危機は誰も否定出来ない。先にもふれた、アメリカからのイージス艦や軍用機の爆買い、空母への改造、沖縄基地の拡大、防衛予算の急増。それらが憲法違反の現実・情況であることも。そして集団的自衛権容認の安保法制の違憲性も今や明白になったのではないか。元内閣法制局長官も「安保法制は一見明白な憲法違反である」と証言しているではないか。

違憲以外の判決はあり得ない。その判断根拠は明白ではないか。

4 憲法判断回避の論証枠

憲法判断を回避しているのは、判断すれば違憲である事が自明であるが故に「本件は原告個人の利益侵害考慮の視点から特別のものとは認められない」とする「論証枠」を設定し、憲法判断を敢て避けていると観る以外になかろう。

原告の立場も、個人の権利侵害と損害賠償を求める事に本来の意図があるわけではない。原告個人の権利侵害や精神的不安は殆ど全ての国民に共通するもので有り、原告はいはばその代表者に過ぎないと考えて、敢て、縁あって、ここに(法廷に)たっているのである。私が東京地裁での陳述の最後に敢て「私の憤りは、単なる私憤ではなくて公憤である」と発言したのもそのことが言いたかったからであるが、本審は「公憤ではなく私憤の内容と根拠を審査しているのだ」とされ、平和的生存権や幸福追求権の侵害といっても、「あなた個人にだけその侵害を認め、国が賠償するには当たらない」と判断したのだと思う。この「論証枠」にたてば、公平原則からしてもこの判断は妥当だとされよう。しかし、その「論証枠」そのものが問い直されていること、その判断こそが裁判官に問われているのだと思う。

5 私憤と公憤

私の「地球平和憲章」づくりの活動も現代への不安や怒り、つまりは私憤から出発している。しかし趣意書を検討し、賛同し、呼びかけ人になって下さった方（法学者、教育関係者、芸術家、市民など）一四〇名で、呼びかけに答えての賛同者は、一三〇〇人を超え、外国からも八〇人を超えている。私憤から公憤へ。私憤であることが公憤でもあるのだ。呼びかけ人、そして賛同する気持ちはそれぞれの方の個人的体験的、経験的、私憤であり、同時にそれを自分だけのものではない共通のもの、common で public なものと感じ、考えているからの賛同であろう。そのことが先の「論証枠」を超える事態だと言えよう。

「地球平和憲章〈日本発モデル案〉」でも強調している平和に生きる権利（平和的生存権）、幸福追求の権利は、一般的抽象的権利ではなく、個人の人権として保障さるべきものであり、それ故にまた国民の、世界の全ての国民の権利として憲法でも保障されているのだ。

世界の戦争や紛争の危機、それに加担する集団的自衛権や敵基地攻撃論は、地球平和憲章づくりを世界のひとに呼びかけている私たちにとって、不安と怒りの原因を造り出しているのだ。その不安を乗り越え、共に平和への道を拓こうと、ブックレットを作り、地球憲章の歌も創ったのだが、こういう活動自体、私憤を公憤として、怒りをバネに平和への道をつくることに、貢献しようとする切なる思いからなのだ。そしてそれを支持し応援してくれる人が多いことは私憤が即ち公憤であり、怒りは願いとして、心を繋ぐものとして、やがて皆の思想・確信になっていくのだと思う。私が本裁判の原告となったのも、私の私憤が公憤であると考えたからである。裁判の進行を通して、先の「理論枠」が解体し成立しなくなっていることも明白になってきたのだと言えよう。

6 日本の安全保障の将来

専守防衛論の展開として非同盟・中立諸国（ASEAN）との友好条約。北東アジア非核・友好条約、日米安保条約を軍事同盟ではなく、平和友好条約へ。国連憲章、核兵器禁止条約、国連平和への権利宣言、憲法九条、地球平和憲章など、現にある、平和を志向する国際条約と平和思想に則り、外交を軸とする対話と協力・協調国際関係づくりこそ、日本の、そして世界の安全保障の道だと確信している。

最後に

安保法制裁判では、これまで、同じ内容の判決が繰り返され、司法の在り方・裁判官の独立について、国民の間に疑念が拡がっている。しかし、私も教科書裁判や学テ裁判、君が代予防裁判（東京地裁）、七生養護学校事件（東京高裁、最高裁）などの経験から、これまでも真実に基づき、原告の訴えを聴き、国民の願いに支えられて、憲法を活かした判決が出されている。本裁判においても、裁判官としての誇りをもって、真理・真実と世界の未来を見据えての判断を期待します。

本陳述書は弁護団に送付提出したものである。
なお資料として『地球平和憲章（日本発モデル案）』（ブックレット、花伝社）と「私たちのねがい――地球平和憲章の歌」（堀尾作詞・作曲。本書二六六頁所収）を提出した。法廷の後の交流集会で歌った。

終わりに　目の前の戦争

ウクライナ戦争が提起する問題

一　ウクライナ戦争が提起する問題

戦争は嫌だ　市民への支援を

二月二四日に始まったプーチンのウクライナへの武力侵略が国連憲章（二条四項）に違反し、病院の破壊や市民、子どもに多くの犠牲者がでている事は国際人道法に違反していることは明らかで、ハーグの国際司法裁判所も国際法違反の判決を下した（三月一六日）のは当然の判断でした。国連特別総会も一四一カ国の賛成で批判の決議を採択しました。

戦争反対の声はロシアからも、科学者、芸術家が声をあげ、国営放送の放映中の映像に戦争反対のプラカードを掲げて声をあげたスタッフもいました。日本でも戦争に反対し即時停戦・撤退を求める声明が多く出されています。日本の高校生もロシア大使館に抗議の署名を届けていました。私の属する子どもの権利条約市民・ＮＧＯの会も、声明にこう書きました。

〈戦争は、とりわけ子どもたちに大きなダメージを与えます。子どもは「いま」を生きる存在です。ウクライナの子どもは、その「いま」を奪われています。しかも、戦争の影響は「いま」だけに止まりません。「未来」にも影響します。子ども時代に受けた身体と心の傷は長く深く残ることは歴史が、そして「身体と心の発達の科学」が教えています。戦争の残酷さは、報道を通して、ウクライナだけでなく、世界の子どもたちに恐怖と悲しみを与えています。戦争は嫌だ、許せないという気持ちとともに、心の傷と失望を与えているのです〉

毎日映し出される戦場での破壊や犠牲者の映像や悲痛な声に、誰もが心を痛め、無法なプーチンに抵抗するウクライナ市民を支援しなければの思いも強くなっていきます。問題はその先に。子どもや女性を犠牲にする戦争は許せない。では軍人兵士同士の闘い（殺し合い）はいいのか。武器を持って抵抗する勇敢な市民（女性も含む）に武器を支援するのはよいのか。義勇兵はいいのか。NATOやアメリカに武力援助を求めるウクライナ大統領に和平への展望はあるのか、日本政府は防弾チョッキやヘルメットを送ると言うが、戦争の泥沼化に手を貸すことにならないか。経済制裁は、かえって戦争を長引かせ、ロシアの支配層だけでなく、世界の貧しい庶民の生活を圧迫することになっているのではないか。

ロシアの言い分の背景

ロシアの軍事介入の口実は、ウクライナがNATO（北大西洋条約機構、一九四九年結成）に加盟することを防ぐことでした。ソ連が解体し（一九九一年）、ワルシャワ条約機構（一九五五年に結成されたソ連を盟主とする東ヨーロッパ諸国の軍事同盟）も解体した時、ソ連に対抗して出来たNATOは存在理由がなくなり、ゴルバチョフやエリツィンはロシアもEU（ヨーロッパ連合）に加盟してもよいと言ったというような状況が生まれました。それを生かして、NATOも解体してよかったのではないか。逆に解体したワルシャワ条約諸国が次々にＮＡＴＯに加盟する状況のなかで、ロシアが国境を接する諸国のＮＡＴＯ（米国）との軍事同盟化に反対し、中立化を求める理由も理解出来ることではあります。

しかしそれは、主権国家と国民の意思の問題であり、国際交渉の問題であり、紛争の解決に軍事介入は許されない問題であったことも自明なことなのです。ロシアとウクライナは歴史的にも宗教的にも兄弟国で、モスクワとキエフはコトバも文化も江戸と京都のような関係とも言われてきただけに（これがどこまで正しい認識であったかどうかも、マイダン革命＝二〇一四年――ロシアはこれをクーデターと呼ぶ――の真実とともに、いま問い直されているわけですが）、それだけこの戦争が両国民の心情を傷付け、憎しみも増幅していることは察するに余りあります。因みに、朝鮮戦争のあと、ソ連は国連に復帰しますが、その時ソ連はベラルーシとウクライナを独立国として国連加盟を認めさせたのです。ソ連圏の票を増やすためだと揶揄もされましたが。

武力で平和はつくれない

さてこの戦争はアメリカの視点にたてば経済制裁でロシアを孤立化させ、弱体化し、ウクライナをＮＡＴＯに組み入れたい、軍事援助もしたい（マイダン革命の時は背後でアメリカが介入、支援したことも事実のようです）。実際に、米国軍事情報で作戦指導をし、無人機や、対戦車砲等を送っています。ゼレンスキー大統領はもっと送れといっています。ＮＡＴＯも同調しています。これらの動きは即時停戦にはつながらず、逆に泥沼化が進む。それを望み、そこに利益を探る戦争屋と権力の動きも確実に存在します。苦境のなかのウクライナからの脱出者は六〇〇万人（一〇〇〇万とも言われている）を超えています。受け入れ側の人道支援も限界があり、避難民が難民問題として深刻化することも避けられなくなってきています。大統領は成人男性（一八―六〇歳）は国外脱出を禁止し兵役につくことを求めています。国を守るのだと銃を持つ女性もいます（TV放映）。市民の抵抗に、ロシアの誤算があったことも確かでしょう。NATO側の軍事支援が期待どおりにいかないことはゼレンスキーの誤算ともいえましょう。

しかし、今後の展開は米国・NATOの武器援助と長期戦化に向かっており、ウクライナの市民を犠牲に泥沼化が予想されています。何れにせよ、武器には武器で、火炎瓶でも、の対応は犠牲を増やし国土を破壊し、人心を荒廃させることは確かです。戦争に勝者はなく、狂気のプーチンの犯罪とロシアへの国際的批判は歴史に刻まれることも確実でしょう。米国・NATOの軍事支援の事実も歴史に刻まれるでしょう。

何はともあれ、たとえ妥協だ、譲歩だと言われようと、戦争を一刻も早く終息させることが政治の責任ではないでしょうか。そう考えるのは、太平洋戦争で沖縄戦を、そして無差別爆撃を、そして原爆を体験した日本の、その世代の知恵でもありましょう。停戦交渉だけは繰り返され、その中で戦闘はつづいています。その背後には冷戦体制終結後も続く米露の深い溝が見えてきています。戦局は長引けば、プーチンの狂気は化学兵器や核兵器使用で破滅する危機も現実化していきます。それをさせてはならないのです。

ウクライナ側から考えてみましょう、ロシアの要求は、中立化と脱軍事化でした。ウクライナはそれを交渉事項として受け入れ、NATOに入らず、ロシアとの軍事同盟も結ばず、独立と中立を守る。脱軍事化も、外国から武器を買わず、持ち込ませず、最小限の自衛力・警察力に止める。そのことをロシアも、アメリカ・NATOも保証する。これはウクライナの主権と独立を守るギリギリの妥協策でしょう。

それはロシアの実行支配を許すことではなく、国際社会の世論はロシアの不法を許さず、現に国際司法裁判／刑事裁判は進んでいるのです。判決に強制力があることは確かですが、どこまで実効性があるか。この問題とともに、国連常任理事国と拒否権問題を含んで、国連憲章に戻っての国連の機構改革は必然なのです。同時に国連総会決議をもって、戦争終結をさせるために仲介の役割を果たすべきではないでしょうか。さもなくば、国連の存在理由がなくなります。

最後に、ここで敗戦後の日本と新憲法制定を想起してみます。あの時の国民の厭戦意識と核の恐怖。その中から幣原喜重郎首相が現れ、非戦・非武装の九条が発意されたのです。ウクライナにも「幣原」が現れて欲しいと思うのです。さらに、核兵器禁止条約に参加するチャンス。それはウクライナが世界を変える主体となるチャンスでもあるのです。平和を求める世界の市民の連帯と支援のなかで！

ウクライナには、日本と日本語への感心が高い人が多いといわれています。平和憲法があることも、そして九条改憲問題も知って欲しいと思います。世界に今こそ九条の精神で地球平和憲章を！　と考えている人たちとの連帯はウクライナの新しい国づくりにも役立つのではないでしょうか。

防衛力の強化ではなく、いまこそ九条の理念を！

日本国内の認識と反応のなかには、私たちとは全く異なる解釈と教訓を引きだそうとする動きがあります。ロシアの非道への批判と市民の救済を願う気持ちは共通していても、ウクライナへの軍事進攻を招いたのはウクライナのＮＡＴＯへの加盟が出来ずにいた為、ロシアへの抑止力が弱かったからだ、アジアで、中国が台湾を武力侵攻するのではないか、その時アメリカと日本はどうすればよいか。北方領土問題でロシアは日本を攻めてくるのではないか、といったシミュレーションで、抑止力論にたって、軍備強化とさらに日米安保体制を強化し、核共有、敵基地先制攻撃論を進めるべきだと主張し、当然憲法前文・九条は改正すべきだという主張が自民党政権の内外でてきています。これをウクライナ問題から学ぶと言えるのでしょうか。逆でしょう。

プーチンは、軍事攻撃はウクライナの脅威への先制攻撃だと公言し、国際法違反だという世界の世論が高まるなかで、核をちらつかせたプーチンはさらに世界の反発と恐怖を招き、逆にロシアの孤立化を深めただけでした。他方、ウクライナのＮＡＴＯへの軍事支援を求める姿勢は、戦争を長期化、泥沼化を招き、市民の犠牲を招くことになったのではないでしょうか。戦争の総括として、この視点を抜かすことは出来ない筈です。

そこからの教訓は、紛争解決は軍事力（介入も威嚇も）ではなく、国連の仲介と国際法（二十周辺多国間合意）に基づく外交交渉で。戦争はしてはいけない、長引かせてはいけない。核を使ってはいけない、脅しにも使ってはいけない――ということを、誰もが感じたことだと思います。核抑止論はロシアが核を使用しても、しなくても、破綻したのです。

ウクライナの戦後の平和構築の依拠すべき原点もそこにあり、その先に核兵器禁止条約への参加、更に九条と地球平和憲章の出番が待っているのです。日本への最大の教訓はそこにあるのです。ウクライナ問題は私たちに非暴力による抵抗のあり方を深めることを求めています。それだけに、双方の言い分をその歴史的文化的背景にまで立ち入って深く理解し、合意あるいは妥協点を見出す努力と習熟が求められてくるのです。新しい平和の思想はその事を含んで生まれてくるのだと思います。

（『子どもを守る』通信、二〇二二年四月五日に加筆）

二　平和と子ども

〝平和のためには、平和にそなえよ〟

国際的緊張のなかで、ウクライナ問題は日本国憲法の改正問題に跳ね返っています。プーチンの戦争はけしからんと言いながら、戦争の準備を進めようとする日本政府のありかた。力には力で、という発想の復活。〝平和のためには戦争に備えよ〟、これは古い時代から、為政者が叫んできたこと。しかし、私たちは第二次世界大戦の後、戦争と平和の認識も大きく変わったはずです。〝平和のためには、平和に備えよ〟、そういう基本的な発想、つまり戦争認識の大きな転換を求めてきたのです。

私たちの憲法も、国連憲章も、そして核兵器禁止条約も、まさに〝平和のためには、平和にそなえよ〟、平和のために尽くそうという方針であるのですが、現在の世界の動きは逆に、〝平和のためには戦争に備えよ〟、そのような力、動きが勝っているように、一見みえます。プーチンのウクライナ武力侵略、ＮＡＴＯの動き、そして、日米安保の強化はまさにそのように見えます。それは核の脅威が増大している時代でもあります。

しかし、それとは逆に〝平和のためには平和に備えよ〟、そういう動きも強まっています。核兵器禁止条約（二〇一七年成立、二〇二一年発行）には六六カ国が批准（中米全八ヵ国が批准）して、この六月、ウィーンで第一回締約国会議が開かれ、ウィーン宣言が採択されました。核の傘にあるドイツもベルギーもオブザーバー参加しましたが、「橋渡し」を言う日本政府は参加せず、参加諸国の失望と失笑をかったのでした。日本政府の条約参加を求める内外の声が一層高まっています。

私たちの運動としては、核兵器禁止条約締約国会議・ウィーン宣言の意義を確認し、オブザーバ参加もしなかった岸田首相は、時を同じくして、マドリードでのＮＡＴＯの首脳会議に参加し、ウクライナの教訓として日本の軍備増強を広言しました。しかしウクライナの教訓は力には力ではなく、戦争に備えるのではなく、平和への努力こそが、平和憲法の理念を世界にひろげる道こそが求められているのです。

この間のＡＳＥＡＮの動きも重要です。国防相会議、外相会議はＡＳＥＡＮの基本的姿勢、非同盟・中立を守る、その姿勢を確認し、核兵器禁止条約を進めなければならないという姿勢をこの六月の会議で示しています。私たちも東アジアの平和、ＡＳＥＡＮの動きに注目しています。９条地球憲章の会では鈴木祐司さん（日本ユネスコ協会理事長）の講演「ＡＳＥＡＮと東アジア」（七月二九日）を企画しているところです。

核の脅威に関しては、核禁条約はその被害からの救済を核実験地帯の被ばく者にも拡げて、その救済を求めています。私たちの身近にも広島・長崎だけでなく第五福竜丸に象徴される核実験の被ばく者救済問題があるのです。地球憲章の会は先月の研究会で、第五福竜丸資料館そして大石又七さんの活動とそれを支えてきた市田真理さんのお話しを伺う機会を持ちました。改めて一九五四年のビキニ水爆実験、その前後のマーシャル諸島国と周辺の地域汚染と被ばく者のことを思い、被ばくしたマグロ漁船も静岡だけでなく、高知をはじめ広い範囲に拡がっていた事を知りました。高知の高校生の調査活動のことも。そしてビキニ水爆への抗議をきっかけとしてラッセル・アインシュタインの声明、続いて世界の科学者たちのパグウォッシュ会議が開かれ、今も続いていることを思い起こしたのです。これらの地味な活動が核兵器禁止条約に結実したのです。

私たちは世界の平和への動きに確信を持って、憲法を守ると言うことが国際的にはどういう意味があるのか、ということを含めて、目の前の問題に取り組んでいきたいと思います。

平和と子ども

子どもの権利条約も、子ども期を奪われ、その尊厳を奪われている現実にたいする抗議の運動があり、思想に結実し、国際的な宣言となり、そしてようやく国際条約となったのです。

平和への願いと子ども（の権利）を守るという課題は一体なのです。

ウクライナ戦争に関しては、国連子どもの権利委員会が声明を出し、私たちも会として声明を出しました。子どもの権利条約市民・NGOの会『通信』25号にも掲載しています。

平和運動内部の意見の違いがありますが、プーチンの侵略は国際法違反だということ、ウクライナの抵抗は当然だが、アメリカ・NATOの軍事援助で戦争が長期化・泥沼化が続けばウクライナの民衆の犠牲が増え、ロシアが劣勢になれば核戦争の危機が高まるという認識では一致しています。であれば、早く停戦し、ロシア批判の国際世論と国際政治で戦後処理を方向づけ、当事国の和平交渉を進める以外に道はないように思います。国際社会は国連の機能不全を克服するための改革に直ぐに取り組むべきです。

平和と安全の問題は、子どもの権利の前提であり、条件であり、そして、権利の中身そのものでもある。とすれば、ウクライナの戦禍による子どもたちの犠牲者は国民の正義の戦いのなかでの犠牲者としてだけ見なすわけにはいかないのです。子どもたちの生存と発達の権利が奪われているのです。奪ったのはプーチンの侵略戦争ですが、NATOの援助を受けての、長期の抵抗戦は子どもの権利を護るためでもあると言いきれるのかという問題です（答えは分かれてくるでしょう）。

ウクライナで父親が戦死し悲嘆に暮れる母親の傍で、〝僕は怖くない、父は祖国のために闘った英雄だ。僕も闘う〟というけなげな少年のTV映像に胸を衝かれました。生き残った子どもが復讐の念のなかで育つとすれば、その子どもの人間性をいびつなものにすることも確かでしょう。これは、私が六歳のときに父が戦死し、軍国少年として育った私自身の省察でもあります。現実の戦争では、砲弾に怯えPTSDとして後年までその精神的傷は残るのです。毎日流される戦争の映像は世界にひろがり、世界の子どもたちにも傷を残しているのです。

国連子どもの権利委員会の声明には「現在ウクライナの子どもたちは極度の苦痛とトラウマにさらされている。……軍事攻撃の結果こどもたちは極度の暴力にさらされ、堪え難い恐怖と不安のなかにいる。……子どもたちは甚大で、長期的な身体的、心理的、情緒的およびトラウマ性の影響に苦しむことになるだろう」（子どもの権利条約市民・NGOの会『通信』25号参照）とのべています。私たちの「声明」にも「戦争はとりわけこどもたちに大きなダメージを与えます。それは子どもの現在を奪い未来をも奪うもの」だと書き、「戦争の残虐さは、報道を通じて、ウクライナだけでなく、世界の子どもたちに恐怖と悲しみを与えています。戦争は嫌だ、許せないという気持とともに、心の傷と失望を与えているのです」（『通信』同）とあります。

ロシアの子どもたちにとっても戦争は戦争です。それに重ねて、侵略戦争をどう考えるかの課題があります。ロシアの作家ミハイル・シーシキンの「この頃は、ロシア人である事に苦痛を覚える」という文章で始まる「朝日」（七月五日）への寄稿論文で「新たな独裁者を生まないために、ロシアは帝国的意識の浄化や真の脱プーチン化、新しく生まれ変わる事が必要だ」、「国民的な罪の意識と悔恨がなければロシア人とロシアという国にはいかなる未来もあり得ない」と述べています。私たち日本人にも突き刺さる問題提起です。〈他人の不幸の上にもたらされた幸せは幸せでない。他人と幸を共にする幸せこそ真の幸せだ〉という言葉を残したのは『戦争と平和』を書いたロシアのトルストイであったことも想起しておきましょう。

平和教育の課題

このような事態は改めて平和教育のあり方を問い直すものでもあります。

あの大戦争の後、戦争の残虐さと核兵器のおぞましさを知った人々が、世界の平和を願って作られたユネスコ憲章（一九四五年一一月一六日）の中核の言葉「戦争は人の心の中で生れるものであるから、人の心の中に平和の砦を築かなければならない」。これは現代の平和思想の中心のテーマでもあるとすれば、ウクライナ問題を通してこのテーマに立ち返ってみることが求められているといえましょう。〈心のなかに平和の砦を築くためにどうするのか〉が問われていることを改めて強く感じているところです。子どもの権利条約の基になった「子どもの権利宣言」（一九五九年）の最後（第一〇条）には〈子どもが差別から守られ平和のもとで生き、相互理解と友愛の精神のもとに、その力と才能が人類同胞のために捧げられるべきである〉とあります。そこから平和の砦を築く道も拓かれていくのだと思います。改めて平和教育の重要さについて考えています。

（「子どもの権利条約市民・NGOの会」通信27号）

三　「台湾有事」にどう向き合うか

地球平和憲章の視点からすれば、国際的な緊張そして国内の改憲と軍事大国化への動きは、平和とは逆方向で動いています。それをどう阻止するかが目前の課題です。

具体的に考えてみましょう。いま核兵器の禁止条約を巡って、世界にも日本にも厳しい対立がある。世界の強国は核兵器をもち、対立し、弱小国はそれぞれの利害で核の傘下に従属している。しかし、核の存在を危険な、人道に反する武器と見なし、その廃絶を目指す国内・国際的な思想と運動が広がり、その禁止を求める国際条約が成立、発効（二〇二一年一月二二日）している。それに賛同する国は一二八ヵ国となっている（国連総会決議二〇二一年一二月六日）。日本は唯一の被爆国として、平和憲法を持つ国として、この条約に参加する、その先頭に立つのが当然ではないでしょうか。

しかし日本政府はそうは考えない。米国との同盟に依拠し、核の抑止力に頼って平和と安全を維持する考えなのです。そのことは世界の民主主義を主導すると称する米国が、その対立する中、ロ、朝を専制国家として対決姿勢を強め、その対立関係のなかに日本も巻き込まれることを意味しています。台湾はウクライナとともにその緊張の焦点にあり、自主独立路線をとる東南アジア（ＡＳＥＡＮ）諸国は、二つの勢力のせめぎ合いのなかに置かれています。国際政治的には、かつての米ソ冷戦体制（二つの世界）の再現にも見える情況であり、アジアの情勢は、台湾問題を頂点に、一層の緊張状態だといってよいのです。

岸田首相は安倍元首相の提起を引き継いで、改憲に前のめりであり、敵基地先制攻撃も可能だとする理屈を捻出しようとしています。岸田政権のもとでの、日米同盟の強化と防衛予算増はさらに突出したものとなっているのです。県民一致の反対を無視して強行されている沖縄の基地問題は民主主義と地方自治の視点からも許されないはずなのです。

わたしたちの目前の課題は、このような事態を許してよいのか、容認してよいのかの問題です。しかもコロナ禍の生活と安全の危機のなかで、予算の使い方が間違っているのではないか、そしてそれは憲法から見ても間違っているということなのです。

台湾情勢の危機に際して日本は、日本の自衛隊はどう動くのかが現実的な問題として問われる情況に、わたしたちはどう向き合えばよいのか。専制国家中国からの台湾の独立は当然だと考えてよいのだろうか。それを支援するアメリカと中国が武力衝突すれば、「進化」した日米安保さらに昨今の日米首脳の共同声明に基づいて、同盟国日本は軍事基地の提供はもとより、軍事作戦に参加する。

これは現実的なシナリオなのです。そんなことが、そんな道の選択が許されるのか。端的に、日本は台湾問題で、アメリカと一緒になって中国と戦争をするのかということなのです。

そもそも台湾問題とはなになのか。

日清戦争に勝利した日本は中国（清）に台湾を割譲（一八九五年、下関条約）させたのだが、それから日中戦争の終わり（一九四五年）まで、台湾は日本の植民地としての統治下にあり、戦後は中国内戦で追われた蒋介石が台北を中華民国の拠点として対抗したが、毛沢東主導の中華人民共和国の誕生（一九四九年）により、二つの中国となり、サンフランシスコ講和条約には中国は参加しなかった（できなかった）のです。中華民国はアメリカの後押しで国連常任理事国であったが、一九七一年に中華人民共和国に国連代表権が認められ、国際的にも一つの中国となり、それまで中華民国を支援してきた米国も、ニクソン大統領の中国訪問（一九七二年）を機に人民共和国を中国を代表する国と認め、日本も田中角栄首相が中国訪問して和平交渉（国交正常化）が進み、「一つの中国」を認め、中国は「台湾は中国の中の自治区」という扱いを国際的に認めさせ、定着させていったのです。国際的には国連安保常任理事国は中国なのです。

台湾には原住民の歴史も有り、戦前戦中の皇国民化政策、戦後はアメリカの援助と国民の自治意識の高まりもあり、中国本土の共産主義政権になじめないのも当然でしょうが、独立を外から支援することに中国政府が、内政干渉として反発するのも当然だといえましょう。台湾問題に対しては、日本は、植民地支配の反省をふまえ、住民の意思の尊重が第一であり、外からは口を出さないというのが原則的な立ち位置でしょう。ましてや、独立支援の為と称して武器援助あるいは米日台合同演習など、あってはならないことだと思います。台湾情勢の危機からの脱出の道は、米中の武力を背景にした脅し合いではなく、台湾住民の意思を尊重し、歴史を通しての相互理解を深め、合意を創りだす以外にない。私たちは平和的解決を願い、見守る以外にない。日米同盟を理由に米国と一緒に干渉することなど許されないことを、肝に命ずべきなのです。

一月二二日は核兵器禁止条約発効一年、米中は核保有国としてどう対応するのか。これに先立って一月四日から開かれると予定されている核不拡散条約の再検討会議はどう進展するのか。その六条は核保有国が核の廃絶をめざしての核軍縮を進めることを求めています。それは核禁条約へと開かれていく道でもあるのです。日本政府が「橋渡し」を言うのならば、核保有国を増やさないだけでなく、核保有国が核廃絶を目指しての努力を実行すること、そのために日本政府は再検討会議で役割を果たすべきなのです。現在、非核をすすめるＮＧＯ連絡会（９条地球憲章の会も参加している）は、そのために外務省交渉などを重ねていることも憲法を守る運動の重要な一環なのです。

（全日本教職員組合『クレスコ』、「憲法と私　３」二〇二二年二月号）

【後記】

本稿の後、ロシアのウクライナ侵略（二〇二二年二月二四日）が始まり、中国・台湾の関係をロシア・ウクライナの関係に重ねて捉え、アメリカの台湾への武器援助、ペロシ米下院議長の台湾訪問による米中関係の緊張が高まり、日本の軍拡志向も強まっているだけに、本稿で述べた中・台の関係史と中国は一つとする国際法上の確認が重要です。中国は台湾の独立を図る（助ける）外国からの干渉を内政干渉として退けようとしているのは国際法上も根拠があるという認識が、まず求められているのです。「台湾有事は日本有事」、台湾問題は日米安保条約問題と捉え、戦闘状態に巻き込まれてはならないのです。集団的自衛権を認めた日本の安保法制（二〇一五年）の危険性も台湾有事の認識の危険性と重なっているのです。

なお、核不拡散条約再検討会議は本年（二〇二二年）八月に延期され、先行して核兵器禁止条約の第一回締約国会議が六月にウィーンで開かれウィーン宣言が採択されました。そこでは核兵器は違法であり、核抑止力は無効であり、核兵器禁止条約は核不拡散条約、特にその六条（核保有国は核廃絶にむけて努力すること）とワンセットであることが確認されました。主催国オーストリア・クレメント議長の、〈両条約は補完的関係であり、私たちは楽観主義にたって歩み続ける〉という最後の挨拶に力づけられました。参考までに、私たちの会のロシアのウクライナ侵略直後に出したアピールを付しておきます（次頁）。

【資料】プーチンロシア大統領によるウクライナ侵略への抗議声明

非暴力による平和をめざす地球市民として、共にプーチン大統領のウクライナ侵略に抗議し、武力攻撃の即時停止・撤兵と問題の平和的な解決を強く求めましょう

二〇二二年三月五日　9条地球憲章の会

非暴力による真の平和をめざす私たち「9条地球憲章の会」は、今回のプーチン大統領による許しがたいウクライナ侵略と、核攻撃の脅迫、さらにザポリージャ原発への攻撃に抗議し、ロシア軍の武力攻撃の即時停止・撤兵と、問題の平和的な解決へ向かうよう、地球市民として共に強く求めることを広く内外に呼びかけます。

私たちは、地球上の現存世代も将来世代も含めたすべての人々が、地球市民として、「持続可能な地球環境の下で、尊厳をもって平和に生きる権利」を生まれながらに持っていると考えます。そして、それを徹底した非暴力で実現することこそが、21世紀における人類史的な課題であり、日本国憲法の前文と九条の平和主義は、その点からもまさに今こそ尊重され、活かされなければならないと確信し、本会を五年前に結成して活動してきました。

今回のウクライナ侵略は、その私たちの会の理念と目的をあらゆる面で踏みにじり、国連憲章を始めとする国際法をも乱暴に侵害するものです。そして、もしこの戦争が核戦争への最悪の展開になってしまえば、全世界の人々の「平和に生きる権利」を奪い、脅かしかねない、まさに人類史的な暴挙となると言わざるをえません。

プーチン大統領は、冷戦終結後、米欧諸国がソ連とワルシャワ条約機構が解体された後もＮＡＴＯを温存し、さらに旧ソ連の支配下にあった東欧諸国へＮＡＴＯを次々に拡大し、ついにロシアと国境を接するウクライ

ナにまで拡大しようとしたことを、ロシアに対する死活的な脅威だとしてウクライナ侵略を正当化しています。

したがって、そうした正当化をいっさい許さないためにも、米欧諸国はウクライナへのＮＡＴＯ拡大をきっぱりと撤回し、さらに自らもＮＡＴＯの解体に向かうべきです。ＮＡＴＯを温存したままウクライナに軍事援助を強化し続ければ、かえって戦争を長引かせ、犠牲者を増やしかねません。私たちの会は、世界中のすべての軍事同盟は破棄され、国と国の対立は、政府間のあくまで非暴力の平和的な外交と市民同士の交流と対話によって解決すべきだと考えます。

また、ロシアに対する米欧諸国と日本などによる長期にわたる強力な経済制裁は、プーチン政権に大きな打撃を与えるだけなく、ロシアとさらには欧米、日本を含む世界中の市民、特に弱者の生活と生存を脅かしかねません。

犠牲の大きい「目には目を」の軍事制裁や苛酷な経済制裁ではなく、あくまで世界中の平和を愛する市民による非暴力のグローバルな抗議行動で、プーチン大統領のウクライナ侵略をやめさせましょう。すでに多くのロシアの市民が、侵略に苦しむウクライナの市民と連帯し、プーチン政権の弾圧に抗して勇敢に立ち上がっています。日本でも全世界でもそれに続きましょう。国連にも各国政府にも、平和的解決への努力を強く求めましょう。

反対に、このプーチン大統領の暴挙に便乗した、各国のいっそうの軍拡や、安倍元首相などによる非核三原則を真っ向から否定するような米国との「核共有」策の提唱など、日本や欧米諸国、さらに中国や北朝鮮などの権威主義国家による「核」依存体制の維持・強化の動きにも強く警戒し、抗議してやめさせなければなりません。

今こそ平和を愛する地球市民として連帯しましょう！
非暴力で「核も戦争もない」世界の実現をめざしましょう！
共に知恵と力を地球規模で尽くしましょう！

あとがき

明治維新から敗戦まで七七年、戦後七七年の今年（二〇二二年）の夏は、日本の歴史を振り返りつつ、八月六日、九日、一五日と戦争の記憶を刻みつける日々が続いた。ウクライナ戦争のさなか、台湾をめぐる米中の緊張も高まるなか、六月に開かれた核兵器禁止条約第一回締約国会議とウィーン宣言は核兵器の非人道性と核抑止力の無効性を確認し、核不拡散条約と補完的関係を強調することによって八月のＮＰＴ会議を方向づけ、平和な未来を切り開く展望を示した。ＮＰＴは残念ながら統一見解を出せずに終わったが、広島の平和祈念集会にはグテーレス国連事務総長が挨拶、長崎では中満泉（軍縮担当官）が総長挨拶を代読し、日本の核兵器禁止条約への参加を訴えた。

それは被爆者の声であり、それぞれの市長・知事の主張であり、子どもたちの声であった。両記念集会で式辞を読み上げた岸田首相は、核不拡散条約会議での自分の発言紹介はあったが核禁条約には触れなかった。広島出身の岸田首相の胸中を慮り、貴方もここで決意表明したらと思ったことだった。

被爆の実態の報道のなかで、とりわけ心に残ったのが、広島の中学一年生の犠牲者が多かったこと、その理由が、一年生は家屋疎開作業のため各地から軍の動員で平和通り（現在）に集まっているところで被爆したからだという。家屋疎開？　学童疎開は知っているがと思う人は多いだろう。それは焼夷弾の類焼を防ぐため家屋密集地帯の家を壊し空間を広げる作業のこと。実は私は小倉中学一年で、小倉の町の家屋疎開に動員されたのだった。あれは全国的だったのだ。広島には焼夷弾ではなく原爆が落とされた。小倉も焼夷弾空襲はなかった。それは原爆投下の対象とされていたからで、その日が曇っていたので、B29は長崎に飛んだのだった。改めて広島の中学一年生のこと、そして長崎のヒバクシャのことに特別の想いをよせた夏だった。私も語り部として戦争の悲惨と平和への願いを綴り続けようと心に刻んだのだった。

戦争で息子と孫を失ったケーテ・コルヴィッツは反戦の叫びだけでなく「平和の思想」を作ろうと呼びかけた。広島で一兵卒として入市被ばくした丸山眞男は「私は八・一五というものの意味は、後世の歴史家をして、帝国主義の最後進国日本が、敗戦を契機として、平和主義の最先進国になった。これこそ、二〇世紀最大のパラドックスである――そう言わせる事にあると思います。そう言わせるように私たちは努力したいのです」(『世界』一九六五年一〇月)と述べていた。これはマッカーサーとの会談(一九四六年一月二四日)で非戦非武装の理念を提起した幣原首相の〈いまは夢想家と揶揄されようと、やがて世界はこの旗の下に付いてくるだろう〉という思いとも重なっている。私たちの「9条地球憲章の会」の活動は幣原や丸山の志を受け継ぎ、ケーテの呼びかけに応え、平和の思想を築く試みなのだと思う。さらにウクライナ戦争のなかで、今こそ地球平和憲章の出番だ、さもなくば世界と地球は終わりだと思う。絶望せず、希望を失わず！

なお掲載論文は講演録が多く、その時と場所、主催者と参加者を意識した内容であり、私自身の思想の歩みのあとでもあるので、出来るだけ発表時のそのままを活かそうとし、加筆は最小限に抑えた。どこからでもお読みいただきたい。話に重複があってもお許し頂きたいと願います。

なお、出版にあたっては『季論21』編集委員会以来の友人である新船海三郎氏に格別のご配慮をいただいた。記して感謝といたします。

(二〇二二年一一月記)

堀尾輝久（ほりお てるひさ）
一九三三年生まれ。東京大学法学部卒、同人文科学研究科教育学、博士。教育思想史。同大学名誉教授。日本教育学会会長、日本教育法学会会長、総合人間学会会長、日本学術会議会員など歴任。フランス・パルムアカデミー賞受賞。現在、「子どもの権利条約市民・NGOの会」代表、「9条地球憲章の会」代表。
著書に『現代教育の思想と構造―国民の教育権と教育の自由の確立のために―』（岩波書店）、『人間形成と教育』（同）、『人権としての教育』（同、同時代ライブラリー）、『天皇制国家と教育　近代日本教育思想史研究』（青木書店）、『子育て・教育の基本を考える　子どもの最善の利益を軸に』（童心社）、『ピース・ブック』（絵本、訳、同）、『未来をつくる君たちへ〝地球時代〟をどう生きるか』（清流出版）、対談集『自由な人間主体を求めて』（本の泉社）など。

「地球時代《ちきゅうじだい》」と平和《へいわ》への思想《しそう》

二〇二三年一月二一日　第一刷発行

著　者　堀尾輝久
発行者　浜田和子
発行所　株式会社 本の泉社
〒112‐0005
東京都文京区水道二‐一〇‐九 板倉ビル2F
Tel　03（5810）1581
FAX　03（5810）1582
印　刷　音羽印刷 株式会社
製　本　株式会社 村上製本所

定価はカバーに表示してあります。

造本には十分注意しておりますが、頁順序の間違いや抜け落ちなどがありましたら小社宛お送りください。小社負担でお取り替えいたします。

本書の無断複写・複製は著作権法上の例外を除き禁じられています。読者本人による以外のデジタル化はいかなる場合も認められていませんのでご注意下さい。

© 2023 Teruhisa HORIO
ISBN978-4-7807-2228-4 C0036　Printed in Japan